Goûter
à L'histoire

Les Origines de la
gastronomie québécoise

Marc Lafrance   Yvon Desloges

Les Éditions de la Chenelière

Environnement
Canada

Service canadien
des parcs

Environment
Canada

Canadian Parks
Service

Avec vous
POUR UN MONDE MEILLEUR

Édition et production:
Les Éditions de la Chenelière inc.

Révision linguistique:
Dominique Boucher

Relecture:
Marie Dufour

Conception graphique et montage:
Michel Bérard graphiste inc.

Maquette de la couverture:
Proximum marketing communication

Infographie:
Alain Michelson, Robert Viens et
Annie Lafontaine

Agent de liaison:
Groupe E.J.M. / La Belle Amérique

Épreuves Linotronic:
Alinéa

Impression:
Métropole Litho

Photographie de la page couverture:
Côtelettes de mouton en haricot brun /
Claire Dufour

Photographies* en couleurs des mets:
Claire Dufour

Photographies* en couleurs des objets
historiques: **Claire Dufour**, à l'exception
des pages 48 et 64 (Service canadien des
parcs), 114 (**Brigitte Ostiguy**) et 144
(**Jacques Beardsell**, Service canadien
des parcs).

* Nous tenons à remercier La boutique
Pierre Robitaille (Sainte-Foy) et Claire
Dufour qui nous ont gracieusement fourni
la vaisselle et les ustensiles de table, ainsi
que la Maison Simons inc. (Sainte-Foy)
pour le linge de table.

ISBN 2-89310-028-7

Dépôt légal: 4ᵉ trimestre 1989
Bibliothèque nationale du Québec
Bibliothèque nationale du Canada

Imprimé et relié au Canada

1 2 3 4 5   93 92 91 90 89

Légende des sabliers

 facile

 moyennement difficile

 difficile

Au premier plan: Gilles Desaulniers, directeur général du Service canadien des parcs, région du Québec. Au deuxième plan: Pierre Brodeur, président et directeur général, Steinberg Québec.

Mot du président

LA DESTINÉE DES NATIONS DÉPEND DE LA MANIÈRE DONT ELLES SE NOURRISSENT.
BRILLAT-SAVARIN

Steinberg est associée à l'alimentation au Québec depuis plus de 70 ans. Nous avons assisté, voire même contribué à l'évolution des goûts de tout un peuple.

Nous sommes donc heureux de participer, en collaboration avec le Service canadien des parcs, à la publication de Goûter à l'histoire, qui retrace les racines de l'art culinaire et, qui plus est, les origines de la gastronomie québécoise.

Ce livre de recettes qui vous propose les délices d'antan deviendra, nous l'espérons, un guide précieux pour relever vos festins d'aujourd'hui.

Pierre Brodeur

Le président et directeur général
Steinberg Québec

Introduction

Faire revivre un site historique dont seuls les vestiges matériels subsistent s'avère toujours une tâche difficile. De plus en plus, les chercheurs arrivent à la conclusion qu'il faut approfondir nos connaissances sur la vie quotidienne, car ce sont elles qui permettent le plus aux gens d'établir des liens entre le présent et le passé. Tout ce qui relève de la vie privée et des sens apparaît comme un moyen privilégié de mettre le public en contact avec son passé.

C'est ainsi qu'a germé l'idée de publier une histoire «par les recettes» de la cuisine professionnelle au Canada et plus particulièrement au Québec. Le présent livre résulte d'une recherche en cours sur l'histoire de l'alimentation et de la cuisine dont l'objet est de mieux interpréter la vie quotidienne d'alors dans les parcs et lieux historiques du Service canadien des parcs au Québec. Nous y avons vu un véhicule exceptionnel pour faire «goûter l'histoire» au grand public et lui permettre de revivre un aspect si important des us et coutumes du passé.

On l'aura deviné, les recettes de ce livre ne sont pas nécessairement celles qui ont été transmises de mère en fille depuis des générations, bien que plusieurs d'entre elles, dites traditionnelles, ont pour source d'anciens livres de recettes. Il ne s'agit pas non plus d'anciennes recettes retracées dans de vieux manuscrits enfouis dans des archives mal connues, puisqu'elles sont quasi inexistantes au Québec aux XVIIe et XVIIIe siècles. Par ailleurs, les cahiers manuscrits de recettes du XIXe siècle sont peu nombreux et ceux que nous avons consultés ont manifestement puisé largement dans les livres de cuisine de l'époque.

Notre objet est la cuisine professionnelle, donc codifiée et pratiquée par des gens qui en ont fait leur métier. Elle se transmet par l'écrit (livres et manuels de cuisine), oralement (apprentissage) et, plus tard, par le truchement des institutions (écoles). Elle pénètre d'abord les foyers de l'élite par l'intermédiaire des cuisiniers des grandes maisons comme les palais de Québec (résidences des gouverneurs, intendants et évêques), mais aussi du commerce (traiteurs, pâtissiers et confiseurs des villes). On la retrouve même chez certains bourgeois qui cherchent à se démarquer en imitant les grands. À l'opposé, la cuisine domestique est pratiquée dans les ménages par la maîtresse de maison ou une domestique. Il existe toutefois des liens entre les deux; certaines recettes de cuisine professionnelle parviennent à se frayer un chemin jusqu'aux couches populaires par le biais de cuisiniers professionnels qui écriront d'abord pour la bourgeoisie puis pour le peuple, comme Alexis Soyer.

L'inspiration de cette cuisine est européenne, française, puis anglaise. Jusqu'au milieu du XIXe siècle, tous les livres de cuisine vendus au Canada proviennent d'Europe, et les cuisiniers des restaurants et des hôtels les plus réputés sont européens. En pratique, cuisiniers professionnels et ménagères adaptent les recettes aux aliments que fournit le milieu. La cuisine demeure cependant très proche du modèle européen; les techniques sont essentiellement les mêmes et bon nombre de ses assaisonnements sont importés.

Nous avons décidé de présenter un survol des recettes des principaux livres de cuisine diffusés au Canada et au Québec du début du XVIIe jusqu'à la fin du XIXe siècle. Nous les avons choisis en fonction de leur représentativité. Les indications à ce sujet sont, bien sûr, assez minces en ce qui concerne le XVIIe siècle et la première moitié du XVIIIe siècle, alors que n'existent ni presse ni librairies. Nos sources d'informations, soit les inventaires après décès, quelques ex-libris et les collections de livres anciens des institutions religieuses au Québec, ont permis d'identifier la présence dans la colonie des principaux traités culinaires français des XVIIe et XVIIIe siècles. Ce sont les œuvres de Bonnefons, de La Varenne, de Liger, de Marin, l'*École des ragoûts*, le *Traité historique et pratique de la cuisine*, mais surtout *Le Cuisinier royal et bourgeois* de Massialot et *La Cuisinière bourgeoise* de Menon.

Par la suite, nous avons pu, grâce aux réclames dans les journaux et aux catalogues de bibliothèques d'institutions et d'individus, évaluer encore mieux la présence des traités culinaires européens et américains au Québec. Au XIXe siècle, on trouve dans la colonie les grands ouvrages de cuisine bourgeoise de l'époque, les best-sellers comme les écrits des Français Audot, Albert et Cardelli, des Anglais Glasse, Kitchiner, Rundell, Mackenzie, Soyer, des Américains Simmons, Hale et Leslie, mais aussi les œuvres des chefs de la grande cuisine comme Ude, Beauvilliers, Carême et Francatelli. Dans notre choix de recettes, nous avons, autant que possible, tenu compte de l'importance dans la colonie des ouvrages de ces différents auteurs .

D'autres facteurs ont guidé notre sélection, dont le plus important fut la représentativité des plats retenus. Pour la deuxième moitié du XVIIIe siècle et pour le siècle suivant, nous disposions de centaines de réclames de cafés, tavernes, restaurants, traiteurs, pâtissiers, confiseurs et charcutiers qui nous ont permis dans une large mesure d'identifier les mets à la mode et les plats habituels offerts à la population. Pour la seconde moitié du XIXe siècle, nous avons consulté également plus d'une trentaine de menus, cartes de restaurants et d'hôtels et menus de banquets, grâce auxquels nous avons pu reconstituer un repas complet à l'ordinaire aussi bien qu'un festin des grandes occasions. Les annonces du restaurant de l'hôtel de France nous ont même permis de voir l'évolution presque quotidienne de la table d'hôte de cet établissement sur une période de plus de deux mois en 1876.

Pour le régime français, la tâche fut plus difficile. Notre recherche sur cette période a mis cependant à notre disposition une banque de données considérable établie à partir d'une variété de sources: correspondances privées, récits de voyageurs, livres de comptes, listes d'importations, inventaires de stocks de marchands ou de garde-manger d'individus, pensions alimentaires, etc. De l'analyse attentive de ces données, se dégage une esquisse de la sensibilité alimentaire aux XVIIe et XVIIIe siècles, révélant les techniques de cuisine usuelles (bouilli, rôti, à l'étuvée, grillé, etc.), les usages à table (le service du potage, les entrées, le service des viandes rôties, les entremets, le dessert), les aliments de base et les assaisonnements usuels (poivre, muscade, girofle, herbes, lard, beurre) ou recherchés (câpres, anchois, amandes, raisins, oranges, citrons, vin, huile d'olive, champignons et truffes). La juxtaposition de ces données nous a fait entrevoir les rapports culinaires et alimentaires qui ont servi de base au choix des recettes pour cette période.

Peut-on vraiment reconstituer les recettes du passé, surtout les plus anciennes qui correspondent très peu à nos représentations modernes? Peut-on vraiment retrouver les goûts d'autrefois? Si on se reporte aux témoignages des contemporains du XVIIe siècle, comme Pierre Boucher ou Louis Nicolas, on note une préférence marquée pour les chairs au goût prononcé et à teneur élevée en matières grasses. Les ventres de poissons, plus foncés et huileux, par exemple, sont davantage recherchés et on dit que ce sont les parties les plus «délicates». Le castor aussi a la chair «délicate comme celle du mouton», ce qui ne correspond pas tout à fait à notre conception d'une viande «délicate», qui plaît par sa douceur et par sa finesse. «Délicat» dans la langue du XVIIe siècle reste proche de son étymologie «délice»: qui plaît par son luxe. On pense donc à une chair voluptueuse, riche, qui flatte tous les sens à l'excès. Autre exemple, la cuisine du XVIIe siècle est en voie de transition, les goûts se raffinent et on rejette les assaisonnements trop épicés. On conserve néanmoins les épices, notamment le poivre, la muscade, la girofle ou les épices fines. Ces épices figurent habituellement dans les recettes mais on n'indique pas toujours les quantités. Nous sommes donc mal placés pour déterminer la dose adéquate et la prépondérance de ces épices dans les recettes.

Jean-François Revel, dans *Un festin en paroles* (1979), montre combien la cuisine voyage mal dans l'espace; il note que souvent des mets régionaux, fortement typés, se dépersonnalisent ou se transforment complètement lorsqu'ils sont transposés ailleurs. On peut croire que bon nombre de mets régionaux transplantés de France en Canada depuis le XVIIe siècle ont connu ce sort. La cuisine voyage encore moins bien dans le temps. De nombreux aspects techniques, comme l'âtre, le potager, les ustensiles de fer ou de cuivre, qui conféraient une saveur particulière aux mets, ont disparu ou presque. Les procédés techniques dans les livres de recettes les plus anciens sont difficiles à comprendre, et les indications de temps de cuisson et les quantités d'ingrédients sont souvent absentes.

Les ingrédients eux-mêmes ont changé. Les légumes, par exemple, ont subi des manipulations génétiques inouïes depuis Mendel; aux XVIIe, XVIIIe et même au XIXe siècles, la propagation des plantes était bien souvent laissée à la nature. De nombreux contemporains témoignent de la dégénérescence des espèces au Canada et de la nécessité d'importer de nouvelles semences de France. Les carottes de la récolte de 1690 pouvaient donc être bien différentes de celles de 1680, a fortiori de celles d'aujourd'hui. Quant aux viandes, elles étaient de toute évidence moins grasses au XVIIe qu'au XIXe siècle. Que dire de celles d'aujourd'hui, alors que les viandes ont une moins grande teneur en gras que celles d'il y a vingt-cinq ans à peine.

Bien qu'on ait souvent exagéré le problème de la mauvaise qualité de la viande dans le passé, notamment en raison d'une conservation déficiente, il reste qu'il se posait fréquemment. Les moyens de conservation étaient rudimentaires. En témoigne éloquemment L'École des ragoûts, qui donne une recette pour éliminer les vers de la viande avant la cuisson. Ces quelques éléments montrent combien il est difficile de reconstituer la cuisine ancienne et ses goûts. Mais aussi fugace que puisse être ce qui a disparu, l'étude des vestiges de la cuisine du passé permet de mieux comprendre notre patrimoine culinaire. Cette plongée dans les recettes du passé, pour lacunaire qu'elle soit, nous a fait découvrir la cuisine historique comme nulle autre source ancienne.

Ces recettes témoignent de notre interprétation de la cuisine et des mets du passé. Nous aurions pu les présenter textuellement, sans les adapter, sans préciser les quantités ni les temps de cuisson. Cela aurait sans doute plu à certains qui auraient voulu s'en inspirer librement, mais rares sont ceux qui auraient été capables de tirer parti de la plupart des recettes.

Avant de conclure, il nous faut émettre quelques recommandations et explications sur notre conception des recettes et l'organisation du livre. Nous avons voulu être aussi fidèles que possible aux recettes anciennes tout en les adaptant à la batterie et aux ustensiles de cuisine modernes, depuis la cuisinière électrique ou au gaz, qui remplace aujourd'hui l'âtre et le potager, en passant par le robot culinaire, qui se substitue merveilleusement au mortier et au pilon, dont l'utilisation exige des heures de travail.

Nous avons généralement respecté le style des recettes et les indications de techniques, bien que dans certains cas d'autres techniques plus modernes (par exemple faire brunir une viande avant d'ajouter un liquide) fussent préférables. Les recettes anciennes sont aussi souvent conçues pour de grandes maisonnées ou des convives nombreux. On les prépare donc en très grandes quantités. Nous avons en conséquence adapté ces recettes à la réalité sociale contemporaine, celle du dîner en famille ou de la réception moderne. Les recettes du livre sont généralement conçues pour 6 à 8 personnes.

Nous avons aussi réduit les quantités de matières grasses dans bon nombre de recettes et de sucre dans plusieurs desserts pour mieux les adapter au goût et aux préoccupations alimentaires d'aujourd'hui. Il va de soi que cela change le goût du plat décrit, mais rares sont ceux qui seraient prêts à consommer les quantités de gras et de sucre prescrites dans beaucoup d'anciennes recettes. Dans d'autres cas, nous avons, à l'occasion, éliminé les ingrédients sinon quasi introuvables, comme les crêtes de coq, du moins beaucoup trop dispendieux de nos jours, comme les truffes, qui sont d'ailleurs facultatives dans la liste des ingrédients.

La cuisine française qui renaît au XVIIe siècle pour se raffiner et se perfectionner aux XVIIIe et XIXe siècles accorde une importance toujours plus grande aux fonds de cuisson, notamment aux réductions. Les bouillons, coulis et essences se raffinent au XVIIIe siècle alors qu'on ajoute aussi au répertoire des réductions et des liants dont la fonction est de tirer tous les «sucs nourrissants» des aliments pour ensuite les «lier» aux mets. Le XVIIIe siècle voit naître les roux et de grands fonds comme l'espagnole et le velouté (les sauces mères), qui connaîtront un essor considérable au siècle suivant. On ne peut concevoir la cuisine à l'ancienne sans les grands fonds. Bien que le cuisinier professionnel ait plus de facilité à réaliser tous les fonds requis, nous avons, en fonction du plus grand nombre, retenu une dizaine de fonds représentatifs, depuis le simple bouillon de La Varenne jusqu'au «velouté simplifié» de Soyer, recettes qui permettent d'obtenir de bons résultats. Il conviendrait de les réaliser en grandes quantités car ceux-ci se conservent très bien au congélateur.

Plusieurs amis et collègues nous ont suggéré d'inclure des menus dans le volume pour guider le lecteur en vue de l'élaboration d'un dîner à l'ancienne. De fait, nous avons conçu les chapitres du livre comme des menus d'une quinzaine de plats chacun. C'est beaucoup, dira-t-on, pour 6 à 8 personnes. Les quelques lignes suivantes vous éclaireront sur la composition de votre menu.

Nous avons voulu, par l'organisation des chapitres, rappeler l'ancien service à la française qui, jusqu'à la fin du XIXᵉ siècle, régnait en maître sur les tables de l'élite. Le service qu'on connaît de nos jours, le «service à la russe», ne triomphe qu'à la toute fin du XIXᵉ siècle. «Tout menu est un exercice de rhétorique», écrit Revel, et ceux du service à la française sèment parfois la confusion. Les anciens menus manquent souvent de rigueur et leur terminologie est déconcertante. Néanmoins, il y règne un certain ordre, encore que celui-ci évolue durant les deux cent cinquante ans qui nous occupent. Nous avons tenté d'opérer à la fois une fusion et une synthèse des menus et des mets pour rappeler le service à la française tout au cours de la période.

Grosso modo, ce style comportait trois ou quatre services. Le premier regroupe le potage et les entrées de table, généralement des viandes ou des poissons en sauce. Les petites entrées se nomment parfois hors-d'œuvre. Il arrive qu'elles soient servies avant le premier service ou hors du service habituel. Entrées et potages apparaissent au même moment. Lorsque les potages sont terminés, ils sont remplacés par des relevés de potages; il s'agit de viandes ou de poissons qui ont servi à faire le bouillon, donc le «bouilli», ou encore d'une autre viande apprêtée de diverses façons, rôtie à la broche, avec sauce, braisée, etc. Pendant tout ce temps, les entrées restent sur la table.

Le deuxième service remplace les plats du premier service et occupent l'espace délaissé. Là où il y avait des soupières ou des plats de relevés, on place les plats de viandes rôties, habituellement sans sauce. Les viandes sont accompagnées de salades et d'entremets aux endroits où on trouvait auparavant les entrées dans une ordonnance géométrique. Le terme «entremets» désigne toute une variété de mets, des plats de légumes, des ragoûts d'abats ou d'issues, des viandes froides, toutes sortes de pâtés, des plats d'œufs et même des pâtisseries sucrées. On peut trouver toute une variété de ces mets servis avec les rôts. Mais, à l'occasion, les entremets composent un troisième service à eux seuls.

Le deuxième ou le troisième service était suivi du dessert. Aux XVIIᵉ et XVIIIᵉ siècles, le dessert se compose habituellement de fromages, de fruits frais et confits et de noix sèches. Souvent le dessert n'est même pas indiqué au menu; on y lit simplement «le dessert selon la saison». Peu à peu, le dessert devient plus élaboré; dès la fin du XVIIIᵉ siècle, des compotes et des entremets sucrés comme les meringues, les macarons et les biscuits sont offerts. Puis on ajoute les fromages, les bombes glacées, les charlottes russes, etc. Mais les fruits, les noix et le fromage terminent invariablement le repas. Pour faciliter la lecture des menus, nous avons séparé les entremets salés des entremets sucrés, ces derniers ayant été regroupés sous la rubrique «desserts».

Il faut ajouter qu'à l'époque les convives ne goûtaient pas à chaque plat. L'hôte cherchait surtout à satisfaire tous les goûts. Les restes étaient considérables et servaient à nourrir une nombreuse domesticité. Il est évidemment hors de question pour les hôtes d'aujourd'hui de préparer un menu aussi élaboré. Nous recommandons alors de choisir un mets à l'intérieur de chacune des catégories pour composer un menu à l'ancienne mais servi à la moderne. Pour 8 personnes, par exemple, on pourrait poser un potage au centre de la table et deux entrées à chacune des extrémités comme premier service. Au deuxième service, un rôt ou un relevé, accompagné d'une salade et de deux entremets pour les extrémités, suivi d'un dernier service de dessert. Chaque chapitre permet donc de combiner plusieurs menus différents qui peuvent être conçus en fonction du thème ou de la chronologie. En terminant, il conviendrait de souligner que toutes les recettes de ce recueil se réalisent dans une cuisine conventionnelle, sans équipement particulier... si ce n'est sa curiosité.

De nombreuses institutions et davantage de personnes méritent notre gratitude. Il serait injuste de n'en signaler que quelques-unes. Que les anonymes acceptent sous ce trait de plume nos remerciements les plus sincères.

Il nous faut pourtant rappeler la précieuse collaboration du personnel des archives du monastère des augustines de l'Hôtel-Dieu de Québec, de la bibliothèque du Séminaire de Québec, de la Rare Books and Special Collections de l'université McGill et enfin celle du personnel de la bibliothèque du Service canadien des parcs, à Québec; sans leur concours, l'entreprise aurait battu de l'aile. Mentionnons également Yves Bergeron et François-Miville Deschênes, du Service canadien des parcs, pour leur intérêt soutenu dans notre recherche et leur aide dans la présentation des objets historiques. Merci à Claire Dufour, photographe, qui a conçu et réalisé des images harmonieuses associant l'ancien au moderne, à Bernard Bahuaud, de Chez Bahuaud à la Bastille, qui a préparé les recettes pour les photographies en couleurs, et à Ginette Duphily, des Éditions de la Chenelière, qui a coordonné la production, de la révision aux dernières vérifications.

La contribution de Christine Chartré et de Claude Galarneau, professeur à l'université Laval, fut vitale; sans leur apport, le XIXe siècle nous aurait échappé. Nous sommes redevables à Michel de Courval et Raynald Bilodeau, qui nous ont prêté d'anciens livres de recettes de leurs collections personnelles. Il faut souligner l'exceptionnelle coopération de Céline Beauchemin, bibliothécaire à l'Institut québécois de tourisme et d'hôtellerie, et la précieuse collaboration de Jean-Paul Desjardins du Service canadien des parcs, qui a veillé à la bonne marche du projet de publication. Enfin merci à nos épouses et spécialement à Mary pour nous avoir gracieusement donné accès à son laboratoire culinaire.

Bon appétit et bonne chère.

Marc Lafrance
Yvon Desloges

À la recherche
de nouveaux goûts
aux XVIᵉ et XVIIᵉ siècles

La découverte de l'Amérique par Christophe Colomb donne lieu à des transferts de plantes et d'animaux domestiques entre continents plus nombreux que jamais auparavant. Bien avant la fondation de Québec, maïs et haricots, plantes d'origine américaine, sont cultivés en France. Mais en raison du conservatisme des populations en matière d'alimentation, peu de ces produits du Nouveau Monde font, en Europe, l'objet d'une consommation de masse. Certains, comme la dinde, connaîtront cependant un succès remarquable. Transplantée d'Amérique en Europe par les Espagnols à la fin du XVᵉ siècle, la dinde, domestiquée, est considérée, au début du XVIIᵉ siècle comme un plat de luxe. Et c'est d'Europe qu'elle sera importée pour peupler la basse-cour canadienne.

Ces transferts, qu'ils soient rapides ou lents, sont d'abord dus à l'initiative et à la curiosité culinaires des premiers explorateurs et colons européens. Ces voyageurs, ainsi que le confirment leurs récits, ne cherchent pas seulement à conquérir de nouveaux territoires ou à accroître les connaissances scientifiques, mais aussi à enrichir le patrimoine culinaire. De là les nombreuses compilations riches en notations sur les qualités pharmacopiques, diététiques ou culinaires des plantes ou des animaux décrits.

Que signale-t-on au Canada qui puisse apparaître sur la table française? Parmi les plantes cultivées par les Amérindiens, citons le maïs, le tournesol, les courges, les haricots de même que la citrouille iroquoise. Le maïs ne soulève toutefois pas l'enthousiasme des Français sauf dans sa version soufflée (eh oui!) ou encore vert, c'est-à-dire frais sur l'épi, tradition qui pénétrera dans nos mœurs et perdurera avec l'épluchette. Pour les colons, le maïs demeurera la nourriture des coureurs de bois, des missionnaires ou des habitants frappés par la disette. Ils n'intégreront pas plus le tournesol à leurs mœurs. Certes on note la qualité de son huile, mais celle-ci ne réussira jamais à supplanter l'huile d'olive importée de France. Seuls les haricots et les courges sont vraiment adoptés. Il en va de même pour la citrouille iroquoise, qui, «avec son écorce verte et marbrée de différentes couleurs», conquiert véritablement la faveur populaire. Quant aux animaux domestiqués par les Amérindiens, il n'existe que le chien que les Français rejettent d'emblée.

Bien qu'elle soit évaluée en fonction de son potentiel gastronomique et d'une façon minutieuse par les missionnaires et les explorateurs, la flore sauvage ne modifiera pas plus profondément les mœurs alimentaires des Français. La plupart des fruits sauvages, comme les fraises, les framboises, les groseilles et les gadelles, sont déjà connus dans leur version européenne. Merises et prunes ne soulèvent pas l'enthousiasme, en tout cas pas autant que le bleuet, l'atoca et la noix longue. La vigne sauvage s'avère bientôt une immense déception, car elle ne se prête guère à la vinification. Les herbes sauvages telles le persil, le cerfeuil, l'ail et la ciboulette, bien qu'elles suscitent la curiosité, ne parviendront pas à remplacer les espèces domestiques introduites de France. Si le topinambour connaît une grande vogue non seulement dans la colonie mais aussi en France au XVIIᵉ siècle, il disparaît de la table des colons dès le siècle suivant. Par contre le capillaire remporte du succès et devient même un produit d'importation fort recherché en Europe. Mais c'est sans doute l'eau d'érable qui transformera le plus les habitudes alimentaires des colons français, bien qu'apparemment on ne commence à l'exploiter pour son sucre qu'à la toute fin du XVIIᵉ siècle.

La faune réserve les plus belles surprises aux Français. En effet, depuis le milieu du XVIᵉ siècle, les Européens consomment de moins en moins de viande. À l'époque de l'exploration et de la colonisation du Canada, la viande est devenue un mets exceptionnel chez le paysan français, qui se contente habituellement d'une bouillie de céréales et de légumes. Dès lors, on comprend mieux l'ébahissement du colon devant l'abondance du gros gibier dans la colonie.

Au goût, on compare l'orignal au bœuf, l'ours au porc, le porc-épic au cochon de lait, le castor au mouton. La marmotte est décrite comme «meilleure que le lièvre». Le chevreuil, à en croire Dollier de Casson, surpasse toutes les venaisons. Quant au gibier à plume, il foisonne. Tous vantent l'excellence des outardes, des oies, des perdrix, des sarcelles, des canards et, bien sûr, des tourterelles... «cette manne prodigieuse». Le milieu aquatique fournit également d'excellents mets comme l'anguille, l'esturgeon, le saumon, le bar, l'alose, la truite, le brochet, le doré et la corégone. Ce n'est pas à négliger lorsque le calendrier liturgique impose le jeûne 165 jours par année!

En dépit de cette abondance et de ces nouveautés, les mœurs culinaires et alimentaires ne subissent aucune transformation profonde puisque, dès les premières années, les colons français transplantent leurs propres cultures et leur bétail. Les céréales, comme le sarrasin, le seigle, l'orge, l'avoine, sans oublier le froment et son dérivé le pain, constituent la base de l'alimentation des colons du XVIIᵉ siècle. Le maïs sert surtout à nourrir le bétail. Les premiers animaux de boucherie introduits sont le bœuf et le porc, suivis progressivement par les animaux de basse-cour tels que poules, dindes et pigeons. Par la suite s'ajouteront les moutons et les oies.

Les herbes potagères européennes apparaissent dès les premiers défrichements de Louis Hébert et il en va de même pour les légumes, ainsi que l'atteste Pierre Boucher. Certaines espèces de légumes prédominent, comme les pois, les choux, les navets, les oignons et les poireaux. Parmi les herbes, il faut signaler l'oseille, la laitue et le persil. D'autres, comme les asperges, constituent encore une nouveauté en France même, où elles ne sont cultivées que depuis le début du siècle. Ce sont également les Français qui introduisent les pommiers, les poiriers, les pruniers et, avec un peu plus de difficulté, les pêchers et la vigne. Mais ce sont les pommiers qui connaissent le plus de succès. Dès le début du XVIIIᵉ siècle, les sulpiciens de Montréal produisent annuellement une centaine de barriques de cidre.

Au milieu du XVIIᵉ siècle, sans être parvenue à l'autosuffisance, la colonie canadienne est néanmoins bien établie. Elle aura encore à traverser des années difficiles et connaîtra même la pénurie à l'occasion, car à mesure que le siècle progresse, le gibier se fait rare. Les témoignages de l'époque soulignent cette apparente contradiction entre l'abondance et la frugalité chez les habitants. C'est que sur le plan alimentaire, la colonie demeure en partie tributaire de sa métropole, devant importer par exemple du vin et de l'eau-de-vie. Il arrive même, à la suite de mauvaises récoltes, qu'il faille importer du blé et de la farine.

L'alimentation des premiers colons se résume à peu de choses durant ces années d'établissement: grains et légumes, souvent peu diversifiés, produits d'élevage, tels le lait, le beurre, les œufs, le lard, quelques produits de chasse et de pêche, surtout le petit gibier et notamment la tourterelle et l'anguille, tous conservés dans le sel. Le potage aromatisé au chou, au navet ou à l'oignon et relevé d'une pièce de lard, ou d'anguille par temps maigre, constitue sans doute leur pitance quotidienne.

Quoi qu'il en soit, le colon canadien mange mieux que le paysan français. À son arrivée à Québec en 1651, Simon Denys manifeste son étonnement devant la prodigalité des habitants. «Ils nous offrirent choux, beurre, lait, navets, prunes et poulets. Il ne nous manque que du vin et de l'eau-de-vie que l'on m'a promis avec des anguilles, contre de l'argent», écrit-il. Pour sa part, le baron de La Hontan renchérit en écrivant: «Les paysans y sont fort à leur aise et je souhaiterais une aussi bonne cuisine à toute notre noblesse délabrée de France.»

Et la bonne société? Le gouverneur D'Argenson note chez elle une «inclination à la bonne chère». Mais pour cuisiner à la française, il convient de garnir son garde-manger de certains produits importés, notamment d'amandes, de raisins, d'écorces de citron, de verjus, de sucre, d'olives et d'huile d'olive. Les pruneaux de Tours, le riz, les confitures sèches, le fromage de Hollande et, à l'occasion, les citrons et les oranges complètent les importations.

Le vin est importé en quantité, principalement de la région de Bordeaux et parfois d'Espagne. À cela s'ajoutent le cidre et l'eau-de-vie de Normandie (calvados), ainsi que l'eau-de-vie de France (brandy). Les jours de fête, rien ne manque alors que pâtés de chapons et cochons de lait rôtis sont bien arrosés. Aux dires du jésuite Beschefer, les tables des gens les plus aisés «sont aussi bonnes qu'en France».

Bien qu'à l'époque de Champlain la cuisine de la bonne société perpétue encore les traditions médiévales, à compter de la deuxième moitié du XVIIe siècle, le nouveau modèle français s'impose progressivement. Tant dans la colonie qu'en France métropolitaine, l'utilisation des épices en cuisine diminue. De la gamme jadis très élaborée d'épices, ne subsistent que le poivre et le trio cannelle, girofle, muscade. D'autres condiments, comme les câpres et les anchois, prennent la relève. Cette «nouvelle» cuisine française du XVIIe siècle, de plus en plus tournée vers les herbes et les racines comme aromates, trouve écho jusque dans la colonie. Les auteurs de récits comme les jésuites et Pierre Boucher apprécient la qualité des herbes, des racines et des légumes transplantés au Canada. Ils notent l'intérêt gastronomique des herbes indigènes qui s'apparentent le plus aux herbes de la nouvelle cuisine comme le thym, le cerfeuil, le laurier, le persil et la marjolaine sauvages, de même que des bulbes comme les oignons (martagons). Ils mentionnent en outre les fleurs comestibles alors à la mode dans la cuisine française comme la bourrache, la buglosse et l'angélique. Champlain retrouve même le goût des truffes dans certains tubercules du pays. À mesure que le siècle progresse et que l'élevage s'établit, la cuisine au beurre se répand. Au fil des années, les mentions de verjus, vestige médiéval, disparaissent des inventaires des garde-manger et des listes d'importations. Les viandes exotiques si prisées au Moyen Âge comme les grues et les hérons ne font plus l'objet de commentaires comme au début du XVIe siècle.

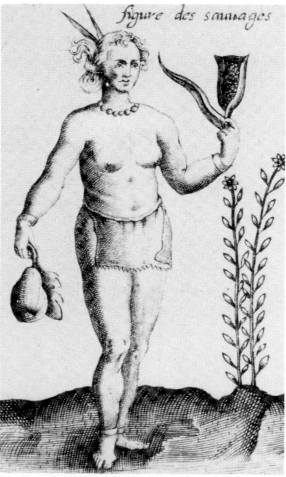

Dessin extrait d'une carte de Champlain (1612) illustrant des produits de l'agriculture amérindienne: la courge, le maïs et le topinambour.

À la recherche de nouveaux goûts aux XVIe et XVIIe siècles

Potages
Potage à la citrouille (*L'École des ragoûts*, 1700)
Potage de perdrix au chou (La Varenne, *Le Cuisinier français*, 1670)

Entrées
Anguille à l'étuvée (La Varenne, *Le Cuisinier français*, 1670)
Civet de lièvre (Massialot, *Le Cuisinier royal et bourgeois*, 1691)
Cochon à la daube (La Varenne, *Le Cuisinier français*, 1670)
Esturgeon à la Sainte-Menehould (Massialot, *Le Cuisinier royal et bourgeois*, 1691)
Tourte de pigeonneaux (La Varenne, *Le Cuisinier français*, 1670)

Rôts et relevés
Alose grillée à l'oseille (Bonnefons, *Les Délices de la campagne*, 1684)
Longe de gibier, sauce poivrade (La Varenne, *Le Cuisinier français*, 1670)

Salades et canapés
Salade de laitue et fournitures (Massialot, *Nouvelles Instructions pour les confitures*, 1703)
Concombres en salade (Bonnefons, *Les Délices de la campagne*, 1684)

Entremets
Fricassée d'épinards (Bonnefons, *Les Délices de la campagne*, 1684)
Topinambours en beignets (Bonnefons, *Les Délices de la campagne*, 1684)
Tourte d'herbes (Bonnefons, *Les Délices de la campagne*, 1684)

Desserts
Tarte à la chair de pommes et de poires (*Le Pâtissier français*, 1700)
Massepain glacé (*Le Pâtissier français*, 1700)

Boisson
Hypocras (*Le Confiturier français*, 1700)

Potage à la citrouille

Les premiers explorateurs, dont Jacques Cartier, confondent le melon, d'origine européenne, et la citrouille (cucurbita), d'origine américaine. Celle-ci franchira vite l'Atlantique de sorte qu'au XVIIᵉ siècle, citrouilles, courges et potirons sont bien connus en Europe. D'ailleurs les auteurs des traités de cuisine du milieu du XVIIᵉ siècle leur consacrent plusieurs recettes. Ainsi, Bonnefons dans ses *Délices de la campagne,* paru pour la première fois en 1654, leur réserve un chapitre entier. L'ursuline Marie de l'Incarnation, reprenant, en somme, les recettes européennes destinées au melon, en fait des potages, des conserves et des beignets. L'officier La Hontan préfère les citrouilles cuites sous la cendre à la façon amérindienne, car elles ont alors un goût plus doux qu'«une marmelade de pommes».

45	ml (3 c. à soupe) de beurre
675	g (1 1/2 lb) de chair de citrouille
2	ml (1/2 c. à thé) de sel
4	clous de girofle
2	ml (1/2 c. à thé) de muscade
1,2	l (5 tasses) d'eau
250	ml (1 tasse) de lait
2	jaunes d'œufs

Faire fondre le beurre à feu moyen. Faire revenir les cubes de citrouille de 5 à 7 minutes après les avoir assaisonnés avec le sel, la girofle et la muscade. Monter le feu, ajouter l'eau et amener à ébullition en tournant de temps en temps. Baisser le feu et laisser mijoter de 30 à 35 minutes à couvert.

Réduire en purée la citrouille au mélangeur ou au robot, puis la passer au tamis et laisser égoutter dans le liquide de cuisson.

Faire chauffer le lait à feu moyen sans l'amener à ébullition. Incorporer aux jaunes d'œufs quelques cuillerées de lait chaud et quelques-unes de bouillon et mélanger. Verser tous les liquides dans une casserole et faire chauffer à feu moyen pendant 10 minutes en tournant constamment.

Servir le potage sur une tranche de pain épaisse.

N. B.: Si l'on prend soin de ne pas briser l'écorce de la citrouille en enlevant la chair, on peut s'en servir comme soupière.

Potage de perdrix au chou

Depuis Champlain, les habitants de la vallée du Saint-Laurent confondent les tétras, les gélinottes et les lagopèdes avec les perdrix noires, grises ou blanches. Mais en cuisine ce sont toutes des perdrix. L'écrivain américain Waverly Root fait même du mot «perdrix» un concept poétique de la gastronomie. L'association culinaire, très ancienne, de la perdrix et du chou nous est parvenue et elle fait dorénavant partie du répertoire de la cuisine traditionnelle du Québec. On ne la sert cependant plus sous forme de potage et, faut-il ajouter, dans certaines recettes les perdrix ne cuisent même pas avec le chou. Dans la recette originale, La Varenne garnit son potage de «fagoues» (pancréas ou ris de veau) ou de saucisses. Précisons que ces ingrédients sont facultatifs!

2	perdrix
4	bardes de lard
2	l (8 tasses) de bouillon [voir recette en annexe]
	chou coupé en 6 à 8 portions
60	ml (4 c. à soupe) de lard fondu
1	pincée de girofle
2	ml (1/2 c. à thé) de poivre
	croûtes de pain

Trousser les perdrix. Les faire blanchir légèrement au four pendant 10 minutes à 160 °C (325 °F). Laisser refroidir et barder avec le lard.

Amener le bouillon à ébullition et y faire cuire les perdrix et le chou à feu doux de 25 à 30 minutes. Retirer les perdrix et le chou; réserver.

Faire fondre le lard dans une poêle à feu moyen et y dorer les perdrix; retirer et réserver. Faire revenir le chou dans le même lard fondu. Assaisonner de girofle et de poivre.

Placer les croûtes de pain dans les plats et verser le bouillon dessus. Servir les perdrix et le chou sur un plat comme accompagnement ou relevé de potage.

Anguille à l'étuvée

«Ce poisson, écrit Simon Denys en 1651, dans ce pays tient lieu de la viande de bœuf et l'on s'en nourrit durant toute l'année sans en être dégouté.» Pour les premiers habitants de la colonie, l'anguille et l'orignal sont des aliments de première nécessité. À Québec, la pêche se fait du mois d'août au début de novembre; on en sale alors pour toute l'année. Tous les chroniqueurs en vantent les qualités culinaires et l'anguille canadienne acquiert même une réputation enviable en France. On apprécie sa graisse au point de dire qu'elle porte ses propres assaisonnements. On cuit l'anguille à l'étuvée, avec peu ou pas de liquide, car elle rend les «sauces pleines de saveur».

900	g (2 lb) d'anguille
250	ml (1 tasse) de vin blanc
30	ml (2 c. à soupe) de persil haché
10	ml (2 c. à thé) de câpres
60	ml (4 c. à soupe) de beurre
	sel et poivre

Dépouiller l'anguille et la couper en tronçons de 2,5 cm (1 po) de long . Placer l'anguille dans un poêlon avec le vin, le persil, les câpres et le beurre. Assaisonner et sceller hermétiquement en faisant cuire 20 minutes à feu doux.

Civet de lièvre

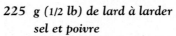

Certains auteurs du XVIIe siècle affirment que les lièvres canadiens ont franchement mauvais goût. D'autres, plus nuancés, argueront qu'il est préférable de les consommer en été parce qu'en hiver, ils se nourrissent dans les sapinières. Leur chair prend alors le goût désagréable de sapin. Le récollet Chrestien Leclerc estime néanmoins que la chair du lièvre est «assez délicate quand on la met en pâte ou en civet». Au XVIIe siècle, on recommande fortement de la consommer peu après la chasse et de conserver le sang. Anciennement la liaison de la sauce avec le sang était indispensable à la réalisation du civet tout comme l'était l'assaisonnement aux cives (ciboules, oignons verts), d'où le nom de la recette. De nos jours, les foies remplacent le sang.

2	lièvres avec leurs foies* (environ 2 kg – 4 1/2 lb)
225	g (1/2 lb) de lard à larder
	sel et poivre
500	ml (2 tasses) de vin blanc
250	ml (1 tasse) de bouillon
1	bouquet de persil et de thym
1	pincée de muscade
1	feuille de laurier
1	limette et son zeste tranchés finement
45	ml (3 c. à soupe) de beurre
30	ml (2 c. à soupe) de farine

Lever les cuisses entières et les épaules des lièvres et dépecer le reste en quatre morceaux. Larder les morceaux de lièvre avec la moitié du lard; saler, poivrer et réserver. Faire fondre le reste du lard et dorer les morceaux de lièvre en les tournant (environ 20 minutes). Ajouter le vin, le bouillon, le bouquet, la muscade, la feuille de laurier et le zeste de limette. Amener à ébullition, couvrir, réduire le feu et laisser cuire à feu moyen pendant 25 minutes. Réduire ensuite à feu très doux pendant la préparation des foies.

Faire sauter les foies à grand feu dans la moitié du beurre pendant quelques minutes. Mélanger le reste du beurre avec la farine pour faire un beurre manié.

Passer les foies et 125 ml (1/2 tasse) du bouillon de cuisson au robot culinaire. Ajouter le mélange de foies et le beurre manié à la casserole en remuant constamment pour épaissir la sauce.

Ajouter les tranches de limette et laisser cuire encore quelques minutes. Servir promptement.

* À défaut de foies de lièvre, on peut utiliser des foies de poulet.

Esturgeon à la Sainte-Menehould (p. 15)   *Sturgeon* à la Sainte-Menehould (*p. 15*)

Pot du XVIᵉ siècle en grès et argent. Il est rare de
trouver des objets aussi anciens au Québec.

A sixteenth-century pot in clay and stoneware. It is
rare that we find artifacts as old as this in Quebec.

Cochon à la daube

Le porc est entièrement comestible et c'est là son principal attrait. L'utilisation maximale de ses chairs incite, dès 1620, les récollets établis en bordure de la rivière Saint-Charles à nourrir les pourceaux. Les cochons se multiplient rapidement, à tel point que dès 1667, le Conseil souverain promulgue un règlement sur les enclos à cochons. Néanmoins le lard salé demeure un produit d'importation indispensable à la colonie au XVIIe siècle, et encore au XVIIIe siècle; on continuera à importer le lard pour nourrir les troupes. Au XVIIe siècle, le terme «daube» désigne généralement des viandes braisées à consommer froides. Par ailleurs, l'utilisation du safran dans cette recette témoigne d'un goût médiéval tenace, appelé toutefois à disparaître au cours du siècle.

2 kg (4 1/2 lb) d'épaule de porc avec sa couenne
5 ml (1 c. à thé) de marjolaine
5 ml (1 c. à thé) de thym
  sel et poivre
60 ml (4 c. à soupe) de gras de porc coupé de l'épaule
2 oignons coupés en dés
250 ml (1 tasse) de bouillon [voir recette en annexe]
250 ml (1 tasse) de vin blanc
1 feuille de laurier
1 pincée de safran
  persil

Assaisonner le porc avec la marjolaine, le thym, le sel et le poivre. Faire fondre le gras et y dorer l'épaule sur tous les côtés. Retirer la viande et réserver.

Faire revenir les oignons. Replacer la viande et ajouter la moitié du bouillon et du vin, la feuille de laurier et le safran. Couvrir hermétiquement et laisser cuire 2 heures 30 à feu doux.

À la fin de la cuisson, retirer la viande et ajouter le reste du bouillon et du vin. Porter à ébullition et laisser réduire de moitié. Passer la sauce au tamis.

Laisser refroidir le porc et la sauce sur un plateau de service jusqu'à ce que la sauce soit prise. Garnir le plat de persil.

Esturgeon à la Sainte-Menehould

Certains auteurs français de traités culinaires tel Bonnefons font l'éloge de l'esturgeon parce qu'il est «de plusieurs goûts selon les parties de son corps». C'est aussi le cas de l'esturgeon du Canada où on préfère le bout de la queue et le ventre, soit les chairs les plus brunes et les plus grasses «qui sont d'un goût exquis», écrit le jésuite Louis Nicolas. Dès 1615, Champlain en vante les qualités. Le récollet Sagard les trouve «friands au-delà de toutes nos espèces de poisson». De fait, au XVIIe siècle, l'esturgeon représente l'un des poissons les plus consommés au Canada. Comme l'anguille, on en fait une grosse pêche à Québec. On en sale pour l'hiver et le Carême. On apprécie également les œufs du poisson (caviar) et la gelée qu'on tire de son bouillon.

15 ml (1 c. à soupe) de lard fondu
250 ml (1 tasse) de vin blanc
250 ml (1 tasse) de lait
1 feuille de laurier
  sel et poivre
1 filet d'esturgeon de 1 kg (2 lb) coupé en 6 portions
125 ml (1/2 tasse) de chapelure

Sauce aux anchois

4 filets d'anchois
15 ml (1 c. à soupe) de câpres hachées
1 bouquet de persil haché
30 ml (2 c. à soupe) de ciboule hachée
1 gousse d'ail
180 ml (3/4 tasse) de bouillon de poisson [voir recette en annexe]
1 goutte d'huile d'olive
  poivre

Faire fondre le lard dans une grande poêle. Ajouter le vin et le lait. Faire cuire 2 minutes et passer le liquide au tamis. Remettre sur le feu et amener à ébullition. Ajouter la feuille de laurier, le sel et le poivre.

Faire cuire les portions d'esturgeon de 15 à 20 minutes à feu doux. Les paner et les faire griller au four près de la source de chaleur. Entre-temps, préparer la sauce en hachant finement les anchois, les câpres, le persil, les ciboules et l'ail.

Chauffer le bouillon de poisson, ajouter l'huile, le mélange haché et le poivre. Faire réduire quelque peu. Servir la sauce sous le poisson.

Tourte de pigeonneaux (p. 17)   Pigeon Pie (p. 16)

Tourtières de fonte et corne à poudre. Un fragment de
tourtière du XVIIIᵉ siècle trouvé aux Forges du Saint-
Maurice, a permis de réaliser cette reproduction.

Pie dishes in cast iron and horn. A fragment of pie
dish from the eighteenth century, found at the Forges
du Saint-Maurice, made this reproduction possible.

Tourte de pigeonneaux

De nos jours au Canada français, le terme «tourtière» désigne un type de mets composé de viande hachée, généralement du porc frais, cuit en pâte. La croyance populaire, en accord avec les conclusions de certains ethnologues et historiens, fait remonter l'origine de la tourtière aux colons du XVIIᵉ siècle qui préparaient des pâtés de tourterelles (c'est-à-dire de pigeons voyageurs, aujourd'hui disparus). Mais étymologiquement il n'existe aucune relation entre le nom de l'oiseau et le mets désigné sous le nom de «tourte» ou «tourtière». En effet, la tourte peut désigner toute une variété de mets en pâte et la tourtière était anciennement l'ustensile où cuisait la tourte. La transposition du terme de l'ustensile à celui du mets n'est cependant pas spécifiquement canadienne. La cuisine du terroir en France connaît aussi ses tourtières. En Guyenne, elles sont de veau, de pigeon, de dinde et de lièvre. En Limousin, il s'agit d'un hachis de porc et de pommes de terre cuit dans une pâte briochée et, dans les Landes, on désigne sous ce nom un dessert en pâte.

2 abaisses de pâte fine, l'une de 20 cm (8 po) et l'autre de 23 cm (9 po) [voir recette en annexe]
30 boulettes de godiveau
2 pigeons* coupés en quatre et blanchis au beurre
12 asperges coupées en longueur de 1 cm (1/2 po)
12 champignons (coupés en 2 ou en 4)
250 ml (1 tasse) de moelle de bœuf tranchée en rondelles minces
4 jaunes d'œufs durs
30 ml (2 c. à soupe) de câpres
2 truffes hachées finement (facultatif)
le jus d'un citron
sel et poivre
60 g (2 oz) de lard coupé en petits cubes

Boulettes de godiveau

350 g (3/4 lb) de veau haché
110 g (1/4 lb) de graisse de bœuf
3 ciboules hachées finement
sel
15 ml (1 c. à soupe) de persil haché
2 ml (1/2 c. à thé) de poivre
2 ml (1/2 c. à thé) de muscade
2 ml (1/2 c. à thé) de girofle

Foncer une assiette à tarte de l'abaisse de 20 cm (8 po). Préparer les boulettes en mélangeant tous les ingrédients et en formant des boulettes de la grosseur d'une grosse bille. Couvrir l'abaisse de la moitié des boulettes. Placer par-dessus les quartiers de pigeons blanchis (revenus au beurre). Remplir les interstices avec les asperges et les champignons. Recouvrir de moelle de bœuf tranché, des jaunes d'œufs cuits, des câpres et des truffes (au choix). Former un dôme au centre avec le reste des boulettes, des champignons et des asperges. Arroser du jus de citron et assaisonner.

Recouvrir de la plus grande abaisse en prenant soin de laisser un peu d'air à l'intérieur. Sceller à la fourchette aussi parfaitement que possible en mouillant avec du lait et en encerclant d'un anneau de pâte. Badigeonner au blanc d'œuf et décorer si on le juge à propos.

Cuire au four à 175 °C (350 °F) pendant 1 heure 30.

* Le pigeon étant une viande coriace et difficile à trouver, on peut opter pour des poitrines de canard en aiguillettes ou des cailles.

Tourterelles ou pigeons voyageurs. Aquarelle de Daniel Fowler, 1866. Royal Ontario Museum, Toronto.

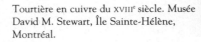

Tourtière en cuivre du XVIIIᵉ siècle. Musée David M. Stewart, Île Sainte-Hélène, Montréal.

Alose grillée à l'oseille

De tous temps, les Français ont apprécié la chair de l'alose en dépit de ses nombreuses arêtes. Selon certains auteurs culinaires, une farce de purée d'oseille représente le meilleur apprêt pour contrer ce problème; l'acide oxalique de l'oseille ramollit les arêtes. Au XVIIe siècle, Bonnefons recommande l'utilisation de sauces acides au vinaigre, aux groseilles vertes, au verjus de grain ou à l'oseille pour accompagner l'alose. Poisson migrateur, il remonte le Saint-Laurent au printemps jusqu'à la hauteur de Montréal. Au XVIIe siècle, on en capture des quantités prodigieuses à Québec. L'alose grillée à l'oseille deviendra une recette classique du répertoire culinaire français.

1 alose de 1,5 kg (31/4 lb)
30 ml (2 c. à soupe) de vinaigre de vin
    sel et poivre
900 g (2 lb) d'oseille
45 ml (3 c. à soupe) de beurre
60 ml (1/4 tasse) de lait
    sel et poivre
45 ml (3 c. à soupe) de beurre fondu

Écailler, laver et sécher l'alose après avoir enlevé la tête et la queue. Couper le poisson en 5 ou 6 tronçons; assaisonner et arroser de la moitié du vinaigre. Laisser mariner 30 minutes.

Entre-temps, préparer l'oseille en enlevant les tiges, en la lavant, en l'égouttant et en l'épongeant. Placer l'oseille dans une grande casserole d'eau bouillante. Amener à ébullition et cuire 5 minutes. Verser dans un tamis, passer à l'eau froide et essorer.

Faire fondre le beurre, ajouter l'oseille et cuire environ 5 minutes en ajoutant le lait . Garder au chaud.

Placer les tronçons d'alose sur une lèchefrite, la peau en dessous. Saler et poivrer ; badigeonner du beurre fondu. Griller l'alose à feu vif pendant 10 à 12 minutes en plaçant la lèchefrite à 5 cm (2 po) de la source de chaleur.

Servir l'alose sur la purée d'oseille en la badigeonnant d'un peu de beurre fondu.

Longe de gibier, sauce poivrade

De tous les gros gibiers consommés dans la colonie au XVIIe siècle, l'orignal se classe au premier rang. À l'instar des Amérindiens, les colons ne dédaignent pas l'ours de temps à autre. À l'occasion, ils consomment aussi le caribou, car on rencontre assez fréquemment le caribou des bois dans la vallée laurentienne à cette époque. On apprécie aussi le cerf ou wapiti, qu'on nomme «vache sauvage». Le cerf était assez commun dans l'est du Canada au XVIIe siècle mais aujourd'hui il ne subsiste que dans l'ouest du pays. D'ailleurs, dès le XVIIIe siècle, le gros gibier se fait rare dans la vallée laurentienne en raison de la traite des fourrures qui refoule le gibier vers le nord et l'ouest. Seuls les plus riches peuvent s'en procurer.

1 rôti de gros gibier de 2,5 kg (5 à 6 lb)
    lard à larder

Sauce
125 ml (1/2 tasse) de vinaigre
5 ml (1 c. à thé) de sel
1 ciboule ou 1 petit oignon haché
1 zeste d'orange ou de citron
5 grains de poivre noir

On peut faire rôtir soit à la broche sur le barbecue à gaz, soit au four.

Larder la viande à l'aide d'une aiguille à larder ou encore en pratiquant une incision avec la pointe d'un couteau. Insérer le thermomètre à viande et enfiler sur la broche. Faire fondre un peu de gras de porc et en arroser la viande pendant la cuisson. Compter environ 1 heure 30 à 2 heures pour obtenir une cuisson à point (57 - 62 °C [135 - 145 °F] au thermomètre). Pour préparer la sauce, faire cuire à feu doux le vinaigre, le sel, l'oignon haché et le zeste pendant 15 à 20 minutes. Ajouter le poivre concassé 5 minutes avant la fin de la cuisson. Servir sous la viande.

Salade de laitue et fournitures

Jacques Cartier aurait été le premier Européen à semer des graines de laitue au Canada. Au retour des Français dans la vallée laurentienne au XVIIe siècle, les laitues comptent parmi les premières herbes à salade des jardins potagers. Dès 1620, les récollets cultivent «des petits jardins à fleurs et à salades». Rien n'est plus caractéristique des mœurs alimentaires des élites du XVIIe siècle que l'association dans leurs salades des laitues, fleurs et autres herbes de «fournitures». Parmi ces fournitures, il faut mentionner le baume, l'estragon, les cives et le cresson. Louis XIV mange ses laitues assaisonnées d'estragon, de pimprenelle et de violettes. Pierre Boucher est donc bien de son époque quand il énumère en 1664 les fleurs d'hysope, de bourrache et de buglosse parmi les herbes des jardins potagers au Canada.

2	pieds de laitue Boston
500	ml (2 tasses) de cresson lavé et équeuté
30	ml (2 c. à soupe) de feuilles de bourrache
30	ml (2 c. à soupe) d'estragon frais haché
30	ml (2 c. à soupe) de ciboulette fraîche hachée
30	ml (2 c. à soupe) de fenouil
	fleurs de bourrache, de violette ou de buglosse

Vinaigrette

45	ml (3 c. à soupe) d'huile d'olive
15	ml (1 c. à soupe) de vinaigre
2	ml (1/2 c. à thé) de sel
2	ml (1/2 c. à thé) de poivre blanc

Déchiqueter les feuilles de laitue et mélanger dans un bol avec le cresson, la bourrache hachée, l'estragon et la ciboulette. Parsemer de fenouil émincé. Décorer de fleurs. Faire la vinaigrette en mélangeant tous les ingrédients et la présenter dans une saucière.

Concombres en salade

D'origine asiatique, le concombre n'apparaît en France qu'au XIVe siècle, et les Espagnols le transplantent en Amérique au XVIe siècle. Il est aussitôt adopté par les Amérindiens. C'est pourquoi certains explorateurs citent à tort le concombre parmi les plantes indigènes d'Amérique. Au XVIIe siècle, ce légume est devenu l'un des préférés des Français. Il se consomme en fricassée, en salade, farci et en ragoût ou encore, comme l'écrit Bonnefons, «en potage à la nouveauté». On le confit également au sel et au vinaigre pour le conserver pendant l'hiver. Pour les salades, Bonnefons recommande des concombres tendres «avant que les graines ayent aucune dureté».

3	concombres
1	oignon
4	clous de girofle
90	ml (6 c. à soupe) de vinaigre
5	ml (1 c. à thé) de sel
60	ml (1/4 tasse) d'huile d'olive
1	ml (1/4 c. à thé) de poivre blanc

Peler, fendre et vider les concombres. Les couper en tranches minces.

Couper l'oignon en quatre et piquer chaque quartier avec un clou de girofle. Faire mariner l'oignon et les concombres 12 heures dans le vinaigre et le sel, en retournant les concombres de temps à autre. Les égoutter et les presser dans un linge pour éliminer tout le liquide.

Ajouter l'huile et le poivre blanc; mélanger et servir.

Fricassée d'épinards

Pierre Boucher est le premier à signaler la culture des épinards au Canada en 1664. Et pourtant ce légume est apprécié en France depuis le XIIIᵉ siècle; il constitue même l'un des plats préférés à l'époque du Carême. Bonnefons soutient qu'il faut relever son goût en y ajoutant une partie d'oseille ou du verjus pour cinq parties d'épinard. Il avertit ses lecteurs que les épinards absorbent beaucoup de beurre et qu'on peut y remédier en ajoutant de la purée de pois blancs. Mais il recommande aussi l'addition de raisins, «damas, muscats, communs ou de Corinthe, car ils y sont très bons».

450	g (1 lb) d'épinards frais
110	g (1/4 lb) d'oseille fraîche
110	g (1/4 lb) de beurre frais
60	g (2 oz) de raisins secs
15	ml (1 c. à soupe) de vinaigre
1	pincée de muscade
	sel et poivre
60	ml (1/4 tasse) de lait
	pain frit en bâtonnets

Laver, équeuter et égoutter les épinards et l'oseille. Amener un peu d'eau salée à ébullition dans une grande casserole et faire cuire les épinards et l'oseille 5 minutes. Égoutter le mélange, le passer à l'eau froide et bien l'essorer pour enlever toute l'eau. Hacher le mélange d'épinards et d'oseille.

Faire fondre le beurre, ajouter les raisins et faire cuire quelques minutes. Ajouter les épinards et l'oseille, la muscade, le vinaigre, le sel et le poivre. Fricasser les épinards pendant 5 à 10 minutes en ajoutant peu à peu le lait.

Servir chaud, les bâtonnets de pain étant piqués dans le mélange. Les bâtonnets de pain se préparent avec des tranches de pain blanc dont on a retiré la croûte. Ceux-ci sont frits dans le beurre jusqu'à ce qu'ils soient légèrement dorés.

Topinambours en beignets

Les historiens ont généralement confondu le topinambour (helianthus tuberosus) avec la pomme de terre ou patate, ou encore avec une autre racine comestible indigène que le jésuite Charlevoix nomme «apios d'Amérique». C'est cette dernière, selon Lescarbot, qui fait les délices des tables en France et que les ignorants appellent à Paris «topinambaux». La première véritable mention du topinambour semble due à Champlain qui les découvre au cap Cod; il mentionne alors qu'ils goûtent l'artichaut. Le récollet Sagard distingue également topinambour et pomme de terre, ou patate, et il affirme qu'il ne s'en trouve pas au Canada. Pourtant le terme «pomme de terre» sera régulièrement utilisé pour désigner le topinambour. Quoique son goût rappella quelque peu l'artichaut, le topinambour sera peu à peu abandonné par les colons. En 1737, mère de Sainte-Hélène mentionne que la grande disette réduit les habitants à manger des «pommes de terre [topinambour] et autres choses qui ne sont pas propres à la nourriture humaine».

	pâte à beignets
1	l (4 tasses) de topinambours pelés et tranchés
	huile à friture

Pâte à beignets

375	ml (1 1/2 tasse) de farine
2	jaunes d'œufs
250	ml (1 tasse) de vin blanc
10	ml (2 c. à thé) de sel
45	ml (3 c. à soupe) de persil frais haché

Préparer la pâte à beignets en mélangeant les ingrédients.

Tremper les tranches de topinambours dans la pâte quelques minutes.

Frire les topinambours dans l'huile chaude jusqu'à ce qu'ils soient d'un beau doré.

Vaisselle d'étain du XVIIᵉ siècle: assiette, écuelle et cuillère. Musée David M. Stewart, Île Sainte-Hélène, Montréal.

Tourte d'herbes

Bonnefons recommande toute une variété d'herbes pour les pâtisseries: les épinards, qu'il juge excellents, l'arroche, la chicorée, la poirée ou bette à carde («on la met en quantité dans les farces d'herbes faisant le principal corps») et enfin l'oseille et le pourpier en petites quantités pour relever le goût. Ces herbes sont introduites dans la colonie dès la première moitié du XVIIᵉ siècle. En 1615, Champlain plante «des choux, poirées et autres herbes nécessaires» et, en 1618, il mentionne le pourpier et l'oseille. Cinquante ans plus tard, Boucher signale les épinards, l'oseille, la chicorée et les «cardes de toutes façons».

225 g (1/2 lb) d'épinards
110 g (1/4 lb) de chicorée
110 g (1/4 lb) de bettes à cardes
30 g (1 oz) d'oseille
30 ml (2 c. à soupe) de beurre
2 œufs légèrement battus
1 l (4 tasses) de farce à la crème
5 ml (1 c. à thé) de sel
le zeste d'un citron
2 ml (1/2 c. à thé) d'épices fines [voir recette en annexe]
10 ml (2 c. à thé) de sucre glace
10 ml (2 c. à thé) d'eau de rose
1 abaisse de pâte feuilletée [voir recette en annexe]

Farce à la crème

4 œufs
210 ml (7/8 tasse) de farine
410 ml (1 2/3 tasse) de lait
45 ml (3 c. à soupe) de beurre
1 pincée de sel

Préparer la farce d'abord. Délayer les œufs dans la farine et mettre de côté.

Amener le lait à ébullition. Y verser petit à petit le mélange de farine en remuant continuellement. Ajouter le beurre et le sel et faire cuire à grand feu 7 à 8 minutes en remuant continuellement. Laisser refroidir et bien couvrir. Se conserve 6 jours.

Faire bouillir les herbes préalablement lavées et équeutées dans l'eau salée 5 minutes, les égoutter, les essorer et les hacher.

Faire fondre le beurre à feu moyen dans une poêle. Ajouter les herbes, les œufs battus, la farce, le sel, le zeste et les épices. Faire cuire 10 minutes en remuant constamment. Laisser refroidir.

Remplir l'abaisse du mélange, saupoudrer du sucre et de l'eau de rose et cuire dans un four préalablement chauffé à 175 °C (350 °F) pendant 30 à 35 minutes.

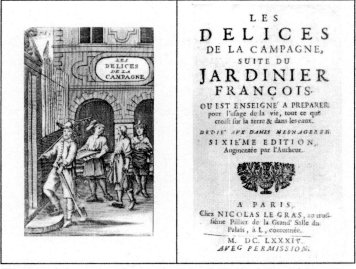

Illustration de la page titre du traité de cuisine de Nicolas de Bonnefons, *Les Délices de la campagne*, 1684.

Tarte à la chair de pommes et de poires

Les premiers pommiers de la Nouvelle-France, plantés par Louis Hébert, sont perdus à la suite de l'occupation de Québec par les Anglais entre 1629 et 1632. De retour au pays, les Français en replantent ainsi que des poiriers, mais ce n'est que vers 1660 qu'ils commencent à produire en abondance. À la fin du siècle, on trouve des reinettes grises et blanches, des calvilles et les fameuses pommes d'api d'origine antique. On en récolte déjà suffisamment pour produire du cidre à Montréal. Au XVIIIe siècle, les vergers se multiplient. Bougainville trouve les pommes du Canada «admirables» et Boucault estime le cidre aussi bon que celui de Basse-Normandie.

- 1 abaisse de pâte feuilletée [voir recette en annexe]
- 60 ml (1/4 tasse) de sucre glace
- 4 pommes pelées, épépinées et tranchées mince
- 60 g (2 oz) de raisins secs
  le zeste de la moitié d'un citron
- 2 ml (1/2 c. à thé) de cannelle en poudre
- 4 poires pelées, épépinées et tranchées mince
- 60 g (2 oz) de beurre frais coupé en dés

Foncer une assiette à tarte de l'abaisse. Saupoudrer de la moitié du sucre. Ajouter les pommes, les raisins, l'écorce de citron et saupoudrer de cannelle. Recouvrir de poires. Saupoudrer l'autre moitié de sucre et couvrir de dés de beurre. Recouvrir la tarte de bandes de pâte.

Cuire dans un four préalablement chauffé pendant 10 minutes à 230 °C (450 °F), puis baisser la température à 175 °C (350 °F). Cuire encore 30 à 40 minutes.

Massepain glacé

En Asie, les confiseries trouvent place au dessert depuis l'Antiquité. Pendant les Croisades, les Européens découvrent la virtuosité des Arabes dans ce domaine de la cuisine. À compter du XIVe siècle, la confiserie en France connaît un essor, en raison d'une utilisation accrue du sucre. Dans la colonie, les confiseries s'apprêtent avec des produits locaux comme la citrouille, les baies et les noix sauvages, notamment la noix longue. On importe également toute une gamme de produits confits. Au XVIIe siècle, à défaut de sucre, les grandes plantations des Antilles n'en étant qu'à leurs débuts, on fait aussi venir le miel dans la colonie, car le climat n'est pas propice à l'apiculture. Les massepains, petits biscuits de pâte d'amandes d'origine arabe, relèvent aussi de la confiserie. Très recherchés au XVIIe siècle, les massepains sont toujours prisés au XIXe siècle.

- 500 ml (2 tasses) d'amandes moulues
- 250 ml (1 tasse) de sucre glace
- 20 ml (4 c. à thé) d'eau de rose
- 1 blanc d'œuf

Glace
- 15 ml (1 c. à soupe) d'eau de fleur d'oranger
- 60 ml (4 c. à soupe) de sucre glace

Mélanger les amandes et le sucre en incorporant peu à peu l'eau de rose et le blanc d'œuf. Réfrigérer 1 heure.

Chauffer le four à 175 °C (350 °F).

Rouler de petites quantités de pâte en prenant soin d'étendre un peu de sucre sur la planche et sur le rouleau. Découper à l'emporte-pièce. Déposer sur une plaque à biscuits et faire cuire de 10 à 15 minutes.

Au bout de 8 minutes, retirer la plaque du four et glacer les massepains avec la lame d'un couteau. Pour préparer la glace, il suffit de mélanger les deux ingrédients. Retourner au four pour achever la cuisson.

Donne environ 3 douzaines de petites bouchées.

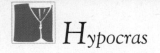 Hypocras

Le 5 janvier 1646, Robert Giffard offre une bouteille d'hypocras aux jésuites de Québec en guise d'étrennes pour la nouvelle année. Cette boisson tire ses origines du Moyen Âge et elle a toujours ses adeptes au XVIIᵉ siècle, notamment au moment du dessert pour accompagner les fruits frais, les noix, les dragées et autres confiseries. Ce vin épicé était considéré à l'époque comme un digestif; les premiers colons le préparaient probablement avec du vin d'Espagne, vin le plus consommé à cette époque en Nouvelle-France.

4,5 l (1 gallon) de vin rouge corsé
580 ml (2 1/3 tasses) de sucre blanc
310 ml (1 1/4 tasse) de cassonade
1 bâton de cannelle grossièrement broyé
2 pincées de muscade
6 grains de poivre noir
24 clous de girofle
2 noisettes de gingembre frais haché
1 bouchon d'eau de fleur d'oranger
20 amandes blanchies

Vider le vin dans un contenant de verre. Mélanger les ingrédients (sauf les amandes) au vin et brasser quelque peu pour dissoudre le sucre. Couvrir et laisser reposer une heure.

Déposer dans une chausse (entonnoir en étoffe) une vingtaine d'amandes blanchies et à demi broyées. Verser le vin 3 à 4 fois sur les amandes. L'hypocras est prêt à servir mais il sera meilleur si on le laisse vieillir quelques semaines.

Reconstitution d'une cuisine du XVIIᵉ siècle. Musée du Château Ramezay, Montréal.

De la frugalité aux ripailles: la table et la cuisine au XVIIIᵉ siècle

Le XVIIIᵉ siècle perpétue l'inégalité sociale qui caractérise depuis toujours la consommation des aliments. Depuis les petites gens des villes et les paysans jusqu'aux seigneurs et bourgeois, il existe une hiérarchisation de la consommation tout aussi marquée que celle qui distingue, dans l'armée, les rations du simple soldat des «rafraîchissements» des officiers. Inégalité dans la quantité et la diversité des aliments, mais aussi inégalité quant à la fréquence des ripailles.

Les avis sont partagés et même contradictoires sur l'alimentation des «gens du commun». Le Suédois Kalm, observateur pourtant perspicace, affirme que les plus démunis ne vivent que de pain sec et d'eau. Les commentaires du curé Navières et de l'officier D'Aleyrac divergent diamétralement. Selon eux, les Canadiens sont de gros mangeurs de viande et de pain de froment et les «paysans français ne seraient pas fâchés d'être réduits à une telle pauvreté».

Le portrait qui se dégage de l'étude des pensions alimentaires en milieu rural contenues dans les actes notariés de donation entre vifs accorde une place prépondérante au froment, au porc (un cochon gras), aux laitages (une vache «perpétuelle», du beurre), aux œufs et à quelques légumes (pois, choux, oignons, navets, poireaux). À ces aliments s'ajoutent, selon les avantages matériels dont disposent les donataires, viandes, volailles, poissons, fruits, boissons, condiments et épices.

La situation géographique, les saisons et le calendrier liturgique déterminent la composition du menu. Les grandes boucheries d'automne fournissent l'occasion de consommer des viandes fraîches. Les fêtes (noces et baptêmes) donnent lieu à des festins; viandes rôties et pâtés notamment se substituent au bouilli usuel. Ce pot-au-feu composé de porc ou de bœuf qui cuit lentement toute la nuit avec des choux et des navets est néanmoins «très substantiel» et même «non désagréable au goût». Oignons, herbes (cerfeuil, persil, oseille, etc.) et épices (poivre, girofle, muscade), assaisonnements devenus traditionnels dans la colonie, en relèvent la saveur.

L'alimentation urbaine se distingue avant tout par la diversité des produits offerts. Le marché, inauguré en 1676 à Québec, assure l'approvisionnement de la ville; il se tient deux fois la semaine au début du siècle et trois à la fin. Les habitants y écoulent des produits d'élevage, d'agriculture, de chasse, de pêche et de cueillette. Selon les témoins de l'époque, les marchés de Québec sont bien pourvus mais celui de Montréal offre un meilleur choix en produits du potager et du verger. À l'été 1806, John Lambert décrit le marché de Québec; il énumère sept sortes de viandes, huit espèces de volailles ou de gibier, treize de poissons, seize variétés de légumes et dix de fruits, sans compter les céréales, les sucres, les graisses et les fromages. Les citadins s'approvisionnent aussi chez les bouchers, les boulangers, les traiteurs, les aubergistes et dans les boutiques des détaillants qui fournissent assaisonnements et condiments importés.

L'accès à tous ces produits est cependant inégal. Bon nombre de journaliers et de gens de métier doivent se contenter de pain, de légumes, de laitages, à l'occasion d'anguille et de bœuf. Ce dernier remplace le porc en ville comme élément de base de l'alimentation carnée. D'ailleurs, le bœuf est la viande la moins chère, jusqu'à quatre fois moins que le porc au marché. Les aliments signalés dans les garde-manger des artisans et des petits bourgeois de même que la description de leurs ustensiles de cuisine et de table laissent entrevoir un menu simple mais plus diversifié que celui de la grande majorité des habitants de la campagne.

Le déjeuner se prend entre sept et huit heures et se résume à peu de chose: pain et, pour les plus hardis, eau-de-vie, café au lait ou chocolat pour les femmes. Le dîner, servi à midi, constitue le repas principal. Le souper a lieu vers dix-neuf heures et se compose souvent des restes du dîner.

Dîners et soupers comprennent ordinairement trois services: le premier se compose toujours d'un potage servi avec beaucoup de pain mais sans viande. Le second service consiste principalement en viandes. On y retrouve le «bouilli», viande qui a servi à faire le bouillon du potage, parfois une viande rôtie, une fricassée ou un plat à l'étuvée. Selon Pehr Kalm, les Canadiens consomment beaucoup de viande au second service; toutefois la ration ordinaire de viande des prêtres du Séminaire de Québec au dîner n'est que de 120 grammes (4 onces). Salades, crudités ou olives l'accompagnent. Les jours maigres (vendredi et samedi), le deuxième service se compose de poissons, de plats d'œufs, de riz et de légumes de toutes sortes. À l'occasion, il y a un troisième service, au cours duquel on absorbe des entremets tels des pâtés, des œufs ou des légumes cuits. Les desserts comprennent des confiseries variées, des fruits frais, des noix et du fromage. Les pâtisseries sucrées ne font pas partie de l'ordinaire et constituent plutôt des mets de fête. Parmi les boissons, il convient de signaler l'eau (surtout pour les femmes), le vin rouge (le plus souvent de Bordeaux), généralement coupé d'eau, et parfois de la bière d'épinette. Le café, servi noir, complète le repas.

Les jours de fête ou lorsqu'on a des invités, on multiplie les plats et les services et on raffine les mets, imitant ainsi la table des seigneurs, des officiers ou des riches négociants. À Montréal, chez les sulpiciens, par un jour gras, l'ingénieur Franquet fait «grande chère en chevreuils, tourtes, poulets, pigeonneaux et veaux»; au fort de Chambly, par un jour maigre, le commandant lui offre un souper de «toutes sortes de poissons frais et des meilleurs que fournit cette rivière».

Variété des chairs mais aussi raffinement des apprêts, voilà ce qui distingue la cuisine de l'élite de celle du reste de la société. Pendant la guerre de Sept Ans, les autorités françaises ordonnent aux officiers de réduire leurs soupers extravagants à un seul service. Montcalm s'y soumet de bonne grâce mais prend soin d'ajouter: «J'aurai demain 10 personnes avec un potage, 4 grosses entrées, une épaule de veau, une pièce d'entremets froid, le tout servi ensemble, le bouilli relevant la soupe.» Bel exemple de frugalité!

Mais faire bonne chère pour l'élite, c'est aussi se procurer certains ingrédients rares et coûteux et consommer certaines denrées d'autant plus recherchées qu'elles sont exotiques ou très saisonnières. Les uns importent de France truffes et mousserons, oranges, fioles de bouillon, huîtres et artichauts marinés; les autres recherchent les liqueurs des Antilles comme l'eau de Barbade ou encore des produits exotiques comme le piment et la noix de coco. Certains produits du pays comme les pêches du Niagara ou de Détroit, les pacanes de l'Illinois, les huîtres fraîches de la baie Verte (Acadie) ou la «folle avoine» (riz sauvage) sont également très prisés en raison de leur éloignement des zones de peuplement. Certaines primeurs retiennent aussi l'attention des gourmets. C'est le cas de la véronique d'eau, qui s'apprête en salade au printemps, ou encore des pousses de cotonnier. Le début de l'hiver voit venir l'huile d'ours, qui convient parfaitement aux salades. Le caribou et la perdrix blanche donnent lieu à des festins car ces animaux ne fréquentent la vallée laurentienne qu'en périodes de grands froids. Chaque hiver on se délecte des petits oiseaux blancs «si gras et si délicats que les fins gourmands les appellent ortolans». Enfin tous font grand cas de la queue de castor, de la patte d'ours, du mufle d'orignal et de la langue de bison.

Aucun de ces mets n'est servi dans une simple vaisselle d'étain comme chez l'habitant, car l'élite ne mange que dans la porcelaine et l'argenterie. Les nombreux plats de service ont chacun leur fonction propre alors que la batterie de cuisine devient plus élaborée et plus diversifiée. Par ailleurs, les livres de cuisine ornent les rayons de quelques bibliothèques. Ainsi, François Étienne Cugnet, ancien sociétaire des Forges du Saint-Maurice, compte parmi ses livres *Le Cuisinier royal et bourgeois* de Massialot de même qu'un traité sur les confitures et les liqueurs. Le négociant Jacques Perrault possède

La Cuisinière bourgeoise de Menon alors que le sculpteur François Baillargé s'affiche comme un fin gourmet lorsqu'il acquiert *Les Dons de Comus* de Marin. Mais chez les bourgeois qui possèdent des livres de cuisine, le plus répandu est *La Maison rustique* de Liger.

La Conquête transforme-t-elle les mœurs alimentaires des Canadiens? Toute la population profite de l'introduction, grâce au gouverneur Murray, de la pomme de terre qui, très tôt, se trouve sur toutes les tables. L'élite doit cependant composer avec des changements majeurs dans les importations. Dès 1765, les marchands canadiens se plaignent de l'absence de vins français; ils y voient même une tentative des autorités britanniques pour modifier les habitudes alimentaires des Canadiens en ne rendant disponibles que des vins liquoreux (xérès, madère, porto), «boissons en général détestables, [...] vins mélangés et malfaisants et d'une force et d'une rudesse excessive».

Ce n'est que sporadiquement, comme en 1789, année de l'éclosion de la Révolution française, que des vins et autres denrées françaises (artichauts marinés, truffes confites à l'huile) parviennent jusqu'à la colonie. Les fines gueules canadiennes doivent donc recourir aux produits du garde-manger impérial britannique. De tous ceux-ci, le thé connaîtra sans doute la plus importante percée, à tel point que certains dénoncent son usage comme une marque de snobisme calquant les mœurs britanniques. D'ailleurs, quelques-uns prennent le dîner à seize heures, abandonnent les potages et les entrées au profit de rôtis et de puddings, consomment madère et porto, prennent le thé à dix-neuf heures et le petit souper avec un sandwich «*in a true fashionable style*».

Mais rares sont ceux qui adoptent tout à fait les mœurs alimentaires anglaises au XVIIIe siècle. Encore au début du XIXe siècle, le peintre William Berczy, séjournant chez le juge De Bonne, remarque que l'horaire des repas suit toujours la mode française, quoiqu'on prenne aussi le thé! À table, «nous vivons entièrement à la française, ayant toujours de bonnes soupes, ce qui nous convient très fort».

Faïence française et hollandaise du XVIIIe siècle. Collection archéologique de Place Royale, MAC.

De la frugalité aux ripailles: la table et la cuisine au XVIIIe siècle

Potage
Ouille (*Le Ménage des champs et de la ville*, 1739)

Entrées
Fricassée de poulet, sauce rousse (*L'École des ragoûts*, 1700)
Darnes de saumon aux fines herbes (*Traité historique et pratique de la cuisine*, 1758)
Côtelettes d'agneau à la plucheverte (Menon, *La Cuisinière bourgeoise*, 1772)

Rôts et relevés
Culotte de bœuf à la cardinale (Menon, *La Cuisinière bourgeoise*, 1772)
Langue de bœuf à la braise (Marin, *Les Dons de Comus*, 1775)
Truites rissolées et ragoût de champignons (Liger, *Le Théâtre d'agriculture*, 1723)

Salades et canapés
Haricots verts en salade (Menon, *La Cuisinière bourgeoise*, 1772)
Barbue en salade (Massialot, *Le Nouveau Cuisinier royal et bourgeois*, 1732)

Entremets
Petits pâtés à l'espagnole (Massialot, *Le Nouveau Cuisinier royal et bourgeois*, 1732)
Racines en menus droits (Menon, *La Cuisinière bourgeoise*, 1772)
Navets au fromage (*L'École des ragoûts*, 1700)

Desserts
Tourte d'amandes (*Traité historique et pratique de la cuisine*, 1758)
Beignets de pommes au fromage (Liger, *La Nouvelle Maison rustique*, 1755)
Compote de framboises (Menon, *La Science du maître d'hôtel confiseur*, 1776)

Boisson
Limonade (*Le Confiturier français*, 1700)

Ouille (p. 29)   *Oille (p. 28)*

Marmite tripode en fonte. Au XVIIIe siècle, on utilise couramment ce type de marmite, qui peut reposer directement sur les braises dans l'âtre.

A three-legged cooking pot in cast iron. In the eighteenth century, this type of pot, that can stand directly in the embers in the hearth, was commonly used.

Ouille

Selon certains auteurs,
l'«ouille» ou «oille» trouve son origine
dans «l'olla podrida» espagnole,
espèce de pot-au-feu élaboré. Elle se
serait répandue en France, dit-on,
grâce aux reines Anne d'Autriche et
Marie-Thérèse, toutes deux d'origine
espagnole. D'autres prétendent que le
mets tire son nom de l'oule, pot en
terre cuite du sud-ouest de la France
dans lequel on préparait la potée.
Quoi qu'il en soit, il s'agit, comme le
précise le Dictionnaire de Trévoux,
d'un mets de seigneur. Ce plat a
probablement été introduit dans la
colonie par des soldats ou des colons
originaires du Midi de la France. Le
Ménage des champs nous propose
une ouille maigre dont le raffinement
tient à la préparation du bouillon et à
la farce. De nos jours, on ne mange
plus guère de carpe mais à l'époque,
elle passait pour un mets délicat.

2 l (8 tasses) de bouillon de poisson
   [voir recette en annexe]
1/4 chou coupé en 4 morceaux
2 carottes coupées en rondelles
2 panais coupés en rondelles
2 petits navets coupés en cubes
3 poireaux coupés en rondelles
45 ml (3 c. à soupe) de persil frais haché

Farce

150 g (1/3 lb) de carpe ou de morue
150 g (1/3 lb) d'anguille ou de maquereau
2 petites ciboules
45 ml (3 c. à soupe) de persil frais haché
2 jaunes d'œufs
1 ml (1/4 c. à thé) de clou de girofle moulu
2 ml (1/2 c. à thé) de sel
1 ml (1/4 c. à thé) de poivre
30 ml (2 c. à soupe) de beurre
1 pain de 25 cm (10 po)

Placer les légumes et le bouillon dans une grande casserole; amener à ébullition.
Laisser cuire 25 à 30 minutes à feu moyen. Pendant ce temps, hacher le poisson, les
ciboules et le persil. Mélanger bien avec les jaunes d'œufs, le clou, le sel et le poivre
pour en faire une farce. Faire fondre le beurre dans une poêle et faire cuire le hachis
de poisson pendant 10 à 15 minutes à feu doux.

Découper le haut du pain, enlever la mie et farcir le pain avec le hachis de poisson
refroidi. Verser quelques louches de bouillon de poisson dans une poissonnière (ou
un grand moule en long) et y placer le pain farci recouvert de sa croûte. Chauffer
au four de 10 à 15 minutes à feu doux (120 °C – 250 °F).

Servir le pain farci sur un plateau entouré des légumes cuits et le bouillon dans une
soupière.

Reconstitution d'une grande cuisine bourgeoise au milieu du XVIIIe siècle. Dessin de
Richard Dollard, Service canadien des parcs.

Fricassée de poulet, sauce rousse

Le mot «fricassée» a parfois un sens péjoratif. Les dictionnaires du XVIIe siècle nous apprennent que «fricasser» signifie entre autres «consommer son bien en débauche et en bonne chère». Il y a sans doute un lien avec son acception en cuisine. Cuire un aliment en fricassée constitue un gaspillage puisque cette technique ne permet pas de tirer les sucs et les bouillons des viandes à partir desquels on confectionne les potages. Il s'agit d'une technique de cuisson rapide et haute en goût qui s'applique d'abord au poulet, ingrédient onéreux à l'époque.

- 60 ml (4 c. à soupe) de beurre
- 2 poitrines de poulet coupées en 4 morceaux chacune
- 310 ml (1 1/4 tasse) de bouillon de poulet
- 15 ml (1 c. à soupe) de vinaigre de vin
- 2 feuilles de laurier
  - le zeste d'une orange
  - le jus d'un citron
- 30 ml (2 c. à soupe) de persil frais haché grossièrement
- 1 ml (1/4 c. à thé) de muscade râpée
- 60 ml (1/4 tasse) de chapelure

Faire dorer les morceaux de poulet dans le beurre à feu moyen. Égoutter les morceaux et les mettre de côté.

Ôter le gras; le remplacer par le bouillon, le vinaigre, le laurier, le zeste, le jus de citron, le persil et la muscade; faire chauffer à feu doux de 3 à 4 minutes. Remettre le poulet et le saupoudrer de chapelure; couvrir et continuer la cuisson à feu doux de 45 minutes à une heure.

Darnes de saumon aux fines herbes

Avec l'esturgeon et l'anguille, le saumon représente une pêche importante pour les habitants de la colonie dès le XVIIe siècle. À cette époque, on en capture en grand nombre tout le long du Saint-Laurent et jusqu'aux chutes Niagara. Le saumon prélevé dans les rivières de la seigneurie de Châteauguay et des îles de la Paix, par exemple, approvisionne régulièrement le marché de Montréal. Les quantités prises sont si importantes qu'on en fait des salaisons pour exporter en France et aux Antilles.

- 110 g (4 oz) de beurre frais
- 60 ml (4 c. à soupe) d'huile d'olive
- 60 ml (4 c. à soupe) de ciboules hachées
- 60 ml (4 c. à soupe) de persil frais haché
- 5 à 6 champignons émincés
- 1 pincée de muscade
  - sel et poivre
- 8 darnes de saumon de 2,5 cm (1 po) d'épaisseur

Sauce
- 150 g (1/3 lb) de beurre
- 2 échalotes hachées
  - sel et poivre
- 1 pincée de muscade
- 45 ml (3 c. à soupe) de farine
- 250 ml (1 tasse) de bouillon de poisson [voir recette en annexe]
- 30 ml (2 c. à soupe) de câpres

Faire fondre le beurre et mélanger avec l'huile d'olive. Ajouter ciboules, persil, champignons, muscade, sel et poivre; faire chauffer 2 à 3 minutes.

Faire mariner les darnes sur une lèchefrite posée sur la cheminée du four pendant 30 minutes alors que le four chauffe. Griller au four pendant 6 à 8 minutes en arrosant de marinade.

Faire fondre le beurre et y faire revenir les échalotes. Assaisonner et ajouter la farine; cuire 2 à 3 minutes en brassant continuellement. Mouiller du bouillon et laisser épaissir.

Côtelettes d'agneau à la plucheverte

L' agneau de lait, pratiquement inconnu de nos jours au Canada, était très apprécié aux XVIIe et XVIIIe siècles. L'agneau de lait ne devait peser qu'entre 15 et 20 livres (moins de 7 semaines). On le rôtissait alors à la broche ou, comme le dit Bonnefons, «s'il n'est pas plus grand qu'un lapin», on pouvait le mettre entier dans le potage. Mais le plus souvent on consommait l'agneau de printemps ou de boucherie (moins de 5 mois et 45 livres) ou l'agneau de moins de un an. Aujourd'hui au Québec, l'agneau désigne un animal de moins de 14 mois. Plusieurs voyageurs du XVIIIe siècle confirment que les moutons du «pays» sont petits et tous s'accordent pour vanter la bonne qualité de la viande. L'agneau et le mouton font partie des repas de noces en milieu rural.

- 6 côtelettes d'agneau épaisses
- 30 ml (2 c. à soupe) de beurre
- 60 ml (1/4 tasse) de vin blanc
- 125 ml (1/2 tasse) de bouillon de bœuf
- 15 ml (1 c. à soupe) de persil frais haché
- 5 ml (1 c. à thé) de ciboule hachée
- 1 gousse d'ail
- 1 échalote
- 5 feuilles d'estragon frais hachées (1 ml ou 1/4 c. à thé si l'estragon est séché)
- 2 clous de girofle
- 1 feuille de laurier
- 5 ml (1 c. à thé) de thym frais
- 5 ml (1 c. à thé) de basilic frais
- 1 bonne pincée de farine
- sel et poivre

Sauce
- 15 ml (1 c. à soupe) de beurre
- 15 ml (1 c. à soupe) de farine
- 5 ml (1 c. à thé) de persil frais haché
- 1 filet de vinaigre de vin

Faire saisir les côtelettes sur feu vif dans le beurre. Lorsqu'elles sont dorées, y ajouter les ingrédients liquides, les herbes et les épices de même que la pincée de farine. Amener à ébullition, brasser et ensuite réduire le feu. Cuire à feu lent environ 20 minutes. Retirer les côtelettes et les garder au chaud. Passer la sauce au tamis et dégraisser.

Remettre la poêle sur le feu avec le beurre manié confectionné avec la farine et le persil; incorporer la sauce. Rajouter le filet de vinaigre et brasser jusqu'à l'obtention d'une sauce lisse. Verser cette sauce sur les côtelettes.

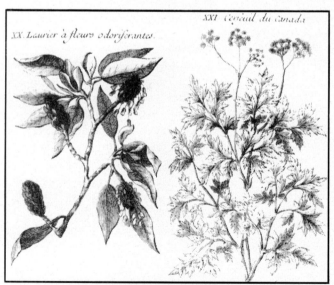

Laurier et cerfeuil sauvage. Dessins tirés de *Histoire de la Nouvelle-France...*, 1744, de P. De Charlevoix.

Culotte de bœuf à la cardinale

La salaison des viandes et des poissons en vue de leur conservation constitue une pratique plus que millénaire. Non seulement le sel conserve-t-il les viandes, mais la présence d'impuretés dans le gros sel, les nitrites, modifie leur couleur et leur goût. Au XVIe siècle, on découvre que le salpêtre ajouté à la saumure produit le même effet. Il confère un goût agréable à la viande et lui conserve sa couleur rougeâtre même après la cuisson. Le bœuf est la viande la plus consommée en milieu urbain en Nouvelle-France. Les autorités font surveiller le marché et les étaux de boucher de même qu'elles inspectent les animaux avant l'abattage; elles réglementent la vente du bœuf et veillent même à en plafonner les prix. Assurer les approvisionnements s'avère d'autant plus important que le bœuf est en bonne partie salé afin de nourrir les équipages de navires et de satisfaire aux besoins de l'exportation vers les Antilles. Si importantes que soient les salaisons de bœuf dans la colonie, celui-ci ne remplacera jamais le lard dans l'alimentation, lequel constitue un des assaisonnements de base de la cuisine française. Toutefois, les gourmets ne dédaignent pas le bœuf salé. Après la Conquête, il devient un aliment populaire. Grands consommateurs de boeuf, les Anglais adoptent dès le XVIe siècle le boeuf salé. On le nomme «corned beef» le mot «corn» désignant les gros grains comme ceux du gros sel employé pour la salaison. Les colons britanniques immigrés en Amérique conservent leur goût pour le boeuf salé.

225	g (1/2 lb)	de lard salé coupé en lardons
5	ml (1 c. à thé)	d'épices fines [voir recette en annexe]
5	ml (1c. à thé)	de sel fin
1		culotte* de bœuf de 5 kg (10 à 12 lb)
110	g (1/4 lb)	de salpêtre

Marinade

30	g (1 oz)	de baies de genièvre
3		feuilles de laurier
5	ml (1 c. à thé)	de thym
5	ml (1 c. à thé)	de basilic
300	g (2/3 lb)	de gros sel
		quelques bardes de lard
1,5	l (6 tasses)	de vin rouge
1	l (4 tasses)	d'eau
5 à 6		oignons
2		gousses d'ail
4 à 5		carottes
2		panais
1		feuille de laurier
5	ml (1 c. à thé)	de basilic
5	ml (1 c. à thé)	de thym
4 à 5		clous de girofle
1	ml (1/4 c. à thé)	de muscade
45 à 60	ml (3 à 4 c. à soupe)	de persil frais
30	ml (2 c. à soupe)	de ciboulette fraîche

Marinade

Manier les lardons avec les épices fines et le sel, larder la pièce de bœuf. Frotter le bœuf avec le salpêtre réduit en poudre. Placer la culotte dans une grande terrine et y ajouter les baies de genièvre, les feuilles de laurier, le thym, le basilic et le gros sel. Couvrir et laisser mariner 8 jours.

Cuisson

Sortir le bœuf de la terrine et le laver à l'eau chaude. Le recouvrir des bardes de lard et l'envelopper dans une mousseline puis le ficeler. Faire cuire à petit feu pendant 5 heures avec le vin rouge, l'eau, les oignons, l'ail, les carottes, les panais, le laurier, le basilic, le thym, les clous de girofle, la muscade, le persil et la ciboulette.

La cuisson terminée, enlever la marmite du feu et laisser refroidir dans son jus de cuisson. Garder au froid jusqu'au moment de servir. Servir froid et tranché.

* La culotte correspond aujourd'hui à peu près à la surlonge et à une partie de la croupe. Mais, de nos jours, la pièce de boeuf habituellement salée est la poitrine.

Langue de bœuf à la braise

Langue: «l'instrument du goût», nous apprend Furetière dans son dictionnaire en 1700! Les gastronomes l'ont depuis longtemps compris. Au Canada, les Français feront aussi grand cas de la langue d'orignal et surtout de celle de bison, très appréciée des Amérindiens. Montcalm n'hésitera pas, lors de la disette de 1756, à proposer de la langue de cheval en miroton. Dans les meilleures cuisines de Québec, cette cuisson s'effectue dans une braisière, récipient de cuivre doté d'un couvercle creux à rebord sur lequel on place des braises provenant de l'âtre. La viande cuit du haut et du bas et les braises empêchent l'évaporation du jus de cuisson.

1	langue de bœuf de 2 kg (4 à 4 1/2 lb)
	eau
225	g (1/2 lb) de bardes de lard et lardons
3 à 4	oignons tranchés
2	carottes râpées
2	panais râpés
3	clous de girofle
1	branche de basilic frais ou 5 ml (1 c. à thé) séché
2	tranches de bœuf (steak de ronde) bien battues
	sel et poivre
250	ml (1 tasse) de bouillon de bœuf

Placer la langue dans une grande casserole, la couvrir d'eau et faire cuire pendant 3 heures 30 à petit feu en ajoutant de l'eau si nécessaire en cours de cuisson. Enlever la langue de la casserole et retirer la peau. Piquer la langue de lardons à 5 cm (2 po) d'intervalle.

Déposer la moitié des tranches d'oignons et ajouter ensuite la moitié des panais et des carottes, 2 clous de girofle, un peu de basilic, le sel et le poivre. Couvrir ensuite d'une tranche de bœuf et d'une barde de lard et recouvrir de la langue. Recouvrir la langue avec une barde de lard, la deuxième tranche de bœuf, du clou, du basilic, des carottes, des panais et du reste des oignons. Saler et poivrer. La marmite doit être bien couverte et bouchée. Au besoin utiliser une feuille de papier ciré entre la marmite et le couvercle.

Faire suer doucement une vingtaine de minutes puis ajouter le bouillon et faire cuire doucement pendant 1 heure ou 1 heure 30. Retirer la langue de bœuf, trancher mince et servir avec le jus de cuisson dégraissé.

Truites rissolées et ragoût de champignons

À l'époque du régime français, on retrouve ici trois espèces de truites indigènes. La plus connue est l'omble de fontaine (truite mouchetée, saumonnée, de mer). On en pêche en quantités considérables dans la région de Québec qui compte même des vendeurs de truites comme le nommé Poitevin père. Le lac Beauport en particulier est reconnu pour ses truites, à tel point que le seigneur Joseph Giffard l'afferme pour l'exploitation de la pêche à raison d'une redevance de 400 truites fraîches par année.

4	truites
90	ml (6 c. à soupe) de beurre frais
250	ml (1 tasse) de chapelure
	sel et poivre
450	g (1 lb) de champignons tranchés
30	ml (2 c. à soupe) de lard
1	pincée de muscade
60	ml (4 c. à soupe) de persil frais haché
30	ml (2 c. à soupe) de ciboules hachées
15	ml (1 c. à soupe) de jus de citron
1	jaune d'œuf battu

Badigeonner les truites de beurre fondu et les enrober de chapelure. Saler et poivrer. Placer les truites dans un plat beurré et faire cuire au four de 8 à 10 minutes à 220°C (425°F).

Faire fondre le lard et y faire revenir les champignons. Dès que les champignons ont jeté leur jus, ajouter la muscade, le persil, les ciboules, du sel et du poivre. Faire cuire encore quelques minutes et ajouter le jus de citron; bien mélanger. Incorporer le jaune d'œuf en mélangeant constamment. Servir avec les truites.

Haricots verts en salade

Découvert par Colomb à Cuba, le haricot se répand lentement en Europe et n'arrive en France, en provenance d'Italie, qu'au moment où Cartier le redécouvre dans la vallée du Saint-Laurent. Mais ce n'est que vers le milieu du XVIIe siècle que sa culture se propage en France et qu'apparaissent les premières recettes de haricots dans les traités de cuisine. Bonnefons les désigne sous le nom de «feverottes» et affirme qu'on les mange «en Haricot à la nouveauté», jeunes et avec la cosse, en fricassée.

450 g (1 lb) de haricots verts
60 ml (1/4 tasse) d'huile d'olive
30 ml (2 c. à soupe) de vinaigre de vin
1 ml (1/4 c. à thé) de cerfeuil séché
1 ml (1/4 c. à thé) d'estragon séché
2 ml (1/2 c. à thé) de persil frais haché
2 ml (1/2 c. à thé) de ciboulette fraîche hachée

Équeuter et laver les haricots. Amener de l'eau à ébullition et cuire les haricots environ 15 minutes de manière à ce qu'ils restent un peu fermes. Égoutter les haricots; on peut les couper en deux dans le sens de la longueur.

Faire une vinaigrette avec l'huile d'olive, le vinaigre et les herbes; en arroser les haricots et laisser refroidir et macérer pendant au moins une heure.

Barbue en salade

Il ne faut pas confondre la barbue telle qu'on la connaît en France, poisson de mer plat, et celle du Canada, connue aussi sous l'appellation de «poisson-chat». Ce dernier, poisson d'eau douce, dont le goût se compare à celui de l'anguille, était fort apprécié dans la colonie. Mais il ne s'agit pas du poisson que propose Massialot. Au Canada, cette recette aurait pu se préparer avec du flétan, du turbot ou de la plie, poissons de la même famille que la barbue. Ces poissons sont bien connus en aval de Québec. Le flétan, capturé dans le golfe, se cuit à la broche selon Nicolas Denys (1672) ou encore se mange au vinaigre. On l'apprête aussi au court-bouillon, au beurre ou avec des herbes et de l'orange.

750 ml (3 tasses) d'eau
60 ml (1/4 tasse) de gros sel
3 clous de girofle
2 feuilles de laurier
2 oignons coupés en quatre
poivre blanc
450 g (1 lb) de flétan

Sauce rémoulade

30 ml (2 c. à soupe) de ciboulette
3 échalotes
30 ml (2 c. à soupe) de câpres
30 ml (2 c. à soupe) de persil
4 filets d'anchois lavés à l'eau froide
sel et gros poivre
10 ml (2 c. à thé) de moutarde de Dijon
250 ml (1 tasse) d'huile d'olive
80 ml (1/3 tasse) de vinaigre
1 laitue romaine

Amener l'eau et le gros sel à ébullition afin de dissoudre le sel. Ajouter les clous de girofle, le laurier, les oignons et le poivre; laisser cuire 10 minutes à feu doux. Ajouter le poisson et ramener à ébullition; cuire 20 minutes à feu doux. Retirer le poisson et le laisser refroidir.

Pendant ce temps, préparer la rémoulade. Hacher finement ciboulette, échalotes, câpres, persil et anchois. Mélanger le tout et assaisonner avec le sel et le gros poivre. Délayer en ajoutant la moutarde, l'huile et le vinaigre. Laisser refroidir.

Tapisser le fond d'un plat des feuilles de laitue; déchiqueter le poisson en petits morceaux et le déposer sur les feuilles de laitue. Arroser copieusement de rémoulade et servir.

Petits pâtés à l'espagnole

Le petit pâté est servi comme hors-d'œuvre ou petite entrée au XVIIIe siècle, mais il se veut aussi une collation qu'on vend par les rues de la ville. Il serait l'équivalent du casse-croûte moderne, un en-cas, repas léger toujours prêt qui peut se consommer à tout moment. Le garde du port de Québec, René Chevalier, se fait servir des petits pâtés pour le déjeuner à onze heures du matin au cabaret du pâtissier Jean Robin. Thomas Verchères de Boucherville achète, en 1804, d'une vieille revendeuse au marché de Montréal « un petit pâté à mine superbe » dont le goût ne correspond toutefois pas à l'apparence! Peut-être les confrères de Montcalm en 1757 en pensaient-ils autant, alors qu'en période de disette sévère ce dernier leur offrait des petits pâtés à l'espagnole apprêtés avec de la viande de cheval.

225 g (1/2 lb) de lard
225 g (1/2 lb) de blanc de poulet haché menu
225 g (1/2 lb) de veau haché
  1 petit oignon émincé
  5 ml (1 c. à thé) d'épices fines [voir recette en annexe]
  5 ml (1 c. à thé) d'estragon séché
  2 gousses d'ail hachées menu
    poivre et sel
    pâte feuilletée [voir recette en annexe]
  1 blanc d'œuf

Faire fondre un peu de lard de manière à obtenir 45 ml (3 c. à soupe) de graisse. Faire revenir le lard (coupé en gros morceaux), le poulet et le veau. Retirer la viande et la déchiqueter au robot pour en faire une farce fine. Incorporer l'oignon, les épices, l'estragon, l'ail, le sel et le poivre.

Découper 12 abaisses de 13 cm (5 po) et 12 de 8 cm (3 po). Enfariner des petits moules (genre muffin) et foncer le fond avec les plus grandes abaisses. Remplir de farce, recouvrir de la seconde abaisse et piquer le dessus à la fourchette. Badigeonner au blanc d'œuf.

Cuire 5 minutes dans un four préalablement chauffé à 220 °C (425 °F) puis réduire rapidement la chaleur et cuire 15 à 20 minutes à 165 °C (325 °F) jusqu'à ce que le dessus soit doré.

Racines en menus droits

Le terme «racine» revêt encore un sens péjoratif au XVIIe siècle, car c'est l'aliment des pauvres et des démunis. «Ils vivent de pain noir, d'eau et de racines», écrit La Bruyère, décrivant des miséreux. De fait, la table du pauvre au début du XVIIe siècle n'offre habituellement qu'une alimentation végétale, alors que le riche suit un régime essentiellement carné. Mais déjà au début du siècle, les traités d'agriculture publiés en français, comme celui d'Olivier de Serres (1600), proposent un vaste éventail d'aliments d'origine végétale et mettent en valeur les humbles racines du potager. Les traités de cuisine emboîtent le pas, et les auteurs les distinguent enfin les unes des autres au point qu'elles deviennent avec l'oignon l'assaisonnement indispensable du potage. Au XVIIIe siècle, leur préparation se raffine et des plats spécifiques en tirent parti.

  5 carottes
  2 gros panais
  1 céleri-rave
    eau
 30 ml (2 c. à soupe) de beurre
  1 oignon rouge moyen émincé
 30 ml (2 c. à soupe) de farine
    sel et poivre
  5 ml (1 c. à thé) de vinaigre de vin
  2 ml (1/2 c. à thé) de moutarde de Dijon à l'ancienne

Peler et couper les légumes (sauf l'oignon) en julienne. Les faire cuire dans de l'eau bouillante 10 à 15 minutes de manière qu'ils soient toujours croustillants. Garder les légumes au chaud et réserver le liquide de cuisson.

Faire fondre le beurre et y faire revenir l'oignon jusqu'à ce qu'il soit transparent mais non coloré. Ajouter la farine pour faire un roux. Incorporer au roux 175 ml (3/4 tasse) du liquide de cuisson; saler, poivrer et ajouter le vinaigre tout en mélangeant. Intégrer les légumes.

Au moment de servir, incorporer la moutarde.

Tourte d'amandes (p. 37)   *Almond Torte (p. 36)*

Mortier et pilon en fonte. Ces ustensiles étaient
indispensables puisque tous les aliments arrivaient en
une seule pièce à la maison.

A mortar and pestle in cast iron. These utensils were
essential since all foods arrived at the house whole.

Navets au fromage

Depuis l'Antiquité, l'élite dédaigne le navet. Racine facile à cultiver, peu chère, se conservant bien, donc consommée l'hiver, on le considère néanmoins comme l'aliment des pauvres et des pourceaux. Mais le mépris dans lequel on tient le navet ne fait pas l'unanimité car on chante aussi, et depuis longtemps, ses qualités: il agrémente les potages et accompagne à merveille le canard. Comme le chou et l'oignon, le navet compte parmi les premiers légumes transplantés au Canada par les Français. Dès 1540, Jacques Cartier en cultive. Selon l'expression de Simon Denys en 1651, il «vient à merveille». On le retrouve sur les bonnes tables du XVIIIᵉ siècle associé au parmesan, fromage importé au goût sec et piquant.

900 g (2 lb) de navets
45 ml (3 c. à soupe) de beurre
   sel
1 ml (1/4 c. à thé) de poivre
1 pincée de muscade
160 ml (2/3 tasse environ) de lait
125 ml (1/2 tasse) de fromage parmesan râpé

Peler les navets et les faire cuire dans de l'eau bouillante. Une fois cuits, les égoutter, les retirer et les couper en morceaux. Ajouter le beurre, le sel, le poivre, la muscade et le lait aux navets et amener à ébullition. Saupoudrer de parmesan et mélanger. Réduire le feu et laisser cuire à feu doux quelques minutes. Servir chaud.

 # Tourte d'amandes

Ingrédient indispensable de la cuisine médiévale, l'amande représente l'élément de base de plusieurs sauces et entre dans la préparation de divers desserts. Elle continue de jouer un rôle important aux XVIIᵉ et XVIIIᵉ siècles, notamment en confiserie (dragées, nougats et massepains). On les importe en quantités considérables et on en trouve même dans les magasins du roi des villes, des forts et des postes éloignés de la colonie. Les amandes douces ou amères, en coquille ou moulues, garnissent les garde-manger des bourgeois de Québec et de Montréal. Les desserts aux amandes demeurent très populaires au Canada encore au XIXᵉ siècle. Macarons, biscuits aux amandes, amandes soufflées et frangipane font partie du répertoire des communautés religieuses, à tel point que les boulangeries de ces mêmes institutions en font la vente au détail.

4 macarons
110 g (1/4 lb) d'amandes moulues
2 œufs
   le zeste des trois quarts d'une limette
   quelques gouttes d'eau de fleur d'oranger
250 ml (1 tasse) de sucre glace
110 g (1/4 lb) de beurre
1 abaisse de pâte feuilletée [voir recette en annexe]
1 œuf

Macarons

2 blancs d'œufs
250 ml (1 tasse) de sucre glace
150 g (1/3 lb) d'amandes moulues

Préparer d'abord les macarons. Chauffer le four à 175 °C (350 °F). Monter les blancs en neige et incorporer alternativement le sucre et les amandes en continuant à battre. Verser avec une cuillère ou directement du bol à mélanger sur une plaque graissée et cuire au four de 15 à 20 minutes. On peut les servir comme biscuits également.

Pour préparer la tourte, augmenter la chaleur à 230 °C (450 °F). Mélanger tous les ingrédients au robot. Verser le mélange sur l'abaisse. Mettre une bande de pâte sur le pourtour en la collant au blanc d'œuf. Ajouter au besoin des bandes décoratives. Dorer le tout à l'œuf. Chauffer 10 minutes à 230 °C (450 °F) si la croûte n'est pas déjà cuite. Abaisser rapidement la température à 165 °C (325 °F) et cuire pendant 50 minutes jusqu'à l'obtention d'un beau doré.

Beignets de pommes au fromage

Fromage et pommes, quel heureux mélange! Dans la vallée laurentienne au XVIIIe siècle, les variétés de pommes sont d'origine française; certaines sont établies depuis longtemps, comme la reinette, l'api ou la calville. D'autres, telles la roseau, la fameuse ou la bourassa, sont plus récentes. D'après les comptes du maraîcher Pierre Guy au milieu du XVIIIe siècle, les plus prisées sont par ordre décroissant la reinette grise, la bourassa, la fameuse, la calville, la reinette blanche. Si John Lambert corrobore la popularité de la pomme grise, Mme Simcoe préfère par contre la roseau, au goût de fraise, et Mme Riedesel, la bourassa. Quant au fromage frais, le plus connu est certes celui de l'île d'Orléans, mais son goût ne fait pas l'unanimité.

350 g (3/4 lb) de fromage à la crème
750 ml (3 tasses) de farine tout usage
4 œufs
5 ml (1 c. à thé) de sel
60 ml (1/4 tasse) de sucre glace
500 ml (2 tasses) de lait
4 pommes pelées, épépinées et tranchées
beurre ou saindoux

Défaire le fromage en crème à l'aide d'une cuillère de bois. Incorporer la farine et mélanger. Casser les œufs un à un et bien intégrer en mélangeant (utiliser les mains au besoin). Ajouter le sel et le sucre. Délayer avec le lait en versant graduellement. Tremper les morceaux de pommes dans la pâte. Faire fondre le beurre ou le saindoux sur feu moyen et y faire dorer les beignets des deux côtés.

Compote de framboises

Les framboises poussent partout dans la colonie sur les berges des ruisseaux et rivières et sur les flancs des champs en pente. En saison, les colons en consomment abondamment. Le Suédois Kalm affirme qu'elles apparaissent sur la table aussitôt après le repas à la place des confitures. On les mange nature ou avec du lait et du sucre, ou encore en compote avec du sirop de sucre. Cette dernière façon de les accommoder est apparemment en vogue si l'on considère le grand nombre de compotiers retrouvés chez les citadins de la colonie.

160 ml (2/3 tasse) d'eau
1/2 blanc d'œuf
250 ml (1 tasse) de sucre
1 l (4 tasses) de framboises

Dans une casserole, amener à ébullition sur feu moyen l'eau et le blanc d'œuf en fouettant pour faire mousser l'œuf, puis ajouter le sucre. Lorsque l'écume monte, ajouter un peu d'eau froide pour la faire baisser. Répéter trois ou quatre fois.

Lorsque la mousse commence à brunir, retirer du feu, écumer puis remettre sur le feu. Si la mousse ne remonte pas, passer à l'étamine. Dans le cas contraire, rajouter un peu d'eau froide.

Après avoir passé à l'étamine, remettre la casserole sur le feu et amener à ébullition jusqu'à ce qu'il se forme, lorsqu'on souffle dessus, de petites bulles dans une cuillère trouée. Retirer la casserole du feu, incorporer les framboises et laisser reposer 15 minutes.

Remettre sur le feu et amener à ébullition. Retirer aussitôt et verser dans des coupes.

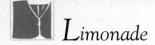

Au XVIIIe siècle, on distingue les liqueurs ou eaux rafraîchissantes de printemps et d'été des liqueurs «pour fortifier et donner chaleur en hiver». Parmi les premières, on retrouve les eaux glacées de fleurs (violettes, oranges, roses) et les eaux glacées de fruits (framboises, cerises, groseilles, oranges). Il s'agit simplement de macérations dans de l'eau et du sucre. Limonades et orangeades ne sont que des variantes d'eaux de citron et d'orange. Les eaux d'épices (cannelle, anis, coriandre), même si elles sont servies glacées, sont considérées comme des liqueurs d'hiver. Certains «esprits aromatiques» se nomment aussi «eaux» lorsqu'on les distille avec ces épices. Le gouverneur La Jonquière possède de nombreuses fioles de ratafia (fruit), d'eau de cannelle, d'orangette, d'eau cordiale (mélisse et écorce de citron).

1 l (4 tasses) d'eau
60 ml (4 c. à soupe) de sucre
le zeste d'un citron
le zeste de 2 oranges
le jus de 6 citrons
le jus de 2 oranges

Mélanger le tout et laisser reposer 4 heures. Au moment de servir, filtrer le liquide pour retirer les zestes. Servir froid.

«Un souper chez un grand seigneur canadien.» Philippe Aubert de Gaspé, *Les Anciens Canadiens*, éd. 1931.

Les tables des palais coloniaux au XVIIIe siècle

À Québec, au château Saint-Louis comme au palais de l'intendant et au palais épiscopal, le faste qui règne reflète les goûts des personnages en poste. L'été, ce petit monde se transporte régulièrement à Montréal où, dans ses résidences officielles, il poursuit son train de vie exceptionnel et ses repas somptueux. Tous cependant ne sont pas amateurs de nourriture plantureuse et recherchée. Les premiers évêques de Québec, Laval et Saint-Vallier, peuvent être considérés comme des modèles de frugalité; ce dernier exhorte même le gouverneur Denonville à modérer la somptuosité de ses repas.

Par contre, leurs successeurs s'affichent comme de fines fourchettes; Dosquet, par exemple, accueille les curés de passage au réfectoire de l'évêché. Pontbriand donne souvent à manger et, selon l'officier Duplessis, «tous les honnêtes gens y sont toujours les bienvenus», à la réserve des femmes toutefois, qu'il n'invite jamais. Raffinement suprême, le garde-manger du prélat contient, à son décès, 7 livres de truffes, aliment recherché et onéreux déjà à cette lointaine époque.

Chez les gouverneurs, Frontenac est reconnu le premier comme un fin gourmet. Mlle de Montpensier, cousine de Louis XIV, évoquant les goûts dispendieux et la grande vanité du futur gouverneur, note le luxe de sa table et l'ostentation dont il fait montre au sujet des talents de ses cuisiniers.

Le marquis de La Jonquière est aussi reconnu pour ses goûts recherchés. Près du quart de ses dépenses prévues pour son séjour au Canada, en 1749, concernent le chapitre des provisions. Cela ne comprend pas sa luxueuse vaisselle d'argent, sa batterie de cuisine élaborée et tous les accessoires de table. À peine parvenu à Québec, il invite à sa table tous les notables de Québec, à qui «il fait grande chère».

Les gouverneurs de Montréal et de Trois-Rivières tiennent également de très bonnes tables. L'ingénieur Franquet, de passage à Trois-Rivières en 1752, dîne chez le gouverneur Rigaud de Vaudreuil et y remarque «la profusion et la délicatesse des mets des meilleures provinces de France».

Toutefois, le plus fastueux de tous est sans contredit l'intendant Bigot. Que ce soit à Québec ou à Montréal, il ne manque de rien pour faire bombance. Même lors de ses déplacements officiels, il s'assure de pouvoir dresser tous les jours une table de 20 à 30 couverts. L'intendant, excellent amphitryon, a une table «toujours ouverte et splendidement garnie».

En 1750, à l'occasion du carnaval, nous dit le gouverneur La Jonquière, Bigot donne de grands bals, le dernier s'agrémentant même d'un «magnifique ambigu», genre de buffet plantureux où se relâche la structure rigide du service à la française. Cependant le jeu évince souvent la gastronomie; on y mange très tard. Au point que Montcalm trouve que les soupers chez l'intendant rappellent parfois «l'atmosphère de la taverne».

Pour offrir leurs copieux et délicats repas, les grands de la colonie disposent de lieux spécialisés et de professionnels de la cuisine. Les trois palais offrent de plus suffisamment d'espace pour accueillir de splendides jardins de fruits et de légumes.

Leurs caves ressemblent sans doute à celles du séminaire où, selon Bacqueville de La Potherie, «on dirait en hiver que ce serait un jardin où tous les légumes sont par ordre comme dans un potager».

Dans ces mêmes lieux, on trouve également les vins de Champagne, de Saint-Macaire, de Bordeaux, de Graves, de Saint-Émilion et même le cru de Haut-Brion. À leur côté, trônent les vins liquoreux de Frontignan, de Navarre, des Canaries, de Muscat ou d'Espagne, sans oublier l'eau-de-vie de Cognac et d'Andaye (anis) et toute la gamme des eaux rafraîchissantes de toutes les saveurs. Certains gouverneurs disposent en outre des services d'un sommelier.

Les cuisines sont spacieuses, pourvues d'un ou de deux âtres, afin de rôtir les viandes à la broche ou sur le gril ou encore de préparer le potage dans des marmites suspendues à des crémaillères. On y voit parfois, à même l'âtre, le four à pain dans lequel cuisent pâtés, tourtes et autres confections du pâtissier. Le cuisinier se sert en outre du potager de brique, percé de plusieurs ouvertures où, à l'aide de braises tirées de l'âtre, il fait «mitonner» sauces et ragoûts. Il dispose de toute une batterie de cuisine spécialisée. Le gouverneur Vaudreuil possède un four portatif qu'on peut poser dans l'âtre, de nombreux réchauds de cuivre qui permettent de garder au chaud les nombreux mets nécessaires au service à la française. On y aperçoit une pléthore de marmites, casseroles, chaudières, poêles à frire, poêlons en cuivre ou en fer, sans compter les ustensiles spécialisés telles les braisières, les poissonnières, les poupetonnières et les chaponnières.

Les accessoires comme les friquets, les passoires, les moulins, les couperets, les balances, les cuillères à pot, les mortiers, les coquemards et les terrines sont soit accrochés au mur, soit éparpillés çà et là sur des tablettes dans la pièce. Tout s'accomplit sous le regard attentif du chef cuisinier assisté d'un ou de plusieurs aides-cuisiniers.

À côté de la cuisine se trouve l'office, sous la supervision du chef d'office, qui peut compter sur quelques aides et parfois sur un confiseur. Plus petite que la cuisine, l'office sert à la confection de confiseries, à la distillation et à la préparation des fruits et des salades. Comme dans la cuisine, on y observe un âtre et un potager sur lequel on prépare les compotes si prisées à l'époque.

Les ustensiles diffèrent de ceux de la cuisine. On y aperçoit évidemment des réchauds et quelques ustensiles de cuisine, mais surtout des saladiers, des huiliers, des moutardiers, des sucriers, des compotiers, des jattes, des moules à biscuits et autres, de même que les ustensiles du service des fruits et toute la vaisselle destinée à la table, notamment l'argenterie.

La salle à manger ne fait son apparition qu'au XVIIIe siècle. Au château comme dans les palais, une salle est réservée à cet effet. Là, de grandes tables sur tréteaux permettent d'accueillir 30, 40 et même 60 convives. Le maître d'hôtel, d'ailleurs responsable de tout le personnel de la cuisine et de l'office, se charge particulièrement du service de la table en commandant à une petite armée de serviteurs. Place au festin!

Le changement de régime en 1763 ne signe pas pour autant l'arrêt de mort de ce style de vie fastueux et des repas recherchés. Les gouverneurs anglais qui se succèdent au XVIIIe siècle, Murray, Carleton, Haldimand, Prescott et Craig, embaucheront tous des cuisiniers français. Murray, le premier gouverneur, priant sa sœur en Écosse de recruter pour lui un bon cuisinier, se fait répondre qu'il s'agit d'une tâche difficile et qu'en fin de compte il lui serait beaucoup plus facile de recruter un bon cuisinier français à Québec!

Certains de ces cuisiniers, comme M. Petit, se taillent même des réputations enviables. Les Menut, Maillet, Lemoine et Langlois, après avoir servi chez les gouverneurs et les évêques, ouvriront des commerces recherchés et florissants. Aubert de Gaspé, ayant bien flatté son palais à l'un des festins du gouverneur Craig vers 1806, a eu cette réflexion sur ces hauts-lieux de la créativité culinaire que sont les cuisines des palais coloniaux: «Rien de plus beau, de plus splendide que l'ordonnance de ce repas aux yeux non seulement des enfants du sol, peu accoutumés alors à ce luxe, mais aussi aux yeux des convives européens; toutefois, il y avait un petit inconvénient pour lesdits convives, celui de ne pas connaître un seul des plats qu'on nous avait servis, tant était monsieur Petit un artiste français distingué.»

Les anniversaires des souverains, le jour de l'An, la visite d'un dignitaire, la commémoration de victoires militaires constituent autant d'occasions de donner de grands dîners, des soupers et des bals au château Saint-Louis. Le dîner offert par le gouverneur Carleton le 31 décembre 1776, pour fêter la défaite américaine devant Québec l'année précédente, réunit 60 convives, tous de sexe masculin, à l'exception de l'épouse et de la belle-sœur du gouverneur.

À l'occasion de l'anniversaire de la reine en 1787, la grande salle du château déborde de danseurs. Les domestiques leur offrent du madère chaud et quantité de bonbons. La table est mise à vingt-trois heures: le gouverneur, les principaux officiers et dames occupent la table d'honneur. Les autres dames prennent ensuite place à table et leurs partenaires se tiennent debout derrière elles. Le repas, d'une durée d'une heure et demie, est «artistiquement arrangé» avec quantité de pyramides de fruits, écrit Nicolas Gaspard Boisseau. Puis les principales dames font entendre quelques chants. Par la suite, le bal se poursuit jusqu'à cinq heures du matin.

Cette réception formelle très à l'anglaise que prise le gouverneur Dorchester (Carleton) se nomme un raout (rout); elle permet au gouverneur de recevoir les visiteurs et de présenter des étrangers à la haute société québécoise. On dîne, on danse, on prend le thé et on joue aux cartes, notamment au whist, au cours de ces réceptions. Quant au gouverneur Craig, il se plaît à organiser des fêtes champêtres à sa résidence d'été sur la route du Cap-Rouge. Ce sont des réceptions qui durent toute la journée, depuis le déjeuner fait de viandes froides, de raves, de beurre, de thé et de café jusqu'au souper, qui vaut au cuisinier les plus grands éloges.

Vue du Palais de l'Intendant, à Québec. Richard Short, 1761. Archives nationales du Canada, C-360.

Les tables des palais coloniaux au XVIIIe siècle

Potage

Potage à la vierge (*Traité historique et pratique de la cuisine*, 1758)

Entrées

Bâtons royaux (*Traité historique et pratique de la cuisine*, 1758)

Poulet à la tartare (Menon, *La Cuisinière bourgeoise*, 1772)

Doré au fenouil (Massialot, *Le Nouveau Cuisinier royal et bourgeois*, 1732)

Rôts et relevés

Poisson blanc au coulis d'écrevisses (Massialot, *Le Nouveau Cuisinier royal et bourgeois*, 1732)

Saucisson royal (Massialot, *Le Nouveau Cuisinier royal et bourgeois*, 1732)

Poulet au cerfeuil (Menon, *La Cuisinière bourgeoise*, 1772)

Salades et canapés

Rôties de jambon (*Traité historique et pratique de la cuisine*, 1758)

Salade de betteraves aux câpres (*L'École des ragoûts*, 1700)

Entremets

Blanc-manger (*L'École des ragoûts*, 1700)

Pain aux pointes d'asperges (Massialot, *Le Nouveau Cuisinier royal et bourgeois*, 1732)

Chou-fleur au beurre (Massialot, *Le Nouveau Cuisinier royal et bourgeois*, 1732)

Desserts

Beignets de fraises (Marin, *Les Dons de Comus*, 1775)

Mousse au chocolat (Menon, *La Science du maître d'hôtel confiseur*, 1776)

Fromage à la Choisy (*Traité historique et pratique de la cuisine*, 1758)

Tourte de pêches (Marin, *Les Dons de Comus*, 1775)

Boisson

Rossoli (Massialot, *Nouvelles instructions pour les confitures*, 1703)

Potage à la vierge

Cette recette tire fort probablement son appellation de la coloration du bouillon et de la délicatesse de ses ingrédients. Il existe peu de recettes sous ce vocable. Par contre, la recette connue sous le nom de potage à la reine lui est presque identique et remonte au moins au XVIᵉ siècle, alors qu'il est l'un des grands favoris de la cour française et notamment de la reine Marguerite de Valois. Il continuera de faire les délices des palais puisqu'au XIXᵉ siècle, selon Sarah Hale, il sera le potage préféré de la reine Victoria.

1 poitrine de poulet cuite

2 jaunes d'œufs durs

2 tranches de mie de pain trempées dans 125 ml (1/2 tasse) de bouillon [voir recette en annexe]

1,5 l (6 tasses) de bouillon de bœuf et de poulet

Dépecer le poulet. Mettre les morceaux au robot avec les jaunes d'œufs, le pain et 250 ml (1 tasse) de bouillon.

Une fois le mélange réduit en pâte, délayer avec le reste du bouillon. Passer le potage à l'étamine.

Chauffer au bain-marie en remuant. Servir chaud sur des tranches de pain.

Bâtons royaux

Qu'il s'agisse de petites entrées ou de hors-d'œuvre, les bâtons royaux ne sont en fait que des rissoles farcies en forme de bâtonnets allongés. Sous des formes les plus diverses, les rissoles farcies de viandes, qui appartiennent encore au répertoire de la cuisine classique, remontent au Moyen Âge. Les «bâtons royaux» ne sont jamais qu'une version raffinée de la rissole populaire vendue dans les rues de Paris au XVIIIᵉ siècle.

1 poitrine de poulet rôtie et désossée (environ 175 g – 6 oz)

un foie de poulet (le foie d'oie serait préférable)

2 ris de veau (placés la veille dans un bol d'eau froide au réfrigérateur)

45 ml (3 c. à soupe) de lard râpé

1 petit oignon émincé

30 ml (2 c. à soupe) de persil haché

5 ml (1 c. à thé) d'épices fines [voir recette en annexe]

1 tranche de pain (mie seulement) trempée dans du lait

2 ou 3 champigons émincés

sel et poivre (au goût)

2 œufs

pâte feuilletée [voir recette en annexe]

Hacher séparément le poulet, le foie, les ris de veau et le lard. Mélanger les ingrédients et incorporer l'oignon, le persil, les épices fines, la mie de pain, les champignons, le sel et le poivre. Lier la farce avec 1 ou 2 œufs (selon sa consistance) et former plusieurs petits bâtons longs comme le doigt d'environ 2,5 cm (1 po) d'épaisseur.

Abaisser la pâte et la découper en carrés d'environ 10 cm (4 po), qu'on roulera ensuite autour de la farce. Plier les rebords de pâte aux extrémités des bâtons. Sceller et badigeonner le joint avec un peu de lait. Placer sur une plaque à biscuit le joint en dessous. Inciser le dessus des bâtons avec un couteau et badigeonner à l'œuf.

Faire cuire dans un four préalablement chauffé à 205 °C (400 °F) de 25 à 30 minutes. Donne environ 16 bâtons royaux.

Poulet à la tartare

Bien que la recette du poulet à la tartare se soit perpétuée jusqu'à nos jours dans la cuisine classique, les assaisonnements ont varié depuis. La technique de base a toutefois été conservée. De fait, il s'agit toujours d'un poulet fendu en deux, badigeonné de beurre et de chapelure puis grillé; cependant l'assaisonnement à la tartare ne comporte plus de persil, de champignons et d'ail haché. On a remplacé ces ingrédients par une sauce mayonnaise relevée de ciboulette hachée.

1	poulet de 1,25 kg (3 lb)
60 ml	(4 c. à soupe) de beurre
15 ml	(1 c. à soupe) de persil frais haché
15 ml	(1 c. à soupe) de ciboulette fraîche hachée
2	gros champignons émincés
1	gousse d'ail écrasée
	sel et poivre
250 ml	(1 tasse) de chapelure

Couper le poulet en deux et l'aplatir en lui brisant quelque peu les os.

Faire fondre le beurre et y incorporer le persil, la ciboulette, les champignons, l'ail, le sel et le poivre. Badigeonner les deux côtés du poulet à l'aide de la sauce obtenue et laisser reposer pendant une heure dans une lèchefrite déposée sur la cheminée du four.

Entre-temps, préparer la chapelure en faisant griller quelques tranches de pain au four. Saupoudrer le poulet de chapelure.

Faire griller le poulet à 175 °C (350 °F) pendant une heure en prenant soin de ne pas le faire brûler. Si la chapelure a tendance à brûler, recouvrir d'un papier d'aluminium. Badigeonner du surplus de sauce en cours de cuisson.

Doré au fenouil

Massialot nous propose la sole au fenouil et, en effet, elle est délicieuse apprêtée de cette façon. Sa substitution par le doré ne vise qu'à rappeler la richesse de nos rivières et de nos lacs; elle se justifie par le fait que ce poisson est inconnu en France et qu'il ne saurait donc apparaître dans les traités culinaires de l'époque. Tous les mémorialistes et voyageurs l'apprécient; Bacqueville de La Potherie rapporte qu'il s'agit de l'un des poissons les plus délicats de la Nouvelle-France avec l'achigan et le poisson blanc.

6	filets de doré
60 ml	(4 c. à soupe) de beurre non salé
1	bulbe de fenouil tranché
15 ml	(1 c. à soupe) de farine
500 ml	(2 tasses) de bouillon de poisson [voir recette en annexe]
15 ml	(1 c. à soupe) de ciboulette fraîche hachée menu
15 ml	(1 c. à soupe) de persil frais haché menu
3	filets d'anchois lavés et coupés menu
15 ml	(1 c. à soupe) de câpres
	branches de fenouil

Chauffer le four à 230 °C (450 °F).

Faire fondre la moitié du beurre et en badigeonner le doré. Placer les tranches de fenouil sous et sur chacun des filets. Cuire au four 15 minutes.

Entre-temps, préparer la sauce en faisant fondre le beurre restant à feu doux. Incorporer la farine en remuant constamment. Mouiller avec le bouillon peu à peu en tournant constamment. Incorporer le persil, la ciboulette, les anchois et les câpres et amener tout juste au point d'ébullition.

Napper le plat de service de sauce et y déposer les filets. Décorer de branches de fenouil.

Poisson blanc au coulis d'écrevisses

Au sujet du poisson blanc ou corégone, les auteurs de l'époque sont quasi unanimes: il s'agit du meilleur poisson de la colonie. Louis Nicolas écrira même: «Je ne crois pas qu'on puisse trouver au monde un meilleur poisson.» Quant à sa graisse, elle est «si douce et si succulente qu'elle réjouit merveilleusement le cœur en se fondant auparavant sur la langue comme fait le sucre». Rien n'indique que, dans la colonie, le poisson blanc s'apprêtait au coulis d'écrevisses; toutefois les traités culinaires d'époque suggèrent plusieurs recettes de poisson au coulis d'écrevisses. Par ailleurs, ce crustacé, abondant au XVIIᵉ siècle dans les rivières et les ruisseaux de la colonie, est presque disparu selon le Suédois Kalm au milieu du XVIIIᵉ siècle, en raison d'une pêche commerciale excessive.

Reconstitution d'une table d'élite française au XVIIIᵉ siècle. Musée David M. Stewart, Île Sainte-Hélène, Montréal.

1 ou 2   corégones (selon leur grosseur)
        coulis d'écrevisses
        sauce

Coulis

18   écrevisses ou queues de langoustines ou 2 petits homards
12   amandes douces
45   ml (3 c. à soupe) de beurre
1   oignon haché
1   carotte tranchée
1   panais tranché
375   ml (1 1/2 tasse) de bouillon de poisson [voir recette en annexe]
     sel
2   clous de girofle
1   ml (1/4 c. à thé) de basilic séché
4   champignons
2   truffes (facultatif)
1   tranche de pain
15   ml (1 c. à soupe) de persil frais
1   ciboule

Sauce

30   ml (2 c. à soupe) de beurre
5   ml (1 c. à thé) de farine
1   filet d'anchois haché
1   ciboule hachée
5   ml (1 c. à thé) de câpres
     sel et poivre
1   pincée de muscade
15   ml (1 c. à soupe) d'eau
5   ml (1 c. à thé) de vinaigre

Préparer d'abord le coulis. Amener de l'eau à ébullition et y cuire les écrevisses 5 minutes à feu moyen. Les retirer, puis les passer à l'eau froide et les décortiquer. Réserver les coquilles d'une part et les queues de l'autre. Placer les coquilles dans un robot avec les amandes et quelques cuillerées d'eau de cuisson. Bien broyer.

Faire fondre le beurre et faire revenir l'oignon, la carotte et le panais quelques minutes. Ajouter les coquilles et les amandes broyées, le bouillon de poisson, le sel, les clous de girofle, le basilic, les champignons, les truffes (au choix), la mie de pain, le persil et la ciboule. Faire cuire à feu doux 30 à 40 minutes. Passer le tout à l'étamine et réserver le coulis.

Ciseler la corégone de 3 ou 4 coups de couteau et la badigeonner d'un peu de beurre fondu. Griller au four environ 10 minutes de chaque côté.

Entre-temps, préparer la sauce. Faire fondre le beurre et lier avec la farine. Ajouter l'anchois, la ciboule, les câpres, le sel et le poivre, la muscade et mouiller avec l'eau et le vinaigre. Ajouter ensuite au moins 250 ml (1 tasse) de coulis et laisser mijoter 5 à 10 minutes en brassant continuellement. Deux minutes avant la fin de la cuisson, ajouter les écrevisses et chauffer.

Verser la sauce sur un plat de service; placer la corégone dessus. Garnir des écrevisses et servir.

Saucisson royal

Les Français des XVIIe et XVIIIe siècles ne consomment pas souvent de charcuteries. D'ailleurs, les traités culinaires de l'époque ne contiennent que de rares recettes de charcuterie. Au Canada, sous le régime français, bien que de nombreux métiers de l'alimentation soient représentés, les charcutiers sont absents. Le sausage maker n'apparaît dans le paysage qu'avec l'avènement du régime anglais (1763).

Aujourd'hui, le saucisson désigne habituellement une grosse saucisse faite de viande crue, hachée et épicée. Le saucisson royal doit son nom à la délicatesse et au prix des viandes utilisées.

300 g (2/3 lb) de poitrine de perdrix
350 g (3/4 lb) de poitrine et de cuisse de poulet désossé
110 g (1/4 lb) de jambon
110 g (1/4 lb) de veau
225 g (1/2 lb) de lard
1 gousse d'ail hachée
30 ml (2 c. à soupe) de persil haché
4 ciboules hachées
60 g (2 oz) de champignons hachés
2 truffes hachées (facultatif)
sel et poivre
5 ml (1 c. à thé) d'épices fines [voir recette en annexe]
2 œufs
3 ou 4 jaunes d'œufs
1 filet de crème
4 escalopes de veau bien aplaties
450 g (1 lb) de bifteck de ronde
450 g (1 lb) de bardes de lard

Hacher la perdrix, le poulet, le jambon, le veau et le lard avec l'ail, le persil, les ciboules, les champignons et les truffes (au choix). Ajouter au mélange le sel et le poivre, les épices fines, les œufs, les jaunes d'œufs et le filet de crème pour en faire une farce fine. Rouler la farce en forme de saucisson de la grosseur du bras et l'envelopper des escalopes de veau.

Recouvrir le fond et les côtés d'une casserole ovale avec la moitié des bardes de lard. Déposer le saucisson sur les bardes. Couvrir avec le bifteck et ensuite du reste des bardes de lard.

Bien sceller la casserole à l'aide du papier d'aluminium et du couvercle. Cuire doucement au four à 120 °C (250 °F) environ 5 heures. Laisser refroidir dans la casserole. Enlever la graisse, les bardes et le bifteck et retirer le saucisson délicatement.

Couper le saucisson par tranches et servir froid.

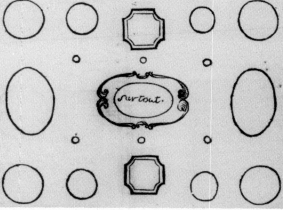

Dessin de disposition de table. Massialot, Le Cuisinier royal et bourgeois, éd. 1732. Archives du Monastère de l'Hôtel-Dieu de Québec.

Poulet au cerfeuil (p. 49)   **Chicken with Chervil (p. 48)**

Reconstitution de la salle à manger du gouverneur vers 1744 (lieu historique national de la Forteresse-de-Louisbourg).

A reconstruction of the Governor's dining room around 1744 (Forteresse-de-Louisbourg National Historic Site).

Poulet au cerfeuil

Le poulet est très recherché dans le Canada du XVIIIe siècle. Viande délicate et nutritive, facile à digérer, les hôpitaux se la procurent pour nourrir les convalescents. Les gens aisés s'en délectent mais le poulet n'est disponible que l'été, à compter de la fin juillet, précise le curé Navières. L'automne, l'hiver et le printemps, on a peine à faire éclore les œufs. C'est pourquoi le médecin Gaultier accueille avec enthousiasme en 1750 le thermomètre et l'étude de Réaumur sur les couvoirs. Quatre ans plus tard, il annonce au scientifique français la présence du premier couvoir au Canada.

1 poulet rôti

Sauce

30 ml (2 c. à soupe) de beurre

2 carottes râpées

1 panais râpé

3 oignons tranchés

1 gousse d'ail écrasée

2 clous de girofle

1 feuille de laurier

15 ml (1 c. à soupe) de thym frais [la moitié si le thym est séché]

15 ml (1 c. à soupe) de basilic frais [la moitié si le basilic est séché]

250 ml (1 tasse) de vin blanc

250 ml (1 tasse) de bouillon de poulet

15 ml (1 c. à soupe) de beurre

1 grosse pincée de farine

2 pincées de cerfeuil

Faire fondre le beurre dans une casserole sur feu moyen. Y faire dorer de 5 à 7 minutes les carottes, le panais et les oignons en assaisonnant avec l'ail, le girofle, le laurier, le thym et le basilic. Ajouter ensuite le vin et le bouillon et faire chauffer à petit feu jusqu'à ce que le mélange réduise de moitié. Passer au tamis.

Faire un beurre manié avec le beurre et la farine. Incorporer le liquide en remuant constamment. Parfumer avec le cerfeuil et lier la sauce. Servir le poulet sur la sauce.

Rôties de jambon

Bien que les traditions françaises de fumer les jambons soient anciennes et que les colons canadiens adoptent les techniques amérindiennes de fumer poissons et gibier, la documentation historique demeure à peu près muette sur le fumage des jambons au Canada sous le régime français. Mais le jambon fumé fait l'objet d'importations dans la colonie. Les jambons proviennent de Bayonne et de Mayence et voisinent les barriques de langue de bœuf et de cuisses d'oies salées. On en fait bonne provision, comme en font foi les 23 jambons et le baril de langues que le baron Dieskau laisse dans sa cuisine à Québec avant de se porter au combat au lac Saint-Sacrement.

tranches de pain grillées

225 g (1/2 lb) de jambon

1 ml (1/4 c. à thé) de muscade

15 ml (1 c. à soupe) de persil frais haché

5 ml (1 c. à thé) de ciboulette fraîche hachée [la moitié si la ciboulette est séchée]

1 ml (1/4 c. à thé) de poivre noir moulu

1 œuf

raisins secs ou pignes (pignons) (facultatif)

Couper le jambon en morceaux et le mettre au robot avec les autres ingrédients jusqu'à l'obtention d'une pâte lisse. En tartiner les rôties. On peut les décorer de raisins secs ou de pignes (pignons).

Salade de betteraves aux câpres

Voici l'une des salades les plus usuelles au XVIIIe siècle. On cultive les betteraves partout au Canada et elles se conservent bien. La salade de betteraves fait sans doute partie de la plupart des soupers et banquets au château Saint-Louis. Aubert de Gaspé, dans ses Mémoires, décrit de façon savoureuse le vieux gouverneur Prescott pestant contre ses domestiques tout en grignotant pain, fromage et salade de betteraves dans le garde-manger. Aromatisée aux câpres, l'un des principaux condiments importés sous le régime français, cette salade prend un goût plus relevé.

quelques petites betteraves
câpres égouttées
huile d'olive (facultatif)

Faire bouillir à couvert les betteraves non pelées pendant 30 minutes. Peler les betteraves et les couper en petits dés. Ajouter les câpres et bien mélanger. On peut y ajouter de l'huile d'olive au goût.

Blanc-manger

Mets fort prisé au Moyen Âge, le blanc-manger s'est perpétué jusqu'à nos jours. Mais alors qu'il s'agissait jadis d'un entremets salé et sucré à base de bouillon de veau, de poulet et de lait d'amandes et parfumé au citron, le blanc-manger est peu à peu devenu un dessert. Au XVIIIe siècle, bien que la viande même n'entre plus dans sa confection et qu'il devienne une véritable gelée, le blanc-manger conserve certains traits archaïques, telle l'utilisation du bouillon de viande. Et il nous est connu au Canada sous cette forme alors que le pâtissier montréalais Jean Gaston l'annonce en 1795 avec d'autres gelées de viande. Mais déjà à cette date, il existe également sous forme de dessert.

500 ml (2 tasses) de bouillon dégraissé fait avec bœuf et poulet sans herbes, ni racines ni épices et bien concentré
110 g (1/4 lb) d'amandes moulues
1 pincée de cannelle
60 g (2 oz) de blanc de poulet haché et pilé
30 ml (2 c. à soupe) de mie de pain blanc hachée finement
le jus d'un citron
60 ml (1/4 tasse) de sucre
1 enveloppe de gélatine (au besoin)

Amener à ébullition le bouillon, les amandes et la cannelle et mélanger. Passer le tout à la mousseline (étamine) et bien tordre pour en retirer tout le jus*. Jeter les amandes. Ajouter le blanc de poulet et la mie de pain. Mélanger et remettre sur le feu pour ramener à ébullition. Passer à nouveau à l'étamine en tordant bien.

Verser le liquide dans une casserole et ajouter le jus de citron et le sucre tout en mélangeant. Faire chauffer à feu vif tout en remuant afin d'épaissir le mélange. Une fois épaissi, en verser une cuillerée sur une assiette et la mettre au réfrigérateur; si cette cuillerée prend, le blanc-manger est prêt. Retirer alors du feu et verser dans un moule. Refroidir au réfrigérateur.

* Ne pas oublier que la préparation de base est un lait d'amandes.

Pain aux pointes d'asperges

On cultive l'asperge depuis environ deux mille ans mais il faut apparemment attendre au XVIIe siècle pour qu'elle fasse son apparition en France, alors que le jardinier de Louis XIV la met à l'honneur. En Nouvelle-France, Pierre Boucher la mentionne le premier, mais il ne semble pas que sa culture se répande avant le milieu du XVIIIe siècle. Les colons en ont toutefois le goût car ils dégustent régulièrement les pousses du cotonnier qui se préparent comme les asperges. Kalm mentionne qu'on les consomme partout au Canada dès le début du printemps. À la fin du siècle, on les vend même au marché en paquets, comme les asperges.

450	g (1 lb) d'asperges
60	ml (4 c. à soupe) de beurre
1	oignon entier
1	bouquet composé d'une branche de persil et d'une branche de thym
	sel et poivre
15	ml (1 c. à soupe) de farine
250	ml (1 tasse) de bouillon [voir recette en annexe]
2	jaunes d'œufs battus
125	ml (1/2 tasse) de crème
2	ml (1/2 c. à thé) de sucre
6 à 8	petits pains
125	ml (1/2 tasse) de lait
125	ml (1/2 tasse) de saindoux

Laver les asperges puis les couper en morceaux en gardant les pointes. Faire blanchir les morceaux 3 minutes et les pointes 1 minute.

Faire fondre le beurre sur feu modéré. Ajouter l'oignon, le bouquet, le sel, le poivre, les asperges et la farine. Faire revenir 2 minutes. Incorporer le bouillon et laisser épaissir en brassant. Cuire environ 3 minutes.

Mélanger les jaunes d'œufs, le sucre et la crème. Incorporer peu à peu 60 à 75 ml (4 à 5 c. à soupe) de la sauce au mélange œufs/crème et verser ce mélange dans la casserole avec les asperges. Cuire à feu doux et laisser épaissir. Retirer l'oignon et le bouquet.

Faire une incision de 10 cm (4 po) au centre sur le dessus des pains. Enlever la mie avec les doigts. Farcir les pains avec le mélange d'asperges et garder le reste au chaud. Rouler les pains dans le lait et les laisser égoutter.

Faire fondre le saindoux sur feu moyen/vif et y dorer les pains. Servir les pains farcis sur le reste des asperges.

Chou-fleur au beurre

Le chou-fleur n'est connu en France que depuis le XVIIe siècle. Il suscite dès son apparition l'enthousiasme chez les nobles et se retrouve sur toutes les bonnes tables. Au Canada, on le connaît depuis le début du XVIIIe siècle. À la suite de l'importation des premières graines, il devient accessible au marché public. À Québec, l'Hôtel-Dieu en produit suffisamment pour en fournir aux équipages des navires hivernant dans la capitale. Au milieu du XVIIIe siècle, des Québécois en poste aux Antilles importent des semences du Canada. Choix de l'élite, ce légume fait l'objet de nombreuses recettes dans les traités de cuisine.

1	chou-fleur
60	ml (4 c. à soupe) de beurre
1	clou de girofle
2	tranches de citron
1	filet de vinaigre
	sel et poivre
1	pincée de muscade
15	ml (1 c. à soupe) de beurre manié

Amener à ébullition environ 1 l (4 tasses) d'eau assaisonnée avec 1 pincée de sel, 15 ml (1 c. à soupe) de beurre et 1 clou de girofle. Couper le chou-fleur en bouquets et faire cuire 10 minutes à feu vif. Bien égoutter le chou-fleur et garder au chaud.

Faire fondre 45 ml (3 c. à soupe) de beurre dans un poêlon sur feu moyen. Ajouter les tranches de citron, le vinaigre, le sel, le poivre et la muscade puis chauffer pendant 3 minutes. Enlever les tranches de citron et ajouter le beurre manié. Faire épaissir la sauce. Au besoin, ajouter un peu d'eau de cuisson.

Verser la sauce sur le chou-fleur.

**Beignets de fraises (p. 53)
et Fromage à la Choisy (p. 54)**

**Strawberry Fritters (p. 52)
and Cream à la Choisy (p. 53)**

*Cafetière en terre cuite et bol de porcelaine, milieu
XVIIIᵉ siècle. Ne servant qu'une seule personne à la
fois, la cafetière était appelée «égoïste».*

*An earthenware coffee pot and porcelain bowl, mid-
eighteenth century. Since the coffee pot served only
one person at a time, it was aptly named "selfish".*

Beignets de fraises

La culture maraîchère des fraises débute au XVIᵉ siècle: Paris s'engoue instantanément de ce fruit. Voilà un dessert délicat qu'apprécient, le soir, les dames, qui y ajoutent de la crème, tandis que les hommes optent pour le vin. Cet engouement perdure. Les explorateurs comme les colons ne manquent pas de souligner l'abondance et la grosseur des fraises sauvages canadiennes. On les consomme avec du sucre et de la crème, en compote, en confiture, en beignets ou dans l'eau-de-vie. D'ailleurs elles se rendent jusqu'aux Antilles sous cette dernière forme.

500 ml (2 tasses) de fraises
 60 ml (1/4 tasse) de sucre
    pâte à beignets
    huile à friture
    sucre glace

Pâte à beignets

 60 ml (4 c. à soupe) de farine
  1 pincée de sel
  1 pincée de poivre
  2 œufs
    le zeste d'un citron
 15 ml (1 c. à soupe) d'huile d'olive
 60 ml (4 c. à soupe) de bière
  2 blancs d'œufs montés en neige

Préparer d'abord la pâte. Dans un bol, mélanger la farine, le sel, le poivre, les œufs, le zeste, l'huile et la bière. Incorporer délicatement les blancs au mélange et laisser reposer 1 heure.

Entre-temps, laver et équeuter les fraises. Faire dégorger les fraises en les saupoudrant de sucre et en les laissant macérer 30 minutes.

Chauffer l'huile sur feu moyen. Dès que l'huile est chaude, jeter les fraises dans la pâte puis dans l'huile chaude. ATTENTION aux éclaboussures car les fraises rejettent beaucoup d'eau. À défaut d'une friteuse, il est préférable d'utiliser une casserole aux parois élevées. Lorsque les beignets sont dorés, laisser égoutter sur du papier essuie-tout. Saupoudrer de sucre glace et servir.

Mousse au chocolat

Découvert par Colomb lors de son quatrième voyage en 1502, le cacao ne gagne la faveur des grands qu'à partir du moment où on décide de l'allier au sucre. D'Espagne, le chocolat se rend en France. Au milieu du XVIIᵉ siècle, l'épouse de Louis XIV, Marie-Thérèse, absorbe à l'excès une nouvelle boisson à base de chocolat qui, dès lors, gagne la faveur de la cour. Peu après, on l'associe au lait et il s'introduit dans toute une gamme de desserts. Les confiseurs l'élisent et en font des mousses, des macarons, des beignets, des crèmes… Au Canada, il se consomme souvent au déjeuner avec du lait et du sucre d'érable, ce qui le rend excellent, aux dires du militaire Pouchot. Bien que le café demeure le plus populaire, les meilleures cuisines disposent d'une chocolatière.

  3 jaunes d'œufs
160 ml (2/3 tasse) de sucre glace
150 g (1/3 lb) de chocolat mi-sucré
 30 ml (2 c. à soupe) d'eau
500 ml (2 tasses) de crème 35 % M.G.
  3 blancs d'œufs
    feuilles de chocolat noir

Battre au malaxeur les jaunes d'œufs dans un bol avec 60 ml (1/4 tasse) de sucre jusqu'à ce que le mélange devienne mousseux.

Mettre le chocolat et l'eau dans une petite casserole et faire fondre à feu doux en remuant constamment. Retirer ensuite du feu et incorporer le chocolat aux 3 jaunes d'œufs en mélangeant sans arrêt. Mettre de côté.

Fouetter la crème en y ajoutant peu à peu le reste du sucre préalablement tamisé jusqu'à ce qu'elle devienne ferme. Battre les blancs d'œufs en neige ferme. Incorporer la crème fouettée au mélange jaunes d'œufs/chocolat à l'aide d'une spatule. Incorporer délicatement à la spatule les blancs d'œufs au mélange.

Mettre dans des coupes et décorer de feuilles de chocolat noir. Réfrigérer pendant 4 heures.

Fromage à la Choisy

Les laitages sont indispensables à l'alimentation des Canadiens au XVIIIe siècle. Le curé Navières, de Sainte-Anne-de-Beaupré, affirme en 1734 que «le lait est aux habitants des campagnes de ce pays ce que sont les châtaignes aux paysans du Limousin». Ce fromage à la Choisy apparaît comme une version XVIIIe siècle de la crème Chantilly, étant parfumé à l'eau de rose et non à la vanille.

500 ml (2 tasses) de crème 35 % M.G.
  2 blancs d'œufs
180 ml (3/4 tasse) de sucre glace
    quelques gouttes d'eau de fleur d'oranger ou d'eau de rose

Fouetter les blancs d'oeufs en neige. Incorporer le sucre et les gouttes à la crème; fouetter. À mesure que la crème épaissit, l'enlever et la placer dans une écumoire pour égoutter. Incorporer ensuite les blancs d'oeufs à la crème. Remplir des coupes et faire refroidir au réfrigérateur une heure ou deux.

Avant de servir, saupoudrer d'un peu de sucre glace. On peut décorer d'un pétale de rose et d'une brindille de fenouil.

Tourte de pêches

Introduite en Amérique par les Espagnols, la pêche est rapidement adoptée par les Amérindiens qui en propageront la culture dans le sud des États-Unis. Les Français la répandront au Canada, d'abord à Montréal chez les sulpiciens, avec plus ou moins de succès, mais surtout à Niagara, à Détroit et dans l'Ohio. De ces régions, les pêches se rendent à Québec, ainsi qu'en témoigne le commandant Contrecœur à Niagara, qui se fait un grand plaisir d'expédier, en 1753, des barils de pêches au gouverneur Duquesne.

    1 abaisse de pâte feuilletée [voir recette en annexe]
8 à 10 pêches pelées et tranchées
  125 ml (1/2 tasse) de sucre glace
    le zeste d'un demi-citron
    bandes de pâte pour la décoration

Chauffer le four à 220 °C (425 °F).

Foncer une assiette à tarte de l'abaisse. Saupoudrer l'abaisse du tiers du sucre et du tiers du zeste. Tapisser l'abaisse d'une première rangée de tranches de pêches. Saupoudrer à nouveau d'un tiers du sucre et d'un tiers du zeste.

Remplir d'une seconde rangée de tranches de pêches. Saupoudrer du reste du sucre et du zeste. Décorer de bandes de pâte.

Cuire 10 minutes à 220 °C (425 °F) puis continuer 35 minutes à 175 °C (350 °F).

Rossoli

Il était naturel qu'au Canada on prépare le rossoli avec du sucre d'érable. Chrestien Leclerc affirme en 1691 qu'il le mélange avec de l'eau-de-vie, des clous de girofle et de la cannelle, «ce qui faisait une espèce de rossoli fort agréable». Quant au sirop d'érable, on le mélange au XVIIIe siècle avec de l'eau froide et du sirop de capillaire, autre production du pays, pour en faire une boisson désaltérante.

500 ml (2 tasses) d'eau-de-vie [brandy]
  3 clous de girofle
  5 grains de poivre noir
  1 bâton de cannelle
 12 grains de coriandre
  5 ml (1 c. à thé) de graines d'anis
125 g (4 oz) de sucre d'érable râpé

Placer tous les ingrédients dans un bol et laisser macérer 4 heures. Passer à l'étamine et embouteiller.

Cuisiniers, pâtissiers et traiteurs: la tradition française

Au XVIIIe siècle tout comme de nos jours, célébrer une noce ou un baptême se fait aussi bien dans un endroit public que dans sa propre demeure. Les plus fortunés font alors appel aux services du traiteur. Mais il n'y a pas qu'à l'occasion des réjouissances qu'on a recours à des services spécialisés. Dans la vie quotidienne, nombre de citadins se procurent des mets préparés par le pâtissier ou le boulanger ou encore ils se rendent à l'auberge pour consommer des repas sur place. En France, au XVIIIe siècle, environ deux douzaines de corporations et davantage encore de métiers œuvrent dans la sphère de l'alimentation, qu'il s'agisse de produits préparés ou non. Chacune de ces corporations jouit de privilèges particuliers. Dans le Paris du XVIIIe siècle, les cabaretiers appartiennent à la corporation des marchands de vin; ils peuvent vendre le vin au détail, couvrir la table d'une nappe et d'assiettes et servir certains plats. Les pâtissiers, également regroupés en corporation, préparent les pâtes feuilletées ou ordinaires destinées aux tourtes et aux flans alors que les rôtisseurs fournissent pâtés et plats cuisinés, en plus de rôtir les viandes. Le traiteur français jouit des droits de trois professions: ceux du cabaretier, ceux du pâtissier et ceux du rôtisseur. Seul le traiteur peut organiser les noces ou les festins, tant chez lui qu'en d'autres lieux.

Il existe de nombreuses autres corporations, entre autres: celles des boulangers, des charcutiers, des limonadiers, des cafetiers, des glaciers et des confiseurs. Le modèle français est lourdement structuré, chaque corporation n'acquérant un privilège supplémentaire qu'au détriment d'une autre.

Mais la lutte pour les privilèges ne se déroule pas seulement entre métiers. Au sein même des corporations, ne parvient pas qui veut au sommet: la maîtrise ne s'obtient qu'après un apprentissage qui peut aller de trois à cinq ans selon le métier, après quoi il faut présenter son chef-d'œuvre sans lequel nul ne peut accéder à la maîtrise et aux prérogatives qui lui sont attachées.

Au Canada, cette ségrégation corporative n'existe pas. Certes, l'apprentissage existe, mais il ne s'exerce pas dans toute sa rigueur française: l'apprenti doit consacrer autant d'années que son homologue français à s'initier à son métier, toutefois il n'a pas à présenter de chef-d'œuvre. Cependant, peu de corps de métiers recrutent des apprentis: de fait, il n'y a que les bouchers, boulangers et pâtissiers qui consentent à dévoiler les secrets de leur art à des néophytes. Souvent, le savoir se transmet de père en fils, notamment chez les bouchers et les boulangers, alors que dans le secteur des mets préparés, le recrutement se fait généralement en France.

Dans une petite ville comme Québec, qui compte à peine 1800 personnes en 1692 et guère plus de 7200 en 1755, on dénombre respectivement 20 et 80 aubergistes, soit 1 pour 90 citadins, dont les trois quarts sont originaires de France. Bon nombre disent avoir une formation de boulanger ou de pâtissier, d'autres de cuisinier, certains ayant même servi dans les cuisines du gouverneur ou de l'intendant.

Reste que la plupart des cuisiniers ayant fait partie de la maisonnée du gouverneur, de l'intendant ou de l'évêque et qui décident de rester au pays au retour de leur employeur vers la France deviennent le plus souvent traiteurs. Ils s'établissent à Québec plutôt qu'à Montréal, parce que cette ville, siège du gouvernement, retient leur clientèle. «Les gens de qualité, écrit un célèbre auteur français de la fin du XVIIe siècle, ne vont pas au cabaret, ils vont manger chez le traiteur.»

À Montréal, selon Mme Bégon, les notables se réunissent chez Nicolas Morand afin d'y faire de «fines parties». Le gouverneur de Longueuil y vaque même à ses tâches administratives. Il n'est pas rare que les officiers d'état-major y élisent résidence. Quelquefois, les «parties» dégénèrent en «belles souleries» au cours desquelles on danse le menuet... non sans peine. À d'autres moments, les agapes débutent sur le coup de midi et se terminent tard en soirée. Montréal n'a rien à envier à la capitale!

Vers 1750, la bonne société de Québec se rend chez le traiteur Jean Amiot, chez Alexandre Picard ou encore chez Jacques Lemoine, dont les ragoûts seront immortalisés dans un poème lyrique de la deuxième moitié du XVIIIe siècle. Amiot arrive à Québec en qualité de cuisinier du gouverneur La Galissonnière; Picard, quant à lui, est chef de cuisine de l'officier Bourlamarque alors que Lemoine est chef de cuisine au Séminaire de Québec. Tous sont évidemment Français d'origine. Ils assument la relève des Antoine Lecompte et Joignet dit Lafrance, le premier ayant exercé à la fin du XVIIe siècle et au début du suivant, le second de 1714 à 1745 environ.

Certains autres membres d'une maisonnée, tels que le pâtissier de l'intendant Hocquart, Charles-Gabriel Pélissier, connaîtront des carrières intéressantes. Originaire de Paris, Pélissier débarque à Québec en novembre 1740 à l'âge de 26 ans. Il épouse l'année suivante Marie-Josephe Sasseville, âgée de 20 ans, dont le père est petit fonctionnaire à l'intendance. Pélissier quitte alors le service de l'intendant et établit son échoppe de pâtissier et sa résidence dans un corps de logis loué rue du Parloir à la haute-ville. Le bail mentionne qu'il est pâtissier mais dès l'année suivante, le recensement paroissial le décrit comme un traiteur. En 1748, il s'associe avec Jean-Antoine Bachelier pour former une société de maître de billard et de pâtissier-traiteur pour une durée de trois ans. Les parties avancent les fonds à parts égales en vue d'acheter outils, ustensiles et linges de table et d'embaucher la main-d'œuvre. Pélissier emménage chez Bachelier, rue Sainte-Anne. Toutefois la mort prématurée de ce dernier met fin à leur association.

De l'épisode Pélissier et des autres traiteurs, il faut retenir trois caractéristiques. Dans tous les cas, il s'agit d'hommes. La cuisine professionnelle est un univers masculin. Par ailleurs, la plupart de ces traiteurs et cuisiniers sont locataires; ils offrent leurs services dans leur cadre de vie domestique. Enfin il faut souligner l'individualisme qui caractérise ces groupes de métiers. Outre l'association Pélissier/Bachelier, une seule autre a été retracée.

Tout compte fait, le Canada compte beaucoup moins de métiers reliés à l'alimentation que la France du XVIIIe siècle. Certes Frontenac a à son service un confiseur parmi les domestiques affectés à la cuisine, mais aucun ne suspendra son enseigne dans les rues de Québec avant la deuxième moitié du XVIIIe siècle. On ne trouve pas davantage de rôtisseurs ou de charcutiers et pourtant, gouverneurs, intendants et évêques en avaient à leur service. Québec peut toutefois se vanter d'accueillir le premier cafetier de la colonie. Établi rue Saint-Pierre à la basse-ville en 1739, Pierre Hévé prétend être à la fine pointe de la mode parisienne. L'initiative, heureuse en soi, connaît pourtant une fin hâtive: la clientèle manque.

Quant aux bouchers et aux boulangers, ils ne sont pas légion. L'État réglemente le nombre de représentants de ces métiers. À peine compte-t-on trois bouchers pour 2500 personnes en 1716; ce nombre triple au bout de trente ans, ce qui tient à une augmentation de la consommation de bœuf quatre fois supérieure à la croissance de la population. Quant aux boulangers, ils sont soumis à des règlements rigoureux de façon à prévenir tout abus. Mais là encore, marchands et individus leur font concurrence puisque les premiers obtiennent le droit d'approvisionner les navires et les seconds, celui de cuire leur propre pain lorsqu'ils disposent de l'équipement nécessaire. Dans tous les domaines, la concurrence est vive.

La conquête du pays ne bouleverse pas le monde de l'alimentation préparée. Gouverneurs et évêques disposent toujours d'une maisonnée avec maître d'hôtel et chef de cuisine. Que ces derniers s'appellent Petit ou Menut, un même cheminement les unit: ils sont Français et ils se recyclent comme traiteurs.

Le plus connu est sans doute Alexandre Menut, cuisinier des gouverneurs Murray puis Carleton, qui deviendra non seulement traiteur mais aussi député. Ce Vatel canadien faisait montre de «talents supérieurs dans l'art de traiter», ainsi que le rapportait la *Gazette de Québec* du 8 janvier 1778. Menut, devenu parlementaire, cesse d'exercer ses activités culinaires. Il vend même l'un de ses commerces à un ex-cuisinier du gouverneur Clark, Charles-René Langlois, qui deviendra le premier restaurateur (au sens moderne) canadien.

Tous ces Français, exaspérés par les guerres franco-britanniques, les représailles religieuses à l'endroit des protestants ou encore par la Révolution française, quittent la France pour l'Angleterre ou les États-Unis. Plusieurs viennent par la suite s'établir soit à Québec, soit à Montréal, ce qui leur permet de préserver un lien avec la mère-patrie. Ainsi, c'est à la fin de la guerre de Sept Ans que se situe l'arrivée du confiseur Antoine Griseau, qui suspend son enseigne sur la côte de la Montagne à Québec pendant cinq ans mais qui, «ne gagnant pas sa vie», se voit contraint de déménager. C'est la Révolution française qui chasse de France Jean Gaston, pâtissier-traiteur établi à Montréal en 1792. Il apporte alors dans ses bagages des connaissances sur les dernières nouveautés culinaires autant «à la façon anglaise que française».

Et que dire du charcutier Broyer, du confiseur Martin et du glacier Lefebvre, ces deux derniers de Paris, qui s'établissent à Montréal dans les années 1816–1819? Grâce à eux, la tradition française se perpétue. Ce sont eux qui offrent à leur clientèle des saucissons de toutes sortes (de Bologne, de Lyon, d'Arles, du cervelas, de la mortadelle), des pâtés (montés, chauds ou froids et «garnis de plusieurs manières»), des pâtisseries (tartes, brioches ou encore choux à la parisienne et biscuits de toutes espèces), sans mentionner les nombreux potages et consommés ni les diverses préparations de viandes et de poissons telles que les gibiers piqués et rôtis ou les côtes de bœuf à la bonne femme.

Boulangerie du XVIIIᵉ siècle. *Encyclopédie de Diderot.*

Cuisiniers, pâtissiers et traiteurs: la tradition française

Potages

Potage à la julienne (*Le Nouveau Cuisinier impérial*, 1813)

Potage à la purée (Liger, *La Nouvelle Maison rustique*, 1755)

Entrées

Veau mariné, sauce Robert (*Traité historique et pratique de la cuisine*, 1758)

Fricassée de poulet Marengo (Audot, *La Cuisinière de la campagne et de la ville*, 1839)

Côtelettes de veau en papillotes (Lecointe, *Le Cuisinier royal*, 1792)

Quartier d'agneau à la sauce (*Le Nouveau Cuisinier impérial*, 1813)

Rôts et relevés

Entrecôte grillée, sauce piquante (Viard, *Le Cuisinier impérial*, 1806)

Canard aux olives (*Dictionnaire portatif de la cuisine*, 1772)

Salades et canapés

Canapés pour hors-d'œuvre (Beauvilliers, *L'Art de la cuisine française*, 1814)

Rôties d'épinards (*Traité historique et pratique de la cuisine*, 1758)

Entremets

Asperges en petits pois (*Traité historique et pratique de la cuisine*, 1758)

Ragoût de haricots à la bretonne (Beauvilliers, *L'Art de la cuisine française*, 1814)

Desserts

Gâteau de Savoie (Menon, *La Cuisinière bourgeoise*, 1772)

Fromage glacé à la bourgeoise (Menon, *La Cuisinière bourgeoise*, 1772)

Poires au sirop de sucre (Utrecht-Friedel, *Le Confiseur royal*, 1821)

Boisson

Sirop de vinaigre (Bouillon-Lagrange, *L'Art de composer les liqueurs de table*, 1807)

Potage à la julienne

De nos jours, la julienne, un classique du répertoire français, désigne une soupe claire dans laquelle on retrouve un mélange de légumes finement émincés et sautés au préalable dans du beurre. La technique de la julienne remonte au début du XVIIIᵉ siècle. Cependant, à cette époque, il s'agit d'un bouillon clair dans lequel on intègre des pointes d'asperges et de l'oseille ou autres légumes. Toutefois, comme l'indique Liger, auteur de La Nouvelle Maison rustique, ces légumes ne pouvaient être que verts. Cette façon d'apprêter reste toujours en vogue au début du XIXᵉ siècle alors que le charcutier Broyer informe ses clients montréalais qu'il prépare de la soupe à la julienne à leur intention.

    30 ml (2 c. à soupe) de lard fondu
     3 branches de céleri coupées en bâtonnets
2 à 3 grandes feuilles d'oseille équeutées et coupées en lamelles
     1 petite laitue Boston coupée en lamelles
  1,5 l (6 tasses) de bouillon*
     2 carottes
     2 panais
     2 petits navets
     1 oignon piqué de 2 clous de girofle
   250 ml (1 tasse) de petits pois

Faire revenir le céleri puis l'oseille et la laitue dans le lard. Mouiller avec le bouillon. Ajouter les carottes, les panais, les navets et l'oignon. Faire cuire 1 heure à feu doux. Retirer carottes, panais, navets et oignon. Ajouter les petits pois et chauffer 5 minutes. Servir sur des croûtes de pain.

* Note: Le bouillon cité dans le Nouveau Cuisinier impérial se prépare avec du bœuf, des carottes, des oignons, des panais, des navets, du céleri, des poireaux et un morceau de foie.

Potage à la purée

Les commentateurs manquent d'adjectifs pour décrire la qualité des pois du Canada. Selon Joseph-François Perrault, auteur d'un traité d'agriculture en 1831, les habitants des villes et des campagnes en font une grande consommation. En milieu rural, les cochons s'en nourrissent, ce qui affermit le lard, dit-on. Les pois verts, ajoute Perrault, sont agréables et sains. Toutefois, si leur qualité nutritive augmente en vieillissant, ils deviennent par contre plus difficiles à digérer et «venteux», à moins qu'on ne retire leur enveloppe et qu'on ne les mange en purée. Les commentateurs des XVIIIᵉ et XIXᵉ siècles sont d'ailleurs unanimes à qualifier d'admirable la purée de pois canadiens.

  2,5 l (10 tasses) d'eau
  450 g (1 lb) de pois verts cassés
   60 g (2 oz) de feuilles d'oseille
    1 endive
    2 clous de girofle
    1 oignon
    5 ml (1 c. à thé) de cerfeuil séché
    6 tiges de persil
    5 ml (1 c. à thé) de sel
   60 ml (4 c. à soupe) de beurre

Amener l'eau à ébullition. Laver et égoutter les pois. Les faire cuire pendant 2 heures. Passer le tout au tamis sans écraser les pois. (On peut réserver la purée de pois pour une autre recette.)

Remettre le bouillon au feu avec les autres ingrédients, amener à ébullition et faire mijoter pendant 40 minutes. Passer à nouveau le bouillon au tamis et servir chaud sur des croûtes de pain.

Veau mariné, sauce Robert

Selon le voyageur anglais John Lambert, le veau canadien est, au début du XIXe siècle, non seulement cher mais dénué de goût. Cela viendrait de ce qu'on tue les bêtes trop jeunes. Voilà pourquoi on se rend chez le cuisinier pour piquer le veau et le larder. Viande recherchée et coûteuse, il exige, comme toutes les viandes de lait, un assaisonnement supplémentaire. Dans son arrêté de compte, le cuisinier Jacques Joignet dit Lafrance exigeait, en mai 1732, une somme de deux livres du négociant Crespin pour le piquage d'une longe de veau. À cette époque, le coût à la livre du veau est de 10 à 15 p. 100 supérieur à celui du bœuf; cet écart se situe à 100 p. 100 au début du XIXe siècle selon Lambert.

Une cuisinière au début du XIXe siècle. Illustration tirée du *Nouveau Cuisinier impérial*, 1813. Université Laval (livres rares).

900	g (2 lb) d'épaule de veau de lait
6	lardons en ficelle assaisonnés comme suit:
1	ml (1/4 c. à thé) de sel
1	ml (1/4 c. à thé) d'épices fines [voir recette en annexe]
5	ml (1 c. à thé) de persil frais haché
5	ml (1 c. à thé) de ciboulette fraîche hachée
375	ml (1/2 bouteille) de vin blanc
80	ml (1/3 tasse) de brandy
4	clous de girofle
1	oignon coupé en rondelles
	sel et poivre
4	branches de persil
5 à 6	branches de ciboulette

Sauce Robert

2	petits oignons
30	ml (2 c. à soupe) de beurre
60	ml (1/4 tasse) de vin blanc
250	ml (1 tasse) de bouillon [voir recette en annexe]
1	ml (1/4 c. à thé) d'épices fines [voir recette en annexe]
45	ml (3 c. à soupe) de coulis ou de beurre manié [voir recette en annexe]
1	filet de vinaigre de vin
15	ml (1 c. à soupe) de moutarde à l'ancienne

Piquer la pièce de veau avec les lardons.

Faire une marinade avec le vin, le brandy, l'oignon et les aromates; laisser mariner le veau pendant 12 heures. Braiser le veau dans la marinade pendant 3 heures à feu doux.

Vingt minutes avant la fin de la cuisson, préparer la sauce. Couper d'abord les oignons en tranches fines. Les faire revenir dans le beurre sur feu moyen 3 à 4 minutes. Mouiller du quart du bouillon et chauffer à petit feu 3 à 4 minutes. Ajouter le reste du bouillon, le vin et les épices fines. Lier avec le coulis ou le beurre manié et faire épaissir. Ajouter le filet de vinaigre et la moutarde.

Servir la sauce sous la pièce de veau.

Fricassée de poulet Marengo

Marengo: combat gagné par Napoléon aux dépens des Autrichiens en 1800. Et pour célébrer la victoire, Napoléon demande à son cuisinier Dunand de lui préparer quelque chose. En raison de l'éloignement des véhicules de ravitaillement, Dunand ne dispose que de quelques œufs, de tomates, d'écrevisses, d'une petite poule, d'un peu d'ail et d'huile. Ainsi le veut la légende. Moins de vingt ans plus tard, la réputation du poulet Marengo s'est si bien répandue que le charcutier Broyer le propose à ses clients montréalais. Et pourtant aucun traité culinaire, à notre connaissance, ne donne la recette à ses lecteurs à cette date. C'est dire que les livres de cuisine ne reflètent pas toujours fidèlement le marché. Par ailleurs, il faut souligner la différence sensible entre l'anecdote traditionnelle et les ingrédients proposés par les auteurs de la première moitié du XIXᵉ siècle. Si les écrevisses font partie de longue date du bagage culinaire français, en revanche les tomates sont une nouveauté qui ne se répand en cuisine qu'après 1850.

2	petits poulets
125	ml (1/2 tasse) d'huile d'olive
	sel
1	bouquet garni (persil, laurier, thym, ciboule)
450	g (1 lb) de champignons entiers
2	truffes tranchées (facultatif)
6	œufs frits
	croûtons frits

Sauce au vin

30	ml (2 c. à soupe) de beurre
30	ml (2 c. à soupe) de persil
1	échalote
3	champignons hachés
30	ml (1 oz) de vin blanc

Couper les poulets en 6 ou 8 morceaux chacun. Cuire dans un poêlon avec l'huile d'olive sur feu modéré pendant 45 minutes.

Pendant ce temps, préparer la sauce en faisant fondre le beurre dans un autre poêlon et y faire revenir le persil, l'échalote, les champignons hachés. Arroser du vin blanc et cuire à feu doux 30 minutes.

Dix minutes avant la fin de la cuisson, ajouter le bouquet garni, les champignons et les truffes aux morceaux de poulet. Dresser les morceaux de poulet avec les champignons et les truffes sur un plat de service et garder au chaud. Verser une partie de l'huile de cuisson dans la sauce au vin. Bien mélanger et verser sur le poulet. Décorer le plat des œufs frits et des croûtons et servir immédiatement.

Côtelettes de veau en papillotes

Le terme «papillotte» s'applique surtout à la cuisson au four de côtelettes de veau dans du papier découpé en forme de cœur, alors que le papier gonfle sous l'effet de la chaleur. Cette recette serait l'œuvre de l'un des plus éminents membres de la diaspora culinaire française du XVIIIᵉ siècle, Vincent La Chapelle. C'est dans son Cuisinier moderne, paru en français en 1735, qu'apparaîtrait pour la première fois ce futur grand classique de la cuisine française. Et qui d'autre que le charcutier Broyer pouvait offrir ce mets raffiné à sa distinguée clientèle, y compris sous sa variante de côtelettes de mouton?

6	côtelettes de veau de 1 cm (1/2 po) d'épais
60	ml (4 c. à soupe) de persil haché
2	échalotes hachées
2	jaunes d'œufs
	sel et poivre
60	ml (4 c. à soupe) de beurre fondu
250	ml (1 tasse) de chapelure
6	côtelettes de veau
	papier parchemin ou, à défaut, du papier d'aluminium

Mélanger le persil, les échalotes, les jaunes d'œufs, le sel, le poivre et le beurre. Badigeonner les côtelettes avec le mélange et recouvrir de chapelure. Placer les côtelettes sur du papier découpé en forme de cœur.

Sceller les papillotes en pliant le rebord du papier d'un côté puis de l'autre à tous les centimètres (1/2 po). Chauffer le four à 175 °C (350 °F).

Placer les papillotes au four sur une feuille d'aluminium et faire cuire de 25 à 30 minutes ou, si vous utilisez du papier parchemin, jusqu'à ce que celui-ci gonfle et devienne doré. Servir les côtelettes dans leurs papillotes.

Entrecôte grillée, sauce piquante (p. 63)   **Grilled Spencer Roast with Piquante Sauce (p. 61)**

Assiette de faïence. Terre cuite émaillée aux reflets veloutés, la faïence devient très populaire au XVIIIᵉ siècle et concurrence l'étain.

Earthenware plate. Crockery, enamelled earthenware with soft reflections, became very popular in the eighteenth century and was strong competition for pewterware.

Quartier d'agneau à la sauce

Mouton et agneau ne peuvent être considérés comme des viandes courantes au XVIIIe siècle. Introduits relativement tard dans la colonie, les moutons, selon l'expression du jésuite Silvy, «ne commencent à être plus communs» qu'au début du XVIIIe siècle. Selon l'intendant Raudot, il y aurait une explication à ce phénomène: les agriculteurs favorisent l'élevage du mouton en périodes de crise agricole parce que les fourrages sont moins dispendieux que ceux des bœufs. Au marché, les agriculteurs vendent l'agneau ou le mouton au quartier, à la demie ou à la carcasse, alors que dans les étals de bouchers, on l'achète à la livre. Entre 1730 et 1732, le cuisinier Lafrance apprête et cuit aussi pour le marchand Crespin quelques quartiers de mouton. Mais il faut attendre la seconde moitié du XVIIIe siècle pour que le nombre de moutons excède celui des porcs, sans doute en partie sous l'influence des Britanniques.

1	gigot d'agneau de 900 g (2 lb) désossé
5 ml	(1 c. à thé) de sel
30 ml	(2 c. à soupe) de beurre
2 ml	(1/2 c. à thé) de poivre
45 ml	(3 c. à soupe) de persil frais haché
1	échalote hachée
1	ciboule hachée
60 ml	(1/4 tasse) de chapelure
30 ml	(2 c. à soupe) de vin blanc
30 ml	(2 c. à soupe) de bouillon
30 ml	(2 c. à soupe) de jus d'orange

Chauffer le four à 160 °C (325 °F). Placer le gigot sur une lèchefrite et le cuire 55 minutes par kilo (25 minutes par livre), de manière à ce qu'il ne soit pas tout à fait cuit (environ 160 °F au thermomètre). Retirer la viande du four et la laisser refroidir quelque peu.

Entre-temps, faire une farce à l'aide du sel, du beurre, du poivre, du persil, de l'échalote, de la ciboule et de la chapelure. Farcir le gigot. Mettre la viande dans un poêlon avec le vin, le bouillon et le jus d'orange; faire chauffer doucement pendant 10 minutes.

Entrecôte grillée, sauce piquante

Au XVIIIe siècle, les observateurs sont partagés quant à la qualité et au goût du bœuf canadien; certains le considèrent d'excellente qualité; d'autres le tiennent en piètre estime. Cette divergence naît peut-être des genres de pâturages qu'offrent les diverses régions. La préférence va aux viandes des prés salés. D'aucuns comme John Lambert soulignent la dureté des chairs vendues par les habitants et l'excellence de celles qu'on trouve dans les étals de bouchers, relevant de ce fait une réalité économique propre au moment de son passage. D'autres relèvent une odeur de poisson, nourriture occasionnelle donnée au bétail quand le fourrage vient à manquer pendant l'hiver. Quoi qu'il en soit, le débat ne pourra jamais être tranché, puisque le tout est affaire de goût. Cependant il est un aspect sur lequel tous s'entendent: le bœuf canadien est petit et pèse à peine plus de 500 livres, soit deux fois moins que de nos jours.

1,25 kg	(3 lb) de rôti d'entrecôte ou de contre-filet
	sel et gros poivre
15 ml	(1 c. à soupe) de beurre fondu
15 ml	(1 c. à soupe) d'huile d'olive

Sauce piquante

125 ml	(1/2 tasse) de vinaigre de vin
2	petits piments «enragés»
1	pincée de poivre fin
1	feuille de laurier
1	pincée de thym
60 ml	(4 c. à soupe) de sauce espagnole [voir recette en annexe]
30 ml	(2 c. à soupe) de bouillon [voir recette en annexe]

Chauffer le four à 160 °C (325 °F). (La cuisson peut aussi bien s'effectuer sur le barbecue qu'au four.) Frotter la pièce avec le sel et le gros poivre et badigeonner de beurre et d'huile d'olive. Cuire jusqu'à 65 °C (150 °F) au thermomètre ou 40 minutes par kilo (18 à 20 minutes par livre) pour une cuisson à point saignant.

Quinze minutes avant la fin de la cuisson, préparer la sauce. Nettoyer les piments en enlevant les extrémités et les graines puis les hacher finement. Mettre les piments, le vinaigre, le poivre, le laurier et le thym dans une petite casserole; cuire à feu vif afin de réduire de moitié. Ajouter la sauce espagnole et le bouillon; mélanger et faire cuire en remuant doucement jusqu'à ce que la sauce se lie un peu mais garde une consistance légère. Rectifier l'assaisonnement.

Trancher la pièce de viande et napper de sauce.

Canard aux olives (p. 65)   *Duck with Olives (p. 63)*

La halle du marché de Québec en 1808, d'après le plan-relief Duberger (lieu historique national du Parc-de-l'Artillerie).

The hall of the Quebec Market in 1808, based on a three-dimensional drawing by Duberger (Parc-de-l'Artillerie National Historic Site).

Canard aux olives

Les canards aboutissant dans les assiettes des convives du XVIIIe siècle sont le plus souvent le produit de la chasse. En effet, les espèces domestiques sont rares en Nouvelle-France. Selon Jean-François Gaultier, il ne faut pas se scandaliser de constater qu'on en consomme quelques-uns les jours maigres en prétextant qu'il s'agit de poisson! Et, d'ajouter Gaultier, «c'est même une chose si universelle qu'on en sert le vendredi et le samedi [jours maigres] sur la table de M. l'évêque de Québec et de plusieurs communautés». Bien loin de se garder de dénoncer la situation, il avoue: «je m'en accommode à merveille»! Au XVIIIe siècle, les olives sont importées du sud de la France mais surtout d'Espagne.

- 1 canard de 1,75 kg (4 lb)
- 10 ml (2 c. à thé) de beurre
- 3 champignons
- 60 ml (1/4 tasse) de bouillon [voir recette en annexe]
- 15 ml (1 c. à soupe) de coulis ou de beurre manié [voir recette en annexe]
- 375 g (13 oz) d'olives vertes dénoyautées et blanchies

Chauffer le four à 175 °C (350 °F). Piquer le canard avec une fourchette et le placer sur une lèchefrite. Cuire 65 minutes par kilo (30 minutes par livre).

Une demi-heure avant la fin de la cuisson, préparer la sauce. Faire fondre le beurre et y faire revenir les champignons coupés en lamelles. Lorsqu'ils ont jeté leur jus, incorporer le bouillon et le coulis (ou le beurre manié). Laisser mijoter quelque temps. Ajouter les olives (préalablement blanchies pendant 2 minutes) et laisser mijoter quelques minutes de plus. Arroser le canard de cette sauce et servir les olives autour du canard.

Canapés pour hors-d'œuvre

Les Canadiens, écrit la baronne von Riedesel en 1782, ne connaissent pas l'art d'apprêter les cornichons marinés au vinaigre. Dans la colonie, l'usage le plus répandu veut qu'on les confise au sel, même si la marinade au vinaigre est connue et pratiquée en France depuis le XVIIe siècle. Les conserves de nos jours semblent donc avoir hérité de la tradition culinaire anglaise. Le pickling anglais remonte au lointain passé médiéval et fait partie des mœurs culinaires insulaires, à tel point que les pickles remplacent les sauces comme accompagnement des viandes. Beauvilliers reprend les traditions en associant marinade et canapé; sans doute s'est-il souvenu de son séjour en Angleterre pendant les guerres révolutionnaires. Mais déjà cette tradition anglaise commence à pénétrer dans les mœurs québécoises, puisque le charcutier Broyer offre des «cornichons supérieurs». Dix ans plus tard, dans son traité d'agriculture, Joseph-François Perrault note au sujet des piments qu'on les cueille verts «pour les confire au vinaigre seuls ou avec des cornichons». La tradition… s'établit.

- 6 tranches de pain
- 60 ml (4 c. à soupe) d'huile d'olive
- 60 ml (4 c. à soupe) de beurre
- 4 œufs durs
- 1 gros cornichon à l'aneth
- 10 ml (2 c. à thé) de câpres
- 2 ml (1/2 c. à thé) de cerfeuil séché
- 60 ml (4 c. à soupe) d'estragon séché
  sel et poivre
- 30 ml (2 c. à soupe) d'huile d'olive
- 10 ml (2 c. à thé) de vinaigre de vin blanc
- 60 g (2 oz) de filets d'anchois

Tailler les tranches de pain en morceaux de formes et de grosseurs variées en prenant soin d'enlever la croûte. Faire fondre l'huile et le beurre à feu modéré et y faire dorer les morceaux de pain. Mettre de côté.

Hacher séparément les blancs et les jaunes d'œufs. Mettre de côté. Hacher le cornichon et les câpres puis les assaisonner du cerfeuil, de l'estragon, du sel et du poivre. Ajouter l'huile et le vinaigre et mélanger.

Tartiner les croûtons de pain du mélange de cornichon. Recouvrir les morceaux tantôt de blancs, tantôt de jaunes d'œufs. Décorer de morceaux de filets d'anchois.

Rôties d'épinards

La civilisation laurentienne est celle du froment. On y consomme donc du pain et en quantités prodigieuses. En 1706, aux dires de l'intendant Raudot, l'habitant consomme deux livres de pain par jour, alors que la ration du soldat est d'une livre et demie par jour. À cette époque, on peut se procurer dans les boulangeries du pain blanc, du pain blanc bis et du pain bis, les deux dernières variétés contenant du son à des degrés divers. Mais selon les voyageurs, on préfère, et de loin, le pain blanc. Les potages sont souvent servis avec des croûtons qui ont «mitonné» dans le bouillon. Les Français à cette époque ne prisent guère le pain rôti, servi de nos jours au petit déjeuner. Mais il fait partie des mœurs anglaises. Servies sous forme de petites bouchées en entrées ou hors-d'œuvre, les rôties sont destinées à une clientèle qui se veut raffinée.

60	g (2 oz) d'épinards
30	ml (2 c. à soupe) de beurre
1	pincée de sel
1	pincée de muscade
5	ml (1 c. à thé) de sucre glace
	le zeste d'un citron
60	ml (1/4 tasse) de crème
2	œufs
	tranches de pain coupées en bouchées
80	ml (1/3 tasse) de chapelure
	huile à friture

Blanchir les épinards 2 minutes. Les égoutter et les hacher menu. Les faire revenir à feu moyen dans le beurre avec le sel, la muscade, le sucre et le zeste. Incorporer la crème petit à petit en remuant constamment 5 à 7 minutes. Retirer du feu et incorporer un œuf. Laisser refroidir.

Tremper les bouchées de pain dans l'autre œuf battu. Tartiner le mélange d'épinards sur les bouchées. Saupoudrer de chapelure. Plonger dans l'huile chaude jusqu'à ce que les bouchées soient d'un beau doré.

Donne environ 24 petites bouchées.

Asperges en petits pois

De tout temps, l'asperge a été considérée comme un légume de luxe. C'est sans doute ce qui explique pourquoi le fonctionnaire Claude Morillonnet dit Berry exige de son locataire en 1747, un certain Barthelemy Collins, qu'il lui réserve annuellement plusieurs paquets d'asperges dans le jardin de sa maison mise en location rue Saint-Louis à Québec. Non loin de là, quelques années plus tard, au parc de l'Artillerie, une controverse au sujet d'un potager rempli d'asperges éclate au grand jour entre les officiers d'artillerie et leur commandant désireux de se l'approprier. Ce dernier aura évidemment gain de cause. Ces anecdotes disent bien dans quelle estime on tient ce légume. D'ailleurs, si les asperges en petits pois connaissent une telle vogue dès le XVII siècle, cela vient de ce que les petits pois constituent aussi un produit de luxe. À défaut de pois, on peut toujours «déguiser» les asperges et les substituer aux petits pois.*

450	g (1 lb) d'asperges coupées en petits morceaux
15	ml (1 c. à soupe) de beurre
125	ml (1/2 tasse) d'eau de cuisson
	poivre
5	ml (1 c. à thé) de sucre brun
1	bouquet de persil et de ciboulette
3	petits jaunes d'œufs battus
15	ml (1 c. à soupe) de farine
1	pincée de muscade
30	ml (2 c. à soupe) de crème ou de lait

Faire blanchir les asperges 2 minutes et les égoutter. Les faire revenir dans le beurre et ajouter l'eau de cuisson. Assaisonner avec le poivre, le sucre et le bouquet et cuire à petit feu 15 minutes. Enlever le bouquet et les asperges et garder celles-ci au chaud.

Lier les jaunes d'œufs, la farine, la muscade et le lait (ou la crème). Rajouter quelques cuillerées du liquide de cuisson chaud au mélange d'œufs tout en battant. Lier le mélange au reste du liquide de cuisson et laisser épaissir à feu doux. Remettre les asperges dans la sauce et les réchauffer quelques minutes. Servir promptement.

Ragoût de haricots à la bretonne

L'ingrédient risque ici de semer la confusion dans les esprits. Lorsque le charcutier Broyer propose à sa clientèle des «petites fèves à la bretonne» au début du XIXe siècle, il doit certainement s'agir de haricots. On donne en effet le nom de haricot à la plante de même qu'au fruit qu'elle produit; cependant la gousse consommée fraîche s'appelle haricot vert et le grain sorti de cette gousse, haricot blanc ou fèverole. Quand le grain est sec, on parle de haricot sec ou de fève de haricot. De là naît la confusion entre le haricot (phaseolus vulgarus) et la fève de marais ou gourgane ou encore fève européenne (vicia faba). Cette façon d'apprêter les haricots n'est pas nouvelle; déjà au milieu du XVIIe siècle, Nicolas Bonnefons suggérait de les fricasser avec du beurre et de l'oignon. Ce mets est aujourd'hui disparu de nos tables; on lui a substitué au cours du XIXe siècle, au contact des Américains, des «fèves» au lard, aromatisées ou non à la mélasse.

450 g (1 lb) de haricots secs
5 ml (1 c. à thé) de sel
4 gros oignons
125 ml (1/2 tasse) de beurre
30 ml (2 c. à soupe) de farine
125 ml (1/2 tasse) de bouillon [voir recette en annexe]
45 ml (3 c. à soupe) de sauce espagnole [voir recette en annexe]
sel et poivre

Placer les haricots dans un grand chaudron et couvrir d'eau à 2 cm (1 po) au-delà. Ajouter le sel. Amener à ébullition, réduire le feu et cuire à feu doux 45 minutes. Égoutter.

Pendant ce temps, préparer, comme le dit Beauvilliers, «la pluche d'oignons au roux». Couper les oignons en rondelles. Faire fondre 45 ml (3 c. à soupe) de beurre et faire revenir les oignons 6 à 8 minutes. Saupoudrer les oignons de farine et faire roussir en remuant constamment. Ajouter le bouillon et bien mélanger. Battre le mélange au robot.

Placer la purée et 45 ml (3 c. à soupe) de beurre avec les haricots. Ajouter 700 ml (3 tasses) d'eau et bien mélanger. Amener à ébullition et faire cuire doucement environ 2 heures ou jusqu'à ce que les haricots soient tendres. Ajouter la sauce espagnole et le beurre restant puis assaisonner, mélanger et laisser cuire encore 10 minutes.

Gâteau de Savoie

Le gâteau de Savoie est très ancien. Selon la tradition, Pierre de Yenne, bâtard d'Amédée V de Savoie, l'aurait créé vers 1343. Par la suite, on retrace la recette dans la plupart des traités culinaires français. Elle se taille même une réputation enviable dans tout l'Occident. À Québec et à Montréal au XVIIIe siècle, pâtissiers et traiteurs la proposent fréquemment à leur clientèle, tels Charles Martin, confiseur et pâtissier nouvellement arrivé de Paris, ou encore Jean-Baptiste Martinucio, également de Paris et ayant pignon sur rue à proximité de la cathédrale de Québec. Au Savoy Spunge Cake de Martinucio, il faut ajouter le pain de Savoie de Robert Paul, pâtissier de Montréal originaire de Glasgow en Écosse. Le gâteau de Savoie avait ses adeptes d'une mer à l'autre!…

14 œufs séparés
500 ml (2 tasses) de sucre
500 ml (2 tasses) de farine tout usage
le zeste d'une limette
2 bouchons d'eau de fleur d'oranger

Chauffer le four à 200 °C (400 °F).

Fouetter les blancs en neige. Incorporer graduellement le sucre aux jaunes et mélanger jusqu'à consistance crémeuse. Ajouter aux jaunes le zeste et l'eau de fleur d'oranger. Incorporer une première cuillerée de blancs au mélange de jaunes et tourner vivement. Par la suite, ajouter alternativement une cuillerée de farine et une de blanc en soulevant la pâte.

Graisser un moule d'une bonne grandeur et y verser le mélange. Cuire 5 minutes à 200 °C (400 °F) puis réduire la chaleur à 150 °C (300 °F) et cuire pendant 40 minutes. Enfoncer un cure-dent dans le gâteau et s'il en ressort propre, le gâteau est cuit.

Fromage glacé à la bourgeoise

Le 7 juillet 1768, le traiteur Alexandre Menut avisait «ceux qui jugeront à propos d'avoir chez eux petit ou grand repas [...] qu'il ira faire en ville les festins et repas à prix raisonnable comme aussi il fera toutes sortes de pâtisseries et fromages à la glace». Au XVIIIe siècle, eaux, crèmes et fromages glacés de même que sorbets connaissent un succès extraordinaire. Et la concurrence est vive pour s'attirer les faveurs du public. Mais le summum de la qualité se retrouve chez l'illustre Dillon, de Montréal, qui offre les cirina gelata, ces fameuses glaces italiennes, rappelant de ce fait l'origine de ce mets délectable. Les glaces font leur apparition sur la scène parisienne vers la fin du XVIIe siècle. L'un de leurs principaux propagateurs serait l'Italien François Procope. Lorsque le gouverneur Frontenac demande à son confiseur de préparer à l'intention des chefs amérindiens venus parlementer à Québec des glaces de toutes les couleurs, il fait la preuve de son raffinement culinaire, faisant ainsi honneur à sa réputation de gastronome.

500 ml (2 tasses) de crème 35 % M.G.
250 ml (1 tasse) de lait
1 jaune d'œuf légèrement battu
180 ml (3/4 tasse) de sucre blanc
15 à 20 ml (3 à 4 c. à thé) d'essence de citron ou d'eau de fleur d'oranger

Mettre dans une casserole sur feu moyen la crème, le lait et le jaune d'œuf. Ajouter peu à peu le sucre sans cesser de battre au fouet et amener à ébullition. Après 15 minutes la crème se met à mousser: c'est le signe que l'ébullition commence. Continuer à fouetter 1 minute. Après que 5 ou 6 grosses bulles sont apparues, retirer du feu. Ajouter l'essence et fouetter quelque peu. Goûter et rectifier la saveur. Verser dans un moule en fer blanc et congeler pendant 4 heures. Pour démouler, plonger dans l'eau chaude une fraction de seconde; mettre une assiette sur le moule et renverser. Servir aussitôt.

Poires au sirop de sucre

Il existe de nombreuses variétés de poires; Nicolas Bonnefons, dans son Jardinier français, affirme qu'on en recense plus de quatre cents. Au Canada, on les trouve principalement dans la région de Montréal, soit chez les sulpiciens, soit dans les vergers du maraîcher Guy. C'est d'ailleurs de ce coin de pays que proviennent les poires apprêtées au sirop de sucre que déguste le Suédois Kalm lors de son passage à l'hôpital général de Québec en 1749. De quelle variété s'agit-il? Le mystère demeure, quoique William Berczy indique à sa femme que les poires bon chrestien, l'un des plus beaux fleurons horticoles des XVIIIe et XIXe siècles, sont à l'honneur. Encore faut-il préciser que la bon chrestien se nomme également Bartlett.

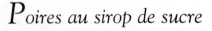

4 à 5 poires
1 l (4 tasses) de cassonade blonde
110 g (1/4 lb) de miel
375 ml (1 1/2 tasse) d'eau
2 blancs d'œufs et les coquilles écrasées

Amener à ébullition sur feu moyen tous les ingrédients sauf les poires. Réduire le feu et chauffer environ 15 minutes. Écumer jusqu'à ce que le sirop paraisse très clair. Passer au tamis fin au terme de la cuisson. Peler et épépiner les poires. Les déposer dans un plat et les arroser de sirop. Laisser refroidir à la température ambiante.

Boutique d'un pâtissier du XVIIIe siècle. *Encyclopédie de Diderot.*

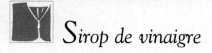

Voici une recette qui est demeurée populaire jusqu'à un passé récent; nos grands-parents la reconnaîtraient sûrement. Le vinaigre consommé en Nouvelle-France était soit importé, soit produit sur place, du moins au XVIIIe siècle. C'est bien évidemment le vinaigre de vin qu'il fallait importer. Mais saviez-vous qu'on fabriquait également du vinaigre au Canada à base d'eau d'érable? C'est du moins ce que laisse entendre le médecin Gaultier dans le mémoire qu'il présente à l'Académie royale des sciences en 1755. «L'eau d'érable, écrit-il, étant renfermée dans un baril s'aigrit; mais moins promptement que la liqueur qu'on tire des cannes à sucre. On expose un baril au soleil pendant l'été et l'eau d'érable se convertit en un vinaigre fort bon.» Ce vinaigre, précise cependant Gaultier, est fait à partir de l'eau des dernières coulées.

500 ml (2 tasses) de framboises
500 ml (2 tasses) de vinaigre
1,1 l (4 1/2 tasses) de sucre

Faire macérer dans un pot les framboises dans le vinaigre pendant 8 jours, le vinaigre ne devant pas surnager. Passer le liquide dans un tamis de soie (à défaut un bas nylon fait l'affaire). Réserver 500 ml (2 tasses) de sirop.

Dans un bain-marie, faire chauffer le sucre et le sirop jusqu'à ce qu'il ne reste aucun granule. Retirer et laisser refroidir. Embouteiller. Pour servir, verser deux portions de sirop pour une d'eau glacée ou d'eau gazéifiée glacée.

Boutique d'un confiseur du XVIIIe siècle avec illustration des ustensiles et du fourneau potager. *Encyclopédie de Diderot.*

John Bull au Canada, 1760-1820: L'adaptation des premiers Britanniques

Au milieu du XVIIIe siècle, le peuple anglais s'identifie à John Bull, ce gros bonhomme jovial et grand buveur. Symbole des gros propriétaires terriens et de l'empire, ce personnage se nourrit surtout de pièces de bœuf, de mouton et de bière. Il personnifie l'Anglais typique qui apprécie par-dessus tout la simplicité des apprêts et l'abondance des viandes à table.

Personnage contradictoire, il déplore les trop grandes quantités d'assaisonnements ou d'épices qui masquent le goût naturel des viandes mais avoue son penchant pour les saveurs cuisantes et épicées et pour les mets que les Indes lui apportent. Il accorde moins d'importance aux légumes, bien que ceux-ci commencent à apparaître sur les tables bourgeoises, car, répétons-le, il aime la viande. D'où l'impression de monotonie qui se dégage du répertoire culinaire anglais. Non que la variété soit absente dans la cuisine insulaire, mais c'est dans l'apprêt des aliments en conserve, des marinades et des condiments ainsi que dans les sucreries (biscuits, gâteaux, tartes et puddings de tous genres) qu'il faut la chercher.

À bien des égards, les traditions médiévales persistent dans la cuisine britannique. Les sauces ne sont que des jus de viandes assaisonnés, les *gravy*; les épices appréciées au Moyen Âge (gingembre, macis, etc.), bien qu'utilisées avec modération, perdurent; les techniques de cuisson de base, le rôti et le bouilli, ont peu évolué. Pourtant la cuisine française trouve des échos outre-Manche depuis le XVIIe siècle. La plupart des grands traités culinaires français y sont traduits presque simultanément, de sorte que la terminologie et les techniques françaises – coulis, daube, bisque, à la mode, ragoût, fricassée – sont connues. Toutefois, on assiste parallèlement à une réaction francophobe contre les méthodes, les manières à la table, la prodigalité, les goûts et surtout l'extravagance des mets français.

Ainsi, pour les premiers Anglais et Écossais à s'établir au Canada après la Conquête, la cuisine du pays, sans être complètement inconnue, n'en demeure pas moins étrangère. C'est dans ce contexte qu'il faut replacer les commentaires parfois désobligeants et hautains de certains voyageurs de la fin du XVIIIe siècle et du début du suivant. Jeremy Cockloft, par exemple, laisse tomber, cinglant: «*I would not advise an epicure in diet to visit Québec.*»

Pour les premiers Britanniques, il convient donc de s'approvisionner en ingrédients propres à la cuisine anglaise. Jambons du Yorkshire, fromage du Cheshire, lard et bœuf salé d'Irlande, beurre rose de Cork, orge d'Écosse, noix marinées, cornichons *gerkins*, mangues et huîtres marinées, harengs fumés, poivre de la Jamaïque, macis, gingembre, poivre de Cayenne, moutarde Durham, sauce au poisson, ketchup, sauce de soya ne sont que quelques-uns des nombreux produits du garde-manger impérial qui ne tardent pas à remplir les étalages des marchands-épiciers.

Une fois cette première étape franchie, il devenait indispensable d'établir des lieux pour apprêter et consommer la cuisine nationale à l'extérieur du foyer. Au milieu du XVIIIe siècle, les Britanniques, beaucoup plus que les Français, ont pris l'habitude de manger à l'extérieur. Ils se réunissent dans les cafés, tavernes et *chop houses* de la ville.

Bien que les auberges et les cabarets existent déjà, ils ne rappellent ni le ton ni le style anglais, situation qui ne tarde pas à être corrigée. Les premières tavernes de Québec comme la Taverne de Londres, de Samuel Sills, pâle reflet de son homonyme londonien célèbre pour sa soupe à la tortue, offrent à dîner ou à souper sur place. On y consomme à heures fixes l'«ordinaire» ou table d'hôte et des mets froids de toutes sortes. Ces tavernes offrent également des services de traiteur comme Edward Allen, de Montréal, qui prépare sur commande des «*Beef Steaks, Mutton Chops and Cold Relishes*». Bien qu'on les désigne indifféremment sous le nom de tavernes, de cafés ou d'hôtels, ces établissements se distinguent des simples débits de boisson par leur clientèle «plus élégante» et la qualité de la table; leur fonction première n'est pas d'héberger les visiteurs, ce en quoi ils diffèrent des auberges.

À Québec, les lieux les plus fréquentés au XVIIIe siècle sont le café des Marchands, rue Saint-Pierre, ou l'hôtel des Francs Maçons, rue Buade. À Montréal, l'élite britannique se réunit au café Sullivan ou au Montreal Hotel, de Dillon. Fait à noter, seuls les hommes s'y réunissent. En Angleterre, les dames se retrouvent le plus souvent dans les *pleasure gardens*, dont les plus connus sont le Ranelagh à Chelsea et le Vauxhall à Londres. À Montréal, John Franks prend l'initiative d'aménager un Vauxhall vers 1781, et T. Powis ouvre son Montreal Tea Gardens en 1797. On y trouve des jardins et des vergers, des terrains de jeux divers, des kiosques avec chaises, des salles de spectacles. On y prend le punch ou le thé, on y mange des pâtisseries et on y dîne.

Par ailleurs, riches marchands et hauts fonctionnaires de la colonie se réunissent en clubs privés pour s'adonner à des libations et jouir des plaisirs de la table. Les militaires, pour leur part, se rencontrent dans les mess, comme celui aménagé dans la redoute Dauphine à Québec. Il existe de nombreux clubs, par exemple le Beaver Club de Montréal, qui réunit d'anciens marchands de fourrures de la compagnie du Nord-Ouest. Le Bachelors Club réunit treize célibataires de Montréal toutes les deux semaines au Vauxhall ou au Old Coffee House de Teasdale. Le Beef Steak Club ou Club des Barons, plagiant son homonyme londonien, voit affluer négociants et hauts fonctionnaires de Québec. Les membres du club se rencontrent dans une taverne ou en randonnée, alors qu'une culotte de bœuf d'environ douze kilos (trente livres), bien arrosée de vin et de porter comme il se doit, constitue la pièce de résistance du repas.

Pour le nouvel arrivant, son premier souci est de vivre et de manger à l'anglaise. La bonne chère constitue une préoccupation constante des bourgeois et aristocrates anglais du Canada. Mais le fossé qui sépare l'élite et la petite bourgeoisie est cependant assez large, comme en témoignent le marchand de fourrures Joseph Frobisher et l'imprimeur John Neilson au début du XIXe siècle.

Frobisher reçoit souvent de dix à vingt-quatre convives dans sa luxueuse résidence du Beaver Hall, établie sur l'ancien site du Vauxhall Gardens, mais il n'est pas rare qu'il dîne en ville. Pour satisfaire ses besoins et ceux de ses invités entre les mois de juin et d'octobre 1810, il se procure 360 kilos (800 livres) de bœuf, 17 quartiers de veau, 16 de mouton et 10 d'agneau. Volailles (80 poulets) et petits gibiers sont omniprésents à sa table pendant cette période. Son menu propose souvent abats et issues de veau, ingrédients nécessaires, avec l'avoine, à la confection du *haggis* écossais. La consommation de porc frais semble quasi inexistante, tout comme celle du poisson.

Fruits, légumes et céréales ne manquent pas à sa table, quoique les fruits et les légumes frais proviennent surtout de ses jardins et de ses vergers. Beurre et lard constituent les matières grasses les plus importantes, l'huile ne servant que pour la salade. On connaît mal son appétit pour les desserts. On a peine à croire cependant que notre Écossais se passe de pudding. Le thé coule à flots; il en achète 7 kilos (15 livres) en juin! Il ne boit aucun vin français, auquel il préfère le vin des îles Canaries, le madère et le porto. Il apprécie le gin, le rhum et le brandy sans oublier les cinq cents bouteilles de bière que lui fournit John Molson. Somme toute, une table abondante où dominent viandes et boissons... à la mode de John Bull!

En comparaison, la table de son compatriote John Neilson paraît frugale, mais l'imprimeur-libraire amorce à peine sa carrière. Pour nourrir son épouse, possiblement une domestique et lui-même, entre mai et août 1800, Neilson achète en moyenne 8 kilos (18 livres) de viande par semaine. Le veau prédomine, suivi des pigeonneaux et du bœuf, du mouton et, loin derrière, du porc; les viandes comptent pour 40 p. 100 des dépenses de table. Le poisson apparaît à peine, bien que l'épouse soit catholique et nièce de l'évêque. Laitages et œufs comptent pour 28 p. 100 des déboursés, alors que les Neilson consomment en moyenne un kilo de beurre par semaine, une douzaine et demie d'œufs et quatre pintes de lait. Les céréales ne représentent que 4 p. 100 des achats; encore faut-il préciser que l'orge et le riz sont achetés avant l'arrivée des pommes de terre sur le marché. Fruits, herbes et légumes grugent 10 p. 100 du budget et sont achetés en primeur. On consomme un kilo de sucre par semaine, ce qui grève 11 p. 100 du budget. Les boissons se résument à la triade thé, lait, eau.

Il faut signaler l'absence de boissons alcoolisées, de fromage, de viandes apprêtées, de fruits confits, de pâtisseries, d'épices ou de condiments. Les assaisonnements font peut-être déjà partie du garde-manger. À l'égard des autres produits, notre imprimeur pratiquerait-il la frugalité proverbiale des Écossais? Quoi qu'il en soit, les nouveaux arrivants emportent avec eux des livres de cuisine de leur pays d'origine. De plus, marchands et libraires en font venir d'Angleterre. Le livre le plus en vogue au milieu du XVIIIe siècle est celui de Hannah Glasse, *The Art of Cookery made plain and easy* (1747); il s'adresse aux dames de la haute bourgeoisie, aux ménagères et à leurs domestiques. Son auteure se déclare hostile à la cuisine française de l'époque et se dit en faveur de l'économie et de la simplicité, bien que bon nombre des recettes qu'elle propose ne soient ni économiques ni simples et que plusieurs s'inspirent de la cuisine française.

Au début du XIXe siècle, toute une série d'ouvrages anglais se retrouvent sur le marché québécois, dont les plus importants sont ceux de Frederick Nutt, *The Complete Confectioner* (1789), Maria Rundell, *A New System of Domestic Cookery* (1807), qui rivalise en popularité avec le livre de Mrs Glasse et celui de Louis-Eustache Ude, *The French Cook* (1813), ouvrage du plus grand chef de l'Angleterre dans la première moitié du XIXe siècle. Se grefferont par la suite à cette liste ceux de William Kitchiner, *The Cook's Oracle* (1817), et de Colin Mackenzie, *Five Thousand Receipts* (1823). Somme toute, les livres de cuisine en vente au Québec jusqu'en 1820 reflètent la tendance anglaise qui oppose les ouvrages écrits par des dames à l'intention des ménagères à ceux écrits par des hommes prônant la cuisine française et destinés à l'aristocratie.

En ce début du XIXe siècle, les foyers anglo-saxons manifestent un intérêt croissant pour la cuisine professionnelle. Nombre de ménages se mettent en quête d'une cuisinière compétente, ce qui incite Mme Lapsly, de Montréal, à dispenser des cours de cuisine afin d'enseigner «la meilleure méthode de faire la cuisine, la pâtisserie, la confiserie, ainsi que de mariner et, en un mot, tout ce qui est nécessaire pour dresser un repas élégant et tenir une bonne table à peu de frais».

Robert Philip Isaacson, propriétaire du Dolly's Chop House à Montréal. Huile. Musée du Château Ramezay, Montréal.

John Bull au Canada, 1760-1820:
L'adaptation des premiers Britanniques

Potage

Soupe écossaise à l'orge (*Scotch Barley Broth*) (Kitchiner, *The Cook's Oracle*, 1822)

Entrées

Poulet au cari (*ChickenCurry*) (MacKenzie, *Five Thousand Receipts*, 1831)
Côtelettes de mouton en haricot brun (*Cutlets* en haricot brun)
(Ude, *The French Cook*, 1828)
Biftecks (*Beef Steaks*) (Kitchiner, *The Cook's Oracle*, 1822)
Bœuf à la mode (*À la mode Beef*) (Glasse, *The Art of Cookery…*, 1791)

Rôts et relevés

Rôti de porc, sauce aux pommes (*Roast Pork and Apple Sauce*)
(Rundell, *New System of Domestic Cookery*, ca. 1850)
Saumon bouilli, sauce homard (*Boiled Salmon, Lobster Sauce*)
(Kitchiner, *The Cook's Oracle*, 1822)
Canard rôti (*Roast Wild Duck*) (Kitchiner, *The Cook's Oracle*, 1822)

Salade

Salade de poulet (*Chicken Salad*) (MacKenzie, *Five Thousand Receipts*, 1831)

Entremets

Welsh Rarebit [rabbit] (MacKenzie, *Five Thousand Receipts*, 1831)
Concombres farcis (*Forced Cucumbers*) (Simpson, *A Complete System of Cookery*, 1806)
Pâté de mouton chaud (*Mutton Pie*) (Smith, *The Compleat Housewife*, 1736)
Vol-au-vent aux huîtres (*Oyster Patties*) (Simpson, *A Complete System of Cookery*, 1806)

Desserts

Plum-pudding (*Duke of Cumberland Pudding*) (Rundell, *New System of Domestic Cookery*,
ca. 1850; Kitchiner, *The Cook's Oracle*, 1822 [pour la sauce])
Tarte aux carottes (*Carrot Pudding*) (Nutt, *The Complete Confectioner*, 1809)

Boisson

Shrub (Smith, *The Compleat Housewife*, 1736)

Soupe écossaise à l'orge (p. 75)   *Scotch Barley Broth (p. 73)*

Soupière de terre cuite vitrifiée. On retrouve encore sur le marché le motif Willow, fort populaire au siècle dernier.

A glazed earthenware soup dish. The Willow motif, popular in the last century, was still available.

Soupe écossaise à l'orge

Le terme «gravy» désignait au Moyen Âge une sauce aigre-douce à base de bouillon de viande. Au XVIIe siècle, on tire le gravy de tranches de viande à demi rôties; on conçoit même des presses pour en extraire tout le jus. Par la suite, les livres de cuisine recommandent de couper la viande et de la faire mijoter dans un peu de liquide avec divers condiments et épices. On en convertit en sauces mais aussi en une variété de soupes, les gravy soups, qui se retrouvent au menu quotidien de nombre de tavernes, telle celle d'Edward Allen, à Montréal, en 1787. Pour William Kitchiner, la gravy soup constitue la base de presque tous les potages aux légumes. La Scotch Barley Broth fait partie de la famille des gravy soups; au gravy de base, on ajoute simplement de l'orge et des légumes, ce qui en fait «a good and substantial dinner».

3	l (12 tasses) d'eau
2,25	kg (5 lb) de jarret de bœuf coupé en deux
2	oignons
125	ml (1/2 tasse) d'orge
5	branches de céleri coupées en dés
1	navet coupé en cubes
	sel et poivre

Sauce Wow-Wow

30	ml (2 c. à soupe) de beurre
15	ml (1 c. à soupe) de farine
250 à	
375	ml (1 à 1 1/2 tasse) de bouillon [voir recette en annexe]
15	ml (1 c. à soupe) de vinaigre
5	ml (1 c. à thé) de moutarde
15	ml (1 c. à soupe) de ketchup [voir recette en annexe] ou 15 ml (1 c. à soupe) de porto
30	ml (2 c. à soupe) de persil haché
2	cornichons marinés coupés en dés

Placer le bœuf dans une marmite remplie d'eau, amener à ébullition et écumer. Ajouter les oignons et laisser cuire à feu doux 2 heures. Écumer et dégraisser. Ajouter l'orge, le céleri coupé en dés et le navet en cubes. Saler et poivrer: laisser cuire à feu doux pendant une heure. Retirer la viande et la garder au chaud. Préparer la sauce Wow-Wow en faisant fondre le beurre et en incorporant la farine. Ajouter le bouillon, le vinaigre, le ketchup ou le porto et la moutarde. Cuire à feu doux jusqu'à ce que la sauce épaississe quelque peu. Ajouter le persil et les cornichons. Garder au chaud. Servir séparément la soupe dans une soupière et le bœuf bouilli arrosé de sauce Wow-Wow comme relevé de potage.

Poulet au cari

Le mélange d'épices appelé «curry» relève de la même tradition que les épices fines françaises (gingembre, poivre, clou de girofle, muscade, cannelle) héritées du Moyen Âge. Cependant, on emprunte désormais aux Indes, à qui on reprend le curcuma, la coriandre, le cumin, la cardamome et, plus tard, le poivre de Cayenne. Dès la fin du XVIIIe siècle, des livres de cuisine anglais décrivent quelques currys. Même en France, A. Viard, dans son Cuisinier impérial (1806), présente une recette de curry. On en importe au Canada déjà au début du XIXe siècle. L'élite britannique l'adopte aussitôt, comme les membres du Quebec Driving Club qui mettent le curry au menu de l'un de leurs banquets en 1831.

	sel et poivre
30	ml (2 c. à soupe) de farine
1	poulet de 1,25 kg (3 lb) coupé en 8 morceaux
60	ml (4 c. à soupe) de beurre
4	oignons tranchés
250	ml (1 tasse) d'eau bouillante
15	ml (1 c. à soupe) de curry [voir recette en annexe]
2	ml (1/2 c. à thé) de poivre de Cayenne

Mélanger le sel, le poivre et la farine et enfariner le poulet. Faire fondre le beurre à feu moyen et y dorer le poulet. Retirer le poulet et réserver. Ajouter les oignons et les faire sauter de 5 à 6 minutes. Ajouter ensuite l'eau et cuire 2 minutes.

Placer le poulet dans la casserole et cuire à feu doux 30 minutes. Ajouter la poudre de curry et le poivre de Cayenne; bien mélanger. Cuire encore 25 minutes à feu doux. Servir accompagné de riz blanc.

Côtelettes de mouton en haricot brun

En Angleterre, au XVIIIe siècle, les fines fourchettes apprécient la viande de mouton âgé de trois à quatre ans dont le goût est plus prononcé que celui de l'agneau. Sous forme de côtelettes grillées, le mouton est l'un des mets les plus prisés dans les tavernes et les chop houses. Les établissements montréalais ou québécois aux XVIIIe et XIXe siècles comptent sur les côtelettes pour attirer la clientèle. Le haricot ou halicot de mouton en France associe traditionnellement le mouton aux navets, bien que les premières recettes comme le «héricot» de mouton du *Ménagier de Paris* (vers 1393) n'en comportent pas. Le haricot a rapidement enrichi le répertoire culinaire anglais et s'est adapté aux côtelettes si prisées. Après 1850, le haricot de mouton demeure un mets apprécié au Canada; les épiciers Dufresne et McGaraty, en 1874, en proposent même en conserve.

6 à 8   côtelettes de mouton
6   navets
45   ml (3 c. à soupe) de beurre
15   ml (1 c. à soupe) de farine
375   ml (1 1/2 tasse) de gravy ou de bon bouillon [voir recette en annexe]
1   bouquet composé de 2 ciboules entières et de 2 branches de persil
2   ml (1/2 c. à thé) de sucre

Peler les navets et les parer en forme de bulbes d'ail. Jeter les pelures mais réserver les bulbes de navet et leurs parures.

Faire fondre 30 ml (2 c. à soupe) de beurre et bien dorer les côtelettes. Retirer et garder au chaud.

Dégraisser la poêle; faire fondre le reste du beurre et lier avec la farine pour faire un roux blond. Ajouter le *gravy* ou le bouillon. Bien mélanger et amener à ébullition. Ajouter les côtelettes, les parures de navet et le bouquet. Laisser cuire à feu doux pendant 15 minutes en écumant de temps en temps. Retirer les côtelettes et les garder au chaud. Passer la sauce au tamis et jeter les parures et le bouquet. Retourner la sauce dans la poêle et ajouter les navets et les côtelettes. Saupoudrer de sucre. Couvrir et laisser cuire à feu doux jusqu'à ce que les navets soient tendres.

Servir les côtelettes garnies de navets et recouvertes de sauce.

Biftecks

En Angleterre, les steaks grillés ou frits au beurre sont appréciés dès le Moyen Âge. Ils deviennent très populaires au XVIe siècle sous le nom de «carbonadoes» alors qu'on les sert avec du vinaigre et des oignons hachés. Au XVIIIe siècle, la préparation du steak chez les Anglais est élevée au rang d'un art. La réputation du bifteck gagne la France. Le «véritable bifteck comme il se fait en Angleterre», mortifié à point et bien garni, est hautement apprécié des fines gueules françaises comme Grimod de La Reynière et Beauvilliers. Avec les côtelettes grillées, le bifteck est le mets le plus prisé des clients des tavernes et des chop houses. Après la conquête, les premiers taverniers de Québec et de Montréal l'inscrivent aussitôt à leur menu. Les garnitures ou «relishes» sont variées. Kitchiner propose le raifort au vinaigre, les cornichons gerkins, les champignons grillés, le ketchup aux champignons ou aux noix.

2   steaks de haut de ronde de 1 cm (1/2 po) d'épaisseur
Sauce au porto
30   ml (2 c. à soupe) de beurre
15   ml (1 c. à soupe) de farine
250   ml (1 tasse) d'eau bouillante
30   ml (2 c. à soupe) de ketchup aux champignons [voir recette en annexe]
1   échalote émincée
15   ml (1 c. à soupe) de porto
  champignons grillés (facultatif)

Préparer la sauce d'abord. Sur feu moyen, faire fondre le beurre et y ajouter la farine. En remuant constamment, ajouter l'eau bouillante, le ketchup, l'échalote et le porto. Laisser épaissir. Ajouter les champignons (au goût). Garder au chaud en attente.

Faire cuire les steaks à feu vif jusqu'au degré de cuisson désiré.

Napper les steaks de sauce. Servir chaud avec du raifort et des cornichons *gerkins* surs.

Bœuf à la mode

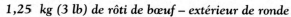

À l'instar des daubes et autres plats braisés, le bœuf à la mode est emprunté à la cuisine française. Au XVIIIe siècle, ce genre de mets, cuit lentement à la braise dans son propre jus, acquiert la faveur de l'élite anglaise. Contrairement aux chop houses qui se spécialisent dans les viandes grillées et rôties, on voit bientôt apparaître à Londres les Alamode beef shops. Ces établissements deviennent vite fashionable. William Kitchiner, après avoir consulté quelque 180 livres de cuisine, se plaint de n'avoir trouvé aucune recette dont le goût se rapproche de celui du fameux plat apprêté dans les Alamode beef shops. C'est sans doute ce succès fulgurant qui pousse Francis Millem de Québec à proposer du bœuf à la mode à son café. Mais les Alamode beef shops ne semblent pas être parvenus à s'imposer au Canada.

1,25 kg (3 lb) de rôti de bœuf – extérieur de ronde
10 ml (2 c. à thé) de sel
10 ml (2 c. à thé) de poivre moulu
5 ml (1 c. à thé) de macis
5 ml (1 c. à thé) de muscade
60 g (2 oz) de lardons coupés en doigts
60 ml (4 c. à soupe) de vinaigre
60 g (2 oz) de bardes de lard
1 bouquet garni (persil, thym, laurier)
1 morceau de zeste de citron
3 gros oignons
375 ml (1 1/2 tasse) de gravy [voir recette en annexe]
150 g (5 oz) de champignons

Mélanger le sel, le poivre, le macis et la muscade. Mouiller les lardons dans le vinaigre et les rouler dans les épices. Faire des incisions dans la pièce de viande et y insérer les lardons. Si la pièce n'est pas déjà bardée, la barder. Mettre la viande dans une casserole avec le bouquet, le zeste, les oignons et le vinaigre. Couvrir hermétiquement et faire cuire 3 à 4 heures à feu doux. La cuisson terminée, dégraisser le bouillon. Cuire les champignons dans le *gravy* et intégrer le *gravy* au jus de cuisson. Trancher et arroser.

 # Rôti de porc, sauce aux pommes

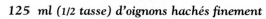

La tradition qui veut qu'on serve le porc avec une sauce ou un apprêt sucré est déjà fort ancienne en Angleterre à l'époque où le voyageur britannique John Lambert (1807) constate que les habitants canadiens absorbent de grandes quantités de sucre d'érable avec le lard salé. Lambert estime qu'il s'agit d'un correctif au régime à base de viande salée. Son impression découle de la tradition britannique qui associe le porc ou l'oie à la sauce aux pommes et le lièvre ou la venaison à la gelée de gadelles. Cette façon d'apprêter les viandes remonte à l'époque où le sucre remplaçait le sel pour atténuer la putrescence des chairs. Lambert se fait l'écho de la croyance médiévale qui veut que le sucre ou les épices masquent le goût de viandes mal conservées. Bien que le sucre ait été considéré comme une épice au Moyen Âge, son utilisation dans la préparation des viandes relevait d'abord de la recherche du luxe, les épices étant très chères à cette époque.

1 jambonneau de porc frais de 2,75 à 3,5 kg (environ 6 à 8 lb)
125 ml (1/2 tasse) d'oignons hachés finement
5 ml (1 c. à thé) de sauge
5 ml (1 c. à thé) de sel
2 ml (1/2 c. à thé) de poivre
450 g (1 lb) de pommes pelées et épépinées
5 ml (1 c. à thé) de cassonade
15 ml (1 c. à soupe) de beurre

Demander au boucher de préparer la pièce de viande. Il s'agit du *knuckle* dans la coupe anglaise, ce qui correspond au pied, au jambonneau et à une partie du jambon. La pièce de viande doit porter sa couenne.

Faire une incision d'environ 5 à 7 cm (2 à 3 po) dans le milieu du côté intérieur du jarret. Mélanger les oignons, la sauge, le sel et le poivre. Farcir la viande dans l'incision et entailler la couenne à 2 cm (1 po) d'intervalle et saler. Chauffer le four à 160 °C (325 °F). Faire cuire 1 heure 30 par kilo (40 minutes la livre) ou jusqu'à l'obtention de 170 °F au thermomètre à viande.

Couper les pommes en tranches minces. Remplir deux bocaux de verre avec les tranches de pommes. Visser les couvercles de ceux-ci sans les serrer afin de laisser les vapeurs s'échapper. Placer les contenants dans une casserole d'eau bouillante et laisser bouillir environ 40 minutes. Retirer les bocaux et les vider; réduire en purée la compote obtenue et ajouter le beurre et la cassonade. Mélanger.

Servir chaud dans une saucière avec le rôti de porc.

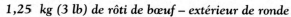

77

Saumon bouilli, sauce homard

Les fruits de mer, homards, crevettes et moules, sont utilisés depuis le XVIIe siècle dans les sauces anglaises pour accompagner le poisson. La sauce homard, relevée de poivre de Cayenne, est déjà considérée comme l'un des délices de la cuisine anglaise au XVIIIe siècle. Il est permis de supposer que les homards marinés, importés à Québec depuis 1789, pouvaient entrer dans la confection de cette sauce. D'ailleurs, les Anglais à l'époque s'ingénient à apprêter le homard et surtout le corail en sauce, en conserve ou en beurre pour en garnir les sandwiches. L'élite canadienne, au milieu du XIXe siècle, n'hésite pas à proposer le saumon, sauce homard au menu des banquets.

3	l (12 tasses) d'eau
45	ml (3 c. à soupe) de sel
1	homard femelle de 450 à 675 g (1 à 1 1/2 lb)
1	saumon de 1,25 à 1,75 kg (3 à 4 lb)
45	ml (3 c. à soupe) de beurre
5	ml (1 c. à thé) de farine
125	ml (1/2 tasse) de lait
90	ml (6 c. à soupe) d'eau
15	ml (1 c. à soupe) de jus de citron
1	pincée de poivre de Cayenne

Amener l'eau à ébullition, ajouter le sel et le homard. Faire cuire à feu vif 2 minutes puis à feu doux 15 minutes. Retirer le homard et ajouter le saumon à l'eau bouillante. Ramener l'eau à ébullition et cuire à feu doux (22 minutes le kilo ou 10 minutes la livre).

Déchiqueter le homard et réserver le corail. Réserver la chair du homard, après l'avoir coupée en morceaux fins. Hacher finement le corail et lier avec 15 ml (1 c. à soupe) de beurre. Passer le mélange au tamis.

Faire fondre 30 ml (2 c. à soupe) de beurre dans un poêlon. Ajouter la farine et 30 ml (2 c. à soupe) de lait. Bien mélanger et ajouter l'eau. Remuer constamment jusqu'à ébullition. Retirer du feu, ajouter le mélange de corail de homard et bien lier. Rajouter du lait (60 à 90 ml – 4 à 6 c. à soupe) jusqu'à l'obtention d'une sauce lisse et crémeuse. Ajouter le jus de citron et le poivre de Cayenne.

Mélanger et servir avec le saumon.

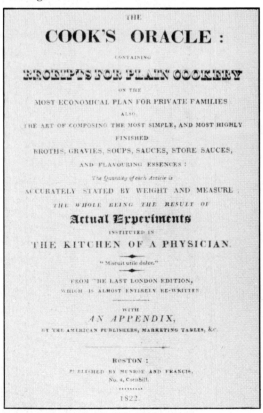

Page titre du livre de William Kitchiner, *The Cook's Oracle…*, 1822. The Department of Rare Books and Special Collections of the McGill University Libraries.

Canard rôti

À la fin du XVIIIᵉ siècle, marchands et militaires britanniques de Québec sont de grands amateurs de parties de chasse, notamment au gibier ailé. Le lieutenant Tolfrey trouve le morillon à dos blanc et le canard noir délicieux lorsqu'ils sont relevés de poivre de Cayenne et de jus de citron. Il n'est pas rare que les traités de cuisine anglais associent cette sauce acide et piquante à la sauvagine. Kitchiner y ajoute du porto, du ketchup de champignons, de l'échalote et du macis. Avec le poivre de Cayenne et le jus de citron, on lie la sauce au jus de cuisson du canard qui ne rôtit que 20 minutes à la broche. Kitchiner présente aussi la recette de canard sauvage aux oignons et à la sauge que Sir Kenelm Digby recommandait dans The Queen's Closet Opened dès 1669. Cette recette fut bientôt appliquée au canard domestique.

1	canard de Barbarie de 2,25 à 2,75 kg (5 à 6 lb)
	beurre fondu pour badigeonner

Farce

1	petit oignon haché
5	ml (1 c. à thé) de sauge
500	ml (2 tasses) de mie de pain
1	œuf
1	pomme hachée
	sel et poivre

Sauce oignon et sauge

1	petit oignon haché
5	ml (1 c. à thé) de sauge moulue
60	ml (4 c. à soupe) d'eau
5	ml (1 c. à thé) de poivre
5	ml (1 c. à thé) de sel
60	ml (1/4 tasse) de mie de pain
375	ml (1 1/2 tasse) de bouillon ou de gravy [voir recette en annexe]

Chauffer au préalable le four à 175 °C (375 °F).

Préparer la farce en mélangeant tous les ingrédients. Farcir le canard et l'attacher avec des broches. Verser un peu d'eau dans le fond d'une lèchefrite. Placer le canard sur la grille de la lèchefrite. Rôtir le canard de 45 à 60 minutes selon sa grosseur. Badigeonner de temps en temps avec le beurre.

Préparer la sauce en hachant l'oignon très finement. Le mettre dans une casserole avec la sauge et l'eau. Cuire à feu doux 10 minutes. Ajouter le sel, le poivre et la mie de pain. Bien lier comme un roux. Ajouter le bouillon ou *gravy* et laisser épaissir. Servir avec le canard.

L'ordinaire ou la table d'hôte dans une taverne anglaise au début du XIXᵉ siècle. Dessin de Thomas Rowlandson, *This World is a well furnished Table*, 1811. Art Gallery of Ontario, Toronto, cadeau de M. Lyle, 1942. Acc no 2701.

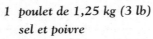

Salade de poulet

La salade de poulet, œufs et céleri, bien connue de nos jours, est très ancienne. Déjà en 1669, le très populaire livre de cuisine anglais The Queen's Closet Opened associait ces ingrédients dans une salade assaisonnée d'huile et de vinaigre, avec câpres et anchois. La recette de MacKenzie, quelque deux cents ans plus tard, ne fait que substituer aux câpres et aux anchois un assaisonnement de moutarde et de poivre de Cayenne. Au Canada, la salade de poulet est un mets très populaire lors des grands soupers, banquets, buffets froids et pique-niques. Même des restaurants comme le Reynold's à Québec (1858) le proposent à leur carte.

1	poulet de 1,25 kg (3 lb)
	sel et poivre
1	paquet de cœurs de céleri
5	jaunes d'œufs cuits
150	ml (5 oz) d'huile d'olive
60	ml (2 oz) de vinaigre
60	ml (4 c. à soupe) de moutarde forte
2	ml (1/2 c. à thé) de poivre de Cayenne
2	ml (1/2 c. à thé) de sel

Faire bouillir 1 heure le poulet en l'assaisonnant de sel et de poivre. Laisser refroidir hors du liquide.

Couper la viande du poulet en cubes de 2 cm (1 po). Couper le céleri en morceaux de 2 cm (1 po). Mélanger le céleri et le poulet. Couvrir et mettre au froid.

Écraser les jaunes d'œufs dans un bol à mélanger pour en faire une pâte. Lier graduellement aux œufs l'huile, le vinaigre, la moutarde, le poivre de Cayenne et le sel. Réserver.

Cinq minutes avant de servir, verser la vinaigrette sur le poulet et le céleri. Bien mélanger.

Welsh Rarebit

Selon la tradition britannique, le Welsh Rabbit ou «rarebit» (miette recherchée!) tire son origine d'une blague culinaire. Quand le chasseur gallois rentrait bredouille, sa femme préparait du fromage au lieu du lièvre pour souper. Ce mets est habituellement servi comme savoury, c'est-à-dire comme entremets salé à la fin du repas. À Québec, en 1812, les propriétaires du Crown and Anchor Hotel proposent le Welsh Rabbit avec différents condiments sur demande. Il se prépare avec du cheddar ou du fromage de Cheshire, pièce de résistance des fromages anglais. À Québec, au XVIIIe siècle, les fromages anglais cheshire, gloucester, dolphin, chester, wiltshire, north wilton et stilton sont offerts en vente par les épiciers et les marchands importateurs. Le cheddar ne s'impose vraiment qu'à la fin du XIXe siècle.

75	ml (5 c. à soupe) de beurre
450	g (1 lb) de fromage cheddar fort coupé en tranches
60	ml (1/4 tasse) de bière
60	ml (1/4 tasse) de madère
1	jaune d'œuf battu
1	pincée de poivre de Cayenne
1	pincée de muscade
6 à 8	tranches de pain rôties

Faire fondre le beurre. Ajouter le fromage et la bière. Faire cuire en remuant constamment jusqu'à ce que le fromage soit fondu. Ajouter ensuite le madère et le jaune d'œuf et bien mélanger. Cuire à feu doux 2 à 3 minutes pour bien chauffer; lier le mélange et saupoudrer avec les épices.

Verser le fromage sur les rôties chaudes et servir.

Note: Hannah Glasse (1791) propose une recette plus simple. Elle tartine des tranches de pain grillées de moutarde forte et les couvre de tranches de fromage. Le fromage est fondu sous le gril.

Concombres farcis

Bien que le concombre ne soit pas très bien connu en Angleterre avant le XVIe siècle, il gagne rapidement la faveur de la population. On le consomme frais l'été ou on le met en conserve (pickles) pour l'hiver. Les Anglais, déjà amateurs invétérés de puddings (farces de toutes sortes assaisonnées de suif) constatent au XVIIe siècle que le concombre évidé présente une alternative intéressante au boyau comme contenant de pudding. Les concombres farcis de Simpson découlent de cette tradition. La présence du coulis et du consommé dans la recette témoigne cependant d'une influence française. Ce mets fut sûrement apprécié au Canada. Joseph-François Perrault, dans son Traité d'agriculture (1831), mentionne que le concombre se mange cru, en salade, confit ou cuit «tantôt dans une lèchefrite sous un rôti et tantôt en fricassée à la sauce blanche. Ils sont excellents farcis et cuits dans un roux».

- 6 concombres
- 45 ml (3 c. à soupe) de beurre
- 45 ml (3 c. à soupe) de farine
- 810 ml (3 1/4 tasses) de consommé [voir recette en annexe]
- 30 ml (2 c. à soupe) de coulis ou de beurre manié [voir recette en annexe]
- 5 ml (1 c. à thé) de sucre
- le jus de la moitié d'un citron
- sel et poivre

Farce

- 350 g (3/4 lb) de veau haché
- 60 g (2 oz) de suif haché
- 60 g (2 oz) de lard haché
- 30 ml (2 c. à soupe) de persil haché
- 5 ml (1 c. à thé) de thym
- 1 échalote hachée
- 4 champignons hachés
- 1 ml (1/4 c. à thé) de sel
- 1 ml (1/4 c. à thé) de poivre
- 1 ml (1/4 c. à thé) de poivre de Cayenne
- 60 ml (1/4 tasse) de chapelure
- 1 œuf battu

Préparer d'abord la farce en intégrant bien tous les ingrédients.

Peler les concombres et les évider à l'aide d'un évidoir à pommes. Farcir les concombres et faire de petites boulettes avec le reste du mélange. Faire fondre le beurre, enrober les boulettes de farine et les dorer dans une poêle. Retirer et réserver.

Amener le consommé à ébullition dans un grand poêlon et y placer les concombres et les boulettes. Cuire à feu doux environ 30 minutes. Retirer les concombres et les boulettes et garder au chaud.

Lier le coulis ou le beurre manié au consommé et faire épaissir la sauce. Ajouter le sucre et le jus de citron. Assaisonner au goût. Laisser cuire encore quelques minutes et servir les concombres tranchés et les boulettes.

Un pique-nique aux chutes Montmorency vers 1830. Aquatinte de C. Hunt d'après le dessin du lieutenant-colonel Cockburn. Archives nationales du Canada, C.95617.

Pâté de mouton chaud

Les Anglais s'attribuent, à tort ou à raison, l'invention des pies, il y a plus de six cents ans. Quoi qu'il en soit, les pâtés et les tartes représentent l'un des fondements de la cuisine anglaise. Le pâté de mouton chaud est un raised pie, c'est-à-dire qu'il est formé et monté à la main. Il remonte au Moyen Âge. Mais çe n'est qu'à compter du XVIIᵉ siècle que les huîtres y sont associées. La mode est alors au gigot de mouton farci aux huîtres, au hachis de mouton et d'huîtres, aux saucisses de mouton et aux huîtres ou au pâté de mouton, sauce aux huîtres. Voilà l'un des mets les plus appréciés dans les tavernes de la colonie. À Montréal, le pâtissier Robert Paul, par exemple, les apprête tous les jours et les offre chauds à ses clients entre dix-sept heures et vingt et une heures. Et quand vient la saison des huîtres, on court chez James Somervail, à l'auberge Clark. Selon ce dernier, «il n'est rien de plus délicat pour les sauces et il n'y aura point de plus grand plaisir dans les jours de fête qui approchent». Son annonce paraît le 18 décembre 1809: les huîtres seront au menu des fêtes!

2 ml (1/2 c. à thé) de sel
2 ml (1/2 c. à thé) de poivre
5 ml (1 c. à thé) de macis
60 ml (4 c. à soupe) de beurre
900 g (2 lb) de côtelettes de mouton désossées de 1 cm (1/2 po) d'épaisseur
2 abaisses de pâte feuilletée [voir recette en annexe]

Sauce aux huîtres

45 ml (3 c. à soupe) de beurre
12 huîtres écaillées (réserver le liquide)
1 petit concombre en cubes
1 anchois finement haché
30 ml (2 c. à soupe) de câpres
15 ml (1 c. à soupe) de farine
500 ml (2 tasses) de gravy [voir recette en annexe]

Chauffer le four à 175 °C (350 °F).

Mélanger les épices et en frotter les côtelettes. Faire revenir les côtelettes à feu vif dans la moitié du beurre (30 ml – 2 c. à soupe) 1 minute de chaque côté.

Foncer un moule à tarte de 25 cm (10 po) d'une première abaisse puis y déposer les côtelettes. Recouvrir de noisettes de beurre puis de la seconde abaisse. Cuire au four de 1 heure à 2 heures.

Vingt minutes avant la fin de la cuisson, préparer la sauce en faisant fondre le beurre sur feu moyen. Faire revenir les huîtres, le concombre, l'anchois et les câpres. Ajouter la farine et bien lier. Ajouter le gravy et le liquide des huîtres et laisser épaissir. Servir avec des pointes de pâté.

Vol-au-vent aux huîtres

Sous le régime français, la présence d'huîtres fraîches à Québec constitue un événement plutôt exceptionnel. Ce n'est qu'à compter des années 1780 qu'on en reçoit régulièrement, en provenance de la baie des Chaleurs surtout. En décembre 1799, Francis Millem les vend en barils de huit cents ou de mille et assure sa clientèle qu'elles «sont arrangées de manière à se conserver pendant l'hiver». Mais encore quelques années plus tard, John Lambert témoigne qu'on en voit si peu souvent à Québec qu'un festin aux huîtres est considéré comme «a very rare treat». Dans les années 1820, les cargaisons se multiplient et la plupart des tavernes les mettent à leur menu d'octobre à mars. On les apprête dans l'écaille, en potage, en pâtés, frites ou sautées à la poulette.

30 ml (2 c. à soupe) de beurre
5 ml (1 c. à thé) de farine
3 douzaines d'huîtres avec leur jus
60 ml (4 c. à soupe) de crème
1 filet de jus de citron
sel et poivre
6 à 8 vol-au-vent moyens

Faire fondre le beurre sur feu moyen dans un poêlon. Ajouter la farine et bien lier. Ajouter ensuite les huîtres avec leur jus. Cuire à feu doux 5 minutes en remuant. Ajouter la crème et mélanger. Ajouter ensuite le jus de citron, le sel et le poivre au goût. Laisser cuire encore 2 minutes sans laisser bouillir.

Chauffer les vol-au-vent au four. Les remplir du mélange d'huîtres et servir.

Note: Vous pouvez confectionner vos vol-au-vent avec la recette de pâte feuilletée de l'annexe. Rouler votre pâte à 1/2 cm (1/4 po) d'épaisseur. Découper avec un emporte-pièce de 8 cm (3 po) de diamètre, puis découper un autre rond de plus petite dimension au centre sans perforer la pâte. Cuire 20 à 25 minutes les vol-au-vent dans un four préchauffé à 400 °F. Une fois qu'ils sont cuits, retirer les capuchons.

Plum-pudding

Le plum-pudding ou Christmas pudding, dessert traditionnel des fêtes, a bien évolué depuis le XVIIe siècle. À l'origine, il s'agit d'une espèce de bouillie composée de bouillon de viande, de jus de fruit, de vin, de prunes et de mie de pain. Au XVIIIe siècle, le dessert prend une forme plus solide et ronde; il est enveloppé d'un linge et bouilli. Au XIXe siècle, le pudding commence à acquérir ses lettres de noblesse, car on le verse désormais dans un bassin conçu pour lui donner sa forme avant de le cuire à l'eau bouillante. Ce dernier pudding, comme la recette de Maria Rundell, diffère du dessert moderne désormais moins sec grâce à l'ajout d'œufs, de brandy et parfois de bière brune forte. On le laisse aussi macérer avant et après la cuisson, parfois quelques mois. Au Canada, aux XVIIIe et XIXe siècles, le plum-pudding est au menu de tous les repas de fête et des banquets. On le sert même au banquet de l'Institut canadien en 1855 à Québec en l'honneur du commandant de La Capricieuse, le capitaine de Belvèze, premier Français en visite officielle au Canada depuis près d'un siècle.

180 ml (3/4 tasse) de pain râpé (8 à 10 tranches)
180 ml (3/4 tasse) de raisins de Corinthe
180 ml (3/4 tasse) de suif de bœuf
180 ml (3/4 tasse) de pommes hachées
180 ml (3/4 tasse) de sucre
6 œufs
5 ml (1 c. à thé) de muscade
5 ml (1 c. à thé) de sel
le zeste d'un citron haché finement
15 ml (1 c. à soupe) de zeste d'orange coupé en fines lamelles
15 ml (1 c. à soupe) de zeste de limette coupé en fines lamelles

Sauce du duc de Cumberland

150 g (5 oz) de beurre
15 ml (1 c. à soupe) de farine
150 ml (10 c. à soupe) de lait
90 ml (6 c. à soupe) d'eau
60 ml (1/4 tasse) de sherry sucré
30 ml (1 oz) de brandy
15 ml (1 c. à soupe) de sucre
5 ml (1 c. à thé) de zeste de citron
1 pincée de muscade

Bien mélanger le pain, les raisins, le suif, les pommes, le sucre, les œufs, la muscade, le sel et les zestes. Placer le mélange dans des bassins à pudding (3 ou 4 selon leur grosseur) et bien envelopper de linge et attacher (à défaut de bassins à pudding, utiliser des boîtes de conserve vides). Faire bouillir dans une casserole remplie d'eau pendant 3 heures. Retirer et utiliser un couteau pour démouler.

Pour préparer la sauce, faire fondre le beurre à feu doux, ajouter la farine et graduellement le lait. Bien mélanger en ajoutant peu à peu l'eau. Laisser épaissir. Incorporer peu à peu le sherry, le brandy, le sucre et le zeste. Bien mélanger et cuire à feu doux durant 10 minutes. Goûter et sucrer davantage, si nécessaire. Saupoudrer de muscade et servir avec le plum-pudding.

Note: Le plum-pudding est meilleur lorsqu'il est préparé quelques semaines, voire quelques mois d'avance. On peut, avant de le servir, le flamber au brandy. Ne préparer la sauce qu'au moment de servir le plum-pudding.

Moule à plum-pudding en cuivre du XVIIIe siècle.
Hôtel-Dieu de Québec.

Tarte aux carottes

Si, à l'origine, le pudding anglais était l'équivalent du boudin français, c'est-à-dire une farce de sang et de graisse assaisonnée contenue dans un boyau animal, le terme commence à désigner progressivement toute une gamme de mets sucrés ou salés et apprêtés de différentes façons. Dès la fin du XVIe siècle, certaines recettes de pudding constituent à vrai dire des desserts sans suif, composés de crème, d'amandes, d'œufs, de sucre, de fruits secs et d'aromates. À compter du XVIIe siècle, certains puddings se confondent avec les tartes, le mélange de farce étant placé dans un moule garni d'une abaisse de pâte et cuit au four. Au mélange habituel de pudding cuit au four, on ajoute souvent des fruits frais comme des pommes, des abricots, des oranges et même des carottes.

- 3 petites carottes
- 4 œufs
- 125 ml (1/2 tasse) de sucre
- 110 g (1/4 lb) de beurre clarifié
- 30 ml (2 c. à soupe) de brandy
- le zeste d'un citron
- 1 abaisse de pâte feuilletée [voir recette en annexe]

Peler les carottes et les faire bouillir 20 minutes. Les retirer, les refroidir et les râper finement. Battre les œufs en y ajoutant graduellement le sucre puis le beurre, le brandy et enfin les carottes.

Garnir l'abaisse du mélange. Saupoudrer du zeste de citron.

Cuire au four 5 minutes à 220 °C (425 °F), puis 25 minutes à 175 °C (350 °F).

Note: Le beurre clarifié s'obtient en faisant fondre une plus grande quantité de beurre sur feu doux. Une fois le beurre fondu, le verser dans un plat et le mettre au réfrigérateur jusqu'à ce que le gras se sépare des solides du lait. N'utiliser que le gras.

Shrub

Le shrub est une forme de punch et, plus précisément, comme le disent les anglophones, «a concocted drink». Dès le début du XVIIIe siècle, les traités culinaires britanniques présentent des recettes de shrub, généralement composé de brandy, de vin blanc, de jus de citron et de sucre. Au Canada, au début du régime anglais, le shrub et le noyau sont des boissons très populaires. Le marchand G. Fulton fait venir du shrub à Québec dès 1761. Au début, le produit se vend mal à cause de la trop grande quantité de citrons et de jus de citron dans la ville. Mais peu à peu, le shrub se taille une place sur le marché. En 1764, le marchand Scott annonce un «shrub de la meilleure qualité qui fera de la "ponce" nullement inférieure à celle qui se fait de citrons». Le canadianisme «ponce», dérivé de «punch», est donc très ancien.

- 750 ml (3 tasses) de brandy
- le jus de 2 citrons
- le zeste d'un demi-citron
- 1 ml (1/4 c. à thé) de muscade râpée
- 680 ml (2 3/4 tasses) de vin blanc
- 250 ml (1 tasse) de sucre

Mélanger le brandy avec le jus de citron, le zeste et la muscade. Laisser macérer dans un bocal couvert pendant 3 jours. Ajouter ensuite le vin et le sucre, bien mélanger pour diluer le sucre. Passer le mélange à l'étamine et embouteiller.

Cuisine et alimentation anglaise
au Québec au XIXᵉ siècle

Durant la première moitié du XIXᵉ siècle, les tavernes et les cafés à l'anglaise se multiplient et se diversifient tant à Montréal qu'à Québec. On offre toujours la table d'hôte à heures fixes, trois fois par jour. Mais, de plus en plus, tavernes et cafés servent à tout moment dîners, collations et soupers. Ainsi les propriétaires du Victoria House annoncent en 1840 que la taverne est «régie d'après les principes londoniens selon lesquels les repas sont servis à toute heure du jour».

Au menu des tavernes apparaissent les grillades de viande, biftecks, côtelettes et croquettes, les pâtés, surtout de mouton, les huîtres et les soupes, notamment celle à la tortue (vraie ou... fausse!). Ce faisant, on imite le modèle anglais du *chop house* spécialisé dans les viandes à la broche, les grillades et les soupes. En 1839 et 1840, J. H. Isaacson, récemment arrivé de Londres, ouvre coup sur coup un Dolly's Chop House à Montréal et à Québec; évidemment Londres a son Dolly's...! Outre ses grillades, Isaacson vante sa Barklay & Perkin's Stout, bière brune forte en fût, et, plus tard, ses steaks de bison.

D'autres établissements, par exemple le Hanley's Commercial Inn à Québec en 1837, proposent aussi des spécialités comme la soupe à l'esturgeon («l'égal de la soupe à la tortue»); quant au Rialto de Montréal en 1844, il se spécialise dans les fruits de mer, tels les huîtres, les homards et les moules de New York. Certains cafés se distinguent par les pâtisseries et les confiseries, comme le Coffee Room de Hannah Hays à Québec. Le voyageur Francis Fairplay s'étonne de voir vers 1833 des confiseurs offrir en outre du vin, des boissons et de la bière et faire de plus office de *chop house* à l'anglaise.

Plusieurs cafés et tavernes mettent aussi à la disposition de leurs clients une salle de lecture et des journaux. Le Neptune Inn de Québec attire la clientèle marchande et maritime avec son *coffee room* et ses journaux, ses listes maritimes et ses gazettes de prix. À cette époque, la mode américaine commence à s'imposer avec l'apparition des fontaines de boissons gazéifiées, dont le soda, et, au besoin, le *Magnesia water*!

Dans la deuxième moitié du siècle, plusieurs de ces établissements, bien qu'ils proposent toujours les mêmes mets, commencent à vanter leurs cuisiniers et leur expérience et s'attribuent le titre de «restaurants». Certains, comme le H. T. Privett à Montréal, perpétuent la plus pure tradition du Dolly's et mettent l'accent sur le «bar», la salle de lecture et, bien sûr, les grillades, apprêtées «selon les règles les plus strictes de Charlotte Brontë». D'autres, comme le restaurant Reynolds de Québec, tout en faisant office de *chop houses*, étoffent leurs menus d'éléments empruntés à une cuisine française désormais internationale tels les galantines diverses, les mayonnaises de poulet ou de homard, la charlotte russe et les crèmes italiennes.

Les clubs privés continuent de foisonner. À Québec, le Driving Club organise pour ses membres des randonnées hebdomadaires en carriole pendant l'hiver. L'un des menus de cette institution nous est parvenu et il illustre de façon remarquable ce que c'était que manger à l'anglaise vers 1830.

Le repas pour une vingtaine de convives ne comprend que deux services. Le premier service se compose de trois soupes (une au *gravy*, une au lièvre et une dernière aux abats), quatre plats de viande rôtie (chevreuil, bœuf, dinde et volaille), une ronde de bœuf probablement bouillie, trois pâtés à la viande et un aux huîtres, deux grillades (côtelettes), trois mets en sauce (un hachis, une fricassée et un curry).

Les plats de ce premier service n'étaient probablement pas tous servis en même temps. Grâce aux relevés ou *removes*, on assure la progression du service. Ainsi les potages sont probablement relevés par le bouilli, et les plats en sauce sont suivis des rôtis, des grillades et des pâtés. Le menu offert à la même époque par John Molson à ses convives reflète bien cet usage: les potages précèdent les poissons, eux-mêmes suivis des bouillis, puis des rôtis et des pâtés. Le deuxième service au menu du Driving Club comprend gelées, blanc-manger, crèmes, tartelettes, pâtisseries, dont du *mince pie*, et fruits en compote.

Des voyageurs de l'époque attestent aussi la grande quantité de viandes absorbées par les anglophones de la colonie. Adam Hodgson en 1824 qualifie l'heure des repas de gaspillage. Par contre, il préfère la vie à bord des vapeurs qui naviguent entre Montréal et Québec avec leurs repas qui rappellent les bons hôtels de Londres. Thomas Fowler (vers 1830), à bord du *Chambly*, en donne une bonne description: au déjeuner, biftecks, pommes de terre au four, œufs, pain, beurre et thé; au dîner, une quantité considérable de viandes (bœuf rôti, mouton bouilli, biftecks, jambons et langues), légumes bouillis, pâtés, puddings et confiseries au dessert.

Un demi-siècle plus tard, les menus de la ligne Allen présentent toujours un ordinaire chargé mais le service est moins élaboré. La cuisine demeure cependant typiquement anglaise. Le premier service se compose de potages à la queue de bœuf, aux rognons ou au veau. Les pièces de viande rôtie (rosbif et *Yorkshire pudding*, rôti de porc et sauces aux pommes, rôtis de dinde ou d'oie farcie) et bouillie (*corned beef*, mouton aux câpres, canards et macaroni, veau) prédominent toujours. Paradoxalement, les entrées sont servies après les plats de résistance. Au contraire de ce qui se passe dans les hôtels, les entrées ne sont pas de style français mais bien anglais: poulet au cari, *steak and kidney pie*, pigeons grillés et champignons, côtelette de mouton et petits pois et *toad in a hole* (saucisses en pâte). Les légumes bouillis accompagnent la traditionnelle purée de pommes de terre. Les desserts, puddings, pâtisseries, compotes et fruits, complètent les repas.

Tous ces mets font l'objet de descriptions dans les traités culinaires de l'époque, lesquels se répandent de plus en plus. Si, en 1830, la Cary's Circulating Library de Québec ne dispose guère que de revues et de dictionnaires comme *The Ladies Library or Encyclopedia of Female Knowledge* (1790), dès le milieu du siècle, la bibliothèque de Québec offre à la population une gamme de livres beaucoup plus élaborée. William Kitchiner, avec son *Cook's Oracle* et son *Housekeeper's Oracle*, occupe une place de choix avec Mackenzie et ses cinq mille recettes, mais on retrouve aussi l'ouvrage de John Conrad Cook, *Cookery and Confectionary* (1824), qui innove en indiquant des temps de cuisson, de même que le traité d'Appert sur la conservation des aliments et une traduction anglaise du livre de Beauvilliers.

À compter de 1840, le marché anglophone canadien est inondé de recueils de recettes et de livres de cuisine. Beaucoup proviennent de Grande-Bretagne, notamment les ouvrages de Dalgairn (*The Practice of Cookery*, 1829), d'Eliza Acton (*Modern Cookery*, 1845), de Soyer (*The Modern Housewife*, 1849; *Shilling Cookery for the People*, 1854), de Francatelli (*The Modern Cook*, 1846) et, plus tard, d'Isabella Beeton (*Book of Household Management*, 1861), grand succès qui vise spécifiquement la bourgeoisie urbaine. La variété est assez remarquable, depuis les recettes écossaises de Dalgairn en passant par la cuisine essentiellement anglaise d'Acton et Beeton jusqu'aux livres des grands chefs, l'Anglais Charles Francatelli et le Français Alexis Soyer, disciples de Carême.

La cuisine américaine fait aussi une percée sur le marché canadien vers 1830 avec l'ouvrage original d'Amelia Simmons (*American Cookery*, 1796), et celui de Lydia Child (*American Frugal Housewife*, 1832), qui connaît onze éditions dès sa première année. Mais ce sont surtout les livres de Sarah Hale (*The Lady's New Book of Cookery*, 1852; *The New Household Receipt Book*, 1853; *Mrs Hale's Receipts for the Million*, 1857) et d'Eliza Leslie (*New Receipts for Cookery*, 1854, et *New Cookery Book*, 1857) qui connaissent le plus de succès. Sarah Hale diffuse même des recettes américaines par le biais de revues féminines populaires, notamment le *Godey's Ladies Book*. D'autres journaux, comme le *Canadian Illustrated News*, vers 1870, font aussi place à la cuisine américaine en publiant des recettes comme celles du *clam soup*, du *chicken à la créole*, du *succotash*, du *okra gumbo* et des *saratoga potatoes*...

Enfin, le Canada anglais se lance aussi dans la publication de livres de recettes. Le premier, *The Cook not Mad or Rational Cookery*, publié à Kingston en 1831, n'est qu'une impression canadienne d'un livre publié l'année précédente à Watertown, dans l'État de New York. Le deuxième, *The Frugal Housewife's Manual* par A. B., publié à Toronto en 1840, ne présente que quelque 70 recettes des plus frustes, qui prétendent avant tout à une *«great plainness»*. *Modern Practical Cookery* de Mrs Nourse, publié à Montréal en 1845, n'est que l'édition canadienne d'un ouvrage publié à Édimbourg en Écosse. Plus intéressant cependant est l'ouvrage publié par Henry Richards en 1861 à Hamilton. L'auteur de *The Canadian Housewife's Manual of Cookery* avoue devoir beaucoup à Soyer, sa principale source d'inspiration. Il se considère d'ailleurs comme un «compilateur». Et, en effet, son ouvrage présente une série de recettes intéressantes tirées de livres français, anglais et américains adaptées à l'intention de la ménagère canadienne. Après la Confédération, on assiste à un véritable foisonnement de livres de recettes publiés en Ontario, à Toronto surtout, ouvrages souvent anonymes de femmes ou de cercles féminins qui, à l'exemple américain, mettent en valeur les produits du pays, le gibier, le maïs et la citrouille. Il est cependant difficile de préciser jusqu'à quel point ces livres pénètrent le marché du Québec, quoique certains se retrouvent dans les bibliothèques d'institutions d'enseignement francophones.

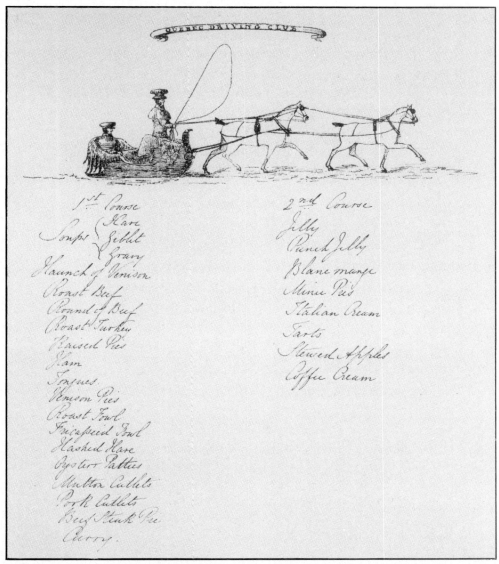

Menu manuscrit du Quebec Driving Club, vers 1831. Archives nationales du Canada, C.84669.

Cuisine et alimentation anglaise au Québec au XIXe siècle

Potage

Fausse soupe à la tortue (*Mock Turtle Soup*) (Beeton, *All about Cookery*, 1861)

Entrées

Côtelettes de porc grillées, sauce moutarde (*Pork Chops and Mustard Sauce*)
(Soyer, *Shilling Cookery for the People*, 1855)

Mock Veal Cutlets (*The Cook not Mad*, 1831); sauce tartare (*Tartar Sauce*)
(Acton, *Modern Cookery for Private families*, 1858)

Ragoût de poitrine de veau (*Breast of Veal, Raggoed Whole*)
(Simpson, *A Complete System of Cookery*, 1806)

Rôtis et relevés

Rosbif à l'anglaise (*Roast Beef and Yorkshire Pudding*)
(Soyer, *Shilling Cookery for the People*, 1855)

Dinde bouillie, sauce aux huîtres (*Boiled Turkey, Oyster Sauce*)
(Rundell, *New System of Domestic Cookery*, vers 1820)

Salade

Salade de laitue romaine (Romaine (Coss) *Lettuce Salad*)
(Richards, Henry, *The Canadian Housewife...*, 1861)

Entremets

Pâté de croupe de bœuf (*Rump Steak Pie*)
(Mackenzie, *Mackenzie's Five Thousand Receipts*, 1831)

Croquettes de maïs (*Corn Fritters*) (Hale, *The Ladies New Book of Cookery*, 1852)

Sea Pie (Hale, *The Ladies New Book of Cookery*, 1852)

Croquettes de riz (*Rice Croquettes*) (Leslie, *New Receipts for Cooking*, 1854)

Desserts

Pudding aux cerises (*Cherry Pudding*) (Glasse, *The Art of Cookery...*, 1791)

Pudding au riz (*Rice Pudding*) (Simmons, *American Cookery*, 1796)

Boisson

Planter's Punch (Tolfrey, *Travels to Canada*, 1810)

Fausse soupe à la tortue

La soupe à la tortue a connu une vogue durable. Ce délice aristocratique est servi lors de grands banquets et de dîners diplomatiques à compter du milieu du XVIIIe siècle. Déjà, en 1768, la London Tavern à Londres est célèbre pour ses tortues vivantes nageant dans des cuves. Les réclames dans les journaux québécois et montréalais indiquent que la soupe à la tortue ne tarde pas à se faire connaître au Canada. Francis Millem, propriétaire d'un café à Québec, semble être le premier à en faire commerce en 1798. Dans la deuxième moitié du XIXe siècle, la cérémonie de décapitation d'une grosse tortue vivante est même un événement annoncé qui fait accourir les gastronomes de Montréal chez Francis Francisco à l'Empire Saloon. Bien que tavernes et restaurants servent régulièrement cette soupe, sa préparation est longue, complexe et coûteuse. C'est pourquoi dès le XVIIIe siècle les traités de cuisine suggèrent de préparer plutôt de la fausse soupe à la tortue avec de la tête de veau ou encore de l'esturgeon. Ce mets mock est aussi servi dans les établissements commerciaux.

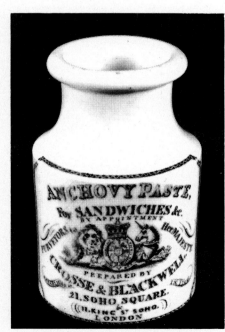

Pot à pâte d'anchois, produit de Crosse & Blackwell, XIXe siècle. Service canadien des parcs, Québec.

1/2
ou 1   tête de veau (Demander à votre boucher de la couper en quatre. Garder la cervelle pour un plat d'accompagnement.)
2   carottes
2   oignons piqués d'un clou de girofle
1   panais
1   bouquet de persil
4   l (16 tasses) de bon bouillon obtenu à partir de la cuisson de la tête
110   g (1/4 lb) de beurre
110   g (1/4 lb) de jambon cru
30   ml (2 c. à soupe) de persil haché
1   pincée de thym
1   pincée de marjolaine
1   pincée de basilic
2   oignons hachés
2   échalotes hachées
6   champignons hachés
30   ml (2 c. à soupe) de farine
1/4   de bouteille de madère
1   pincée de poivre de Cayenne
1   pincée de macis
sel
le jus d'un citron
le jus d'une orange de Séville (orange amère)
5   ml (1 c. à thé) de sucre

Farce pour les quenelles

125   ml (1/2 tasse) de mie de pain
250   ml (1 tasse) de lait
450   g (1 lb) de veau haché
110   g (1/4 lb) de suif haché
pincées de sel et de poivre
1   pincée de muscade
2   œufs battus

Préparation du bouillon

Commencer la veille la préparation du bouillon. Bien laver et laisser dégorger la tête dans l'eau froide pendant 2 heures. Couvrir la tête d'eau bouillante et laisser cuire à feu doux pendant 1 heure. Mme Beeton ne le mentionne pas, mais il est préférable d'ajouter 5 ml (1 c. à thé) de vinaigre pour chaque litre (4 tasses) d'eau de cuisson. Bien écumer. Enlever la viande des os, la couper en petits cubes et la plonger dans l'eau froide. Réserver. Remettre les os dans le liquide de cuisson et laisser cuire encore 2 à 3 heures avec les carottes, les oignons, le panais et le persil. Passer le bouillon à l'étamine et garder au froid jusqu'au lendemain.

Préparation de la soupe

Dégraisser d'abord le bouillon. Placer 3 l (12 tasses) de bouillon dans le chaudron avec la viande coupée en cubes. Cuire à feu doux 1 heure et réserver.

Pendant ce temps, dans une autre casserole, faire fondre le beurre et faire revenir le jambon coupé en petits cubes. Ajouter le persil, le thym, la marjolaine, le basilic, les oignons, les échalotes et les champignons hachés, cuire à feu doux durant 5 minutes. Ajouter le litre (4 tasses) de bouillon restant et laisser cuire 2 heures à petit feu. Lier ce bouillon avec de la farine en en versant un peu dans un bocal contenant la farine et en brassant. Ajouter au reste du bouillon. Ajouter ensuite le madère et laisser cuire encore 10 minutes. Passer le mélange au tamis et lier avec le bouillon de viande. Laisser sur le feu pendant la préparation des quenelles.

Préparation des quenelles

Placer le pain dans une casserole, couvrir de lait et amener à ébullition. Laisser cuire à feu moyen durant 10 minutes ou jusqu'à ce que cette panade se dessèche un peu. Bien mélanger le veau haché, la panade, le suif, le sel, le poivre, la muscade et les œufs. Une fois les ingrédients bien mélangés, former de petites quenelles avec une cuillère et faire pocher dans l'eau bouillante durant 10 à 15 minutes. Garder au chaud.

Préparation de la soupe (suite)

Amener la soupe à ébullition et assaisonner avec le poivre de Cayenne, le macis, le sel, les jus d'orange amère et de citron et le sucre. Ajouter les quenelles. Cuire doucement quelques minutes. Rectifier l'assaisonnement et servir.

Certains auteurs de traités de cuisine (Kitchiner, Simpson, etc.) ajoutent aussi des quenelles de jaunes d'œufs. Voir leur préparation dans la recette du ragoût de poitrine de veau dans ce chapitre.

Côtelettes de porc grillées, sauce moutarde

Au XIXᵉ siècle, le pique-nique représente une activité de loisir appréciée de toute la bonne société britannique au Canada. Toutes les occasions sont bonnes pour remplir les paniers d'osier de mets et de rafraîchissements et se rendre, en calèche l'été, en carriole l'hiver, dans les sites les plus pittoresques de la proche campagne. Les chutes Montmorency dans les environs de Québec constituent l'endroit par excellence. Habituellement ce repas se compose al fresco de mets froids, tels viandes rôties, jambons, langues, salades, sandwichs, pain, pâtisseries et fruits. Mais on apprête aussi des repas chauds. En 1806, Hugh Gray se rend en excursion en bateau aux chutes de la Chaudière. Un feu est allumé au milieu des roches et on sert biftecks, ragoûts et pommes de terre, le tout arrosé de vin de Bourgogne. Les côtelettes de porc sont au menu d'une excursion du Quebec Driving Club en 1831 avec différents mets chauds: soupes, hachis, fricassées et ragoûts.

1 oignon
6 à 8 côtelettes de porc
sel et poivre

Sauce moutarde
30 ml (2 c. à soupe) de beurre
60 ml (4 c. à soupe) d'oignon haché
15 ml (1 c. à soupe) de farine
310 ml (1 1/4 tasse) de bouillon [voir recette en annexe]
2 ml (1/2 c. à thé) de sel
1 ml (1/4 c. à thé) de poivre
1 ml (1/4 c. à thé) de sucre
10 ml (2 c. à thé) de moutarde anglaise

Couper l'oignon en deux. Saler et poivrer les côtelettes et les frotter avec l'oignon. Faire griller au four jusqu'à cuisson complète, les côtelettes devant cependant rester juteuses. Pendant ce temps, préparer la sauce.

Faire fondre le beurre et y faire revenir l'oignon. Ajouter la farine et bien lier. Ajouter lentement le bouillon et bien mélanger. Laisser bouillir à feu doux pendant 10 minutes. Assaisonner de sel, de poivre, de sucre et de moutarde. Laisser cuire encore quelques minutes pour bien incorporer les assaisonnements. Servir avec les côtelettes.

Mock Veal Cutlets, *sauce tartare*

Les plats en imitation, les
«faux» ou «mock», trouvent leur
origine au Moyen Âge alors que les
cuisiniers de cour cherchent à
métamorphoser les aliments de façon à
en masquer tant l'apparence que le
goût. L'obligation de manger maigre
pendant le Carême incite les cuisiniers
à rivaliser d'imagination, faisant
passer les poissons pour des viandes,
les amandes pour des laitages et des
œufs. La tradition perdure dans la
cuisine anglaise bien après la Réforme
(XVIe siècle) encore que les recettes
mock perdent leur signification
religieuse. Ainsi, le bœuf se fait
canard (Mock Duck), le veau
homard (Mock Lobster), la courge
oie (Mock Goose). L'esturgeon, par
sa texture et son goût, se prête bien à
ces transformations. Mme Simcoe
(1792) trouve l'esturgeon du Niagara
délicieux lorsqu'il est apprêté par de
bons cuisiniers en Mock Turtle Soup
ou en Mock Veal Cutlets. Ces plats
demeurent très à la mode au Canada
anglais au XIXe et même au XXe siècle.

6 à 8	morceaux de filets d'esturgeon coupés en tranches
2	jaunes d'œufs
125	ml (1/2 tasse) de farine
	sel et poivre
	beurre

Sauce tartare

45	ml (3 c. à soupe) d'huile d'olive
15	ml (1 c. à soupe) de vinaigre
5	ml (1 c. à thé) de moutarde de Dijon
5	ml (1 c. à thé) d'échalote hachée
5	ml (1 c. à thé) de persil haché
5	ml (1 c. à thé) de câpres hachées
5	ml (1 c. à thé) de cornichons hachés
1	jaune d'œuf dur
125	ml (1/2 tasse) de crème sure

Tremper les morceaux d'esturgeon dans les jaunes d'œufs battus. Saupoudrer de farine assaisonnée de sel et de poivre. Frire dans le beurre 10 minutes de chaque côté.

Pendant ce temps, préparer la sauce tartare en battant l'huile et le vinaigre dans un bol. Ajouter ensuite la moutarde, l'échalote, le persil, les câpres et les cornichons et bien intégrer au mélange huile/vinaigre. Hacher finement le jaune d'œuf dur et le passer au tamis. Incorporer lentement le jaune d'œuf dur et la crème au mélange de sauce. Servir avec les fausses côtelettes de veau.

Restaurant Terrapin à Montréal. *Canadian Illustrated News*, 1871. Bibliothèque nationale du Québec.

Ragoût de poitrine de veau (p. 93)   Breast of Veal, Ragooed Whole (p. 92)

Vaisselle de faïence fine crème. Fabriquée en série dès la fin du XVIIIe siècle, cette innovation anglaise envahit les tables des colonies.

Delicate, cream-colored earthenware dishes. Mass-produced towards the end of the eighteenth century, this English innovation invaded Colonial tables.

Ragoût de poitrine de veau

Au XVIIᵉ siècle, un ragoût se veut un assaisonnement, une sauce ou un apprêt propre à relever le goût d'un mets et à aiguiser l'appétit. Il s'implante assez tôt en Angleterre et fait partie des mets confectionnés «the French way». Déjà en 1723, Robert Smith, dans son Court Cookery, donne une dizaine de recettes de ragoût, dont trois de veau. Mais, presque aussitôt, les cuisiniers anglais hostiles à la cuisine française associent les ragoûts, parmi les plats composés des Français, à des mets excessivement raffinés et même dénaturés et malsains. Le ragoût persistera néanmoins dans la cuisine anglaise, se confondant éventuellement avec le stew anglais. La recette de Simpson est de conception française bien qu'on y trouve des assaisonnements typiquement anglais comme le macis et le madère. Le ragout veal au menu de John Molson au Mansion House vers 1821 s'inscrit probablement dans cette tradition.

1	poitrine de veau avec l'os mais sans les tendrons (2,75 à 3 kg - environ 6 à 7 lb)
60	g (2 oz) de lard coupé en cubes et 1 barde
6	oignons tranchés
1	pincée de macis
1	pincée de thym
1	bouquet de persil
1,75	l (7 1/2 tasses) de bouillon [voir recette en annexe]
30	ml (2 c. à soupe) de beurre
6	champignons tranchés
	sel et poivre
	le jus de la moitié d'un citron
275	g (10 oz) de ris de veau
24 à 30	boulettes de veau [voir recette pour la farce de veau sous «concombres farcis», page 81]

Quenelles de jaunes d'œufs

8	œufs
15	ml (1 c. à soupe) de farine
	sel et poivre
500	ml (2 tasses) de sauce tournée
250	ml (1 tasse) de madère

Sauce tournée

500	ml (2 tasses) de consommé [voir recette en annexe]
30	ml (2 c. à soupe) de beurre
4	champignons tranchés
2	échalotes émincées
225	g (1/2 lb) de jambon coupé en dés
30	ml (2 c. à soupe) de farine

Demander à votre boucher de préparer la pièce de viande.

Foncer une grande casserole avec le lard coupé en cubes et ajouter la poitrine de veau, les oignons tranchés, le macis, le thym, le persil et le bouillon. Amener à ébullition, écumer et laisser cuire à feu doux 2 heures 30.

À mi-cuisson, commencer la préparation de la sauce tournée. Faire fondre le beurre et ajouter les champignons et les échalotes, le jambon et 15 ml (1 c. à soupe) de consommé. Laisser suer à feu doux pendant 30 minutes. Placer la farine avec 125 ml (1/2 tasse) de consommé dans un bocal, sceller et bien brasser. Lier ce liquide au mélange de jambon en remuant constamment pendant 10 minutes. Ajouter le reste du consommé et amener à ébullition. Laisser bouillir pendant 10 minutes en remuant constamment pour épaissir. Passer la sauce tournée à l'étamine et réserver.

Retirer la poitrine, la désosser et couper la viande en cubes. Réserver. Passer le bouillon à l'étamine et réserver.

Préparer le ragoût. Faire d'abord fondre le beurre et ajouter les champignons tranchés, le sel, le poivre et le jus de citron. Cuire à feu doux 15 minutes. Trancher les ris de veau, préparer les boulettes (voir la recette) et les quenelles de jaunes d'œufs. Faire cuire 6 œufs durs. Séparer les jaunes des blancs. Écraser les jaunes cuits au mortier avec le pilon et ajouter les deux autres jaunes d'œufs crus. Bien piler en ajoutant peu à peu la farine. Saler et poivrer. Former en petites quenelles avec une cuillère. Prendre 500 ml (2 tasses) du bouillon de poitrine de veau. Amener à ébullition et pocher quelques minutes les quenelles.

Ajouter les ris de veau et les boulettes avec 500 ml (2 tasses) de sauce tournée et 125 ml (1/2 tasse) de madère au mélange de champignons et de jus de citron. Laisser cuire à feu doux 15 à 20 minutes. Pendant ce temps, prendre 500 ml (2 tasses) de bouillon de cuisson de la poitrine de veau et l'amener à ébullition; laisser réduire de moitié. Incorporer ce bouillon réduit, les cubes de veau et les quenelles de jaunes d'œufs au ragoût de ris et de boulettes. Laisser cuire encore 5 minutes à feu doux pour bien mêler les saveurs.

 # Rosbif à l'anglaise

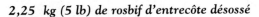

Les Anglais font grand cas du rôtissage des viandes, surtout de la pièce de bœuf. Avant 1830, on recommande en général un feu vif, la cuisson à la broche et l'arrosage du rôti avec du sel et de l'eau pendant la cuisson afin de dégager le gravy, de même que l'enfarinage avant la fin de la cuisson pour lui donner une croûte dorée. Les auteurs du milieu du XIXe siècle, comme Soyer, vont s'opposer à cette tradition car cette technique assèche trop les viandes en tirant le jus de l'intérieur; mieux vaut privilégier les corps gras. Soyer, comme d'autres, recommande le rôtissage au four avec l'utilisation du plat à rôtir et de sa grille. Au XIXe siècle, cette technique se répand au Canada en raison de la grande popularité du poêle de fonte. Le Yorkshire pudding, accompagnement traditionnel du roastbeef, placé sous la grille absorbe les drippings, soit la graisse et le jus du rôti. Le rosbif se mange habituellement saignant: «rare done is the healthiest and the taste of this age», *écrit Amélia Simmons en 1796.*

2,25 kg (5 lb) de rosbif d'entrecôte désossé
6 à 8 pommes de terre

Yorkshire pudding

3 œufs
125 ml (1/2 tasse) de farine
500 ml (2 tasses) de lait
sel
30 ml (2 c. à soupe) de beurre

Sauce au raifort

30 ml (2 c. à soupe) de raifort râpé
5 ml (1 c. à thé) de moutarde
5 ml (1 c. à thé) de sel
1 ml (1/4 c. à thé) de poivre
5 ml (1 c. à thé) de sucre
30 ml (2 c. à soupe) de vinaigre
un peu de lait ou de crème
250 ml (1 tasse) de gravy [voir recette en annexe]

Préparer d'abord le pudding. Battre les œufs, ajouter la farine et intégrer en battant le lait et le sel. Bien beurrer un plat allant au four (4 cm de profond sur 20 cm de large - 1 po 1/2 de profond sur 8 de large) et y verser la pâte à pudding. Chauffer le four à 160 °C (325 °F). Placer le plat à pudding au fond d'une grande lèchefrite. Recouvrir d'une grille et placer le rosbif sur la grille. Entourer le rosbif des pommes de terre. Cuire à 160 °C (325 °F), 35 à 45 minutes le kilo (15 à 20 minutes la livre) selon la cuisson désirée. Quand le *Yorkshire pudding* est bien doré et ferme, le retirer, le couper en portions et le tourner pour le dorer de l'autre côté. À la fin de la cuisson de la viande, retirer le rosbif du four et le laisser reposer 20 minutes avant de le couper en tranches.

Pendant ce temps, garder le *Yorkshire pudding* et les pommes de terre au chaud et préparer la sauce au raifort. Râper le raifort et le placer dans un bol. Ajouter la moutarde, le sel, le poivre, le sucre et le vinaigre; bien mélanger. Mouiller avec le lait ou la crème pour lui donner la consistance désirée.

Chauffer le *gravy* dans une casserole. En coupant le rosbif, réserver le jus qui s'en dégage pour l'intégrer au *gravy*. Servir le rosbif avec les pommes de terre, les portions de *Yorkshire pudding*, le *gravy* dans une saucière et la sauce au raifort dans un petit bol.

Dinde bouillie, sauce aux huîtres

Bien que la dinde soit d'origine nord-américaine, elle est d'abord domestiquée en Europe avant de revenir peupler les basses-cours coloniales. Elle demeure, du XVIIe au XIXe siècle, un plat de fête apprécié de tous. Les canneberges ou «atocas» sont également d'origine nord-américaine. Les Canadiens en font des confitures depuis le XVIIe siècle, mais il semble que ce ne soit qu'au XVIIIe siècle qu'on associe l'atoca à la dinde, fort probablement sous l'influence des États-Unis. À notre connaissance, Amelia Simmons, dans son American Cookery (1796), est la première à proposer une recette de dinde aux canneberges. La Nouvelle Cuisinière canadienne (1855) n'en fait pas mention bien qu'elle propose une oie rôtie aux canneberges. Sa «dinde à la canadienne» trahit plutôt une influence anglaise. Elle se cuit à la daube, piquée de lard et de clous, farinée, dorée avec des oignons, bouillie avec de la sarriette et du persil et relevée de sauce Madère. Mais le plat le plus caractéristique de la cuisine anglaise demeure la dinde bouillie et farcie servie avec de la sauce aux huîtres.

1	dinde de 2,75 à 3,5 kg (6 à 8 lb)

Farce aux huîtres

110	g (1/4 lb) de suif
1	oignon haché
1	branche de céleri hachée
1	l (4 tasses) de mie de pain
5	ml (1 c. à thé) de sel
2	ml (1/2 c. à thé) de poivre
2	ml (1/2 c. à thé) de sauge
15	huîtres hachées avec leur jus
	le zeste d'un demi-citron haché fin
1	œuf
1	ml (1/4 c. à thé) de muscade

Sauce aux huîtres

30	ml (2 c. à soupe) de beurre
15	ml (1 c. à soupe) de farine
10	huîtres avec leur jus
2	ml (1/2 c. à thé) de macis
5	ml (1 c. à thé) de zeste de citron haché
125	ml (1/2 tasse) de lait

Compter 125 ml (1/2 tasse) de farce par 450 g (1 lb) de dinde. Mélanger tous les ingrédients de la farce. Farcir la cavité et la peau du cou de la dinde. Bien coudre les cavités et attacher les cuisses et les ailes en laissant un peu d'espace pour permettre à la farce de prendre de l'expansion. Enfariner un grand linge, envelopper la dinde et bien attacher.

Amener de l'eau à ébullition dans un grand faitout, déposer la dinde et couvrir. Cuire la dinde à feu doux 3 heures à 3 heures 30 selon son poids. Vingt minutes avant la fin de la cuisson, préparer la sauce: faire fondre le beurre dans un poêlon, lier avec la farine et dorer un peu. Ajouter les huîtres hachées, leur jus, le zeste de citron, le macis et laisser cuire quelques minutes. Délayer la sauce avec le lait jusqu'à l'obtention de la consistance désirée.

Retirer la dinde du faitout, couper les ficelles et enlever le linge. Servir la dinde sur un grand plat de service, la farce à part et la sauce dans une saucière.

Salade de laitue romaine

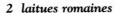

Les Anglais apprécient la laitue dès son introduction sur leur île par les Romains. Ils en sont si friands que l'auteur et horticulteur réputé John Evelyn lui consacre un ouvrage culinaire à elle seule, Acetaria, en 1699. Sa salade verte est demeurée un classique. Les laitues et les herbes doivent être bien choisies, délicatement lavées, séchées et arrosées simplement d'huile et de vinaigre. «All should fall into their place like the notes in music, in which there should be nothing harsh or grating.» La laitue romaine, malgré son nom, ne vient pas de Rome mais trouve son origine en Grèce, sur l'île de Cos. On la désigne par le nom de «cos lettuce» au XIXe siècle.

- 2 **laitues romaines**
- 2 **œufs durs coupés en quartiers**
- 1/2 **échalote hachée finement ou 1 ciboule**
- 2 ou 3 **radis tranchés**
- 1 **concombre tranché**
  fleurs de capucine (facultatif)

Vinaigrette
- 15 **ml (1 c. à soupe) d'huile**
- 10 **ml (2 c. à thé) de vinaigre**
- 5 **ml (1 c. à thé) de cerfeuil haché**
- 5 **ml (1 c. à thé) d'estragon haché**
- 5 **ml (1 c. à thé) de sel**
- 2 **ml (1/2 c. à thé) de poivre**

Déchiqueter la laitue; en garder quelques feuilles entières. Préparer la vinaigrette en mélangeant tous les ingrédients. Tapisser le fond d'un plat à salade des feuilles entières puis remplir de laitue déchiquetée. Garnir des quartiers d'œufs, des tranches de radis et de concombres, de l'échalote ou de la ciboule et, si vous en disposez, de fleurs de capucine. Verser la vinaigrette sur la salade; bien l'agiter avant de servir.

Pâté de croupe de bœuf

Les pâtés de viandes, les jambons et les langues font habituellement partie des provisions des Britanniques lorsqu'ils se déplacent au Canada. À la redoute Dauphine à Québec, le cantinier du mess de l'artillerie fournit au lieutenant Tolfrey un pâté de veau, un pâté de croupe de bœuf, un jambon et deux langues de bœuf avec une bonne quantité de bière, de sherry et de brandy lorsqu'il part en excursion de chasse en 1816. Lors d'expéditions plus longues, comme celle de l'évêque anglican Mountain visitant son diocèse au Haut-Canada, les préparatifs sont encore plus élaborés. Le trajet se fait sur eau, un bateau étant réservé au travelling apparatus, contenant paniers de vin et de porter, jambons, langues, cages avec quatre douzaines de poulets, boîtes à verrerie, vaisselle et ustensiles de table, tout ce qui est nécessaire aux thés, et au travelling basket rempli de viandes froides et autres mets préparés.

- 1,25 **kg (3 lb) de steak de ronde de 1 cm (1/2 po) d'épaisseur**
- 6 **échalotes**
- 5 **ml (1 c. à thé) de sel**
- 5 **ml (1 c. à thé) de poivre**
- 2 **abaisses de pâte fine [voir recette en annexe]**
- 30 **ml (2 c. à soupe) de ketchup aux champignons [voir recette en annexe]**
- 30 **ml (2 c. à soupe) de bouillon de bœuf ou de vin rouge**

Couper le bœuf en morceaux de 10 cm sur 8 cm (4 po sur 3 po) en enlevant le gras et les nerfs. Hacher finement les échalotes et les mélanger avec le sel et le poivre.

Foncer un moule avec une abaisse. Recouvrir du quart du mélange d'échalote. Couvrir d'une rangée de bœuf et à nouveau du quart des échalotes; répéter. Verser le ketchup et le bouillon (ou le vin rouge) sur la viande. Couvrir de la seconde abaisse et sceller avec du blanc d'œuf et une fourchette. Cuire au four 1 heure 30 à 175 °C (350 °F).

Croquettes de maïs

John Lambert confirme en 1807 que les Canadiens mangent très peu de maïs; ils le cultivent comme aliment de luxe plutôt que comme aliment de base. Ils en font très peu de pain ou de bouillies, mais le savourent frais sur l'épis, bouilli ou rôti avec un peu de sel et de beurre. «They pick the corn off the cob in the same style, and with as much goût, as an alderman picks the wing of a fowl at a city feast.» À l'opposé, les Américains lui réservent un rôle fondamental et en font de la farine ou de la semoule bouillie (hominy), du pain de maïs et du johnny cake la plus raffiné, des crêpes, des puddings et des croquettes de maïs de différentes variétés ainsi que du succotash, mets succulent qui combine les haricots aux grains de maïs. Ce dernier, comme tous les mets au maïs, trouve son origine dans la cuisine amérindienne.

1 boîte de maïs en grains de 360 ml (12 oz)
60 ml (1/4 tasse) de farine
2 œufs battus
  sel et poivre
60 ml (4 c. à soupe) de beurre

Passer le maïs au robot culinaire et bien intégrer ensuite la farine, les œufs battus, le sel et le poivre. Faire fondre le beurre dans un poêlon sur feu moyen et déposer des cuillerées du mélange. Frire dans le beurre en tournant une fois. Servir chaud.

Sea Pie

L'origine du cipâte ou cipaille québécois est controversée. Certains auteurs y voient l'avatar d'une recette d'origine anglaise, le Sea Pie, pâté de poisson, de pommes de terre et d'oignons qui serait devenu un pâté de viandes et de gibier avec ses six rangées de pâte et de viande. D'autres affirment qu'il s'agit peut-être d'un mets d'origine écossaise, un pâté de bœuf et de volailles, ou encore que le cipâte serait une vieille recette de la région côtière du nord de la France. Impossible de trancher le débat. Signalons seulement qu'une variante du Sea Pie est connue aux États-Unis au XVIIIᵉ siècle et qu'Amelia Simmons (1796) semble être la première à en donner une recette. Son Sea Pie est un pâté composé de pigeons, de dinde, de veau, de mouton ou de volaille et de tranches de lard. Les rangées de viandes sont saupoudrées de farine. Sarah Hale en propose une variante au milieu du XIXᵉ siècle.

1 poulet de 1,75 à 2,25 kg (4 à 5 lb)
450 g (1 lb) de bœuf* salé paré de son gras
30 ml (2 c. à soupe) de beurre
3 oignons hachés
  poivre
2 abaisses de pâte fine [voir recette en annexe]
1,5 l (6 tasses) d'eau froide

Dépecer le poulet en 8 ou 10 morceaux. Couper le bœuf salé en tranches minces.

Beurrer généreusement le fond et les côtés d'une cocotte. Foncer d'une rangée de tranches de bœuf salé. Assaisonner de la moitié des oignons et du poivre. Couvrir d'une abaisse de pâte. Couvrir avec les morceaux de poulet et le reste du bœuf salé. Assaisonner d'oignon et de poivre. Verser l'eau froide. Couvrir d'une seconde abaisse.

Cuire à couvert 2 heures 30, soit 30 minutes à 230 °C (450 °F), 1 heure à 175 °C (350 °F) et 1 heure à 160 °C (325 °F).

* Au besoin, on peut se servir du bœuf salé préparé dans la recette de culotte de bœuf à la cardinale, page 32.

Croquettes de riz

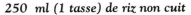

Parmi les nombreux livres de recettes américains qui envahissent le marché québécois dans les années 1850, ceux d'Eliza Leslie comptent parmi les plus intéressants, par leurs aspects à la fois régionaux et cosmopolites. Leslie s'inscrit d'abord dans la tradition anglaise et américaine mais elle s'inspire aussi de la cuisine des Noirs du sud. Elle ne craint pas l'influence française, admet s'en inspirer beaucoup et publie même un livre sur la cuisine française. Dans ses livres, elle présente aussi plusieurs recettes étrangères, de l'Italie, des Antilles, de l'Inde, voire de la Turquie. Dans New Receipts for Cooking (1854), elle met à l'honneur plusieurs recettes espagnoles comme l'omelette pisto, le pollo valenciano, le gazpacho et le guisada.

250	ml (1 tasse) de riz non cuit
30	ml (2 c. à soupe) de cheddar fort râpé
2	ml (1/2 c. à thé) de macis
75	ml (5 c. à soupe) de beurre
5	ml (1 c. à thé) de sel
90	ml (6 c. à soupe) de blanc de poulet ou de dinde émincé
8	grosses huîtres fraîches
1	branche d'estragon ou de persil haché
2	ml (1/2 c. à thé) de muscade
	le zeste d'un demi-citron
	sel et poivre
15	ml (1 c. à soupe) de crème 15 % M.G.
1	jaune d'œuf battu
125	ml (1/2 tasse) de chapelure
450	g (1 lb) de saindoux ou d'huile à friture

Faire bouillir le riz jusqu'à ce qu'il soit sec et tendre. Mélanger le riz avec le cheddar, le macis, le beurre et le sel.

Mélanger à part le poulet, les huîtres émincées, l'estragon ou le persil, la muscade, le zeste, le sel, le poivre et la crème.

Prendre 1 cuillerée de riz de la grosseur d'un œuf. Aplatir le riz dans la main en formant une petite cavité au centre. Remplir le milieu d'un peu de mélange poulet/huîtres. Refermer la main et former une croquette en forme d'œuf. Rouler les croquettes dans le jaune d'œuf et les passer à la chapelure.

Préparer la friture en chauffant l'huile ou le saindoux. Faire frire jusqu'à ce que les croquettes soient dorées. Pour servir, garnir de persil frit.

 # Pudding aux cerises

Au XVIIᵉ siècle, le pudding apparaît quotidiennement au menu anglais. L'invention du linge à pudding au tout début du siècle permet enfin à celui-ci de s'affranchir du boyau animal; on peut désormais l'apprêter à tout moment sans devoir se rendre à la boucherie pour se procurer les boyaux. Dès le milieu du siècle, le pudding bouilli, composé d'une pâte à base de farine et de suif ou de beurre enveloppant une farce de fruits, est à la mode. Au Canada, déjà à la fin du XVIIIᵉ siècle, ce genre de pudding est bien connu; on le confectionne habituellement avec des pommes, des poires, des prunes ou encore des cerises. Amelia Simmons (1796) appelle ce genre de mets «pudding dumpling».

450	g (1 lb) de pâte feuilletée [voir recette en annexe]
800	ml (28 oz) de cerises dénoyautées
45	ml (3 c. à soupe) de beurre
75	ml (5 c. à soupe) de sucre

Rouler la pâte à 1 cm (1/2 po) d'épaisseur. La façonner en forme de boule en la relevant sur les côtés et verser les cerises au centre. Bien refermer la pâte sur les cerises en formant une bourse. Placer la boule de pâte dans un linge enfariné et bien attacher.

Amener une grande casserole d'eau à ébullition. Déposer la pâte dans l'eau bouillante et cuire 3 à 4 heures. À la fin de la cuisson, retirer le pudding de l'eau, enlever le linge, pratiquer une incision sur le dessus et ajouter le mélange de beurre et de sucre. Laisser fondre pendant 10 minutes. Servir chaud.

Pudding au riz

Le pudding au riz est déjà bien connu en Angleterre au XVIIᵉ siècle. On l'apprête en faisant bouillir du riz dans du lait, en l'enrichissant de moelle, d'œufs et de sucre et en l'assaisonnant d'épices (muscade, macis) et d'ambre gris, avant de le cuire au four. C'est essentiellement la technique utilisée au XIXᵉ siècle, comme le révèle la lecture de The Frugal Housewife's Manual, *publié à Toronto en 1840. On ajoute cependant des raisins, on remplace la moelle par le beurre et on abandonne l'ambre gris, assaisonnement de tradition médiévale. Le pudding au riz d'Amelia Simmons (1796) appartient à la même tradition, mais l'auteur présente six versions différentes, dont l'une consiste à faire cuire le pudding dans une abaisse de pâte feuilletée.*

1 l (4 tasses) de lait
125 ml (1/2 tasse) de riz
60 ml (1/4 tasse) de raisins de Corinthe
1 bâton de cannelle
2 ml (1/2 c. à thé) de muscade
20 ml (4 c. à thé) d'eau de rose
4 œufs
sucre au goût (facultatif)*
2 abaisses de pâte feuilletée [voir recette en annexe]

Amener à ébullition le lait, le riz, les raisins et la cannelle en remuant de temps à autre. Baisser le feu et laisser frémir 15 à 20 minutes. Retirer de la casserole et laisser refroidir. Incorporer la muscade, l'eau de rose, les œufs et du sucre (au choix). Mélanger.

Remplir une abaisse avec le mélange et recouvrir de la seconde. Cuire 35 minutes dans un four préchauffé à 175 °C (350 °F).

* Note: La recette originale ne comprend pas de sucre.

 # Planter's Punch

Selon certains auteurs, le punch constituerait un autre emprunt de la gastronomie britannique au répertoire culinaire indien. Le terme «punch» en hindi désigne le chiffre «cinq», soit le nombre d'ingrédients requis pour sa réalisation. Ce sont l'alcool, l'eau, le jus de citron, le sucre et les aromates. Introduit en Angleterre par des officiers de la compagnie des Indes orientales au XVIIᵉ siècle, le punch connaît aussitôt une grande vogue. Il en existe bientôt plusieurs variantes mais, au XVIIIᵉ siècle, le punch au rhum et aux jus de fruits exotiques des Antilles devient la boisson préférée des marchands britanniques. On le sert dans un bol à punch avec des fruits piqués de clous de girofle et des biscuits flottant dessus. Il est de mise dans toutes les tavernes et cafés du Canada aux XVIIIᵉ et XIXᵉ siècles et s'impose rapidement dans toutes les rencontres sociales. Cette recette de Planter's punch des Antilles fut préparée par le major Brown, compagnon du lieutenant Tolfrey, lors d'une excursion de chasse à Château-Richer. Tolfrey le qualifie de «nectar des nectars»!

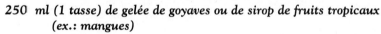

500 ml (2 tasses) de thé vert préparé avec 45 ml (3 c. à soupe) de thé vert infusé dans 1 l (4 tasses) d'eau bouillante
250 ml (1 tasse) de gelée de goyaves ou de sirop de fruits tropicaux (ex.: mangues)
le jus de 3 limettes
375 ml (13 oz) de rhum
180 ml (3/4 tasse) de cognac
60 ml (1/4 tasse) de madère
500 ml (2 tasses) d'eau bouillante
1 pincée de muscade

Faire infuser le thé 3 à 4 minutes. Mélanger l'infusion de thé avec la gelée de goyaves ou le sirop de fruits et le jus de limette. Laisser se dissoudre. Ajouter le rhum, le cognac, le madère et l'eau bouillante; saupoudrer de muscade. Servir chaud dans un bol à punch.

La table bourgeoise au XIXe siècle: de la gastronomie française à la cuisine canadienne

Manger à la bourgeoise au milieu du XIXe siècle ne pourrait mieux s'illustrer que par la parodie du «Dîner interrompu» d'Ernest Doin écrite en 1873. Dans ce texte, tout y passe depuis les préjugés à l'égard de la cuisine française jusqu'au ridicule de certains aspects de la cuisine canadienne.

Derrière le style quelque peu pompeux de M. Plumet et le ton plus tavernier de son cuisinier Jocrisse, se profilent les préjugés mais aussi les goûts à la mode au milieu du XIXe siècle. Les noms des mets sont ridiculisés: un salmis aux fines herbes; pommes d'amour pour entourage; une percillade en vinaigrette; un canard aux oignons, sauce parisienne à la russe et gélatine; un petit cochon de lait farcé (sic) aux truffes et surtout le mets favori de Plumet, les oreilles de cochon piquées, entrelardées de truffes et de fines herbes! Cette caricature de la cuisine française fait cependant écho à sa très grande renommée.

Avec ses principaux chefs de file, Antonin Carême et Auguste Escoffier, la cuisine française conquiert les pays occidentaux au XIXe siècle. Ces personnages président aux premières codifications et standardisations de la cuisine: proposition de techniques, de noms et associations ou utilisations spécifiques d'ingrédients en constituent quelques-unes des manifestations. Au XIXe siècle, la cuisine française se caractérise moins par l'apport de saveurs extérieures, comme au siècle précédent, que par la recherche de nouvelles saveurs obtenues par la liaison d'essences ou d'extraits concentrés de substances sapides souvent familières.

Les cartes des restaurants et des hôtels et les menus des banquets illustrent bien le raffinement nouveau. Les plus fortunés de la bonne société ne sont pas de reste. En témoigne la présence de livres de cuisine plus sophistiqués et de livres sur la gastronomie. La librairie Fabre de Montréal, par exemple, dans son catalogue de 1837, énumère des titres de traités culinaires français du XVIIIe siècle, notamment les ouvrages de Menon et de Marin, mais aussi des ouvrages plus contemporains sur la gastronomie, comme le *Manuel des amphitryons* de Grimod de La Reynière, le poème de Berchoux, «Gastronomie», et le *Cours gastronomique ou les Dîners de Manantville*.

Les politiciens Louis Hippolyte Lafontaine et George Étienne Cartier possèdent chacun leur exemplaire du *Cuisinier parisien* d'Albert et de la *Physiologie du goût* de Brillat-Savarin. Mais la bibliothèque culinaire la plus riche est sans contredit celle de Louis-Joseph Papineau. On y trouve plusieurs traités sur les potagers et les vergers, un traité sur la culture des champignons, le livre d'Appert sur la préparation des conserves, des traités d'économie domestique, des livres de cuisine anglais, des traités culinaires français du XVIIIe siècle, notamment Menon, les livres de cuisine de Viard et d'Audot et l'ensemble des «Classiques de la table» par Améro, rassemblant les écrits de Brillat-Savarin, de Grimod de La Reynière, de Carême, du marquis de Cussy, de Berchoux et de Colnet.

Ce souci du raffinement de la table et de la gastronomie n'est pas seulement le fait d'individus isolés. Certains journaux d'époque le partagent. L'*Album de la Minerve*, publié à Montréal dans les années 1870, en constitue le meilleur exemple. Il contient des articles sur la coupe et la qualité du bœuf, le découpage à table des volailles et du gibier, les huîtres, le roquefort, l'ordonnance des dîners (service à la russe), le vocabulaire de l'office et de la cuisine, la conservation, la nomenclature des vins et l'ordre du service. À l'occasion, on publie des recettes, «la vraie soupe au fromage», «l'aloyau de bœuf rôti», «le gâteau glacé aux légumes», etc. Des extraits de la *Physiologie du goût* de Brillat-Savarin, du poème «Gastronomie» de Berchoux et une série de proverbes culinaires y figurent aussi. *La Presse*, en 1884, va encore plus loin en suggérant des menus et des recettes du baron Brisse, l'un des ouvrages culinaires les plus en vogue de la seconde moitié du XIXe siècle chez la bourgeoisie aisée.

À Québec et à Montréal au milieu du siècle, ceux qui veulent faire bonne chère disposent de tous les ingrédients requis. Il suffit de jeter un simple coup d'œil à l'inventaire de 1886 des marchandises de l'épicier Grenier, rue Saint-Jean, à Québec, pour s'en convaincre. Au seul rayon des boissons, le magasin Grenier propose à sa clientèle toute une gamme de thés et de cafés, dont le café «des gourmets», des bières anglaises, américaines et canadiennes, des vins français, italiens, espagnols et allemands, des vins liquoreux, des alcools (cognac Martell, Aberdeen Scotch, Imperial Rye, etc.) des liqueurs et des digestifs (absinthe suisse, bénédictine, chartreuse). Gourmets et maîtres queux auraient sûrement eu intérêt à parcourir les étagères de condiments et apprêts pour s'y procurer du bouillon de palourdes, des câpres françaises, du *chutney*, du ketchup et des sauces anglaises (dont la chili et la Worcester), du vinaigre d'échalote, de malt, de vin, de l'essence d'anchois, des truffes et des champignons, de la pâte de hareng bouilli à la diable, des financières aux truffes, des gelées de champignons et de madère.

Au comptoir des fromages, l'amateur averti aurait apprécié les fromages anglais, le roquefort et le gruyère, le parmesan et maintenant le canadien (cheddar) et l'oka. Grenier offre également des fruits et légumes recherchés: ananas, bananes, abricots et poires de Californie, oranges de Floride, pêches du Niagara, asperges américaines et françaises, choux-fleurs, flageolets, piments et tomates. Sa poissonnerie regorge de crabes, de homards, d'huîtres, de palourdes et de saumons de Restigouche, de harengs, de sardines et de thon à l'huile, ainsi que de maquereaux au vin blanc. À la charcuterie, on trouve dindes, jambons et langues de bœuf à la gelée, lapin au cari, pâté de foie gras truffé de Strasbourg, pâté de grives et poitrines de tétras.

Pour le dessert, passons chez le pâtissier-confiseur Frédric Grosstephan, de Montréal, «ancien cuisinier au ministère de la maison de l'Empereur», pour y dénicher pains de Savoie, gâteaux à la reine, au citron, à la crème, à la glace, babas écossais, ou chez le confiseur français Émile Joannet pour les chocolats à la crème, les pralines françaises, les dattes à la crème, les bonbons à la liqueur. Même le gourmet trop affairé pour apprêter son repas ou se rendre au restaurant peut tenter sa chance avec les nouveaux produits en conserve vendus par Dufresne et McGaraty, rue Notre-Dame: fruits et légumes de toutes sortes, mais aussi potages et autres mets préparés comme le lièvre à la bordelaise, les perdrix rôties et farcies et le fricandeau. Faire bonne chère devient une priorité pour toute une couche de la population.

C'est à cette même époque que la cuisine «canadienne» trouve enfin son identité. Un gouffre la sépare de la grande cuisine de Carême, Gouffé, Dubois et les autres. Cette cuisine «canadienne», fortement enracinée, doit tout aux traditions culinaires françaises de la première moitié du XVIIIe siècle et aux pratiques culinaires anglaises et américaines!

La publication en 1840, chez Louis Perrault, de *La Cuisinière canadienne* est au Québec ce que fut *Le Cuisinier français* de La Varenne à la France, ou l'*American Cookery* de Simmons aux États-Unis: elle codifie pour la première fois une cuisine dite «nationale». Bien que des recettes de cuisine régionale en fassent partie, il ne s'agit pas d'un répertoire de ce qu'on nomme aujourd'hui la cuisine traditionnelle du Québec. *La Cuisinière canadienne* est un manuel de cuisine destiné à la ménagère québécoise. Il s'inspire de la cuisine pratiquée au pays mais aussi des cuisines française, anglaise et même américaine, dont les recettes circulent à l'époque au Québec. Il ne s'agit donc pas d'un ouvrage à l'intention des professionnels mais bel et bien d'un ouvrage destiné au grand public, dans la tradition des livres de cuisine bourgeoise française et de la *domestic economy* anglo-saxonne.

L'influence de la cuisine bourgeoise française du XVIIIe siècle et du début du XIXe siècle s'y fait jour. Une comparaison en survol avec *La Cuisinière bourgeoise...* «revue par une maîtresse de maison», dont la deuxième édition (1825) est publiée à

Paris pour le libraire Augustin Germain de Québec, permet de constater les ressemblances tant sur les plans du style et de la conception. On lui emprunte même plusieurs recettes comme le ragoût de foie gras. Les apprêts et les sauces sont dans l'ensemble les mêmes: à la vinaigrette, à la poulette, à la mode, à la tartare, à la bourgeoise, à l'italienne, à la sauce piquante, aux fines herbes, aux câpres, à la Sainte-Menehould, en matelote, etc. À certains égards, *La Nouvelle Cuisinière canadienne* est plus moderne: pas de verjus par exemple, mais une recette de poulet à la Marengo, une de dinde truffée, une de charlotte russe, recettes qu'on ne trouve pas dans l'ouvrage de la «maîtresse de maison». Par contre, le livre publié chez Perrault est beaucoup moins moderne que ceux d'Audot (1818), d'Albert (1822) ou de Cardelli (1822). L'influence anglaise y est manifeste sans être prépondérante: à peine une vingtaine de recettes dont douze de puddings. Toutefois l'influence anglaise se fait sentir aussi dans ce qui démarque le plus l'ouvrage de la cuisine bourgeoise française, c'est-à-dire la «canadianisation».

La Nouvelle Cuisinière canadienne présente 22 recettes dites «à la canadienne» mais aussi plusieurs recettes de gibier ou de poissons du pays (oiseaux blancs, tourtes, dorés, achigans, poissons blancs) ainsi que des recettes du terroir comme le pâté de patates, le pâté de porc frais (futures tourtières de la mère Caron en 1878), le ragoût de pattes de cochon et les boulettes de porc frais. Ces recettes font appel à des techniques simples, peu diversifiées, et relèvent d'une cuisine plutôt rudimentaire. L'eau plutôt que le bouillon entre généralement dans la confection des plats braisés, des ragoûts et même des sauces comme la «sauce blanche». Certaines herbes et épices de la tradition culinaire anglaise telles le poivre de Cayenne, la sarriette et la sauge sont privilégiées. On épaissit les plats en sauce non pas à l'aide de roux mais en saupoudrant les viandes de farine, parfois grillée.

La Nouvelle Cuisinière canadienne connaît un certain succès, comme en témoignent ses cinq éditions. Mais à compter de 1878, *Directions diverses données en 1878 ... de la mère Caron* prennent la relève. Celle-ci emprunte beaucoup à son précurseur; de fait, et ce phénomène n'est pas nouveau, elle plagie nombre de recettes comme celles du ragoût de bœuf, des *dumplings* au bœuf salé, du bœuf à la mode à la canadienne, des côtelettes de veau en papillotes et à la canadienne, etc. Toutefois, chez la mère Caron, l'influence anglaise est plus marquée: dix pour cent des recettes du livre concernent les puddings. Par ailleurs, les recettes de marinades font leur apparition sans toutefois occuper toute la place qui leur reviendra au XXe siècle.

Le manuel de la mère Caron vise lui aussi à former de bonnes cuisinières, c'est-à-dire des domestiques. La grande majorité des recettes sont encore plus frustes que celles de *La Nouvelle Cuisinière canadienne*. Beaucoup de recettes intéressantes relevant de la cuisine bourgeoise française, comme le potage à la julienne, le foie de veau à l'italienne ou le poulet à la Marengo, sont délaissées. Lorsque Caron retient des recettes comme le civet de lièvre, elle choisit la version la moins raffinée: «à la canadienne» et non «à la bourgeoise». Chez Caron, les recettes de potages, de viandes, de volaille, de gibier, de poissons, d'œufs et de légumes sont beaucoup moins nombreuses que dans *La Nouvelle Cuisinière canadienne*, et aucune section n'est consacrée aux sauces! Par contre, les recettes de puddings se multiplient et les nombreuses recettes de biscuits, galettes et confitures se maintiennent. Avec cet auteur, on s'éloigne de plus en plus du modèle de cuisine bourgeoise et professionnelle française; dans cette compilation, le processus de «canadianisation» et l'influence anglaise se manifestent plus que jamais.

La diffusion des recettes est assurée par l'enseignement des religieuses et par les premières écoles ménagères, mais aussi par la presse québécoise. Dans une lettre de 1897 adressée aux ursulines de Québec portant sur la nécessité d'une école pour former des domestiques, l'ingénieur Charles Baillargé énumère une trentaine de plats que toute cuisinière doit savoir préparer. Baillargé s'étend longuement sur l'apprêt de la tête de veau, mets bourgeois très prisé à l'époque; il signale entre autres le civet de lièvre, le bœuf à la mode, le ragoût irlandais, la perdrix aux choux, le macaroni au fromage et les pattes de cochon à la sauce brune (farine brûlée). Ces mets relèvent alors tous de la cuisine canadienne codifiée telle qu'elle se pratique au Québec à cette époque, du moins dans les ménages de la petite bourgeoisie.

La table bourgeoise au XIXᵉ siècle : de la gastronomie française à la cuisine canadienne

Potage

Potage printanier (Audot, *La Cuisinière de la campagne et de la ville*, 1839)

Entrées

Blanquette de veau (Albert, *Le Cuisinier parisien*, 1842)

Pain de veau farci (*La Cuisinière bourgeoise*, 1825)

Bouchées à la Montglas (Dubois, *L'École des cuisinières*, 1887)

Poulet au fromage (*La Cuisinière des cuisinières*, vers 1847)

Rôts et relevés

Filet de bœuf aux légumes (*La Nouvelle Cuisinière canadienne*, vers 1855)

Oie rôtie à la canadienne (*La Nouvelle Cuisinière canadienne*, vers 1855)

Salades et canapés

Céleri en salade (*La Cuisinière des cuisinières*, vers 1847)

Oignons en salade (*La Cuisinière des cuisinières*, vers 1847)

Entremets

Haricots verts à la provençale (Albert, *Le Cuisinier parisien*, 1842)

Tourte de poisson en maigre (*La Nouvelle Cuisinière canadienne*, vers 1855)

Terrine de lièvre (Dubois, *L'École des cuisinières*, 1887)

Desserts

Tarte à Lafayette (*La Nouvelle Cuisinière canadienne*, vers 1855)

Génoise glacée au rhum (Dubois, *L'École des cuisinières*, 1887)

Pudding aux bleuets (Caron, *Directions diverses données...*, 1878)

Crème au café à la canadienne (*La Nouvelle Cuisinière canadienne*, vers 1855)

Boisson

Ratafia de cerises (Caron, *Directions diverses données...*, 1878)

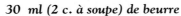

Potage printanier

«*Les dîners classiques sont battus en brèche par les nouveaux dîners servis à la russe. L'ombre de Brillat-Savarin doit tressaillir de douleur et d'indignation; les réchauds s'en vont!...*» (Album de la Minerve, 5 juin 1873.) De fait, à ce moment, le service à la russe ne fait que s'annoncer au Canada. Dix ans plus tard, la bonne société canadienne l'accueille à bras ouverts. Dorénavant, on sert chaque plat successivement et non plus plusieurs à la fois, mais toujours suivant l'ordre de service des anciens dîners français. Autre nouveauté, on pose près de chaque couvert un petit menu, petite feuille de papier écrite de la main de l'hôtesse, décrivant la liste des plats. Le 11 août 1881, Adolphe Caron se voit convié à un tel repas. L'invité d'alors était assuré d'un grand dîner. Le potage printanier donne le coup d'envoi, suivi d'un hors-d'œuvre, les bouchées à la Montglas, d'un relevé de poisson, de deux entrées de viande et d'une de gibier.

30	ml (2 c. à soupe) de beurre
1	carotte en julienne
1	navet en julienne
1	panais en julienne
1	poireau en julienne
2	branches de céleri en julienne
1	oignon en julienne
2 à 3	feuilles d'oseille en filets
5	ml (1 c. à thé) de cerfeuil
2 à 3	feuilles de laitue en filets
3	l (12 tasses) de bouillon [voir recette en annexe]
4 à 5	asperges coupées en dés
125	ml (1/2 tasse) de petits pois
12	petits oignons
5	ml (1 c. à thé) de sucre
	sel et poivre

Faire fondre le beurre et cuire à feu doux 5 à 10 minutes carotte, navet, panais, poireau, céleri, oignon, oseille, cerfeuil et laitue. Mouiller avec le bouillon et ajouter les asperges, les pois, les petits oignons et le sucre. Cuire encore 5 à 10 minutes. Saler, poivrer et servir.

Blanquette de veau

La Chapelle, *le premier, dans son* Cuisinier moderne *(1735), puis Marin, dans* Les Dons de Comus *(1739), donnent les recettes de ce ragoût blanc de veau, lié aux jaunes d'œufs et garni de champignons, appelé à devenir un grand classique. Au XIXe siècle, la blanquette de veau ou d'agneau apparaît dans tous les répertoires de cuisine.* La Nouvelle Cuisinière canadienne *en contient aussi une recette. Sa popularité se diffuse partout au Québec. On la trouve par exemple dans un Recueil de recettes de S. S. Dénéchaud, de Stanfold en 1858 (recueil conservé aux archives du monastère des augustines de l'Hôpital général de Québec).*

45	ml (3 c. à soupe) de beurre
30	ml (2 c. à soupe) de persil haché
30	ml (2 c. à soupe) de ciboule hachée
45	ml (3 c. à soupe) de farine
1	l (4 tasses) de bouillon [voir recette en annexe]
	sel et poivre
1	pincée de muscade
12	petits champignons
1,25	kg (3 lb) de veau en lamelles ou en petits cubes
3	jaunes d'œufs
	un filet de jus de citron

Faire fondre le beurre à feu moyen et faire revenir le persil et la ciboule. Ajouter la farine et lier. Mouiller avec le bouillon et laisser épaissir. Ajouter le sel, le poivre, la muscade et les champignons. Lorsque les champignons sont cuits, ajouter le veau. Cuire à feu doux 2 heures. Au moment de servir, lier la sauce avec les jaunes d'œufs et le jus de citron.

Pain de veau farci

Les pains de viande semblent des plats assez anciens; les hachis de viande crue du XVIIᵉ siècle s'y apparentent beaucoup. Au XVIIIᵉ siècle, dans Les Dons de Comus de Marin, on retrouve des recettes de pain de viande dont celle du pain de veau. Il est bien étrange, quand on connaît la popularité du pain de viande au XIXᵉ siècle au Québec, que ni La Nouvelle Cuisinière canadienne, ni la mère Caron n'en retiennent une recette. Le mets est néanmoins connu au XIXᵉ siècle au Québec, sinon par le truchement de traités du XVIIIᵉ siècle, comme ceux de Marin et Menon, du moins par celui de La Cuisinière bourgeoise, «revue par une maîtresse de maison», publiée en France en 1825 spécialement à l'intention du marché québécois.

Page titre de La Cuisinière bourgeoise précédée d'un manuel…, imprimé en 1825 pour Augustin Germain, libraire à Québec. Bibliothèque nationale du Québec.

675 g (1 1/2 lb) de veau haché
110 g (1/4 lb) de graisse de bœuf (suif)
45 ml (3 c. à soupe) de persil haché
45 ml (3 c. à soupe) de ciboule hachée
2 échalotes hachées
5 ml (1 c. à thé) de sel
2 ml (1/2 c. à thé) de poivre
2 œufs battus
45 ml (3 c. à soupe) de crème
5 ml (1 c. à thé) de sel
bardes de lard

Ragoût de farce

110 g (1/4 lb) d'oseille
110 g (1/4 lb) de laitue
110 g (1/4 lb) d'épinards (ou de poirée, d'arroche ou de bonne-dame)
45 ml (3 c. à soupe) de beurre
45 ml (3 c. à soupe) de ciboule hachée
45 ml (3 c. à soupe) de persil haché
5 ml (1 c. à thé) de cerfeuil séché
60 ml (1/4 tasse) de bouillon ou de lait [voir recette en annexe]
5 ml (1 c. à thé) de farine
15 ml (1 c. à soupe) de beurre manié ou de coulis [voir recette en annexe]
sel et poivre
sauce piquante [voir la recette de l'entrecôte grillée, sauce piquante, page 63]

Mettre ensemble les ingrédients du pain de veau: veau haché, suif, persil, ciboule, échalotes, sel, poivre, œufs et crème. Mélanger puis réserver.

Amener 4 litres 1/2 (18 tasses) d'eau à ébullition avec 5 ml (1 c. à thé) de sel. Plonger un peu à la fois l'oseille, la laitue et les épinards jusqu'à ce que l'eau revienne à ébullition. Laisser bouillir 5 minutes. Retirer, rafraîchir à l'eau froide, essorer à la main et réserver.

Faire fondre le beurre et faire revenir ciboule, persil et cerfeuil 3 à 4 minutes. Ajouter le mélange d'herbes et cuire en remuant pour réchauffer le mélange. Ajouter le bouillon ou le lait. Saupoudrer de farine et intégrer le beurre manié ou le coulis. Mélanger et cuire à feu doux 5 minutes. Saler et poivrer. Retirer et réserver.

Foncer le fond d'un moule avec les bardes de lard. Mettre la moitié du mélange de viande. Couvrir du ragoût de farce, puis du reste de viande. Couvrir de bardes de lard. Cuire au four à 175 °C (350 °F) pendant 1 heure.

Préparer la sauce piquante ou une autre «sauce claire un peu piquante». Démouler le pain de veau et placer dans un plat de service allant au four. Napper du tiers de la sauce et placer au four à 230 °C (450 °F). Après 5 minutes, répéter avec un autre tiers de sauce. Retirer le plat du four après 5 minutes. Verser le reste de la sauce sur le pain de veau et servir.

Poulet au fromage (p. 107)　　　　　　Chicken with Cheese (p. 108)

Couvert d'un service de terre cuite vitrifiée. Les motifs décoratifs, volontairement flous, créent un effet spécial particulièrement en vogue au milieu du XIXe siècle.

A place setting from a glazed earthenware service. The decorative patterns, deliberately blurred, create an effect that was particularly in fashion in the middle of the nineteenth century.

Bouchées à la Montglas

Voici un plat de haute gastronomie. Nous le présentons pour illustrer un aspect de la haute cuisine française du milieu du XIXᵉ siècle: les bouchées, hors-d'œuvre ou petites entrées. À cette époque, le foie gras et la truffe sont indispensables à la réalisation de plusieurs mets, qu'ils soient «à la financière, à la périgord ou périgourdine, à la piémontaise», etc. La truffe en particulier est utilisée dans de nombreux plats quelquefois en garniture ou même en décoration. Les quantités utilisées sont parfois faramineuses; par exemple, la dinde truffée requiert 1 kilo (2 livres) de truffes, ce qui de nos jours coûterait une petite fortune. Dans sa recette, Urbain Dubois ne précise pas comment préparer le Montglas, mais suggère plusieurs variantes: «montglas de volaille, de gibier, de foie gras, de ris de veau».

60 à	
125	ml (1/4 à 1/2 tasse) de consommé [voir recette en annexe]
1/2	poitrine de poulet
60	g (2 oz) de langue à l'écarlate [voir recette page 142]
3 ou 4	champignons hachés
60	g (2 oz) de foie gras coupé en julienne
1 ou 2	truffes coupées en julienne avec leur jus
250	ml (1 tasse) de velouté ou d'espagnole [voir recette en annexe]
30	ml (2 c. à soupe) de vin de madère (facultatif)
30	petits vol-au-vent

Amener le consommé à ébullition. Cuire la poitrine de poulet dans le consommé 15 minutes. Couper en julienne et réserver.

Faire cuire à feu doux la langue dans le consommé avec les champignons pendant 5 à 10 minutes. Retirer et réserver. Ajouter le foie gras et les truffes et amener à ébullition légère 2 minutes. Retirer. Lier le consommé avec l'espagnole ou le velouté et laisser réduire la sauce. Ajouter le madère et cuire encore 2 à 3 minutes. Ajouter les juliennes et garder au chaud.

Faire cuire les vol-au-vent au four. Remplir les bouchées de Montglas. Servir chaud.

Poulet au fromage

«La volaille est pour la cuisine ce qu'est la toile pour les peintres […]; on nous la sert bouillie, rôtie, frite, chaude ou froide, entière ou par parties, avec ou sans sauce, désossée, écorchée, farcie et toujours avec un égal succès» (Brillat-Savarin). Voici une autre recette italienne compilée par Audot qui connaît du succès. Comme beaucoup d'autres, elle fut plagiée à maintes reprises. Nous présentons la version de La Cuisinière des cuisinières, «édition revue par Mozard, ex-chef d'office» (1ʳᵉ édition 1847). Ce livre fut vendu à Québec en 1861 à la librairie J. O. Crémazie. Une copie de cet ouvrage avec le sceau de Crémazie se trouve à la bibliothèque du séminaire de Québec.

2	petits poulets
30	ml (2 c. à soupe) de beurre
30	ml (2 c. à soupe) de vin blanc
30	ml (2 c. à soupe) de bouillon [voir recette en annexe]
1	bouquet de persil
2	ciboules
1/2	gousse d'ail
2	clous de girofle
1/2	feuille de laurier
1	pincée de thym
1	pincée de basilic
5	ml (1 c. à thé) de sel
2	ml (1/2 c. à thé) de gros poivre
15	ml (1 c. à soupe) de beurre manié
250	ml (1 tasse) de gruyère râpé

Trousser les pattes des poulets dans le corps et aplatir les poulets en les fendant un peu sur le dos. Faire revenir les poulets dans le beurre jusqu'à ce qu'ils soient légèrement dorés. Mouiller avec le vin et le bouillon puis ajouter le persil, les ciboules, l'ail, la girofle, le laurier, le thym, le basilic, le sel et le poivre. Faire cuire 1 heure à petit feu. Retirer les poulets de la sauce et ajouter le beurre manié pour épaissir celle-ci.

Verser la moitié de la sauce dans un plat de service allant au four. Couvrir de la moitié du fromage. Placer les poulets sur le fromage et couvrir de l'autre moitié de sauce et de fromage. Placer sous le gril et dégraisser à la cuillère une fois le fromage fondu. Laisser ensuite dorer le fromage et servir.

La bourgeoisie canadienne consomme toujours une quantité assez importante de viandes bouillies et rôties, surtout à l'occasion de fêtes ou d'événements spéciaux. Lors de l'examen final de leurs pensionnaires au milieu du XIXe siècle, les religieuses de l'Hôpital général préparent de grands repas pour les prêtres. Au menu, une dinde bouillie, un saumon bouilli, la triade bœuf, lard et mouton bouillis ensemble, du veau, du bœuf, des poulets, des perdrix et des pigeons rôtis, et quelquefois, des cochons de lait. Comme légumes d'accompagnement des viandes rôties, on sert des pommes de terre, des navets, des carottes et de petits pois verts. Au dessert, on offre les crèmes, frangipane, tartes, puddings (poutines), fromages et fruits. En d'autres circonstances, on sert aussi, outre les mets indiqués ci-haut, des pâtés de viande, des plats de boulettes, des haricots de mouton, des pains de pommes de terre, des plats de lentilles, des plum-puddings, etc.

1 filet de bœuf entier* de 2,25 à 2,75 kg
(environ 5 à 6 lb)

60 g (2 oz) de lard à larder coupé en doigts de 5 cm (2 po) de long

Marinade

60 ml (1/4 tasse) d'huile d'olive

125 ml (1/2 tasse) de jus de citron

1 ml (1/4 c. à thé) de cannelle

1 oignon haché

3 branches de persil

3 carottes coupées en longueur

3 oignons coupés en tranches

125 ml (1/2 tasse) de vin blanc

125 ml (1/2 tasse) de bouillon [voir recette en annexe]

1 bouquet de persil

sel et poivre

2 concombres

1 tête de chicorée

15 ml (1 c. à soupe) de beurre

60 ml (1/4 tasse) d'espagnole [voir recette en annexe]

Piquer les deux extrémités de la pièce de bœuf avec les lardons. Mélanger les ingrédients de la marinade (huile, jus, cannelle, oignon, persil) et verser sur le bœuf. Laisser mariner 24 heures au froid.

Placer carottes et oignons dans le fond d'une cocotte. Mettre la pièce de viande dessus. Verser le vin blanc et le bouillon dans la cocotte avec le persil. Saler et poivrer. Amener à ébullition sur feu vif. Couvrir et placer au four à 160 °C (325 °F). Cuire pendant environ 3 heures ou jusqu'à ce que la viande soit tendre.

Pendant ce temps, peler les concombres et retirer les pépins puis équeuter la chicorée. Amener de l'eau à ébullition et cuire 5 minutes à feu vif. Retirer les légumes et bien égoutter. Faire fondre le beurre dans un poêlon et faire revenir les légumes.

Lorsque la viande est cuite, la retirer de la cocotte et la garder au chaud. Dégraisser le fond de cuisson et faire réduire. Ajouter l'espagnole et laisser épaissir la sauce. Ajouter les légumes. Servir la pièce de bœuf entourée des légumes sur un plat de service.

Note: Cette pièce de bœuf est marinée; si vous désirez utiliser une coupe moins chère (par exemple un rosbif de croupe désossé), vous obtiendrez de bons résultats.

Vignette tirée du Manuel de la jeune femme..., de Cardelli, 1825. Bibliothèque nationale du Québec.

Oie rôtie à la canadienne

«[...] En attendant voilà notre boucherie faite. La viande est débitée, ce qui devait être salé est salé. Les cortons [sic, pour «cretons»] sont faits et le boudin, tout est bon à manger à plein et t'attend. Nos gens sont dans le fournil à plumer oies et canards...» (lettre de Mme Chapais à son mari Jean-Charles Chapais, Saint-Denis, 17 décembre 1868).

Les boucheries faites, la ménagère planifie les repas du temps des fêtes. L'oie rôtie est le mets traditionnel du jour des Rois. Joseph-François Perrault (1831) signale deux variétés d'oies domestiques au Bas-Canada, les grandes et les petites, mais, dit-il, on «ne s'occupe guère que de la première parce qu'elle est d'un meilleur rapport». Elles se mangent surtout rôties avec «de la marmelade de pommes ou de la gelée de gadelles». On les conserve aussi dans les pots de grès, «les cuisses à demi cuites dans de l'eau salée, recouvertes de saindoux».

 45 ml (3 c. à soupe) de beurre
3 à 4 oignons hachés finement
 60 ml (1/4 tasse) de persil haché
 15 ml (1 c. à soupe) de sauge
  5 ml (1 c. à thé) de sel
  2 ml (1/2 c. à thé) de poivre
1,5 l (6 tasses) de mie de pain
  1 oie de 4 à 4,5 kg (9 à 10 lb)

Sauce aux atocas

500 ml (2 tasses) d'atocas frais ou congelés
500 ml (2 tasses) de sucre

Faire fondre le beurre et faire revenir les oignons avec le persil, la sauge, le sel, le poivre et la mie de pain. Farcir l'oie du mélange obtenu. Cuire au four à 160 °C (325 °F) de 2 heures 30 à 3 heures. Arroser de temps à autre avec de l'eau.

Pendant ce temps, préparer la sauce en plaçant les atocas et le sucre avec 250 ml (1 tasse) d'eau dans une casserole. Cuire en écumant 15 minutes pour la sauce. En faisant cuire une heure, on obtiendra une confiture. Servir avec l'oie.

Céleri en salade

Au Marché, Québec, 20 mai 1866

«Samedi dernier, il y avait une foule compacte au marché de la Haute-ville. Les revendeuses n'avaient que l'embarras des acheteurs. Ménagères affairées; braves gens économes, marchandant sur tout; gourmets exigeants, rejetant ce qu'on leur offre, discréditant les produits, scrutant jusqu'au fond des voitures pour y trouver les merveilles qu'ils cherchent; pères de famille, traînant après eux deux ou trois porteurs...; vieux garçons, furetant pour découvrir la succulente côtelette qui doit composer leur déjeuner, se rencontraient, se disputaient le terrain, encombraient la halle, les trottoirs. La plupart de ces gens-là avaient l'air heureux et paraissaient sourire d'avance aux bons dîners qu'ils se préparaient...»

Hector Fabre, Chroniques, Québec, L'Événement, 1877.

    1 pied de coeur de céleri
   60 ml (1/4 tasse) d'huile d'olive
   30 ml (2 c. à soupe) de vinaigre
10 à 15 ml (2 à 3 c. à thé) de moutarde de Dijon
       sel et poivre

Couper le céleri en julienne. Préparer la vinaigrette en mélangeant ensemble les autres ingrédients. Verser la vinaigrette sur le céleri et servir.

Marché de la Haute-Ville de Québec pendant l'hiver (1873). Dessin de W. O. Carlisle. Archives nationales du Canada.

Oignons en salade

Joseph-François Perrault, en 1831, signale que les Canadiens font confire les petits oignons au vinaigre et que les «pauvres gens» mangent l'oignon toujours cru avec du pain. En cela, la situation diffère peu de celle du XVIIIe siècle. Le bourgeois dédaigne cependant l'oignon cru et c'est pour cela qu'il le fait cuire pour sa salade. Perrault fait aussi l'éloge de l'oignon en tant que condiment pour les sauces et les fonds. C'est le rôle qui lui est le plus souvent dévolu. Dès le milieu du siècle, la compagnie de droguistes Alf Savage de Montréal exploite les mœurs culinaires de l'époque et lance une gamme de produits, des poudres d'herbes, de céleri, d'oignons et d'échalotes, «pour donner un goût aux soupes, sauces et gravies». Savage importe ces produits en grandes quantités d'Angleterre, clamant qu'ils sont en grand usage dans les hôtels et restaurants de Londres.

500 ml à 1 l	(2 à 4 tasses) de bouillon [voir recette en annexe]
9	oignons moyens
75 ml	(5 c. à soupe) d'huile
30 ml	(2 c. à soupe) de vinaigre
	sel
	gros poivre

Faire cuire les oignons dans le bouillon 15 minutes. Faire une vinaigrette avec les autres ingrédients. Bien égoutter les oignons et les arroser de vinaigrette. Couper les oignons en tranches et mélanger le jus des oignons et la vinaigrette. Servir tiède.

Servir avec un plat de viande, par exemple les côtelettes de porc grillées, sauce moutarde [voir cette recette, page 90].

Haricots verts à la provençale

Aujourd'hui, «à la provençale» qualifie généralement des apprêts qui contiennent de l'ail avec ou sans tomates. De fait, la Provence s'est approprié la tomate bien plus tôt que le reste de la France. Mais aux XVIIIe et XIXe siècles, un mets est dit «à la provençale» s'il est préparé à l'huile d'olive et aux herbes aromatiques. C'est bien cette acception qui a cours au Canada à cette époque; un mets dans lequel on retrouve des tomates est simplement appelé «sauce tomate». Quant à l'huile d'olive, elle est l'huile de prédilection; son utilisation dans la cuisine est appréciée au Canada depuis le XVIIe siècle. Même aux XVIIIe et XIXe siècles, elle demeure un produit d'importation de base, les huiles locales (maïs, tournesol, noix) ne réussissant pas à la supplanter.

675 g	(1 1/2 lb) de haricots
30 ml	(2 c. à soupe) d'huile d'olive
2	oignons tranchés
15 ml	(1 c. à soupe) de persil haché
2	ciboules hachées
	sel et gros poivre
1	filet de vinaigre ou 15 ml (1 c. à soupe) de jus de citron

Faire cuire les haricots dans une casserole d'eau bouillante salée environ 15 minutes. Ils doivent rester croustillants.

Faire chauffer l'huile dans une casserole. Y faire dorer les oignons. Ajouter les haricots avec le persil et les ciboules. Assaisonner. Faire sauter quelques minutes. Retirer les haricots et les garder au chaud. Ajouter le vinaigre ou le jus de citron à la casserole et chauffer. Une fois bouillant, en arroser les haricots.

Tourte de poisson en maigre

La population catholique au XIXᵉ siècle a toujours l'obligation de manger maigre pendant le Carême. Toutefois le pape Grégoire XVI modifie substantiellement la loi ecclésiale touchant le jeûne en 1845. Dorénavant il est permis de faire gras tous les dimanches du Carême, sauf le dimanche des Rameaux. Aussi un repas gras par jour est permis les lundis, mardis et jeudis des cinq premières semaines du Carême, à la condition de s'abstenir de poissons durant ces jours. Ces règlements ne s'appliquent cependant pas à la semaine sainte ni au jeudi qui suit le mercredi des Cendres. Par ailleurs, le pape permet dorénavant de faire gras tous les samedis de l'année à l'exception des samedis du Carême.

Braisière française en fer forgé du XIXᵉ siècle. Musée David M. Stewart, Île Sainte-Hélène, Montréal.

450	g (1 lb) de morue ou autre poisson
	sel et poivre
30	boulettes d'esturgeon
2	abaisses de pâte feuilletée [voir recette en annexe]
45	ml (3 c. à soupe) de beurre
15	ml (1 c. à soupe) de persil
1	feuille de laurier
2	ml (1/2 c. à thé) de thym
1	œuf (pour dorer)

Boulettes d'esturgeon

225	g (1/2 lb) de filet d'esturgeon haché finement
1	petit oignon émincé
5	ml (1 c. à thé) de sel
2	ml (1/2 c. à thé) de poivre
1	ml (1/4 c. à thé) de clou de girofle moulu
15	ml (1 c. à soupe) de persil frais haché
2	jaunes d'œufs
30	ml (2 c. à soupe) de beurre

Sauce blanche aux câpres

110	g (1/4 lb) de beurre
15	ml (1 c. à soupe) de farine
	sel et poivre
	un peu d'eau
15	ml (1 c. à soupe) de câpres fines
2	filets d'anchois hachés fin
1	pincée de muscade
15	ml (1 c. à soupe) de persil frais haché

Façonner les boulettes en mélangeant tous les ingrédients. Foncer une assiette à tarte d'une abaisse. Tapisser le fond de morceaux de morue. Saler et poivrer. Recouvrir de boulettes. Couvrir d'une seconde rangée de morceaux de morue. Assaisonner de persil, de laurier, de thym, de sel et de poivre ainsi que du beurre coupé en morceaux de la taille d'une noisette. Recouvrir de la deuxième abaisse dans laquelle vous aurez auparavant pratiqué une cheminée. Bien sceller et dorer à l'œuf. Cuire au four 25 minutes à 230 °C (450 °F).

Préparer la sauce. Manier le beurre avec la farine, le sel et le poivre et placer dans un poêlon. Faire fondre en mouillant avec l'eau. Tourner la sauce jusqu'à ce qu'elle soit bien liée mais sans la laisser bouillir. Retirer du feu et ajouter câpres, anchois, muscade et persil.

Retirer la tourte du four, enlever le couvercle et dégraisser autant que possible. Verser la sauce blanche aux câpres sur la tourte et servir.

Terrine de lièvre

«La terrine est ainsi appelée, parce qu'autrefois on servait la terrine dans laquelle était la viande qu'on y avait fait cuire», écrit Marin dans Les Dons de Comus. Le XVIIIᵉ siècle, plus raffiné, a plutôt recours à des plats d'argent, de porcelaine ou de faïence. La terrine, à cette époque, se compose de viandes diverses, «queues de bœuf, de mouton, de veau, tendron, tranches, langues, culottes, selle de mouton, cuisseau de veau...», braisées dans une terrine. Les viandes n'ont pas l'aspect compact de la terrine moderne (les poulets peuvent être entiers) et elles sont retirées de leur ustensile de cuisson pour être servies chaudes, accompagnées d'une sauce, d'un ragoût, d'un coulis ou d'une purée. Ce n'est qu'au XIXᵉ siècle que la terrine prend l'apparence qu'on lui connaît aujourd'hui. «Les terrines, écrit Escoffier, ne sont rien autre chose que des pâtés sans croûte.»

2	lièvres
110 g	(1/4 lb) de lard frais
150 g	(5 oz) de jambon cru
	sel et poivre
15 ml	(1 c. à soupe) de lard fondu
450 g	(1 lb) de veau haché
350 g	(3/4 lb) de lard frais
	foies et cœurs des lièvres
225 g	(1/2 lb) de foie de veau
	sel et poivre
1	pincée de muscade
1	pincée de clou de girofle moulu
	bardes de lard
90 ml	(6 c. à soupe) de saindoux fondu

Désosser les lièvres et retirer les nervures. Couper en morceaux les filets et les meilleures parties des cuisses. Couper en cubes le lard et le jambon cru. Mélanger avec les morceaux de lièvre et assaisonner. Faire revenir les viandes dans le lard fondu sur un feu vif. Retirer et réserver.

Hacher les parures des lièvres avec le veau haché et le lard frais. Faire revenir avec du lard fondu, les abats des lièvres et le foie de veau. Hacher les abats et le foie. Mélanger les deux hachis et assaisonner avec le sel et les épices. Passez le tout au tamis.

Foncer une terrine à cuisson avec une partie de la farce. Couvrir des morceaux de lièvre et de jambon et recouvrir avec le restant de la farce. Recouvrir le mélange de bardes de lard. Fermer la terrine avec son couvercle. Placer la terrine dans un grand récipient avec un peu d'eau et cuire à 175 °C (350 °F) pendant 2 heures 30.

Sortir la terrine du four et laisser refroidir un peu. Placer ensuite une assiette sur la terrine avec un poids quelconque de façon à la presser. Une fois la terrine bien froide (après 12 heures), retirer le poids. Enlever la couche humide du fond et verser dans la terrine 30 ml (2 c. à soupe) de saindoux fondu. Remettre l'appareil dans la terrine et recouvrir du reste de saindoux. Servir froid.

Tarte à Lafayette

La tarte à Lafayette est reconnue comme un dessert de la cuisine traditionnelle du Québec. Marius Barbeau, lors de sa cueillette de recettes populaires traditionnelles, en 1935-1936, la relève à plusieurs reprises. On la retrouve aussi dans les cahiers de recettes manuscrites des XIXᵉ et XXᵉ siècles des communautés religieuses de Québec. La version de La Nouvelle Cuisinière canadienne est la première publiée au Québec. Mais la recette d'origine vient des États-Unis. Il s'agit d'un nouveau dessert baptisé en l'honneur du marquis de Lafayette, héros de la révolution américaine, qui visita une dernière fois les États-Unis en 1824-1825.

6	œufs (blancs et jaunes séparés)
430 ml	(1 3/4 tasse) de sucre
60 g	(2 oz) de beurre
500 ml	(2 tasses) de farine tamisée
10 ml	(2 c. à thé) de poudre à pâte
	confitures au choix

Battre les blancs en neige en les amenant à consistance ferme. Battre les jaunes dans un autre bol et incorporer le sucre graduellement. Défaire le beurre en crème et y rajouter le mélange jaunes/sucre. Incorporer peu à peu et délicatement les blancs d'œufs en tournant à la cuillère de bois. Ajouter graduellement la farine et la poudre à pâte.

Chauffer le four à 175 °C (350 °F). Beurrer 2 moules ronds de 20 cm (8 po) et y verser le mélange. Cuire au centre du four 25 minutes. Attendre 10 minutes et démouler. Napper de confitures le dessus d'un des deux gâteaux et placer l'autre dessus.

Génoise glacée au rhum

La Chapelle, en 1737, dans son Cuisinier moderne, *donne une recette de «génoise» mais il s'agit de petits chaussons de pâte croustillants fourrés à la crème pâtissière aux pistaches et frits. Au XIXe siècle, la «génoise» est fort différente. Elle se prépare avec une pâte à biscuit parfumée, habituellement au zeste de citron, cuite au four dans des moules ou sur une plaque; elle sert à la confection de divers entremets sucrés. La génoise semble répandue dans le Québec du XIXe siècle. On en dénombre plusieurs recettes dans les cahiers manuscrits des communautés religieuses, parfois désignées sous le nom de «janoises», aux côtés d'autres recettes de biscuits populaires à l'époque comme les biscuits au gingembre, à l'anis, au sucre, à la bonne femme, au soda, etc.*

6	œufs
250	ml (1 tasse) de sucre
1	petite pincée de sel
	le zeste d'un quart de citron
375	ml (1 1/2 tasse) de farine
225	g (1/2 lb) d'amandes moulues
125	ml (1/2 tasse) de fécule de pomme de terre
225	g (1/2 lb) de beurre fondu
60	ml (4 c. à soupe) de cognac
	confiture de fruits au choix

Glace

250	ml (1 tasse) de sucre glace
30	ml (2 c. à soupe) de rhum
1	soupçon d'eau

Chauffer le four à 160 °C (325 °F).

Casser les œufs et les fouetter en y ajoutant graduellement le sucre. Brasser jusqu'à ce que le mélange soit lisse et onctueux. Ajouter le sel et le zeste. Incorporer alternativement la farine et les amandes et mélanger constamment. Intégrer la fécule de pomme de terre et brasser. Ajouter le beurre fondu et le cognac et mélanger.

Couvrir 2 petites plaques à biscuit d'un papier paraffiné beurré et étaler le mélange à l'aide d'une spatule sur environ 2 cm (3/4 po) d'épaisseur. Cuire au centre du four pendant 40 minutes.

Une fois la génoise cuite, sortir les plaques du four, les renverser et laisser refroidir. Si le papier a tendance à coller, placer un linge humide dessus. Recouvrir de la confiture puis de la glace qui se prépare comme suit: délayer le sucre avec le rhum et l'eau jusqu'à consistance épaisse. Glacer avec une spatule ou un couteau large. Découper en rectangles de 4 cm sur 10 cm (1 po 1/2 sur 4 po).

Pudding aux bleuets

Le Français Molinari, observant, vers 1876, l'innombrable quantité de paniers d'écorces remplis de baies et de petits fruits au marché de Québec, note que «la myrtille, dédaignée en Europe, est très appréciée aux États-Unis et au Canada, où elle porte le nom poétique de bleuet». En effet, les Québécois sont friands de bleuets. À l'Hôpital général de Québec en 1848, pour fêter l'anniversaire de la mère supérieure, on en fait «de bonnes poutines», c'est-à-dire des puddings avec «une douzaine d'œufs, 3 livres de beurre, l pot d'eau qui font 4 moyennes grosses poutines et une petite pour notre père».

125	ml (1/2 tasse) de sucre
60	ml (1/4 tasse) de beurre fondu
1	œuf
625	ml (2 1/2 tasses) de farine
5	ml (1 c. à thé) de crème de tartre
125	ml (1/2 tasse) de lait
5	ml (1 c. à thé) de bicarbonate dissous dans
	15 ml (1 c. à soupe) d'eau chaude
500	ml (2 tasses) de bleuets

Mélanger le sucre et le beurre jusqu'à consistance crémeuse. Ajouter l'œuf et continuer à battre jusqu'à l'obtention d'une crème.

Dans un bol, tamiser la farine avec la crème de tartre. Dans un autre plat, saupoudrer un peu de farine sur les bleuets. Ajouter la farine au mélange crémeux en alternant avec le lait et ajouter le bicarbonate. Mélanger. Incorporer les bleuets. Verser dans un moule beurré et cuire une heure dans un four préalablement chauffé à 190 °C (375 °F).

Génoise glacée au rhum (p. 113) et
Crème au café à la canadienne (p. 115)

Génoese Cake with Rum Icing (p. 115)
and Coffee Cream à la canadienne (p. 116)

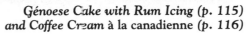

Reconstitution, milieu XIXᵉ siècle, du petit salon où se
prenait l'alcool après les repas (lieu historique national
de la Maison-de-Sir-George-Étienne-Cartier).

A reconstruction alcoholic drinks were served of a
room where after meals (Sir-George-Etienne-Cartier
National Historic Site).

Crème au café à la canadienne

La deuxième édition du poème de Berchoux, «Gastronomie», vient à peine de paraître que la Gazette de Québec, le 14 novembre 1805, en extrait pour ses lecteurs des vers sur les propriétés du café. Cette heureuse liqueur, écrit Berchoux, sert le génie du poète.

> Que plus d'un froid rimeur, quelque-
> [fois réchauffé
> A dû de meilleurs vers au parfum du
> [café[…]

On accusera plus tard Berchoux d'être mauvais poète; reste à savoir si le café y fut pour quelque chose!…

1 l (4 tasses) de café noir
1 l (4 tasses) de crème 15 % M.G.
80 ml (1/3 tasse) de sucre
3 jaunes d'œufs
1 pincée de farine

Mettre le café, la crème et le sucre dans une casserole. Amener à ébullition en mélangeant constamment avec une cuillère en bois. Cuire environ 30 minutes ou plus afin de réduire de la moitié. Il faut brasser continuellement avec une cuillère en bois. Retirer du feu et incorporer les jaunes d'œufs et la farine. Remettre au feu et ramener à ébullition en mélangeant continuellement. (La crème est prête lorsque le mouvement de la cuillère laisse voir le fond de la casserole.) Verser le mélange dans des moules et réfrigérer quelques heures.

Ratafia de cerises

Jusqu'à la fin du XVIIIe siècle, les liqueurs et essences aromatiques distillées sont importées à l'exception de celles qui peuvent être fabriquées par les individus possédant un alambic. À Québec, un nommé Giratty en 1783 semble être le premier liquoriste à en faire vraiment le commerce. Grâce à son alambic, il produit l'usqueba (whisky), les ratafias (à base de fruits), le genièvre (gin), l'eau d'absinthe, l'eau de menthe, de baume, etc. Au XIXe siècle, le commerce des liqueurs est florissant.

900 g (2 lb) de cerises avec leurs noyaux
750 ml (26 oz) de whisky canadien
150 g (5 oz) de sucre

Équeuter les cerises et les laver. Écraser les cerises avec les doigts dans un grand bol muni d'un couvercle. Ajouter le whisky et mélanger. Laisser macérer le mélange pendant 1 mois.

Après ce temps, passer le mélange dans un tamis en pressant fortement pour extraire tout le jus des cerises. Jeter les cerises. Ajouter le sucre et le faire dissoudre. Embouteiller.

Le marché Bonsecours à Montréal en 1875. *Frank Leslie's Illustrated Newspaper*. Bilbiothèque du Musée David M. Stewart, Île Sainte-Hélène, Montréal.

L'essor des restaurants au
XIXe siècle

« Un restaurateur, écrit Brillat-Savarin en 1826, est celui dont le commerce consiste à offrir au public un festin toujours prêt... » La restauration trouve ses origines, en France, avec la diffusion d'une cuisine raffinée jusque-là confinée aux maisons nobles. Ce mouvement s'amorce dans les années 1770; la Révolution, en abolissant les privilèges des corporations et en jetant sur les pavés de Paris bon nombre de cuisiniers de la noblesse, l'accélère. Les restaurants deviennent aussitôt des lieux de rencontre pour les nouveaux députés qui accourent à Paris. Lieux raffinés, propres, tranquilles, au décor luxueux, les restaurants se distinguent aussi par la rapidité de leur service et la variété de leur carte. En plus de la carte de la salle commune, ils proposent aux habitués leur table d'hôte et des cabinets particuliers à l'intention des gourmets.

Avec l'exode d'un grand nombre de cuisiniers parisiens, la mode des restaurants se répand bientôt hors France. À Québec, dès 1792, Charles René Langlois, ancien cuisinier du gouverneur Clarke, croyant profiter, comme à Paris, de l'arrivée de députés à la nouvelle Assemblée législative bas-canadienne, ouvre son hôtel de la Nouvelle Constitution. Mais l'aventure, prématurée, se solde par un échec à peine six mois après l'ouverture.

La mode des restaurants mettra encore une trentaine d'années à s'implanter pour de bon au Canada. Bien timidement, les cafés «français» amorcent la transition vers le restaurant dans la deuxième décennie du XIXe siècle: d'Aubreville (1817), Deshons Montbrun (1818), de Vilallave (1825) à Montréal, et Broyer (1823) à Québec, en plus d'offrir comme tout café des limonades, des crèmes, des sorbets, des fruits et des fromages glacés, annoncent des repas à heures fixes. Puis, dans les années 1830, la transition est faite: Maximilien Jehlen, charcutier de Paris, offre des repas «servis à la française», alors qu'Augier, au café Français, offre des chambres particulières, des «tables parfaitement servies et des soupes de toutes espèces..., prêtes à toute heure», aux huîtres, au macaroni, à l'italienne...

Toutefois Québec, si longtemps le haut-lieu de la bonne chère dans la colonie, cède le pas à Montréal. Cette dernière supplante définitivement Québec comme centre du commerce dès les années 1830; son développement métropolitain et sa situation privilégiée par rapport aux États-Unis assure l'essor de ses restaurants et hôtels. On s'y met à la mode de Paris et de New York. Les cuisiniers français débarquent à Montréal, comme Charles Lafon et N. Gilbert, via les États-Unis. Les restaurants français se multiplient. H. Lux, rue Saint-Vincent (1844), offre une table d'hôte à treize heures, des abonnements à prix fixe pour les habitués et un menu à la carte avec «variété et mets recherchés». Charles Lafon, rue Saint-Vincent (1848), sert tout ce qu'on trouve «sur les meilleures tables européennes de ce genre» à la carte, à toute heure, dans la salle commune ou dans des salons particuliers. Maury et Ansel, du restaurant Parisien (1857), se vantent d'accueillir l'un des «meilleurs cuisiniers qui soient encore venus de ce côté de l'Atlantique».

Mais le restaurant le plus fréquenté à Montréal au milieu du siècle est celui de Sébastien Compain. Ce Canadien de naissance semble jouir d'une vaste expérience lorsqu'il ouvre son restaurant en 1847 dans l'ancien café de Dillon sur la place d'Armes. Il s'affiche comme un grand voyageur, ayant visité les Indes et la Chine en tant que chef de mess d'officiers, ou comme cuisinier de gouverneurs généraux, d'amiraux et de clubs privés, notamment du fameux Reform Club à Londres. Établi en face de la nouvelle Banque de Montréal, Compain cherche à attirer une clientèle d'hommes d'affaires dans les salons et appartements «élégants et commodément meublés» de son restaurant. Il leur offre une carte de mets variés et de qualité «égale à celles de Paris et de New York» de même que des vins et liqueurs de premier choix.

Dès 1850, Compain cherche à diversifier ses activités en ouvrant un hôtel avec soixante chambres, restaurant, «*tea gardens and pleasure grounds*» de deux cents acres à Monklands, en banlieue de Montréal. À Montréal, son restaurant et son service de traiteur connaissent le succès. Il devient de fait le traiteur de tous les milieux, depuis l'Institut mécanique jusqu'à la société Saint-Patrick. En 1859, il associe son restaurant à l'hôtel Cosmopolitain d'Angelo Gianelli. De plus en plus il s'américanise avec sa table d'hôte «au prix modique de 50 cents y compris un verre de bière», la pension et le logement à vingt dollars par mois et la «barre», fournie de vins, liqueurs et, bien sûr, de cigares.

À cette époque, Québec compte aussi ses restaurants: le nouveau restaurant Jourdain (1859), rue Desjardins, sert des repas sur demande et à toute heure; le restaurant de l'Hoist (1860), rue Sainte-Anne, avec ses cabinets particuliers, offre des dîners privés dans les plus courts délais et se spécialise dans les entremets; le Salon aux huîtres de J.-P. Latour (1860), rue Saint-Jean, offre, en plus de toute une variété d'huîtres préparées de toutes les façons, «le choix de la marée», soit homard vivant, de la morue et de l'aiglefin, de l'anguille de mer, des harengs et du crabe frais. Mais les grands restaurants du milieu du XIXᵉ siècle se concentrent à Montréal, suivant pour la plupart le modèle américain du Delmonico de New York.

Le Salon Empire (1850) de Francis Francisco, rue Bonsecours, le Salon métropolitain (1853) de M. O'Neil, rue Notre-Dame, et le Nouveau Salon de rafraîchissement et restaurant d'Alexandre (1855) recherchent tous le confort, le luxe et la commodité. Le «colosse» Salon Empire, par exemple, se veut le plus vaste restaurant de la ville avec son grand salon au rez-de-chaussée où l'on peut être servi à la carte à tout moment et à la table d'hôte entre midi et quinze heures. On y trouve aussi le salon aux liqueurs, la «barre», le comptoir d'huîtres et, à côté, des jeux de quilles et une salle de billard. À l'étage, l'établissement se divise en cabinets particuliers où peuvent se retirer les dîneurs. Tous ces établissements vantent les talents de leurs cuisiniers français et la qualité de leurs mets.

M. O'Neil au Salon métropolitain se targue de servir «en toute sorte de cuisine, française, anglaise, américaine et russe». Il annonce sa galantine de dinde ou de gibier, son gibier lardé, son pain de foie, ses salades ornementées, ses spécialités de «soupe de mufle d'orignal» et de steaks de venaison, son saumon frais d'Irlande, sa soupe à la tortue, son flétan frais et ses homards vivants.

Le restaurant Terrapin de Carlisle et McConkey (1862), rue Notre-Dame, se présente aussi comme un établissement luxueux avec ses salles à manger, «barre» et salons privés. Établissement reconnu pour ses spécialités de gibier (steaks de chevreuil, perdrix, canards, poules des prairies et cailles), sa soupe et ses steaks de tortue de même que ses huîtres fraîches, on s'y rend entre autres, comme Hector Fabre, pour «prendre le coup d'appétit», baigner dans l'ambiance des discussions sur les affaires du pays et s'amuser pendant les spectacles donnés par des pianistes et des comédiens. Montréal a aussi son salon d'huîtres, le restaurant Prince-de-Galles (1862), et, à partir de 1870, son propre Delmonico, rue Saint-François-Xavier, sous la gérance de Joseph Gianelli.

Le luxe dans l'aménagement des restaurants atteint un nouveau sommet avec l'ouverture en 1874 du restaurant Éthier, rue Notre-Dame. *L'Opinion publique* en fait l'éloge: «Dans notre pays, les restaurants, les *bar-rooms* sont montés avec un luxe qui surprend les étrangers; la maison Éthier est une merveille dans le genre.» Éthier ne néglige rien au chapitre des équipements; il recherche les plus modernes, dont une fournaise prussienne, se procure des ustensiles de cuisine en cuivre, de la porcelaine, du cristal, de l'argenterie. Il embauche un chef parisien; sa cave à vins est comble et recherchée et «lorsqu'il sert ses vins, c'est toujours dans des verres mousseline». Mais il semble que les frais engendrés soient trop élevés. Dès l'année suivante, Éthier vend son restaurant à Édouard Fortin.

À la même époque, le Français Victor Olivon se taille une réputation enviable en matière de restauration. En 1870, il ouvre la Maison dorée, du nom du célèbre restaurant parisien et d'un homonyme déjà célèbre à New York. Le restaurant, bien fréquenté (et reconnu pour l'excellence de sa cuisine), doit cependant fermer ses portes quelques années plus tard. Olivon devient alors cuisinier en chef au restaurant de l'hôtel de France fondé en 1874 par des hommes d'affaires français.

L'ouverture du restaurant fait la une des journaux. Les propriétaires s'en assurent en l'inaugurant par un banquet et en invitant tant les magnats de la finance et du commerce que des représentants éminents du barreau et de la presse. L'hôtel de France offre une table d'hôte à heures fixes, des repas à la carte à toute heure, des dîners à domicile. Il accueille repas de noces, bals, banquets et autres assemblées. L'aménagement est riche, élégant et confortable, si l'on croit les comptes rendus de l'époque. Placés sous les ordres d'Olivon, tous les cuisiniers sont des Français; un personnel nombreux affecté aux tables assure un service poli et diligent.

À l'occasion du banquet d'inauguration, Olivon pose des actions d'éclat qui lui vaudront les plus grands éloges: «un de ces repas qui font époque et qui suffisent pour immortaliser un chef» (*L'Opinion publique*); «le menu, vrai chef-d'œuvre de l'art culinaire [...] Les gourmets y trouveront tout ce qui peut flatter l'estomac le plus difficile» (*La Minerve*). On y retrouve, de fait, des plats très recherchés: les cromesquins de homard en hors-d'œuvre; le service du poisson s'illustre avec le saumon frais à la romaine; le relevé, un filet de bœuf à la Godard; des entrées des plus recherchées, ris de veau à la Périgueux, côtelettes d'agneau à la Maintenon, mayonnaise de volaille et pâtés de filets de perdreaux truffés; les rôtis, canards sauvages et galantine de chapon aux pistaches; un excellent choix de légumes, fonds d'artichauts, asperges, petits pois et cardons; tarte aux fraises, gelée d'oranges, meringue italienne et crème renversée au café, comme entremets.

L'hôtel de France connaît le succès: politiciens et journalistes, entre autres, deviennent des habitués. Olivon cherche toujours la primeur de la saison, le mets de luxe, le produit exotique, la nouveauté. Sa réputation est telle qu'à l'ouverture du Grand Hôtel Windsor, en 1878, il est engagé comme chef des cuisines. Quelques années plus tard, en 1883, il ouvre son propre établissement, le restaurant Victor, rue Saint-Jacques.

D'autres restaurants français de Montréal proposent à cette époque de la grande cuisine. Le Grand Vatel (1880), rue Saint-Jacques, vante surtout ses dîners à la carte, prépare les ris de veau à la financière, les bouchées à la Rothschild, la selle d'agneau à la chartreuse, la cuisse de chevreuil à la piémontaise et la dinde truffée. Le restaurateur A. Beau, patron du restaurant du même nom, rue Sainte-Catherine, en 1880, et du restaurant Occidental, rue Vitré, en 1886, offre nombre de mets fins; perdrix, bécassines et cailles en canapé, côtelettes de chevreuil, palourdes, pétoncles, crabes, crevettes, huîtres et divers produits luxueux importés, tels soles anglaises, escargots, brie et camembert, artichauts.

À une échelle plus modeste, toute une gamme d'établissements offrent à une clientèle nombreuse de bons repas à prix fixe. À sa table d'hôte de l'hôtel de France, Olivon offre deux fois par jour le repas à 50 cents qui comprend un choix de quatre potages, un ou deux poissons, trois entrées, deux ou trois légumes, deux rôtis, deux ou trois desserts, le café et le vin. Un cran plus bas dans la hiérarchie, le Petit Vatel, côte Saint-Lambert, apprête, en 1879, les «meilleurs dîners» à 25 cents «composés d'un potage au choix, d'un ou deux plats de viande, de deux plats de légumes, d'un breuvage et d'un dessert au choix. En somme, en cette fin de siècle, au sommet comme à la base de la pyramide des restaurants, la cuisine française reconquiert les villes québécoises.

Vue de l'intérieur du Restaurant Éthier, rue Notre-Dame, Montréal. *Canadian Illustrated News*, 1874. Bibliothèque nationale du Québec.

L'essor des restaurants au XIXe siècle

Potages
Potage aux huîtres (*Oyster Soup*) (Soyer, *The Modern Housewife*, 1850)
Purée Crécy (Beauvilliers, *L'Art du cuisinier*, 1814)

Entrées
Vivaneau, sauce crevettes (*Red Snapper, Shrimp Sauce*) (Soyer, *The Modern Housewife*, 1850)
Cuisses de grenouilles frites (Carême, *L'Art de la cuisine française*, 1847)
Côtelettes d'agneau à la Soubise (Cardelli, *Nouveau Manuel du cuisinier*, 1842)
Croquettes de poulet aux champignons (Carême, *L'Art de la cuisine française*, 1847)

Rôts et relevés
Aloyau de bœuf à la Godard (Beauvilliers, *L'Art du cuisinier*, 1814)
Chevreuil, sauce pignole (Carême, *L'Art de la cuisine française*, 1847)

Salade
Asperges vinaigrette (Audot, *La Cuisinière de la campagne et de la ville*, 1839)

Entremets
Œufs à la tripe aux concombres (*La Cuisinière des cuisinières*, 1847)
Macaroni à l'italienne (Francatelli, *The Modern Cook*, 1876)
Artichauts frits (Audot, *La Cuisinière de la campagne et de la ville*, 1839)

Desserts
Omelette au rhum (*Omelette with Rum*) (Soyer, *The Modern Housewife*, 1850)
Petty-shoes ou profiteroles au chocolat (Francatelli, *The Modern Cook*, 1876)
Sabayon (Dubois, *L'École des cuisinières*, 1887)

Boisson
Vin chaud (Dubois, *L'École des cuisinières*, 1887)

Potage aux huîtres

«Les huîtres sont bonnes à la maison, très bonnes sur le port, superfines dans le Golfe», lit-on dans L'Opinion publique de 1874. Les connaisseurs sont tous d'avis qu'il faut les consommer aussi fraîches que possible. Cela n'empêche pas les citadins pourtant éloignés des bancs d'huîtres d'en consommer en grande quantité. La manie des huîtres au XIXe siècle trouve ses manifestations les plus éclatantes dans les comptoirs d'huîtres des hôtels et restaurants et surtout dans les salons d'huîtres. À Québec on se rend au salon d'huîtres du London Coffee House (1845), ou encore au faubourg Saint-Jean chez l'hôtelier B. Massé (1855), qui les offre au quart, au cent ou à l'assiette, servies dans un «superbe salon». À Montréal en 1865, le Salon Allan Freeman, avec pièces séparées pour les dames et les messieurs, met en vedette les huîtres de la pointe Bleue, «les meilleures de la ville». Les huîtres préférées de la majorité des amateurs sont celles de Caraquette. L'engouement est tel que celle-ci en exporte, en 1863, vingt mille barils au Canada. Toutefois, elle n'en expédie plus que deux mille en 1882. Et les bancs de Bouctouche, Shédiac, Malpèque et les autres sont aussi, faute d'huîtres, sérieusement entamés à ce moment. Au Canada, au XIXe siècle, la consommation des huîtres fait fureur et pourtant le pays ne connaît pas encore l'ostréiculture. Déjà, au milieu du siècle, on importe des huîtres des parcs artificiels américains de Portland, New York et Boston.

- 60 g (2 oz) de beurre
- 1,25 kg (3 lb) de jarret de veau en cubes
- 110 g (1/4 lb) de jambon en cubes
- 1 oignon piqué de 2 clous
- 1 petit navet
- 1 carotte
- 2 branches de céleri
- 1/2 poireau
- 3 litres (12 tasses) d'eau
- 3 douzaines d'huîtres avec leur jus
- 60 g (2 oz) de beurre
- 60 ml (1/4 tasse) de farine
- 500 ml (2 tasses) de lait
- sel
- 1 ml (1/4 c. à thé) de poivre de Cayenne
- 3 grains de poivre
- 1 pincée de macis
- 5 ml (1 c. à thé) de ketchup aux champignons [voir recette en annexe]
- 2 ml (1/2 c. à thé) d'essence d'anchois (ou un anchois finement haché)
- 60 ml (1/4 tasse) de crème

Faire fondre le beurre et faire revenir rapidement le veau et le jambon. Ajouter l'oignon, le navet, la carotte, le céleri, le poireau et l'eau. Amener à ébullition, écumer et laisser cuire à feu doux pendant 3 heures. Retirer les viandes et les conserver pour une autre recette.

Passer le bouillon réduit de moitié à l'étamine. Dégraisser et réserver 1 litre (4 tasses) de bouillon.

Écailler les huîtres en réservant leur jus. Placer les huîtres dans une casserole avec leur jus et amener à ébullition. Retirer immédiatement et réserver huîtres et jus.

Faire fondre le beurre dans une casserole et lier avec la farine en gardant le roux blanc. Retirer du feu et ajouter le jus d'huîtres, le lait et le bouillon réservé. Retourner sur le feu et amener à ébullition en remuant constamment. Assaisonner avec le sel (au goût), le poivre de Cayenne, les grains de poivre, le macis, le ketchup aux champignons et l'essence d'anchois. Cuire à feu vif 10 minutes. Écumer et passer au tamis fin. Remettre sur le feu et lier avec la crème. Ajouter les huîtres, chauffer un peu et servir dans une soupière.

Purée Crécy

Bien que la carotte, par sa couleur et son sucre, présente des qualités gastronomiques intéressantes, elle est le plus souvent réduite au rôle de plat d'accompagnement. La purée Crécy, telle qu'on la retrouve au menu de l'hôtel de France lors de son luxueux banquet d'inauguration en 1874, constitue une exception. Le potage suscite même un sonnet du poète gastronome Charles Monselet, qui fait le lien entre le nom du potage et la bataille de Crécy. Du souvenir de Crécy, dit-il, il ne reste que le potage réputé de «légumes taillés en pièces».

4	carottes
1	petit navet blanc
2	branches de céleri
1	oignon
1,1	l (4 1/2 tasses) d'eau
1	pincée de sel
45	ml (3 c. à soupe) de beurre
60	g (2 oz) de jambon en 2 morceaux
4	tranches de mie de pain
250	ml (1 tasse) de bouillon [voir recette en annexe]

Trancher les légumes et les faire cuire dans une casserole avec le litre d'eau salée 15 minutes. Réserver le liquide de cuisson.

Faire fondre le beurre et ajouter le jambon et les légumes. Cuire à feu doux en remuant 15 minutes. Retirer le jambon et broyer le mélange au robot. Mouiller les légumes de l'eau de cuisson et mélanger. Passer le tout au tamis pour en faire une purée. Faire cuire la purée à petit feu pendant 2 heures. Goûter et rectifier l'assaisonnement.

Pendant ce temps, placer la mie de pain et le bouillon dans une autre casserole et laisser cuire tout doucement (mitonner) jusqu'à ce que le pain se désagrège. Servir la purée sur le «mitonnage».

 # Vivaneau, sauce crevettes

À première vue, la présence du red snapper, poisson des mers chaudes, sur la carte du restaurant Occidental à Montréal en 1885 a de quoi surprendre. Même les crevettes, qui entrent dans l'apprêt de la sauce, sont inhabituelles dans la vallée laurentienne à cette époque. Leur présence témoigne de changements révolutionnaires dans le transport et la conservation des aliments durant la deuxième moitié du XIXᵉ siècle. L'avènement des voiliers à long cours, de la navigation à vapeur, des chemins de fer, de la réfrigération par la production de glace artificielle et le développement de wagons et chambres frigorifiques rendent dorénavant disponibles au Canada une variété d'aliments nouveaux. Les restaurateurs, toujours prompts à adopter les innovations alimentaires, s'empressent de présenter sur leurs tables «ce gros-bec des récifs de corail», à la chair ferme et succulente.

1 ou 2	vivaneaux selon la grosseur
	Sauce crevettes
350	g (3/4 lb) de crevettes fraîches non décortiquées
30	ml (2 c. à soupe) de beurre
10	ml (2 c. à thé) de farine
1	pincée de poivre de Cayenne
2	filets d'anchois réduits en purée
	crevettes pour la garniture

Préparer d'abord la sauce en faisant cuire les crevettes 5 à 6 minutes dans de l'eau bouillante. Conserver l'eau de cuisson. Décortiquer les crevettes et conserver les carcasses. Réserver les crevettes. Faire bouillir les carcasses dans l'eau de cuisson 20 minutes. Passer l'eau de cuisson et réserver.

Faire fondre le beurre sur feu modéré et y ajouter la farine pour faire un roux. Ajouter 375 ml (1 tasse 1/2) d'eau de cuisson. Assaisonner de la pincée de poivre de Cayenne et de la purée d'anchois et laisser épaissir. Ajouter les crevettes et laisser chauffer quelques minutes.

Faire griller le vivaneau au four de 6 à 8 minutes de chaque côté. Déposer le poisson sur la sauce et servir.

Cuisses de grenouilles frites (p. 123)   Fried Frogs' Legs (p. 125)

Plat et légumier de terre cuite vitrifiée. Le décor
illustre des sites pittoresques de Québec au siècle
dernier, qui comptent parmi nos premiers souvenirs
touristiques.

A glazed earthenware dish and vegetable dish.
The decoration illustrates picturesque scenes from
the nineteenth century; these are among our first
tourist souvenirs.

Cuisses de grenouilles frites

Les premiers colons du XVIIᵉ siècle sont surpris de la grosseur des «oüarons», grenouilles qui «meuglent comme un bœuf», et signalent que les Amérindiens les mangent et les trouvent «fort bonnes». John Lambert, en 1807, affichant une aversion toute britannique pour ce batracien, affirme ne pas croire que les Canadiens en mangent. Pourtant les cuisses de grenouilles, comme les escargots, sont des mets appréciés des Français depuis longtemps. Nicolas Bonnefons, au XVIIᵉ siècle, recommande de les apprêter «à la fricassée de poulet». C'est cette même recette qu'on retrouve dans La Nouvelle Cuisinière canadienne en 1855. Désormais, les cuisses de grenouilles font les délices des gourmets. À Montréal, en 1886, on les mange au Grand Café Parisien de Louis Goudreau, rue Sainte-Catherine, apprêtées «d'après la méthode du Grand Vatel à Paris».

24	cuisses de grenouilles
	sel et poivre
1	pincée de thym
1	feuille de laurier
1	oignon en filets minces
3	branches de persil
	le jus d'un demi-citron
30	ml (2 c. à soupe) d'huile d'olive
2 à 3	œufs battus
180	ml (3/4 tasse) de farine
	huile à friture
	persil frit

Faire dégorger les cuisses de grenouilles dans l'eau froide pendant trois quarts d'heure. Égoutter les cuisses et les placer dans une marinade composée du sel, du poivre, du thym, de l'oignon, du laurier, du persil, du jus de citron et de l'huile d'olive. Faire macérer 30 à 45 minutes. Un peu avant la cuisson, égoutter les cuisses sur des serviettes de papier.

Enfariner les cuisses et les tremper dans les œufs battus. Faire frire dans l'huile. Servir sur un «buisson de persil frit d'un beau vert».

Côtelettes d'agneau à la Soubise

Viande des grandes tables, les côtelettes d'agneau se servent comme entrées à presque tous les banquets de Montréal et Québec dans la deuxième moitié du siècle. Elles s'apprêtent à la Maintenon, à la chartreuse, à la jardinière, aux champignons, aux petits pois, à la Soubise. Elles sont absentes ou presque des tables d'hôte des restaurants, où le veau règne comme entrée. La Soubise naît au XVIIIᵉ siècle à la table, dit-on, de Charles d'Orléans, prince de Soubise, qui «passait pour un très bon amphitryon» (Grimod). L'appareil est une purée d'oignons et de riz avec béchamel. La recette de Cardelli se veut une version bourgeoise.

6	oignons
45	ml (3 c. à soupe) de beurre
60	ml (1/4 tasse) de vin blanc
60	ml (1/4 tasse) de bouillon [voir recette en annexe]
	sel et poivre
8 à 10	côtelettes
8	gros croûtons frits dans le beurre
90	ml (6 c. à soupe) de beurre

Trancher les oignons. Faire fondre le beurre. Faire cuire les oignons jusqu'à ce qu'ils soient mollets. Ajouter le vin et cuire encore 5 à 10 minutes.

Broyer les oignons au robot. Retourner à la poêle avec le bouillon et cuire encore quelques minutes pour en faire une purée. Saler et poivrer. Garder au chaud.

Faire fondre la moitié du beurre et faire cuire 8 gros croûtons de 5 cm carrés (2 po carrés). Garder au chaud.

Faire fondre l'autre moitié de beurre, saler et poivrer les côtelettes et les cuire au degré de cuisson désiré (ajouter du beurre si nécessaire). Dresser les côtelettes en couronne avec un croûton frit à chaque intervalle.

Verser au milieu la purée d'oignons et servir.

Croquettes de poulet aux champignons

Les croquettes de volaille, écrit Grimod de La Reynière, «ne supporteraient point la médiocrité». Il range cette entrée avec les mets d'une grande délicatesse «dont la confection suppose beaucoup de talent, et une longue expérience». C'est un mets étranger à la cuisine bourgeoise car il réclame «la main d'un artiste de première classe». Les croquettes figurent à la carte du restaurant Beau à Montréal en 1880. Ce restaurant semble se ranger parmi les meilleurs au Canada à l'époque. Les petites entrées comme les cromesquins de homard à la carte de l'hôtel de France (1874) ou les croquettes de gibier à la princesse à l'hôtel Saint-Louis à Québec (1881) passent habituellement pour des mets réservés aux grandes occasions, tels les banquets.

1	poulet
	barde de lard
60	ml (1/4 tasse) de mirepoix (carottes, oignons et persil hachés)
60	ml (1/4 tasse) de consommé [voir recette en annexe]
250	ml (1 tasse) d'eau et le fond de cuisson du poulet dégraissé
80	ml (1/3 tasse) de velouté [voir recette en annexe]
150	g (1/3 lb) de langue à l'écarlate en dés [voir recette page 142]
10 à 12	champignons tranchés
4	jaunes d'œufs
1	pincée de muscade
15	ml (1 c. à soupe) de beurre
	chapelure
2	jaunes d'œufs battus
	huile à friture
	persil frit

Farcir et couvrir le poulet de mirepoix et recouvrir d'une barde de lard. Cuire au four 1 heure à 175 °C (350 °F). Laisser refroidir et enlever les poitrines et la viande des cuisses. Couper en dés (environ 450 g - 1 lb).

Mettre la carcasse dans une casserole avec le consommé, l'eau, le fond de cuisson et la mirepoix et cuire à feu doux 1 heure. Passer et dégraisser le fond. Réserver. Chauffer le velouté et ajouter le poulet, la langue à l'écarlate, les champignons et 250 ml (1 tasse) du fond de cuisson. Faire réduire le velouté de moitié. Lier le mélange avec les jaunes d'œufs. Ajouter la muscade et le beurre. Cuire encore 4 à 5 minutes afin que le tout soit réduit. Verser le mélange dans un plat et laisser refroidir.

Une fois le mélange refroidi, façonner les croquettes de formes diverses (boulettes, doigts, bouchons, poires). Paner les croquettes de chapelure, les passer à la sauce puis à la chapelure de nouveau. Appuyer fortement sur la seconde panure avec la lame d'un couteau. Passer les croquettes au jaune d'œuf, saupoudrer à nouveau de chapelure et laisser reposer 15 minutes.

Frire les croquettes dans l'huile à friture jusqu'à ce qu'elles soient dorées. Servir sur «un buisson de persil frit».

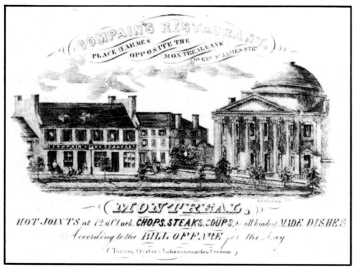

Carte publicitaire du Restaurant Compain, rue Saint-Jacques, Montréal (vers 1850). Bibliothèque nationale du Québec.

Aloyaux et filets de bœuf apparaissent souvent comme pièces rôties au deuxième service. Le filet de bœuf aux radis, par exemple, constitue un plat de rôt à la table du Saint Lawrence Hall en 1855 lors du dîner en l'honneur du commandant de Belvèze. Avec une sauce ou un ragoût, la pièce rôtie se métamorphose en entrée et, braisée, elle se présente comme relevé, tel ce filet de bœuf braisé aux truffes qui figure au banquet en l'honneur du ministre Hector Langevin à l'hôtel Saint-Louis en 1881. Telles sont les règles parfois assez confuses du service à la française! L'aloyau à la Godard, un relevé distingué et distinctif, orne la table au dîner d'inauguration de l'hôtel de France en 1874. Le ragoût sert de garniture très élaborée. Aux ingrédients indiqués, Beauvilliers ajoute des crêtes et des rognons de coqs et mentionne qu'on peut compléter avec «des petits pigeons à la Gautier, des truffes entières, des quenelles, six ou huit belles écrevisses».

HOTEL DE FRANCE
80, RUE ST. GABRIEL. 80
Carte du Jour
POTAGES.
Cracovienne aux croûtons—Brunoise—Macaroni—Consommé.
POISSON.
Homard Mayonnaise—Haddock sauce Hollandaise.
ENTRÉES.
Agneau à la Soubise—Bœuf braisé à la Cuba—Pieds de Veau à la Poulette.
LEGUMES.
Navets glacés—Pommes purée.
ROTIS.
Roast Beef—Mouton.
DESSERT.
Tarte à la Crème—Salade d'Oranges—Mendiant—Fromage—Café.

Dîner, 50 cents, vin compris ; de 11½ à 3 heures, et de 5 à 8 heures.
Déjeuner, 35 cents.
Pension, $4.50 par semaine, $18 au mois, avec privilège de prendre un repas par semaine à la campagne "Hôtel du Pavillon," Rivière St. Pierre.
Restaurant ouvert à partir de 6 heures du matin.
13 mai. 206

Annonce de la table d'hôte du restaurant de l'Hôtel de France publiée dans *La Minerve* le 13 mai 1876. Bibliothèque du Séminaire de Québec.

2,25 kg (5 lb) de rosbif d'entrecôte avec l'os
110 g (1/4 lb) de gros lardons
15 ml (1 c. à soupe) de ciboule hachée
15 ml (1 c. à soupe) de persil haché
5 ml (1 c. à thé) de poivre
5 ml (1 c. à thé) d'épices fines [voir recette en annexe]
1 bouquet garni (1 feuille de laurier, 2 ciboules, 2 branches de persil, un peu de thym)
2 oignons
2 carottes
125 ml (1/2 tasse) de bouillon [voir recette en annexe]
125 ml (1/2 tasse) de vin blanc
125 ml (1/2 tasse) de madère
5 ml (1 c. à thé) de sel
2 ml (1/2 c. à thé) de poivre concassé
15 ml (1 c. à soupe) de jus de citron
225 g (1/2 lb) de ris de veau (qu'on aura dégorgés à l'eau froide 7 à 8 heures)
15 ml (1 c. à soupe) de beurre
20 champignons
10 fonds d'artichauts
120 ml (8 c. à soupe) d'espagnole [voir recette en annexe] le fond de cuisson du rosbif passé et dégraissé
4 œufs durs coupés en deux

Rouler les lardons dans un mélange assaisonné de ciboule et de persil hachés, de poivre et d'épices fines. Piquer le rosbif des lardons. Mettre le rosbif dans une grande casserole avec le bouquet garni, les oignons et les carottes et mouiller avec le bouillon, le vin blanc et le madère. Saler et poivrer. Couvrir hermétiquement et cuire au four à 160 °C (325 °F) environ 2 heures 15.

Pendant ce temps, amener de l'eau salée à ébullition dans une casserole, ajouter le jus de citron et faire cuire les ris de veau à feu doux 15 minutes. Retirer et laisser refroidir.

Faire fondre le beurre dans un poêlon et faire cuire doucement les champignons et les fonds d'artichauts. Ajouter l'espagnole et les ris de veau et laisser reposer le ragoût.

Retirer la pièce de bœuf de la casserole à la fin de sa cuisson et la garder au chaud. Faire réduire le jus de cuisson jusqu'à ce qu'il soit presque en glace. Verser ce fond dans le poêlon du ragoût, chauffer et bien lier le tout pendant 5 minutes. Ajouter les œufs coupés en deux et les glacer dans la sauce. Servir la pièce de bœuf sur le ragoût à la Godard dans un grand plateau.

Chevreuil, sauce pignole

Le gros gibier se retrouve peu souvent à la table d'hôte des restaurants des villes laurentiennes. C'est un mets commandé habituellement à la carte sous forme de côtelettes. Exceptionnellement, l'hôtel Windsor, dans la bonne tradition anglaise, offre la selle de venaison, sauce Cumberland à sa table d'hôte en 1877. En revanche, le gros gibier apparaît souvent au menu des grands dîners ou banquets. La langue de buffle à la gelée est un plat orné digne de figurer au banquet en l'honneur du prince Arthur à Québec en 1869. La cuisse de chevreuil à la piémontaise représente un relevé supérieur avec la dinde truffée au Grand Vatel, lors du dîner annuel de la faculté de droit de l'université McGill en 1880. La sauce pignole, comme la piémontaise, d'origine italienne, convient très bien à la venaison.

1	cuissot de chevreuil de 1,25 à 1,75 kg (3 à 4 lb)
60 à	
120	g (2 à 4 oz) de lardons

Marinade

30	ml (2 c. à soupe) de beurre
2	carottes
2	oignons émincés
5	ml (1 c. à thé) de thym
1	feuille de laurier
1	gousse d'ail écrasée
2	branches de persil
1	pincée de sauge
1	pincée de basilic
5 ou 6	grains de genièvre
	sel et poivre en grains (5-6 grains)
125	ml (1/2 tasse) de bouillon [voir recette en annexe]
125	ml (1/2 tasse) de vinaigre

Sauce pignole

60	ml (1/4 tasse) de cassonade
60	ml (4 c. à soupe) de vinaigre
60	ml (1/4 tasse) de bon bouillon [voir recette en annexe]
1	bouquet garni
1	ml (1/4 c. à thé) de muscade
1	pincée de poivre
60	ml (4 c. à soupe) de sauce espagnole [voir recette en annexe]
60	ml (1/4 tasse) de bordeaux rouge
15	ml (1 c. à soupe) de noix de pignons

La veille, piquer le cuissot de chevreuil avec les lardons et préparer la marinade. Faire fondre le beurre et faire revenir carottes et oignons. Ajouter les herbes et assaisonnements et laisser roussir légèrement. Mouiller avec le bouillon et le vinaigre et laisser mijoter jusqu'à ce que le tout ait réduit de moitié. Passer le mélange au tamis en pressant bien les légumes. Placer le rôti de chevreuil dans une grande terrine et verser dessus la marinade. Couvrir. Laisser macérer au moins 12 heures.

Le lendemain, égoutter le cuissot une heure avant de le mettre à rôtir. Cuire au four à 160 °C (325 °F) de 35 à 45 minutes le kilo (15 à 20 minutes la livre), soit environ 1 heure 30, en arrosant de la marinade de temps en temps. Pendant la cuisson, préparer la sauce.

Mettre la cassonade, le vinaigre, le bouillon, le bouquet, la muscade et le poivre dans une casserole. Faire mijoter le tout sur feu moyen afin de réduire de moitié. Lier ensuite avec l'espagnole et ajouter le vin rouge. Cuire à nouveau pour réduire et passer à l'étamine. Remettre à la casserole et ajouter les noix de pignon. Laisser bouillir une seconde et servir avec le rôti de chevreuil.

Asperges vinaigrette

Bien que l'asperge soit chère et sa présence sur le marché brève, elle est très populaire au restaurant. À l'hôtel de France, elle constitue une primeur à la table d'hôte; elle apparaît au menu de la mi-mai à la mi-juin. On l'apprête le plus souvent à la sauce blanche mais aussi au beurre et à la vinaigrette.

450 g (1 lb) d'asperges

Vinaigrette

2 jaunes d'œufs durs
30 ml (2 c. à soupe) de vinaigre
sel et poivre
2 ml (1/2 c. à thé) d'aneth séché
2 ml (1/2 c. à thé) de cerfeuil séché
1 échalote émincée
75 ml (5 c. à soupe) d'huile d'olive

Laver les asperges, en couper l'extrémité inférieure et les lier en botte. Amener de l'eau à ébullition et cuire 10 à 15 minutes jusqu'à ce que la base soit tendre. Refroidir à l'eau froide et réserver.

Préparer la marinade en délayant les jaunes avec le vinaigre. Ajouter le sel, le poivre et les herbes de même que l'échalote. Ajouter peu à peu l'huile d'olive en tournant constamment.

Verser la vinaigrette sur les asperges et laisser refroidir 15 minutes avant de servir.

Œufs à la tripe aux concombres

« …et pour couronner le souper, devinez… un plat d'œufs à la tripe dont je prépare la sauce moi-même, car il n'y a que moi, frère Alexis, qui sache lui donner le degré de perfection que requiert cet excellent plat… » (Aubert de Gaspé, Mémoires). En dépit de l'enthousiasme de la mère d'Aubert de Gaspé, le récollet n'avait pas tout à fait tort de se plaindre, lui qui avait absorbé des œufs au monastère pendant les quinze derniers jours du Carême! L'inspiration manquait parfois au cuisinier! La Cuisinière des cuisinières plagie Menon lorsqu'elle recommande d'accompagner les œufs à la tripe de concombres passés au beurre avec du persil et de la ciboule. C'était une façon intéressante de relever un plat traditionnel devenu un peu monotone. Au restaurant, les œufs à la tripe deviennent un entremets servi en guise de légumes avec de la purée de pommes de terre pour accompagner le rôti de bœuf ou de mouton au deuxième service de la table d'hôte.

30 ml (2 c. à soupe) de beurre
1 concombre pelé, évidé et coupé en tranches minces
15 ml (1 c. à soupe) de persil
2 ciboules hachées
15 ml (1 c. à soupe) de farine
30 ml (2 c. à soupe) d'eau assaisonnée de sel et de poivre
6 œufs durs tranchés
125 ml (1/2 tasse) de lait

Faire fondre le beurre dans un poêlon sur feu modéré. Y faire revenir le concombre avec le persil et les ciboules pendant 5 minutes. Ajouter la farine et l'eau et laisser le liquide s'évaporer quelques minutes. Incorporer les tranches d'œufs et le lait et amener à ébullition. Goûter et rectifier l'assaisonnement. Servir chaud avec des branches de persil.

Macaroni à l'italienne

Au XIXe siècle, bon nombre d'Italiens se font une place dans le domaine de l'hôtellerie et de la restauration à Montréal. Dès le début du siècle, Thomas Delvecchio tient l'auberge des Trois Rois avec son Museo italiano. Les Orsoli, Rasco, Giraldi, Bottazini, Donegani et Donegana qui lui succèdent tiennent des hôtels parmi les plus réputés de la première moitié du XIXe siècle. Les Gianelli se taillent une place importante dans la restauration. Angelo Gianelli, associé de Compain au Cosmopolitan, devient consul d'Italie en 1871; F. C. Gianelli dirige le restaurant Prince-de-Galles et Joseph Gianelli, le Delmonico. On connaît aussi Francis Francisco du Salon Empire, Peter Cavalo du restaurant Impérial et Serafino Giraldi du Tivoli. En 1881, seize Italiens exercent des métiers reliés à l'alimentation et, parmi ceux-ci, deux fabriquent des pâtes alimentaires. Mario Catelli fonde ainsi une entreprise toujours prospère de nos jours. Le macaroni est apprécié en potage ou en entremets. On l'apprête à la crème, au gratin, à la milanaise et à l'italienne.

450 g (1 lb) de macaroni long
15 ml (1 c. à soupe) de beurre
sel et gros poivre
125 ml (1/2 tasse) de fromage parmesan

Sauce tomate

45 ml (3 c. à soupe) de beurre
12 tomates coupées et évidées
225 g (1/2 lb) de jambon cru en dés
2 échalotes émincées
1 feuille de laurier
5 ml (1 c. à thé) de thym séché
75 ml (5 c. à soupe) de velouté [voir recette en annexe]
60 ml (1/4 tasse) de consommé [voir recette en annexe]
30 ml (2 c. à soupe) de beurre

Préparer d'abord la sauce. Faire fondre le beurre sur feu modéré dans une casserole. Ajouter les tomates, le jambon, les échalotes, le laurier et le thym et cuire à couvert de 35 à 40 minutes, jusqu'à ce que les tomates soient molles. Réduire en purée en tamisant. Remettre sur le feu et ajouter le velouté, le consommé et le beurre puis porter à ébullition. Laisser frémir 10 minutes et dégraisser.

Faire cuire les pâtes dans une casserole d'eau bouillante avec le beurre, le sel et le gros poivre de 8 à 10 minutes. Égoutter. Verser dans un plat allant au four un rang de macaroni. Arroser d'un peu de sauce puis d'une partie du parmesan. Répéter 2 ou 3 fois et verser du parmesan sur le dessus. Chauffer vivement au four 5 minutes de façon à gratiner le dessus des pâtes.

«La carte à payer», d'après le tableau de M. Leroux reproduisant l'époque de Grimod de La Reynière. *L'Opinion publique*, 1874. Bibliothèque nationale du Canada, NL 16425.

Artichauts frits

Les artichauts sont consommés au Canada depuis l'époque de la Nouvelle-France, alors qu'on les importe marinés ou déshydratés. On les retrouve à nouveau dans les épiceries de Québec dans les années 1780, confits à l'huile, avec d'autres produits français comme les truffes, les morilles, les câpres fines et certains fromages. L'artichaut demeure néanmoins un aliment rare et luxueux. En effet, en 1874, les propriétaires de l'hôtel de France se font une gloire d'annoncer qu'ils viennent de recevoir par «le dernier steamer» de France des artichauts frais. «C'est la première importation de ce genre.» À compter de ce moment, on commence à les trouver sur les cartes des hôtels et restaurants.

Pâte à frire

- 250 ml (1 tasse) de farine
- 250 ml (1 tasse) d'eau
- 15 ml (1 c. à soupe) de brandy
- 15 ml (1 c. à soupe) d'huile d'olive
- 5 ml (1 c. à thé) de sel

- 6 à 8 petits artichauts tendres
- 30 ml (2 c. à soupe) de beurre fondu
- 15 ml (1 c. à soupe) de farine
- 30 ml (2 c. à soupe) de crème
- 2 jaunes d'œufs
- 1 blanc d'œuf monté en neige
- huile à friture
- sel
- persil frit

Préparer d'abord la pâte à frire. Délayer la farine avec l'eau, ajouter le brandy, l'huile et le sel. Bien mélanger et réfrigérer de 30 minutes à 1 heure. Entre-temps, faire chauffer l'huile doucement.

Couper les artichauts en quatre et les faire blanchir 2 minutes dans l'eau bouillante. Bien les égoutter. Mélanger le beurre fondu avec la farine, la crème et les jaunes d'œufs. Tremper les artichauts chauds dans ce mélange, retirer et laisser refroidir sur une assiette.

Incorporer le blanc d'œuf à la pâte. Tremper les artichauts dans la pâte et les faire dorer dans l'huile. Servir les artichauts frits saupoudrés de sel et accompagnés de persil frit.

Omelette au rhum

Depuis le XVIIe siècle, l'omelette est souvent servie comme entremets sucré. Le Pâtissier français (1700) donne presque autant de recettes d'omelettes sucrées que salées. L'omelette à la célestine (persil, sucre glace, eau de rose, cannelle), l'omelette aux pommes et l'omelette à la mode (pignons, raisins, écorce de citrons confits, sucre, eau de rose, cannelle) en sont de bons exemples. L'omelette au rhum semble conquérir le cœur des Canadiens au XIXe siècle. Les omelettes à la célestine, soufflées, au sucre, aux confitures et au rhum sont au répertoire de la Nouvelle Cuisinière canadienne (1855). L'omelette apparaît aussi à la carte des restaurants. Le restaurant Beau en 1880 suggère comme entremets l'omelette soufflée ou l'omelette au rhum.

- 6 œufs
- 10 ml (2 c. à thé) de sucre
- 15 ml (1 c. à soupe) de crème
- 60 ml (1/4 tasse) de beurre
- 125 ml (1/2 tasse) de rhum

Battre les œufs avec le sucre et la crème.

Faire fondre le beurre dans une poêle à omelette et verser la préparation. Cuire 5 minutes sur un côté et tourner. Cuire une minute. Verser le rhum et flamber. Servir.

Petty-shoes *ou profiteroles au chocolat*

Les dames de la bonne société ne manquent pas de prendre le thé, le café, voire le chocolat l'après-midi avec une pâtisserie, une glace ou une confiserie. Dès 1818, au café Français de Deshons Montbrun à Montréal, un appartement est réservé aux dames où elles peuvent déguster crèmes, fruits glacés, sorbets et fromages glacés préparés par Lefebvre, glacier de l'ancien café Montansier à Paris. Plus tard, la mode est aux pâtisseries. À Québec en 1874, Charles Gagnon, rue Saint-Jean, offre le «Lunch pour les Dames» qui consiste en pâtisseries et confiseries parisiennes «constamment fraîches et confectionnées par des artistes».

310 ml (1 1/4 tasse) d'eau
225 g (1/2 lb) de beurre
 60 ml (1/4 tasse) de sucre
  1 petite pincée de sel
250 ml (1 tasse) de farine tamisée
  3 œufs
     quelques gouttes d'eau d'orange ou d'une autre essence
 60 g (2 oz) d'amandes (facultatif)
 10 ml (2 c. à thé) de sucre (facultatif)
     blanc d'œuf (facultatif)

Crème

  4 jaunes d'œufs
 60 ml (1/4 tasse) de sucre
 15 ml (1 c. à soupe) de farine
 60 g (2 oz) de chocolat semi-doux râpé
  1 petite pincée de sel
310 ml (1 1/4 tasse) de crème
 15 ml (1 c. à soupe) de beurre
 45 ml (3 c. à soupe) de crème fouettée

Chauffer le four à 220 °C (425 °F).

Préparer d'abord les petits choux. Dans une casserole, amener à ébullition sur feu moyen l'eau, le beurre, le sucre et le sel. Retirer du feu et incorporer la farine. Remettre sur le feu et laisser le liquide s'évaporer pendant 2 à 3 minutes en mélangeant à la cuillère de bois. Ajouter l'essence. Retirer à nouveau du feu et ajouter un à un les jaunes d'œufs en mélangeant. Au besoin, rajouter un jaune d'œuf si la pâte est trop épaisse.

Faire de petites boules et les déposer sur une plaque beurrée. Badigeonner s'il y a lieu les choux des amandes mélangées à la moitié du sucre et d'un peu de blanc d'œuf. Saupoudrer du sucre restant. Cuire au four pendant 15 minutes. Baisser le feu à 175 °C (350 °F) et cuire encore 30 minutes. Laisser refroidir. Donne environ 24 petits choux.

Préparer entre-temps la crème en mettant dans une petite casserole tous les ingrédients sauf la crème fouettée. Bien mélanger et amener à ébullition sur feu moyen. Laisser cuire 10 minutes. Passer au tamis et laisser refroidir.

Lorsque la crème au chocolat est froide, ajouter la crème fouettée. Découper un petit orifice sur le dessus des choux et les farcir. Recouvrir du capuchon.

Note: On peut remplacer le chocolat par de l'essence de citron, de vanille, d'orange ou autre.

Sabayon

Le mot «sabayon» est une déformation de «zabaglione» et désigne une mousse d'origine italienne. Il s'agit d'une nouveauté reliée au service à la table et à l'office dans la deuxième moitié du XIXᵉ siècle. Dubois nous informe qu'on prépare les sabayons au vin blanc, au madère, au marsala, au champagne, au vin d'Asti, au kirsch, etc., mais c'est le marsala, lui aussi d'origine italienne, qui entre traditionnellement dans sa préparation. Victor Olivon met le sabayon à sa carte de la table d'hôte à l'hôtel de France en 1876 pour accompagner le plum-pudding.

12	jaunes de gros œufs
250	ml (1 tasse) de sucre glace
	une bonne pincée de zeste de citron
	une bonne pincée de cannelle
250	ml (1 tasse) de marsala

Mettre les jaunes d'œufs dans un bain-marie. Ajouter le sucre glace, le zeste et la cannelle. Fouetter jusqu'à ce que le mélange soit plus pâle et mousseux. Ajouter alors le marsala une cuillerée à la fois en continuant de battre au fouet jusqu'à ce que le mélange soit épais et ferme. Servir dans des verres.

Vin chaud

Tous les voyageurs européens s'étonnent de la présence des bars dans les hôtels et restaurants du Canada et des États-Unis. Déjà en 1829, John MacTaggart mentionne que les jeunes hommes mondains de Québec et Montréal ont adopté la mode américaine: «[They] drink gin sling, sangaree and lemonade, smoke segars (sic), and in the morning take bitters, cocktail and soda water.» Samuel P. Day signale que ces bars sont des endroits élégants où règne un va-et-vient continuel à toute heure de la journée. On y sert une telle variété de boissons «concocted and compounded» que Day en juge l'énumération impossible. Parmi les boissons du temps des fêtes, on offre le mulled wine, ou vin chaud épicé.

110	g (1/4 lb) de sucre en morceaux
60	ml (1/4 tasse) d'eau froide
1/2	bâton de cannelle
3	clous de girofle
	un peu de zeste d'orange ou de citron
1	bouteille de bordeaux rouge

Mettre le sucre imbibé d'eau froide dans un poêlon. Ajouter la cannelle, les clous et le zeste. Verser le vin dans le poêlon. Chauffer jusqu'à ce qu'il blanchisse à la surface mais sans amener à ébullition. Passer à travers une serviette. Servir dans des verres ou des coupes.

Illustration de la page titre de *L'Art du cuisinier*, de A. Beauvilliers, 1814. Bibliothèque du Séminaire de Québec.

Hôtellerie et restauration au XIXᵉ siècle

Le 14 août 1805, les principaux hommes d'affaires et hauts fonctionnaires de Québec s'assemblent à la place d'Armes pour poser la pierre angulaire de l'hôtel Union. Ce geste marque les débuts de l'hôtellerie (au sens moderne) au Canada. Alors que les hôtels antérieurs se distinguaient peu ou pas des tavernes ou cafés, les nouveaux hôtels construits à la suite de l'hôtel Union mettent l'accent sur l'hébergement, le confort, le service, les divertissements et la table avec leurs grandes salles à manger.

L'hôtel Union n'en est cependant pas le prototype parfait car il s'agit aussi d'un hôtel dans la tradition anglaise, d'un hôtel à souscription qui s'apparente même au club, avec sa salle à café ouverte aux seuls membres souscripteurs. D'ailleurs l'hébergement y joue encore un rôle secondaire ; la vingtaine de chambres à l'intention des voyageurs sont situées dans une annexe à l'arrière du bâtiment principal. L'entreprise ne connaît pas le succès escompté et ferme ses portes à peine sept ans après son ouverture. Toutefois le concept de l'hôtel moderne est lancé. Durant la décennie suivante, les nouveaux hôtels comme l'hôtel Malhiot (1812) à Québec et le Mansion House (1817) à Montréal, conçus davantage selon le modèle américain, tiendront mieux compte des besoins des voyageurs.

Dans les années 1820, la croissance du tourisme américain et l'inauguration des circuits de voyage, des *fashionable tours* comme celui de Saratoga et Albany par la voie du lac Champlain jusqu'à Montréal, favorisent l'éclosion de ces hôtels de luxe. Le Masonic Hall Hotel ou le British American Hotel, propriété de John Molson à Montréal tenue par l'hôtelier italien Francisco Rasco, se proclame en 1825 supérieur à tout autre établissement du genre en Amérique du Nord avec ses 80 chambres et suites pour des familles, sa salle de bal, son café, ses bains, ses salles de billard, sa salle de musique pour les dames et son restaurant «sur le plan du Palais Royal de Paris».

L'hôtellerie compte désormais sur le tourisme et suit le modèle américain tant au niveau de l'hébergement que du service et des repas. Les hôtelleries constituent à la fois des hôtels pour voyageurs et des maisons de pension, car de nombreuses chambres et suites sont louées à des familles qui y demeurent au mois ou à l'année et y prennent leurs repas. Ces hôtels deviennent des endroits respectables fréquentés par les dames, ce qui leur est encore interdit en Europe. Les grands hôtels du milieu du siècle comme le Saint-Louis, à Québec, propriété de l'Américain Willis Russell, mais surtout ceux de Montréal comme l'hôtel Rasco, le Donegana, l'hôtel du Canada avec ses cent cinquante chambres et le Saint Lawrence Hall (1851), établi dans le «meilleur style des hôtels de New York et Boston», suivent l'exemple. Puis, vers la fin du siècle, le développement des chemins de fer, en accroissant considérablement la mobilité sur le continent, donne naissance à de nouveaux hôtels plus grands et plus luxueux, de véritables palais comme l'hôtel Windsor à Montréal et le Château Frontenac à Québec.

Le voyageur Charles Weld (1855), comparant les hôtels anglais à ceux du Canada, décrit les premiers comme de petits établissements tranquilles, sans éclat, un peu défraîchis mais chers, et les seconds comme étant vastes, éblouissants avec «un flot constant d'êtres humains» dans leurs bars et leurs salles de réception. Les immenses salles à manger peuvent accueillir de deux cents à trois cents personnes, comme au Saint Lawrence Hall. Les repas se prennent selon le «plan américain», c'est-à-dire que quatre ou cinq repas par jour sont inclus dans le prix de l'hébergement. Les heures des repas sont à peu près les mêmes partout: on déjeune entre sept et onze heures, le «lunch» a lieu de midi à quatorze heures, on dîne entre dix-sept et dix-neuf heures, on prend le thé à vingt heures et le souper entre vingt et une et vingt-trois heures.

Au son du gong chinois, les clients se rendent à la salle à manger. Aux grandes tables communes du début du siècle se substituent graduellement des tables pour six à huit personnes. Les clients trouvent des tables mises de «manière exquise» avec ornements de fleurs, surtouts en argent, pyramides de fruits, couverts en porcelaine et en argenterie. Les garçons en pantalon noir et veste blanche, écrit Samuel Phillips Day en 1864, sous l'œil vigilant du maître d'hôtel, s'occupent cérémonieusement du service avec la régularité et la précision de soldats en manœuvres. À côté de chaque couvert se trouve le menu ou la carte du jour. Le voyageur européen s'étonne de la magnificence et de la variété des repas. On commande à volonté, les garçons insistant même pour que le client goûte à tout. Les mets sont apportés sur un grand nombre de petites assiettes mais les quantités dans chacune sont infimes.

Les hôteliers font grand cas de leurs cuisiniers français et de leurs maîtres d'hôtel formés dans la tradition new-yorkaise du Astor House. Mais les clients européens se plaignent aussi du bruit assourdissant de la salle, du capharnaüm d'assiettes et d'ustensiles aux tables, des menus stéréotypés et des mets «à la française» adaptés au goût américain. Le menu des salles à manger se divise en genre de mets: potages, entrées, pièces de viande (rôtis ou bouillies), entremets sucrés et desserts (fruits et noix). À mesure que le siècle progresse, les genres se diversifient; on ajoute le poisson, les viandes froides, le gibier, les crudités et les salades ou «mayonnaises». Le nombre de mets sur les menus augmente aussi. Le Saint Lawrence Hall, en 1859, offre 21 mets différents sans compter le dessert; en 1872, son menu en comporte 49, le dessert excepté. L'hôtel Windsor en 1877, alors l'établissement le plus huppé au Canada, offre à sa clientèle 60 plats différents. Difficile de goûter à tout!

Les potages et entrées appartiennent généralement à la tradition française (potage à la julienne, consommé biscotte, maquereau à la maître d'hôtel, canard braisé à la flamande, huîtres sautées à la poulette). Mais les traditions anglaises et américaines sont aussi perceptibles notamment dans l'apprêt des pièces de viande, des plats froids, des légumes et des entremets sucrés (gigots de mouton aux câpres, bœuf mariné et chou (corned beef), dinde aux canneberges, pork and beans, tartelettes aux groseilles, mince pie, Indian pudding…). À en juger par la carte, les vins français (champagne et bordeaux) semblent les plus populaires. Il s'agit de fait d'un reflet du goût anglais de l'époque pour le «champagne» et le «claret» qui dominent la carte avec les sherry, porto, madère et hock (vins du Rhin).

Déjà au milieu du siècle, l'hôtel constitue l'endroit tout désigné pour tenir ces grands événements que sont les dîners d'État et les banquets, à la mode dans la deuxième moitié du siècle, et auxquels tous les organismes, sociétés et groupes divers souscrivent. Les dîners d'État avec leurs rituels et leurs traditions, les discours et les toasts sont l'occasion de buffets froids spectaculaires. Les cuisiniers des hôtels s'évertuent, dans la grande tradition de Carême, à réaliser les grosses pièces, galantines et pâtés froids couronnés de hâtelettes, les salades, mayonnaises, gelées et crèmes à ornementation élaborée et surtout à s'improviser architectes et créer ces fameuses pièces montées sur socles, sculptées dans le sucre ou le saindoux mais non comestibles. La série de banquets au Saint Lawrence Hall, à l'hôtel Donegana de Montréal et à l'hôtel Russell de Québec en 1855 à l'occasion de la visite de la frégate française La Capricieuse et en l'honneur de son commandant, Belvèze, donne lieu à la réalisation de ces mets sophistiqués qui relèvent autant du spectacle que de la haute cuisine. Des pièces de milieu en pyramides, en fontaines, en trophées d'armes, en pavillons, «La Capricieuse en nougat», le «Temple de l'Institut canadien» ornent les tables, et les buffets froids abondent en aspics. Heureusement, quelques entrées chaudes recherchées, chartreuses de filets de tourterelles, chevaliers de volailles aux truffes, vol-au-vent à la financière viennent apaiser les tourments des gastronomes.

Cette mode du buffet froid, ostentatoire avec ses pièces montées mais monotone par la multiplication des plats en gelée, tombe en défaveur dans le dernier quart du siècle. L'ordonnance des menus reflète dorénavant les catégories de mets et les apprêts des cartes des hôtels et les trois services habituels. En moyenne on offre de 35 à 40 plats différents, à l'exclusion du dessert, de quoi satisfaire environ deux cents convives. Presque invariablement chaque menu comprend le consommé français, à la reine, royal ou printanière et lorsqu'on sert deux potages, le turtle, green turtle ou mock turtle de tradition anglaise s'y ajoute. Quant aux poissons, le flétan au gratin sauce madère, le saumon bouilli sauce homard et la morue sauce aux huîtres ou sauce hollandaise sont les plats les plus prisés; ces mets reflètent autant l'internationalisation de la cuisine française que celle des plats les plus raffinés de la cuisine anglaise.

Les entrées font preuve d'une plus grande diversité; elles relèvent essentiellement de la haute cuisine française. Parmi les plats les plus prisés, citons les différentes croquettes et bouchées, les timbales d'huîtres, les chartreuses de petit gibier et tous les apprêts à la financière, à la périgueux et autres aux truffes et foie gras. En ce qui a trait aux pièces de viande rôties ou bouillies et au gibier, l'influence anglaise est prépondérante. Le mouton aux câpres, l'agneau à la menthe, la dinde aux huîtres, au céleri ou aux canneberges, le rosbif au raifort et le *Yorkshire pudding* sont omniprésents. Exceptionnellement, on trouve un relevé ou un rôt français commes les filets de bœuf braisés aux truffes.

La présentation des légumes, encore dans la tradition anglaise, se caractérise surtout par sa simplicité. Ils sont seulement bouillis, rôtis ou réduits en purée. Les menus plus élaborés comportent invariablement des salades et ces plats de la cuisine française internationalisée que sont les mayonnaises de poulet et de homard. Les entremets sucrés sont stéréotypés. Le convive est presque certain de trouver un plum-pudding, une gelée, une tartelette aux fruits et une charlotte russe au menu, à quoi s'ajoutent fréquemment crèmes italiennes, crèmes glacées, glaces et meringues.

Somme toute, à l'exception des entrées plus diversifiées et raffinées, le menu de banquet dans le dernier quart du siècle est figé, fortement influencé par la tradition hôtelière américaine, la cuisine française internationalisée et les canons de la cuisine anglaise de l'époque. L'hôtel n'en demeure pas moins un lieu recherché tant pour son luxe, ses services et les activités qui s'y déroulent que pour sa table.

Vue de la salle à manger du train vice-royal. *Canadian Illustrated News*, 1878. Archives nationales du Canada, C.68460.

Hôtellerie et restauration au XIXe siècle

Potage

Consommé de volaille aux quenelles (*Quenelles of Fowl in Consomme*)
(Francatelli, *The Modern Cook*, 1876)

Entrées

Ris de veau piqués aux petits pois (*Sweetbreads Larded with Stewed Peas*)
(Francatelli, *The Modern Cook*, 1876)

Côtelettes de veau, sauce tomate (*Veal Cutlets, Tomato Sauce*)
(Soyer, *The Modern Housewife*, 1850)

Rôts et relevés

Agneau rôti, sauce menthe (*Roast Lamb with Mint Sauce*) (Acton, *Modern Cookery*, 1858)

Jambon au vin blanc (Dumont, *La Bonne Cuisine française*, 1889)

Langue à l'écarlate (Carême, *L'Art de la cuisine française*, 1847)

Salades et canapés

Mayonnaise de volaille (Audot, *La Cuisinière de la campagne et de la ville*, 1839)

Salade de homard (*Lobster Salad*) (Acton, *Modern Cookery*, 1858)

Entremets

Tomates à l'étuvée (*Stewed Tomatoes*) (Acton, *Modern Cookery*, 1858)

Omelette au fromage (Gouffé, *Le Livre de cuisine*, 1884)

Pommes lyonnaises (Cardelli, *Manuel complet du cuisinier*, 1842)

Desserts

Charlotte russe (*Russian Charlotte*) (Francatelli, *The Modern Cook*, 1876)

Crème italienne (*Italian Cream*) (Ude, *The French Cook*, 1828)

Bavarois aux fraises (*Fromage Bavarois of Strawberries*) (Ude, *The French Cook*, 1828)

Gelée de claret (Cardelli, *Manuel complet du cuisinier*, 1842)

Boisson

Nectar (Mackenzie, *Mackenzie's Five Thousand Receipts*, 1831)

Consommé de volaille aux quenelles

Dans la deuxième moitié du XIXe siècle, le terme «consommé» désigne un potage clair confectionné à partir de viandes de boucherie, de volaille, de gibier, de poissons ou de crustacés auxquels s'ajoute souvent une petite quantité de garniture. Le consommé prend alors le nom de sa garniture. On les trouve fréquemment aux menus des hôtels et restaurants du Canada de l'époque, par exemple avec des garnitures de vermicelle, de macaroni ou de quenelles ou encore apprêtés à la royale (garniture de mélange d'œuf et de bouillon poché au bain-marie et coupé en dés), à la reine (cubes de purée de volaille et julienne de filets de volaille), à la printanière (carottes et navets en bâtonnets, haricots verts en losanges, petits pois…), etc. Pour certains banquets ou dîners, le cuisinier crée une nouvelle garniture et lui donne un nom de circonstance. Le chef du Grand Vatel à Montréal, par exemple, offre le «consommé à l'aspirant de droit» aux convives du banquet de la faculté de droit de l'université McGill en 1880.

Carte du petit déjeuner à l'Hôtel Windsor, Montréal, 1877. The Department of Rare Books and Special Collections of the McGill University Libraries.

2,25 l (9 tasses) de consommé [voir recette en annexe]
125 ml (1/2 tasse) de blanc d'œuf
3 ou 4 coquilles d'œufs écrasées

Quenelles

110 g (1/4 lb) de pain
60 g (2 oz) de beurre
30 ml (2 c. à soupe) de bouillon de poulet
sel et poivre
1 pincée de muscade
2 œufs
2 jaunes d'œufs
15 ml (1 c. à soupe) de velouté [voir recette en annexe]
3 jaunes d'œufs
225 g (1/2 lb) de beurre
300 g (2/3 lb) de filets de poitrine de poulet hachés

La veille

Préparer le consommé en suivant la recette en annexe mais en substituant aux 4 litres (16 tasses) de bouillon de bœuf la même quantité de fond blanc de volaille. Réfrigérer 12 heures.

Le lendemain

Préparer la panade nécessaire à la confection des quenelles en mouillant le pain avec de l'eau et en le laissant tremper 10 minutes. Bien essorer pour enlever l'eau et déposer le pain avec le beurre et le bouillon de poulet dans une casserole. Cuire à feu moyen jusqu'à ce que la panade obtenue prenne l'apparence d'une pâte. Ajouter les jaunes d'œufs et mélanger. Réserver.

Préparation des quenelles

Mélanger au robot 225 g (1/2 lb) de panade avec autant de beurre et la poitrine de poulet hachée. Ajouter le sel, le poivre, la muscade et un œuf. Bien mélanger au robot. Ajouter ensuite l'autre œuf, les deux jaunes et le velouté et mélanger à nouveau.

Cuisson des quenelles

Former les quenelles à l'aide de 2 cuillères à thé. Tremper les cuillères à l'occasion dans l'eau chaude pour empêcher qu'elles ne collent aux quenelles. Placer les quenelles dans un poêlon bien beurré. Quand les quenelles sont toutes faites, ajouter doucement de l'eau bouillante et les faire pocher environ 10 minutes.

Préparation et cuisson de la soupe

Dans une grande casserole, mélanger les coquilles et les blancs d'œufs. Verser le consommé dessus et amener à ébullition sur feu vif en remuant sans cesse. Réduire le feu et cuire pendant 15 à 20 minutes. Passer lentement le consommé à l'étamine. Chauffer le consommé. Placer les quenelles dans une soupière et verser le consommé dans la soupière. Servir.

Ris de veau piqués aux petits pois

Les abats de veau relèvent habituellement de la cuisine bourgeoise à l'exception des ris de veau que les gastronomes de l'époque considèrent comme l'un des produits les plus délicats de la boucherie. Dans la grande cuisine, ils entrent fréquemment dans la confection des garnitures des ragoûts, des hâtelettes (brochettes), des vol-au-vent et des timbales ou bien sont considérés comme des entrées. Ils ne figurent pas sur les tables d'hôte des restaurants, mais ils sont presque toujours de mise à l'occasion des grands dîners et banquets; on les apprête de diverses façons, glacés ou piqués aux petits pois, aux champignons ou aux épinards, à la financière (garniture de quenelles, de truffes, de crêtes de coq et de champignons, sauce au madère et aux truffes) ou à la toulouse (garniture semblable, sauce allemande).

750 g	**(1 2/3 lb) de ris de veau**
110 g	**(1/4 lb) de lardons**
1	**carotte tranchée**
2	**branches de céleri tranchées**
2	**oignons tranchés**
1	**bouquet (2 ciboules et 1 branche de persil)**
85 g	**(3 oz) de lard**
500 ml	**(2 tasses) de bouillon [voir recette en annexe]**
350 g	**(3/4 lb) de petits pois**
150 g	**(5 oz) de beurre**
1	**laitue Boston**
1	**bouquet (2 ciboules et 1 branche de persil)**
5 ml	**(1 c. à thé) de sucre**
	sel
5 ml	**(1 c. à thé) de farine**

Placer les ris de veau dans un grand bol d'eau froide et les laisser dégorger 7 à 8 heures au réfrigérateur.

Amener de l'eau à ébullition et faire blanchir les ris de veau 3 minutes. Les retirer et les remettre à l'eau froide une demi-heure. Placer les ris entre deux grandes assiettes et les presser quelques minutes. Larder.

Foncer un poêlon des carottes, céleri et oignons tranchés mince. Placer les ris de veau par-dessus et garnir du bouquet. Couvrir le tout de minces tranches de lard et mouiller avec le bouillon. Amener à ébullition, couvrir, placer au four et braiser 20 minutes à 175 °C (350 °F). Arroser de temps en temps. Après 20 minutes, retirer le couvercle et laisser les ris et le lard se glacer sous le feu. Garder en attente.

Pendant ce temps dans une autre casserole, placer les petits pois dans un peu d'eau froide avec 110 g (1/4 lb) de beurre. Incorporer la laitue déchiquetée, le deuxième bouquet et le sucre. Saler. Couvrir la casserole et laisser cuire à feu doux 20 minutes. Une fois la cuisson terminée, vérifier la quantité de liquide. S'il en reste beaucoup, le faire réduire. Manier 60 g (2 oz) de beurre avec la farine et ajouter le beurre manié aux pois. Bien intégrer. Servir autour des ris de veau.

La salle à manger de l'Hôtel Russell, par E. Jump. *Canadian Illustrated News*, 1873. Archives nationales du Canada, C.59083.

Côtelettes de veau, sauce tomate (p. 139)   *Veal Cutlets, Tomato Sauce (p. 140)*

*Ce service à dessert affiche castors et feuilles d'érable,
motifs considérés aujourdhui comme des symboles
de la culture canadienne.*

---

*This dessert service shows beavers and maple
leaves, designs today considered to be symbols
of Canadian culture.*

Côtelettes de veau, sauce tomate

La tomate entre dans la composition de sauces bien avant qu'on ne la consomme fraîche. Viard, dans son Cuisinier impérial (1806), introduit plusieurs recettes à la sauce tomate. À la même époque, Grimod de La Reynière recommande de faire la sauce aux tomates avec des tomates en conserve. Appert vend déjà à l'époque des bouteilles de purée de tomates. Dans la deuxième moitié du XIXᵉ siècle, son usage se répand rapidement dans les cuisines. C'est par exemple la sauce la plus employée à la table d'hôte de l'hôtel de France où elle accompagne la tête, la langue et les côtelettes de veau, le bœuf braisé et les épigrammes d'agneau. Vers la fin du siècle, la sauce tomate devient même l'une des grandes sauces de base de la cuisine française avec l'espagnole, le velouté et la béchamel.

6 à 8   côtelettes

    sel et poivre

30   ml (2 c. à soupe) d'échalote hachée

    chapelure

    huile d'olive

Sauce tomate

6   tomates

1/2   oignon tranché

5   ml (1 c. à thé) de thym

1   feuille de laurier

15   g (1/2 oz) de céleri haché

60   g (2 oz) de jambon en dés

30   g (1 oz) de beurre

5   ml (1 c. à thé) de sucre

5   ml (1 c. à thé) de sel

1   ml (1/4 c. à thé) de poivre

15   ml (1 c. à soupe) de farine

250   ml (1 tasse) de bouillon [voir recette en annexe]

1   pincée de poivre de Cayenne

Préparer la sauce d'abord. Trancher les tomates et les épépiner. Placer dans une casserole avec l'oignon, le thym, le laurier, le céleri, le jambon, le beurre, le sucre, le sel et le poivre. Cuire à feu doux 45 minutes. Ajouter ensuite la farine, bien lier et ajouter le bouillon. Assaisonner de poivre de Cayenne. Faire bouillir 5 minutes. Rectifier l'assaisonnement et passer au tamis. Retourner à la casserole et laisser épaissir à feu doux.

Saler et poivrer les côtelettes et saupoudrer d'échalote et de chapelure. Griller les côtelettes 5 minutes de chaque côté après les avoir enduites d'huile d'olive. Servir avec la sauce.

Banquet en l'honneur de Louis Fréchette, poète et lauréat de l'Académie française. *Canadian Illustrated News*, 1880. Archives nationales du Canada, C.75685.

Agneau rôti, sauce menthe (p. 141)   *Roast Lamb with Mint Sauce (p. 141)*

Autrefois représenté sur des objets quotidiens, le commerce du bois est maintenant illustré au centre d'interprétation Le port de Québec au XIXᵉ siècle.

In the past represented by objects in daily use, the wood industry is now demonstrated at the Interpretive Centre "Le port de Québec au XIXᵉ siècle."

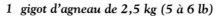

Agneau rôti, sauce menthe

Au Canada, l'agneau rôti, sauce menthe, l'un des canons de la cuisine anglaise, s'impose lors de tous les grands dîners. Cependant, tous ne sont pas unanimes à tenir la sauce à la menthe pour un bon complément aux viandes. Les Français la rejettent presque automatiquement. Même au Canada, l'épouse du gouverneur général, Frances Monck, lors d'un dîner officiel à Québec en 1865, goûtant à l'agneau du Saguenay envoyé spécialement pour l'occasion par le baron du bois, William Price, le juge «very good, not wooly... but I think mint sauce spoiled it»!... La sauce à la menthe ne fait pas l'unanimité même chez les anglophones.

1	gigot d'agneau de 2,5 kg (5 à 6 lb)
15	ml (1 c. à soupe) de beurre
1	pincée de poivre de Cayenne
	un filet de jus de citron

Sauce menthe

45	ml (3 c. à soupe) de menthe fraîche hachée
30	ml (2 c. à soupe) de sucre
90	ml (6 c. à soupe) de vinaigre

Sauce aux concombres

2 ou 3	concombres
45	g (1 1/2 oz) de beurre
250	ml (1 tasse) de gravy [voir recette en annexe]
	sel et poivre

Chauffer le four à 230 °C (450 °F). Placer le gigot au four et cuire à feu vif 15 minutes en badigeonnant fréquemment la pièce de son gras. Réduire la chaleur à 175 °C (350 °F) et cuire 35 minutes le kilo (15 minutes la livre).

Entre-temps, préparer la sauce à la menthe. Laver et hacher la menthe en ayant pris soin de l'assécher. Mélanger la menthe et le sucre; laisser macérer de 10 à 15 minutes. Ajouter le vinaigre et bien mélanger pour dissoudre le sucre.

La sauce aux concombres se prépare simultanément. Trancher et épépiner les concombres. Les faire revenir dans le beurre à feu doux, puis ajouter le gravy et cuire à feu doux 45 minutes. Saler et poivrer. Les deux sauces accompagnent l'agneau.

Avant de servir, désosser le gigot et badigeonner l'intérieur du mélange de beurre, de poivre de Cayenne et de citron.

Jambon au vin blanc

Aux XVIIIe et XIXe siècles, les jambons importés sont très prisés des gourmets canadiens. À la fin du XVIIIe siècle, on les importe du Yorkshire, de Bristol, de Westphalie et de Philadelphie. À partir du XIXe siècle, les jambons américains de Cincinnati se taillent une réputation enviable. On les prépare à la gelée, au blanc (légèrement fumé et demi-sel), rôti, braisé ou bouilli à la sauce madère, à la sauce bordelaise, mais le plus fréquemment à la sauce champagne, c'est-à-dire au vin blanc. Le jambon sauce champagne est offert aux invités de John Molson au Mansion House à Montréal dès 1821. Par la suite, on le trouve sur presque tous les menus des banquets et grands dîners jusqu'à la fin du siècle.

1	jambon ou 1 épaule de porc fumé d'environ 3 kg (7 lb)
2 à 3	litres (8 à 12 tasses) de vin blanc
2	oignons coupés en rondelles
2	carottes en rondelles
1	bouquet garni (persil, thym et laurier)

Laisser tremper le jambon 24 heures dans l'eau froide pour le dessaler. Changer d'eau plusieurs fois. Remplacer l'eau par le vin, les carottes, les oignons et le bouquet en s'assurant que le jambon surnage. Laisser mariner 24 heures dans un contenant hermétiquement fermé. Retirer l'enveloppe de jute du jambon.

Faire cuire le jambon au four à feu doux environ 1 heure 30 (à raison de 35 minutes le kilo ou 15 minutes la livre). Pendant toute la durée de la cuisson, arroser fréquemment le jambon avec le vin blanc de la marinade. Une fois cuit, retirer le jambon et verser le jus et le vin de la lèchefrite dans une casserole. Amener à ébullition et laisser réduire. Dégraisser et passer à l'étamine. Servir avec le jambon.

Note: Dumont nous dit qu'on sert le jambon accompagné d'épinards au jus, de choucroute ou de macaroni à l'italienne [voir cette recette, page 128].

Langue à l'écarlate

Le charcutier Broyer apprête la langue à l'écarlate à Montréal dès 1818. Ce mets joue un rôle important dans la grande cuisine française du XIXe siècle comme ingrédient dans la préparation de divers salpicons pour des hors-d'œuvre et petites entrées tels les croquettes, les cromesquins, les bouchées et les vol-au-vent. Elle sert aussi de plat ornemental lors de menus froids tels que les grands banquets en l'honneur de dignitaires; le commandant de Belvèze en 1855 et le prince Arthur en 1869 la retrouvent sur leurs tables. En tant que plat chaud, on sert habituellement la langue à l'écarlate avec une sauce piquante. Tranchée en escalopes, elle entre dans la composition de ragoûts apprêtés avec diverses sauces. Carême recommande la sauce tomate, la soubise, la poivrade avec des garnitures de champignons, de petits pois, de pointes d'asperges, etc.

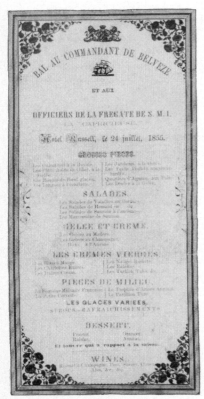

Menu du banquet offert au commandant de Belvèze en 1855 à l'Hôtel Russell à Québec. Service des archives, Université de Montréal (Fonds Baby).

1 langue de bœuf

Saumure

45 ml (3 c. à soupe) de salpêtre
45 ml (3 c. à soupe) de cassonade
900 g (2 lb) de gros sel
15 ml (1 c. à soupe) de thym
15 ml (1 c. à soupe) de basilic
1 poignée de baies de genièvre
2 feuilles de laurier
2 clous de girofle

Cuisson

1 bouquet garni
2 carottes
2 oignons

Sauce tomate

10 tomates mûres
5 ml (1 c. à thé) de thym
1 feuille de laurier
60 g (2 oz) de jambon cru en dés
60 ml (1/4 tasse) d'espagnole [voir recette en annexe]
15 ml (1 c. à soupe) de beurre
125 ml (1/2 tasse) de petits pois cuits

Préparation de la langue (15 jours)

Couper les cornets et piquer la langue avec une grosse aiguille. Frotter la langue avec le mélange salpêtre/cassonade. Déposer la moitié du gros sel au fond d'une grande terrine et placer la langue dessus. Recouvrir du reste du gros sel, du thym, du basilic, des baies, du laurier et des clous. Couvrir d'un tissu blanc et sceller la terrine avec son couvercle.

Au bout de trois jours, retourner la langue et arroser de la saumure. Répéter cette opération pendant 12 jours.

Cuisson de la langue

Amener 4 à 5 litres (16 à 20 tasses) d'eau à ébullition avec le bouquet garni, les carottes et les oignons. Placer la langue dans la marmite et cuire à feu doux pendant deux heures et demie. Égoutter et enlever la peau. Laisser refroidir et réserver pour diverses recettes.

Sauce tomate

Couper les tomates en deux et enlever le jus et les pépins. Placer les tomates dans une casserole avec le thym, le laurier et les dés de jambon. Couvrir et faire mijoter pendant 20 minutes. Verser l'espagnole dans la casserole et cuire encore 5 à 10 minutes à feu doux. Passer la sauce à l'étamine.

Au moment de servir, ajouter le beurre. Servir sur des tranches de langue et garnir de petits pois.

Mayonnaise de volaille

La tradition attribue l'invention de la sauce mayonnaise au duc de Richelieu qui, en 1756, la baptisa en l'honneur de la prise de Port-Mahon, sur l'île de Minorque. Carême conteste cette interprétation et affirme que la sauce s'appelle en fait «magnionnaise» et qu'elle doit son nom au verbe «manier». Quoi qu'il en soit, la sauce dérive sans doute des sauces froides à émulsion de la fin du XVIIe siècle comme la rémoulade. Au XIXe siècle, la «mayonnaise» est considérée comme une sauce mère, au même titre que le velouté et l'espagnole. Elle donne naissance à la plupart des sauces froides composées. Le terme mayonnaise désigne aussi toute une variété de plats froids comportant poissons, crustacés ou volaille, recouverts de sauce mayonnaise et garnis de laitues, concombres, olives, œufs durs, anchois et autres ingrédients à salade.

1	poulet froid rôti de 1,25 kg (3 lb)
90	ml (6 c. à soupe) d'huile
30	ml (2 c. à soupe) de vinaigre d'estragon
	sel et gros poivre concassé
2	laitues Boston
4	œufs durs coupés en quatre
2	carottes cuites coupées en filets
10 à 12	cornichons coupés en quatre sur la longueur
10 à 12	filets d'anchois
	câpres

Mayonnaise

2	jaunes d'œufs à la température de la pièce
10	ml (2 c. à thé) de vinaigre d'estragon
5	ml (1 c. à thé) d'huile à salade
250	ml (1 tasse) d'huile à salade
	sel et poivre

Dépecer le poulet en 10 à 12 morceaux. Conserver la peau sur les morceaux. Mélanger l'huile, le vinaigre, le sel et le poivre. Passer les morceaux de poulet dans la vinaigrette obtenue.

Dresser les morceaux de poulet en rond sur un grand plat à salade. Réserver le reste de la vinaigrette. Placer au milieu la laitue déchiquetée en laissant au centre un nid pour la mayonnaise. Entre les laitues et le poulet, déposer les quartiers d'œufs durs. Décorer les rebords du plat en déposant alternativement les filets de carottes trempés dans la vinaigrette, les cornichons, les filets d'anchois et les câpres. Verser le reste de la vinaigrette sur la laitue.

Mayonnaise

Tous les ingrédients doivent être à la température de la pièce. Mélanger d'abord les jaunes d'œufs et la moitié du vinaigre. Ajouter ensuite, goutte à goutte, toujours en tournant, la cuillerée d'huile. Une fois que la sauce a commencé à épaissir, ajouter 15 ml (1 c. à soupe) d'huile à la fois sans cesser de battre. À mesure qu'elle monte, continuer à verser l'huile en filets. Une fois toute l'huile incorporée, ajouter le sel et le poivre et le reste du vinaigre. Mélanger doucement en tournant. Servir au centre du plat.

Dîner d'État en l'honneur de Lord Lisgar offert par les citoyens de Montréal au Saint-Lawrence Hall. *Canadian Illustrated News*, 1872. Archives nationales du Canada, C.58681.

Salade de homard (p. 145)   *Lobster Salad (p. 144)*

L'Anse-Blanchette, dans le parc national Forillon, en Gaspésie, abrite des bâtiments où l'on fait l'interprétation, notamment, de la pêche et de la vie domestique.

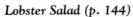

The Anse-Blanchette, in the Forillon National Park, Gaspésie, includes buildings used for the interpretation of fishing and domestic life.

Salade de homard

Il faut attendre les années 1840 pour que le homard frais parvienne finalement jusqu'à Québec et Montréal. P. W. Farquhar, du restaurant Rialto à Montréal en 1844, est l'un des premiers à annoncer du «homard frais, [des] moules reçues de New York tous les vendredis par l'express de M. Virgil». Par la suite, dans les années 1850, les hôtels et restaurants comme Compain, le Salon Empire, le Salon métropolitain et Alexandre à Montréal, de même que Dubé, Masse, Lamb et Reynold's à Québec affichent régulièrement du homard frais. Durant la deuxième moitié du siècle, les salades de homard font presque invariablement partie des menus des grands banquets sous la catégorie «mayonnaises»; elles apparaissent au deuxième service avec les mayonnaises de poulet et de saumon et les salades russes et italiennes.

2 homards femelles, d'environ 450 g (1 lb) chacun
10 œufs
1 concombre
45 ml (3 c. à soupe) de vinaigre
5 ml (1 c. à thé) de sel
45 ml (3 c. à soupe) d'huile d'olive
1 ml (1/4 c. à thé) de poivre
80 ml (1/3 tasse) de beurre
80 ml (1/3 tasse) de jambon cuit haché très fin
1 ml (1/4 c. à thé) de macis
1 pincée de poivre de Cayenne
2 laitues Boston

Mayonnaise

2 jaunes d'œufs
2 ml (1/2 c. à thé) de sel
1 pincée de poivre de Cayenne
5 ml (1 c. à thé) d'huile à salade
250 ml (1 tasse) d'huile à salade
30 ml (2 c. à soupe) de vinaigre d'estragon
15 ml (1 c. à soupe) d'eau froide

Faire cuire les homards à l'eau bouillante pendant 12 à 15 minutes. Laisser refroidir et réserver. Faire cuire dix œufs durs. Laisser refroidir. Peler, fendre et vider un grand concombre; couper en tranches minces et les faire mariner 3 heures dans le vinaigre et le sel. Au bout de ce temps, égoutter et presser dans un linge pour éliminer tout le liquide et ajouter l'huile et le poivre.

Prendre 6 œufs durs, les couper en deux, retirer les jaunes et les hacher finement pour en faire une pâte. Lier avec le beurre, ajouter le jambon cuit, le macis et le poivre de Cayenne. Farcir les blancs de ce mélange et réserver.

Préparer la mayonnaise: placer les 2 jaunes d'œufs avec le sel et le poivre de Cayenne dans un grand bassin. Bien mélanger en y ajoutant la cuillerée d'huile pour en faire un mélange crémeux. Verser très lentement l'huile à salade, quelques gouttes à la fois, en battant au fouet jusqu'à ce que toute l'huile soit incorporée. Ajouter ensuite le vinaigre et l'eau froide et bien mélanger.

Prendre le corail rouge d'un des homards et mélanger à la mayonnaise. Écailler les homards et couper la chair en morceaux. Déchiqueter les laitues et couper les 4 œufs durs restants en tranches fines. Placer alternativement des tranches de concombre et d'œufs durs autour d'un grand plat de service. Au centre, placer la laitue déchiquetée en faisant un nid au centre pour la mayonnaise. Déposer sur la laitue les morceaux de homard en les alternant avec les œufs durs farcis. Verser la mayonnaise dans le nid.

Tomates à l'étuvée

Au Canada, la première mention connue de tomates fraîches apparaît sur le menu du banquet pour le commandant de Belvèze au Saint Lawrence Hall, en 1855. À ce moment, on les importe probablement de France ou d'Angleterre et, plus tard, de Floride. Mais la campagne québécoise à cette époque n'y voit au mieux qu'un objet de curiosité.

12 tomates

750 ml (3 tasses) de gravy ou de bouillon [voir recette en annexe]

30 ml (2 c. à soupe) de beurre

30 ml (2 c. à soupe) de farine

Placer les tomates dans un grand poêlon et verser le gravy ou le bouillon jusqu'à mi-hauteur des tomates. Amener à ébullition, baisser le feu et cuire à couvert à feu doux 10 minutes. Tourner les tomates et continuer la cuisson jusqu'à ce qu'elles soient tendres. Épaissir la sauce avec le beurre manié composé du beurre et de la farine.

Omelette au fromage

Le petit déjeuner à prix fixe que propose l'hôtel Windsor à Montréal entre sept et onze heures du matin en 1877 est pour le moins copieux et diversifié. Viandes, abats, charcuterie et poisson s'y succèdent, apprêtés de toutes les façons. Les plats froids heurtent les goûts modernes: on y retrouve, entre autres, huîtres, langues, pieds de porc et tripes marinées. Quant aux œufs, on les prépare comme aujourd'hui de plusieurs façons, par exemple en omelette à la gelée, au persil, à l'oignon, au jambon, à l'espagnole et bien sûr au fromage.

12 œufs

sel et poivre

180 g (6 oz) de beurre

90 g (3 oz) de fromage parmesan

90 g (3 oz) de fromage gruyère

Diviser la préparation en deux, ce qui assure une cuisson plus facile.

Battre les œufs, le sel et le poivre à la fourchette. Ajouter le parmesan et bien mélanger. Faire fondre le beurre dans la poêle. Verser les œufs dans le beurre et remuer avec la fourchette pour les faire cuire également. Quand ils commencent à prendre, remuer en tournant la poêle. Saupoudrer de gruyère. Replier les deux bords de l'omelette sur elle-même et laisser sauter pour dorer l'omelette.

Ne pas laisser trop cuire. L'omelette doit être crémeuse et non sèche.

Pommes lyonnaises

Les pommes de terre apparaissent sur tous les menus des restaurants et hôtels dans la deuxième moitié du XIXe siècle; habituellement, elles sont simplement offertes bouillies ou en purée. Mais les cuisiniers les apprêtent aussi à la parisienne et à la duchesse pour accompagner le poisson. Au petit déjeuner, on en fait une grande consommation à l'hôtel Windsor. La table d'hôte les propose bouillies, au four, fricassées, en hachis, frites et «à la lyonnaise».

6 à 8 pommes de terre

90 ml (6 c. à soupe) de beurre

2 oignons émincés

sel et poivre

30 ml (2 c. à soupe) de persil haché

Cuire les pommes de terre à l'eau jusqu'à ce qu'elles soient tendres. Les trancher et les sauter au beurre avec 60 ml (4 c. à soupe) de beurre.

Dans un autre poêlon, faire sauter les oignons émincés dans le reste du beurre jusqu'à ce qu'ils soient bien dorés. Ajouter les oignons aux pommes de terre. Assaisonner et sauter ensemble quelques minutes pour bien mélanger. Dresser sur un plat avec le persil haché.

Charlotte russe

La restauration de la monarchie française donne lieu à de grands banquets et festins présidés par le roi Louis XVIII. Carême, à l'occasion de l'un de ces festins royaux destinés aux Parisiens privilégiés, en 1815, crée un nouveau plat qu'il baptise du nom de «charlotte parisienne». Quelques années plus tard, l'illustre chef opte pour celui de «charlotte russe» parce que ce grand entremets ornait désormais la table des diplomates et hauts fonctionnaires. À Québec, au milieu du XIXe siècle, la charlotte russe remplit effectivement ce rôle. C'est l'entremets des grandes occasions, lors de visites de dignitaires et de princes, de banquets en l'honneur de gouverneurs généraux et d'hommes politiques. Il figure même sur les tables bourgeoises. Les confiseurs pâtissiers de la deuxième moitié du siècle, comme l'Écossais Charles Alexandre du Land O'Cakes, préparent des charlottes à l'intention de leurs clients.

doigts de dame

crème italienne [voir la recette suivante]

fruits au choix coupés en dés

Doigts de dame

14	œufs séparés
500	ml (2 tasses) de sucre
2	ml (1/2 c. à thé) de sel
1 ou 2	bouchons d'eau de fleur d'oranger ou quelques gouttes de vanille
250	ml (1 tasse) de farine de blé
250	ml (1 tasse) de farine de pommes de terre
	sucre glace

Préparer d'abord les doigts de dame. Séparer les blancs des jaunes et conserver les blancs au frais. Ajouter le sucre, le sel et l'eau de fleur d'oranger ou la vanille aux jaunes et mélanger jusqu'à l'obtention d'un mélange lisse. Incorporer les farines et bien mélanger. Fouetter les blancs en neige et les introduire délicatement au mélange. Bien mélanger à la cuillère de bois.

Chauffer le four à 175 °C (350 °F). Étendre sur un papier sur une plaque à biscuits. Saupoudrer de sucre glace et cuire 8 à 10 minutes au four. À la sortie du four, ils sont quelque peu mous. Attendre qu'ils soient tièdes pour les défaire. S'ils adhèrent, placer le papier sur une serviette mouillée.

Garder une abaisse pour le fond et couper le reste en forme de doigts de 8 cm sur 1 cm (3 po sur 1/2 po). Foncer un moule à fond amovible de doigts de dame et verser dessus la crème italienne à laquelle on ajoute au goût des dés de fruits frais. Réfrigérer pendant 6 à 8 heures.

Crème italienne

La crème italienne, que les Français appellent aussi crème à l'anglaise et les Anglais custard cream, est un entremets fort prisé au XIXe siècle. On en apprête à différents parfums, avec ou sans pistaches, avec ou sans cannelle, mais presque toujours avec zeste d'orange et de citron. Au cours des dîners et des banquets, les crèmes accompagnent les gelées de vin et de fruits, les blancs-mangers et la charlotte russe. Les confiseurs et pâtissiers italiens se spécialisent dans l'apprêt de ces entremets. Martinuccio à Québec en 1818 vend crèmes et gelées diverses. À Montréal, en 1835, F. Rossi propose de nombreux produits italiens: vins, liqueurs, glaces, crèmes, bonbons, pyramides et gâteaux.

500	ml (2 tasses) de crème 35 % M.G.
250	ml (1 tasse) de lait
	le zeste d'une orange
	le zeste d'un citron
60	ml (1/4 tasse) de sucre
1	pincée de sel
8	jaunes d'œufs
15	ml (1 c. à soupe) de gélatine

Amener à ébullition sur feu moyen la crème et le lait en fouettant de temps à autre. Une fois atteint le point d'ébullition, retirer la casserole du feu, incorporer les zestes, le sucre et le sel. Fouetter pendant 5 minutes. Remettre sur le feu et incorporer les jaunes d'œufs en fouettant constamment. Lorsque le mélange a épaissi, ajouter la gélatine. Passer le mélange au tamis.

Placer dans un moule et réfrigérer de 6 à 8 heures. Pour démouler, mouiller un linge d'eau chaude et entourer le moule. Renverser le moule sur une assiette et servir.

Bavarois aux fraises

Voici une autre crème frappée. Au XIXᵉ siècle, on la désigne souvent sous le nom de «fromage bavarois». Carême emploie le fromage bavarois à la vanille dans sa charlotte russe et cite aussi des recettes de bavarois aux pistaches, aux roses, au café et à différents fruits. À la fin du siècle, Escoffier, trouvant l'appellation illogique, lui substitue celle de «moscovite». Il s'agit d'un autre grand entremets sucré qu'on trouve à la table du banquet en l'honneur du commandant de Belvèze à l'hôtel Donegana en 1855.

500 ml (2 tasses) de fraises
125 ml (1/2 tasse) de sucre glace
15 ml (1 c. à soupe) de gélatine
250 ml (1 tasse) de crème 35 % M.G.

Réduire les fraises en purée. Les passer au tamis. Sucrer au goût. Ajouter la gélatine diluée dans de l'eau chaude. Fouetter la crème. Mélanger la purée et la crème fouettée sur un lit de glace. Lorsqu'elles sont bien mélangées, verser dans un moule (ou plusieurs petits) et réfrigérer pendant 2 heures.

Gelée de claret

Les indications sur la préparation des gelées quant à la proportion de gélatine à utiliser varient considérablement d'un livre de cuisine à l'autre, qu'ils soient anciens ou modernes. Il faut croire que la viscosité obtenue d'une des protéines de base (le collagène) est fonction du produit utilisé. Pour les gelées de vin, Cardelli indique qu'il faut 5 pots de vin pour 8 pots de gelée et 31 grammes de colle de poisson, soit environ 2 grammes par litre. Aujourd'hui une gelée exige environ 14 grammes de gélatine commerciale par litre de liquide. Les gelées d'entremets au vin sont le plus souvent servies au naturel, mais parfois on les garnit de fruits en macédoine.

410 ml (1 2/3 tasse) d'eau
14 g (2 sachets de 7 g) de gélatine
60 ml (1/4 tasse) de sucre
le jus d'une orange et le zeste d'une demi-orange
680 ml (2 3/4 tasses) de vin (bordeaux rouge ou blanc, champagne, sherry, madère)

Dans un bol à mélanger, dissoudre la gélatine dans 100 ml (3 oz 1/2) d'eau. Laisser reposer une minute. Ajouter 100 ml (3 oz 1/2) d'eau bouillante et remuer jusqu'à ce que la gélatine soit dissoute. Verser le mélange de gélatine dans une casserole et ajouter le sucre, le reste de l'eau, le jus et le zeste d'orange. Faire bouillir pour dissoudre le sucre et laisser reposer ensuite pendant 10 minutes. Passer au tamis et laisser refroidir un peu avant d'ajouter le vin. Retourner à la casserole le vin et le mélange de gélatine. Chauffer un peu mais sans faire bouillir. Écumer et passer à l'étamine. Verser la gelée de vin dans des moules et refroidir.

 # Nectar

Les boissons gazéifiées de type «soda» ou «seltzer» font leur apparition dans les villes américaines dès la fin du XVIIIᵉ siècle. Au Canada, ces boissons gazeuses ne semblent devenir populaires que dans les années 1830 alors que les cafés et les hôtels annoncent qu'ils ont installé des cylindres à fontaine et acheté les sirops nécessaires à la préparation du soda, de la limonade, de la bière de gingembre et du nectar gazéifiés.

250 ml (1 tasse) de sucre
500 ml (2 tasses) d'eau froide
1/2 bouteille de hock (vin blanc du Rhin)
1 bouteille de madère
5 ml (1 c. à thé) de muscade
1 ou 2 gouttes d'essence de citron

Faire dissoudre le sucre dans l'eau et ajouter ensuite le vin blanc, le madère, la muscade et l'essence de citron. Bien mélanger et laisser refroidir une heure.

Annexe

Fonds et sauces de base

Bouillon

900 g (2 lb) de jarret de bœuf
900 g (2 lb) de cuisses et dos de poule
450 g (1 lb) de jarret de veau ou de collier de mouton
6 l (24 tasses) d'eau
1 bouquet garni (2 ciboules, persil, thym et 2 clous de girofle)
15 ml (1 c. à soupe) de gros sel

Placer les viandes et le bouquet dans une grande marmite et ajouter l'eau. Amener à ébullition et écumer. Ajouter le sel. Cuire à feu doux pendant environ 5 heures. Dégraisser, passer à l'étamine et garder au froid pour utilisation future.

Source: La Varenne, Le Cuisinier français, 1670.

Bouillon de poisson

2 têtes de saumon
1 tête et 1 queue de maquereau, avec la peau
30 ml (2 c. à soupe) de beurre
2 oignons piqués de 4 clous de girofle
1 bouquet de persil et ciboules
sel et poivre au goût

Placer les morceaux de poissons et les autres ingrédients dans une grande marmite et ajouter de l'eau.

Amener à ébullition et écumer. Cuire à feu doux pendant 2 heures. Passer à l'étamine et réserver au froid pour utilisation future.

Note: L'auteur du Ménage suggère aussi l'ajout d'un verre de vin blanc.
Source: Le Ménage des champs et de la ville, 1739.

Coulis

60 g (2 oz) de lard
225 g (1/2 lb) de jambon coupé en tranches
350 g (3/4 lb) de cubes de veau aplatis à l'attendrisseur
2 carottes
1 panais
2 oignons
2 clous de girofle
300 ml (1 1/4 tasse) de bouillon [voir la recette à la page précédente]
30 ml (2 c. à soupe) de beurre
30 ml (2 c. à soupe) de farine

Placer le lard, le jambon et le veau dans une casserole. Les couvrir de carottes, panais et oignons coupés en rondelles, ainsi que des clous de girofle. Mouiller de 60 ml (1/4 tasse) de bouillon. Faire cuire à petit feu 30 à 45 minutes jusqu'à ce que la viande adhère à la casserole.

Augmenter le feu pour que la viande forme un caramel sur le fond et les côtés de la casserole. Enlever la viande et garder en attente. Ajouter le beurre et, si cela est nécessaire, un peu de bouillon pour détacher le caramel.

Ajouter la farine pour faire un roux d'un beau blond. Rajouter le reste du bouillon pour délayer le roux. Remettre le veau et le jambon et laisser cuire à petit feu une demi-heure. Enlever la viande. Passer le coulis à l'étamine. Réfrigérer et dégraisser. Conserver au froid pour utilisation future.

Note: On peut à la rigueur remplacer le coulis par un beurre manié.
Source : Menon, La Cuisinière bourgeoise, 1772.

Grand consommé pour potages et sauces

800 g (1 3/4 lb) de jarret de bœuf en morceaux
550 g (1 1/4 lb) de cuisses et dos de poulet
450 g (1 lb) de jarret de veau
4 l (16 tasses) de bouillon [voir la recette à la page précédente]
2 carottes
2 oignons
4 branches de céleri
1 bouquet de persil
2 ciboules
1 gousse d'ail
2 clous de girofle

Placer les viandes dans un grand chaudron et les mouiller d'une couche de bouillon. Amener à ébullition et laisser cuire à feu moyen à découvert jusqu'à ce que le bouillon commence à glacer. Ajouter 2 litres (8 tasses) de bouillon, amener à ébullition et écumer. Ajouter le reste du bouillon, les légumes et les autres ingrédients et faire cuire à petit feu 4 à 5 heures. Enlever les viandes et légumes, dégraisser et passer le consommé à l'étamine. Garder au froid pour vos recettes.

Note: Beauvilliers prépare dans sa recette des quantités beaucoup plus importantes. Il a aussi recours à des viandes d'âge mûr, «un vieux coq, un lapin de garenne ou deux vieilles perdrix». On est cependant encore loin du consommé moderne en ce que le fond de cuisine n'est pas vraiment clarifié et rendu limpide avec le blanc d'œuf. Par contre il s'agit d'un fond enrichi et concentré.
Source: Beauvilliers, L'Art du cuisinier, 1814.

110 g (1/4 lb) de lard
225 g (1/2 lb) de jambon
450 g (1 lb) de cubes de veau
 3 carottes
 3 oignons
 2 l (8 tasses) de consommé [voir la recette précédente]
 1 bouquet composé d'une branche de persil, de 2 ciboules, de 2 clous
   de girofle, d'une feuille de laurier et d'une gousse d'ail
 1 pincée de basilic
 1 pincée de thym
 45 ml (3 c. à soupe) de beurre
 45 ml (3 c. à soupe) de farine
   sel et poivre

Foncer une casserole avec le lard et le jambon et placer le veau dessus avec 15 ml (1 c. à soupe) de consommé suivi des trois carottes et des trois oignons coupés en rondelles. Faire cuire à feu doux afin que le veau jette son jus et forme une glace au fond de la casserole. Enlever les viandes et réserver.

Ajouter le consommé pour déglacer le fond. Remettre les viandes et légumes avec le bouquet garni, le basilic et le thym. Amener à ébullition, couvrir et cuire à petit feu 2 heures. Dégraisser et garder le consommé sur feu doux.

Dans une deuxième casserole, faire fondre le beurre sur feu vif et ajouter la farine en remuant constamment. Faire cuire jusqu'à ce que le roux soit d'un beau blond. Placer le roux au four pour le griller jusqu'à ce qu'il soit d'une belle couleur, en le remuant de temps en temps, environ 10 minutes.

Lier le consommé avec le roux et laisser cuire encore 30 à 45 minutes. La sauce doit réduire encore d'un quart. Assaisonner et passer la sauce à l'étamine et conserver au froid pour vos recettes futures.

Note: Beauvilliers mentionne qu'on emploie le vin qu'on juge à propos (madère, champagne ou bourgogne) dans l'espagnole pour apprêter les sauces dont on a besoin.
Source: Beauvilliers, L'Art du cuisinier, *1814.*

Étal de J. Poulin et compagnie au Marché Bonsecours à Montréal. *Canadian Illustrated News*, 1874. Archives nationales du Canada, C.61035.

450 g (1 lb) de cubes de bœuf, de veau ou de mouton à bouillir
2 tranches minces de lard
2 carottes
1 l (4 tasses) d'eau bouillante
1 oignon tranché
1 ml (1/4 c. à thé) de macis
1 pincée de poivre de Cayenne
1 pincée de marjolaine
1 pincée de sarriette
1/2 tranche de pain rôtie
15 ml (1 c. à soupe) de beurre
2 ml (1/2 c. à thé) de farine

Couper les cubes de bœuf, de veau ou de mouton en lanières. Foncer la casserole des tranches de lard et déposer dessus la viande et les carottes tranchées. Faire suer à feu moyen pendant 5 minutes.

Ajouter l'eau, l'oignon, les épices, les herbes et la demi-tranche de pain. Amener à ébullition et faire mijoter pendant 1 heure 30. Passer le bouillon au tamis.

Ajouter le beurre enrobé de farine et bien mélanger. Rectifier l'assaisonnement. Réserver pour vos sauces.

Source: H. Glasse, The Art of Cookery, 1791.

Illustration de la page titre du *Nouveau Manuel complet du cuisinier et de la cuisinière*, de M. Cardelli, 1842. Bibliothèque nationale du Québec.

1,75 kg (4 lb) de jarret de veau
225 g (1/2 lb) de jambon
110 g (1/4 lb) de beurre
2 oignons
1 petite carotte
1 petit navet
3 clous de girofle
2 ml (1/2 c. à thé) de macis
1 bouquet composé d'une branche de thym, de six branches
de persil et d'une feuille de laurier
180 ml (3/4 tasse) d'eau
875 ml (3 1/2 tasses) d'eau
5 ml (1 c. à thé) de sel

Roux

110 g (1/4 lb) de beurre
580 ml (2 1/3 tasses) de farine
310 ml (1 1/4 tasse) de lait
4 champignons hachés

Couper les viandes en dés et beurrer le fond d'une grande casserole. Ajouter les viandes, les oignons, la carotte, le navet, les clous, le macis, le bouquet et 180 ml (3/4 tasse) d'eau. Cuire à feu vif en mélangeant de temps en temps jusqu'à ce qu'une glace commence à se former au fond de la casserole. Ajouter le reste de l'eau et le sel et laisser cuire à feu doux 1 heure 30. Écumer de temps en temps puis passer le bouillon à l'étamine.

Dans une autre casserole, faire fondre le beurre, ajouter la farine et bien lier en mélangeant constamment pendant 3 minutes. Retirer du feu et ajouter le bouillon en mélangeant. Laisser cuire à feu doux pendant 15 minutes. Ajouter ensuite le lait et les champignons hachés. Laisser cuire encore 20 minutes à feu doux pour bien épaissir le mélange.

Passer à l'étamine et réserver au froid pour vos sauces.

Note: Selon Soyer, il s'agit d'une façon simplifiée de faire le velouté. Pour enrichir cette sauce mère, il recommande de simplement remplacer l'eau par du bouillon.

Source: Soyer, The Modern Housewife, 1850.

Moulin à poivre du XVIIIᵉ siècle.
Musée David M. Stewart, Île Sainte-Hélène, Montréal.

Pâte feuilletée

180 ml (3/4 tasse) de farine
1 ml (1/4 c. à thé) de sel
60 ml (1/4 tasse) d'eau froide
1 œuf
110 g (1/4 lb) de beurre non salé

Couper le morceau de beurre en trois portions dans le sens de la longueur et le mettre au frais. Mélanger la farine, le sel, l'eau et l'œuf jusqu'à l'obtention d'une pâte molle. Pétrir du bout des doigts et replier avec la paume de la main. Abaisser la pâte jusqu'à l'épaisseur d'un demi-doigt, c'est-à-dire en un rectangle d'environ 24 cm sur 12 cm (10 po sur 5 po).

Y mettre les morceaux de beurre au haut et replier la pâte du bas sur le haut. Bien pincer les côtés afin que le beurre ne soit pas en contact avec l'air. Mettre au frais 1 heure.

Marteler légèrement la pâte avec le rouleau afin d'incorporer le beurre. Abaisser la pâte dans un rectangle de 40 cm sur 15 cm (16 po sur 6 po). Remettre au frais pendant une demi-heure. Recommencer l'opération 4 autres fois. Après ces opérations, la pâte est prête à être abaissée.

Source: Traité historique et pratique de la cuisine, *1758.*

Pâte fine à pâtés

1,5 l (6 tasses) de farine
15 ml (1 c. à soupe) de sel
2 œufs
225 g (1/2 lb) de beurre non salé
500 ml (2 tasses) d'eau

Disposer la farine sur la table de travail en forme de cercle en faisant un puits au centre. Ajouter le sel, les œufs, le beurre taillé en petits morceaux et un peu d'eau.

Mélanger avec les mains en incorporant l'eau petit à petit. Pétrir jusqu'à ce que la pâte ne colle plus aux doigts. En faire une boule et la laisser reposer au moins 3 heures (si possible 12 heures) dans un linge humide.

Source: Traité historique et pratique de la cuisine. *1758.*

Épices fines

20 ml (1 1/3 c. à soupe) de gingembre moulu

20 ml (1 1/3 c. à soupe) de poivre noir

5 ml (1 c. à thé) de clous de girofle moulus

15 ml (1 c. à soupe) de cannelle

30 ml (2 c. à soupe) de muscade

30 ml (2 c. à soupe) de macis

20 ml (1 1/3 c. à soupe) de coriandre moulue

1 feuille de laurier

5 ml (1 c. à thé) de basilic séché

Broyer et mélanger tous les ingrédients.

Source: Traité historique et pratique de la cuisine, *1758.*

Poudre de cari

105 ml (7 c. à soupe) de graines de coriandre

60 ml (4 c. à soupe) de poudre de curcuma

20 ml (1 1/3 c. à soupe) de poudre de gingembre

10 ml (2 c. à thé) de poudre de cardamome

5 ml (1 c. à thé) de poivre de Cayenne

5 ml (1 c. à thé) de poudre de cannelle

20 ml (1 1/3 c. à soupe) de graines de cumin

Broyer les graines de cumin et de coriandre. Mélanger toutes les épices dans un bocal et conserver dans un endroit sec et frais.

Source: Kitchiner, The Cook's Oracle, *1822.*

Une cuisine de 1923 vue par un artiste en 1873. Dessin de E. Jump, *Canadian Illustrated News,* 1373. Archives nationales du Canada, C.58959.

Ketchup aux champignons

Les Britanniques se familiarisent avec plusieurs condiments asiatiques au XVIIIe siècle. La sauce soya, le ketchup, le piccalilli, le curry et le chutney sont rapidement adoptés en Angleterre. On tente d'imiter le ketchup en relevant d'épices les marinades de champignons et de noix. Déjà au milieu du XVIIIe siècle, des produits commerciaux composés du liquide épicé de ces marinades sont vendus sous le nom de «ketchup». Le ketchup d'anchois vendu à la même époque ressemble sans doute plus au prototype original de Chine et de Malaisie composé de poisson, d'épices et de saumure. On vend du ketchup aux champignons et de la sauce soya à Québec à partir de 1777-1780. Le ketchup à base de tomates ne fait son apparition que vers les années 1820.

2,5 l(10 tasses) de champignons
60 g (2 oz) de gros sel
2 ml (1/2 c. à thé) de poivre de Cayenne
5 ml (1 c. à thé) de poivre de Jamaïque
5 ml (1 c. à thé) de gingembre
2 ml (1/2 c. à thé) de macis
quelques gouttes de brandy

Bien laver les champignons et les placer dans un pot de grès en saupoudrant chaque rangée de gros sel. Laisser macérer trois à quatre heures et écraser ensuite les champignons en les brisant avec les mains. Laisser macérer au frais pendant trois jours en les mélangeant et les pilant un peu deux fois par jour.

Après trois jours, ajouter les épices, mélanger, verser le mélange dans des pots à conserve et sceller. Placer les pots dans une grande casserole d'eau et bouillir pendant trois heures. Retirer les pots de l'eau bouillante et verser le contenu dans une autre casserole. Laisser mijoter encore 30 minutes. Passer le mélange à l'étamine et verser le jus de champignons dans un bocal ou une bouteille (environ un demi-litre). Laisser reposer 12 heures.

Passer à nouveau 3 ou 4 fois à l'étamine pour bien clarifier le ketchup. Ajouter le brandy. Verser dans des contenants et bien sceller. Garder au froid pour toute utilisation qui requiert du ketchup.

Source: Beeton, All About Cookery, 1871.

Le commerce des pommes au marché Bonsecours, à Montréal. *Canadien Illustrated News*, 1880. Bibliothèque du Musée David M. Stewart, Île Sainte-Hélène, Montréal.

INDEX

Table des matières

A taste
of History

The Origins of

Québec's Gastronomy

Marc Lafrance   Yvon Desloges

Les Éditions de la Chenelière

Environment
Canada

Environnement
Canada

Canadian Parks
Service

Service canadien
des parcs

FOR A BETTER WORLD
Together

Editing, translation and production:
Les Éditions de la Chenelière inc.

Translation:
Karin Montin (first four chapters)
Susan Ostrovsky-Brooks

Revision:
Tina Bell

Correction:
Gertrude D'Urso

Graphic design and paste-up:
Michel Bérard graphiste inc.

Cover Design:
Proximum marketing communication

Infographists:
Alain Michelson, Robert Viens and
Annie Lafontaine

Liaison:
Groupe E.J.M. / La Belle Amérique

Linotronic proofs:
Alinéa

Printed by:
Métropole Litho

Cover photo: Cutlets en haricot brun /
Claire Dufour

Color photographs* of food: **Claire Dufour**
Color photographs* of historical objects:
Claire Dufour, with the exception of
pages 10, 100 and 146 (Canadian Parks
Service) and 46 (**Jean Jolin**, Canadian
Parks Service).

** We would like to thank La boutique
Pierre Robitaille (Sainte-Foy) and Claire
Dufour who graciously lent us the dishes
and table utensils, as well as Maison
Simons inc. (Sainte-Foy) for the table
linen.*

ISBN 2-89310-028-7

Legal Deposit: 4th quarter 1989
Bibliothèque nationale du Québec
National Library of Canada
Printed in Canada

1 2 3 4 5   93 92 91 90 89

Legend (degree of difficulty)

 easy

 quite difficult

difficult

Foreground: Gilles Desaulniers, Director General, Canadian Parks Service.
Background: Pierre Brodeur, President & General Manager, Steinberg Québec Region,
Québec.

A word from the President

THE DESTINY OF NATIONS DEPENDS ON HOW THEY EAT.

BRILLAT-SAVARIN

We at Steinberg have been closely linked with Québec's food
history for more than 70 years. We can safely state that we have
observed and indeed influenced the evolution in the tastes of an entire
nation.

We are therefore very happy to participate, in cooperation with
the Canadian Parks Service, in the publication of A Taste of History,
a book tracing the art of cooking to its roots and relating the origin of
Québec gastronomy.

We hope that this recipe book which brings you yesterday's
delights, will become for you a precious guide to liven up today's feasts.

Pierre Brodeur

President & General Manager
Steinberg Québec

Introduction

Bringing a historical period back to life when all that remains are a few material vestiges, is always a difficult thing to do. More and more researchers have come to the conclusion that widening our knowledge of daily life allows us to establish links between the present and the past. Using what is a very private matter, our daily contact with food, is a privileged way of putting ourselves in contact with the past.

In this way the idea of publishing a history book "through recipes" of professional cooking in Canada, and especially Quebec, blossomed. This book is the result of ongoing research on the history of food and cooking which is aimed at improving our interpretation of daily life in the parks and historic sites maintained by the Canadian Parks Service in Quebec. We felt that this would be an excellent way to let the general public "taste history" and relive what was such an important aspect of past customs.

As you may well notice, the recipes in this book are not necessarily those passed down from mother to daughter over the generations, even though we did find several so-called traditional recipes in early cookbooks. Neither were these recipes discovered in old manuscripts hidden away in little-known archives, since these are practically non-existent in Quebec insofar as the seventeenth and eighteenth centuries are concerned. Furthermore, manuscripts of recipes from the nineteenth century are few and far between and those we consulted seem to have been more or less based on cookbooks of the period.

Our target was professional cuisine, that is, a codified cuisine practised by people who made cooking their trade. It was passed on through the written word (cookbooks and manuals), orally (through apprenticeships) and later on, through institutions (schools). It was first practised by the cooks of the palaces of Quebec City (residences of the governors, intendants and bishops), and by the commercial cooks of the city, the caterers (*traiteurs*), pastry-cooks and confectioners. It was even practised in certain middle-class homes where imitation of the ways of the élite was seen as a method of moving up the social ladder. At the other end of the scale, domestic cuisine was practised in most households by the mistress of the house, or by a servant. Connections did exist, however, between the two; certain recipes from professional cuisine managed to filter down to the people through cookbooks written by professional cooks, such as Alexis Soyer, who initially wrote for the middle class but who later on wrote for the people.

The inspiration for this cuisine was mainly European in nature, first French, and finally English. Until the middle of the nineteenth century, all the cookbooks sold in Canada came from Europe and all the chefs in the best restaurants and hotels were Europeans. In practice, professional cooks and housewives adapted the recipes to the types of food available in their milieu. However, the cuisine remained very close to the European model; the techniques were essentially the same and a good number of seasonings were imported.

We have chosen to present an overview of the recipes contained in the main cookbooks that were available in Canada and Quebec from the beginning of the seventeenth century to the end of the nineteenth century. Recipes have been selected in relation to how representative they are. Information on this subject is, of course, scarce for the seventeenth and the first half of the eighteenth centuries, since there were neither publishers nor bookshops in Quebec during this period. Our sources, inventories made at the time of a death, a few *ex-libris* and collections of old cookbooks belonging to religious institutions in Quebec, allowed us to identify which French culinary treatises of the seventeenth and eighteenth

centuries were available in the colony in the past. These included the works of Bonnefons, La Varenne, Liger, Marin, *L'Ecole des ragoûts*, *Le Traité historique et pratique de la cuisine*, but in particular *Le Cuisinier royal et bourgeois* by Massialot and *La Cuisinière bourgeoise* by Menon.

Newspaper advertisements and catalogues from institutional and private libraries, also helped us to identify the European and American culinary treatises distributed in Quebec. In the nineteenth century all the great works of middle-class cuisine of the period were found in the colony, bestsellers, such as the works by the Frenchmen Audot, Albert and Cardelli, the Englishmen Glasse, Kitchiner, Rundell, Mackenzie and Soyer, the Americans Simmons, Hale and Leslie, as well as the works of the chefs of haute cuisine such as Ude, Beauvilliers, Carême and Francatelli. As much as was possible, the importance of works by different authors in the colony was taken into account in our selection of recipes.

Other factors also guided our choice of recipes, the most important being the representativeness of the dishes chosen. For the last half of the eighteenth as well as the nineteenth century, we consulted newspaper advertisements from hundreds of coffee houses, taverns, restaurants, caterers, bakers, confectioners and butchers, in order to identify the most fashionable foods and dishes offered to the general public. For the second half of the nineteenth century, we also consulted more than thirty menus from restaurants, hotels and banquets, thus enabling us to design an entire meal, both an everyday meal as well as a feast for special events. The advertisements of the *hôtel de France* Restaurant even meant that we could observe the daily evolution of the table d'hôte for this establishment over a period of more than two months in 1876.

As for the period of French rule, our task was more difficult. Nevertheless, our research on this period did provide us with a considerable amount of information drawn from a variety of sources: private correspondence, descriptions written by travellers, account books, import lists, inventories of merchandise in shops, or private larders, food allowances, etc. From the close examination of this information, an overall picture of tastes in food during the seventeenth and eighteenth centuries appeared, also revealing the current cooking techniques (boiling, roasting, braising, grilling...), dining customs (the soup course, entrées, roast meat course, entremets and dessert), the basic foods, and common (pepper, nutmeg, cloves, herbs, lard, butter), as well as rare seasonings (capers, anchovies, almonds, raisins, oranges, lemons, wine, olive oil, mushrooms and truffles). The juxtaposition of all this information gave us an indication of the culinary and food customs which helped us select the recipes for this period.

The question remains, is it really possible to reconstruct recipes from the past, especially the earliest ones, which have little in common with our modern concepts? Can we really reproduce the tastes of yesteryear? If we refer to the writings of contemporaries of the seventeenth century such as Pierre Boucher or Louis Nicolas, a marked preference for strongly flavored meats with a high fat content is revealed. Fish bellies, for example, the darker and oilier parts, were very popular and were referred to as the most "delicate" parts. Beaver was also referred to as a "delicate meat like that of mutton," in no way corresponding to what we would today refer to as a "delicate" meat, one that pleases by its texture and fine taste. The meaning of the word "delicate" in the language of the seventeenth century is closer to the idea of giving pleasure, thus, a voluptuous, rich meat, which flatters the senses to excess. At the same time, the cuisine of the seventeenth century was in transition; tastes were becoming more refined and the previously popular spicey seasonings were being rejected. Certain spices were retained, in particular pepper, nutmeg, cloves, and mixed spices. These spices were usually listed in the recipes, but the quantities were often omitted. It was often difficult to know the exact amount required, hence the preponderance of these spices in the recipes.

In *Un festin en paroles* (1979), Jean-François Revel explained that cuisine travels badly. He noted that often, highly typical regional dishes become depersonalized or completely transformed when moved elsewhere. We can guess that a number of the regional dishes transplanted from France to Canada since the seventeenth century suffered this very fate. Cuisine travels even less well over time. Many technical aspects, such as the open hearth, brick ovens and iron and copper utensils that all gave a particular flavor to food, have practically disappeared. Technical procedures in the earliest recipes books are difficult to understand and cooking times and quantities of ingredients are often not specified.

Even the ingredients themselves have changed. For example, since Mendel, vegetables have undergone genetic manipulations; in the seventeenth, eighteenth and even the nineteenth centuries, the propagation of plants was often left to nature. Many accounts of the period attest to the degeneration of various species in Canada and to the necessity for importing new seeds from France. Carrots harvested in 1690 could be very different from those harvested in 1680, and this would be all the more so for carrots harvested today. As for meats, it would seem that they contained less fat in the seventeenth century than they did in the nineteenth, while today, meat has a lower fat content than it did scarcely twenty-five years ago.

The problem of bad meat due to inefficient means of preservation in the past, has often been exaggerated by history; these claims were, nonetheless, in part founded. Preservation methods were rudimentary and this is eloquently shown in *L'Ecole des ragoûts* in a recipe on how to eliminate worms from meat before cooking it. These few examples show how difficult it is to reproduce the culinary tastes of yesteryear. Nonetheless, the study of what does remain from the cuisine of the past brings us to a better understanding of our culinary heritage and this voyage through old recipes, despite the scant information, has allowed us to discover the history of cuisine as no other ancient source would have allowed.

These recipes are representative of our interpretation of the cuisine and dishes of the past. We could have reproduced them as they were, without making any adaptations or indicating quantities of ingredients, or cooking times. This may well have pleased the minority of cooks who would have been able to interpret these recipes themselves, but we felt that those who would have been able to glean little from these originals were in the majority.

Before finishing, we would like to explain how the recipes were designed and how the book was organized. We tried to be as faithful as possible to the original recipes. At the same time, we adapted the recipes to the battery of modern cooking utensils, from the electric or gas stove, which today replaces the open hearth and brick oven, to the food processor which serves as a marvellous substitute for the mortar and pestle, accomplishing in minutes, what used to take hours.

In general, we have respected the style and techniques indicated in the recipes, although in some cases, other more modern techniques (for example, browning a meat before adding a liquid) proved to be preferable. These early recipes were also often designed for large households and dinner parties with many guests and were, therefore, prepared in very large quantities. Consequently, we have adapted these recipes to our social reality, the family dinner or the modern reception. Dishes in this volume will, therefore, generally serve 6 to 8 people.

In many of the recipes we have reduced the amount of fat, and in several desserts the amount of sugar, in order to adapt them to present tastes and attitudes as regards food. Obviously, this changes the taste of the original dish, but not many people would want to consume the enormous quantities of fat and sugar listed in a great many of these early recipes. In certain recipes, we occasionally eliminated ingredients completely, either because they are almost impossible to find today, like cock's crests, or because they are far too costly, as is the case with truffles, which in some cases are listed as optional.

French cuisine, which underwent a kind of rebirth in the seventeenth century, becoming more refined and perfected in the eighteenth and nineteenth centuries, relied heavily on the use of stocks, particularly those which were extremely concentrated. Bouillons, cullis and essences became more refined during the eighteenth century and a whole range of concentrated stocks and thickening agents were added, these being designed to draw out all the "nourishing juices" from foods so as to bind them in the dish. The eighteenth century saw the introduction of the roux and basic sauces such as Spanish and velouté (so-called "mother" sauces) which by the next century were firmly established. These stocks were fundamental to nineteenth century cuisine. While the professional cook would have been able to prepare all the stocks required, we have, due to the large number of stocks, only retained a few of the most representative, from La Varenne's simple bouillon to Soyer's simplified velouté, recipes which ensure good consistent results. It is worthwhile making them in large quantities since they all keep very well in the freezer.

Several friends and colleagues suggested that we provide menus to allow the reader to prepare a period-style dinner. Actually, each chapter in this book has been designed as a menu containing some fifteen dishes each. This may sound like a great deal of food for six to eight people, but the following notes should throw some light on the composition of such a menu.

The chapters have been organized in such a way as to reproduce the old, French-style service which, until the end of the nineteenth century, was the rule for dining with the élite. The style of service which we know today as "Russian-style service", was not fully established until the very end of the nineteenth century. "Any menu is an exercise in rhetoric," wrote Revel and French-style menus were often extremely confusing. They were often inaccurate and the terminology used was disconcerting. Nonetheless, a certain degree of order reigned and, while it did continue to evolve during the two hundred and fifty years which we have covered, our basic menu was designed to reconstruct French-style service in such a way that all the variations during this period are presented.

In general, this style included three or four courses. The first grouped the soup and entrées, generally meat or fish in sauce. Small entrées were sometimes called hors d'oeuvres. They were sometimes served before the first course or outside the normal order of service. Entrées and soups were served at the same time. When the soups were finished, they were replaced by the removes from the soups; that is, the meat or fish which had been used to prepare the bouillon, referred to as the "bouilli," or even other meats prepared in various manners, roasted on skewers, with sauce, braised, and so on. Throughout this course, the entrées still remained on the table.

The dishes of the first course were then removed to make way for the second course. The roasted meats of the second course, usually without sauce, were placed where the soup tureens and dishes of removes had been. The meats were accompanied by salads and entremets which were placed where the entrées had been, in a geometric order. The term "entremets" refers to a variety of dishes, vegetables, ragouts of offal, cold cuts, all sorts of pâtés, egg dishes and even sweet pastries. An entire range of these dishes would be served with the roasts, although occasionally the entremets would be served as a third course, by themselves.

The second or third course was followed by dessert. In the seventeenth and eighteenth centuries, dessert usually included cheese, fresh and preserved fruit, and dried nuts. Dessert was often not even indicated on the menu; "dessert according to the season" would simply be written. Little by little, desserts became more elaborate; by the end of the eighteenth century, compotes and sweet entremets like meringues, macaroons and biscuits were served. Later cheeses and frozen *bombes*, Russian charlottes and other similar dishes were added, but the fruit, nuts and cheese always ended the meal. To make our menus easy to read, we have separated salted entremets from the sweet entremets, the latter being grouped under the heading "desserts".

It should be added that, at the time, guests did not taste every dish. Above all, the host tried to satisfy every taste. The leftovers were considerable and served to feed the numerous servants. It is obviously out of the question for today's hosts to prepare as elaborate a menu. We suggest that you simply choose a dish from each category to make up an old-fashioned menu, served in a modern style. For example, for eight people you could place a soup in the center of the table and two entrées at each end for the first course. For the second course, serve a roast or a remove, accompanied by a salad and two entremets for the ends of the table, followed by a last course of dessert. Each chapter allows you to make up several different menus which can be designed according to a theme or particular chronology. In closing, we would like to emphasize that all the recipes in this collection can be prepared in a conventional kitchen, without any special equipment, other than perhaps a good dose of curiosity!

We owe our gratitude to many institutions and to even more individuals. It would be unfair to mention only a few, so we hope that these anonymous helpers will accept this as a most sincere thank you for their assistance.

However, we must mention the valuable co-operation of the personnel in the archives of the Augustine monastery of Hôtel-Dieu de Québec, the library of the Séminaire de Québec, the Rare Books and Special Collections at McGill

University and finally the personnel in our library at the Canadian Parks Service, without whose help, this undertaking would have been impossible. A special mention is necessary for Yves Bergeron and François-Miville Deschênes of the Canadian Parks Service and their unfailing interest in our research as well as their help in the presentation of various historical objects. Many thanks have to go to Claire Dufour, photographer, who designed and produced the harmonious images uniting old and new, to Bernard Bahuaud, of *Chez Bahuaud* at the Bastille, who prepared the recipes for the photographs and finally to Ginette Duphily of *Les Éditions de la Chenelière* who coordinated the production from beginning to end.

We would also like to mention Mrs. Christine Chartré and Mr. Claude Galarneau, Professor at the University of Laval. Their contribution was vital as, without it, the nineteenth century would have escaped us. We are grateful to Michel de Courval and Raynald Bilodeau who lent us recipe books from their personal collections, to Mrs. Céline Beauchemin, librarian at the *Institut québécois de tourisme et d'hôtellerie*, for her assistance, and to Jean-Paul Desjardins of the Canadian Parks Service, who was responsible for overseeing the publication of this project. Finally, our thanks to our wives and especially to Mary who graciously allowed us access to her culinary laboratory.

Best wishes and *bon appétit* !

Marc Lafrance
Yvon Desloges

Searching for New Tastes in the Sixteenth and Seventeenth Centuries

With the discovery of America, the exchange of plants and domestic animals between continents rapidly increased. Well before the founding of Quebec City, corn and beans, both plants of American origin, were grown in France. But the dietary conservatism of the general population meant that few New World foods penetrated the mass European market. Some, like turkey, did meet with remarkable success however. Brought back to Europe from America by the Spaniards around the time of Christopher Columbus, the domestic turkey was regarded as a luxury dish by the early seventeenth century—and was imported from Europe to populate Canadian farmyards.

These exchanges, whether immediate or gradual, were originally due to the initiative and culinary curiosity of the first European explorers and colonists. As their writings show, these travellers were searching for new horizons: not just new lands and new scientific phenomena, but new tastes, too. This search gave rise to many compilations of flora and fauna; besides describing the plants and animals, these catalogues frequently indicate their pharmaceutical, dietary or culinary properties.

Among the plants grown by the Indians, corn, sunflowers, beans, squash, and especially Iroquois pumpkins, were singled out as deserving a place on French tables. Corn did not arouse a great deal of enthusiasm among the French, however, except as popcorn (!) or on the cob, which gave rise to the lasting tradition of corn-husking parties. For the colonists, corn remained food for trappers, missionaries or hard times. The colonists never took to sunflowers, either. While the quality of its oil was noted, it never succeeded in supplanting olive oil imported from France. Only beans and squash really became part of the colonists' diet. It was the Iroquois pumpkin, "with its green shell marbled with various colours," that the colonists really grew to like. On the other hand, the colonists never did take to eating the occasional dog as did the Amerindians.

The wild flora of the New World did not change French eating habits much either, although missionaries and explorers carefully assessed each species for its gastronomic potential. European versions of most of the wild berries, such as strawberries, raspberries, gooseberries and currants, were already known. Wild cherries and plums did not awaken much enthusiasm among the French, at least not as much as blueberries, cranberries and butternuts. The American grape turned out to be an immense disappointment for wine-making purposes. Wild herbs such as parsley, chervil, garlic and chives, although they piqued their curiosity, did not replace the domestic species introduced from France. Although the Jerusalem artichoke was very much in fashion, not only in the colony but also in France itself in the seventeenth century, it disappeared from colonists' tables during the next century. On the other hand, maidenhair ferns were extremely popular, and even became an import highly sought after in Europe. But it was surely maple sap that had the biggest impact on the eating habits of French colonists, even though it does not seem to have been used to make sugar until the very end of the seventeenth century.

It was the fauna of the New World that held the most pleasant surprises for the French. Since the mid-sixteenth century, Europeans had been eating less and less meat. At the time of the exploration and colonization of Canada, meat had become an exceptional food to French peasants, their meals consisting mainly of gruel made from grains and pulses. So it is easy to understand the amazement of the colonists at the sight of the abundant large game in the colony.

The taste of moose was compared to that of beef, bear to pork, porcupine to suckling pig, and beaver to mutton, while marmot was said to be "better than hare," and the taste of deer, according to Dollier de Casson, surpassed that of all types of venison. Game birds were plentiful as well. Everyone spoke of the excellence of the snow geese, Canada geese, partridges, teals and other wild ducks, and of course passenger pigeons, "this prodigious manna." The water also provided succulent morsels, such as eel, sturgeon, salmon, sea bass, shad, trout, pike, walleye and whitefish. These were far from negligible foods, considering that the Church calendar included one hundred and sixty-five days when meat could not be eaten!

Despite the abundance and the new foods, culinary and dietary habits did not undergo any profound change, since from the outset the French colonists brought over their own crops and livestock. In the seventeenth century, grains such as buckwheat, rye, barley and oats, not to mention wheat and its derivative, bread, were French staples. Corn was used chiefly as fodder. The first domestic animals introduced were cattle and pigs, followed gradually by poultry such as chickens, turkeys and pigeons. Sheep and geese were added later.

European greens and other vegetables were planted as soon as Louis Hébert cleared the first land, as attested by Pierre Boucher. Certain vegetables predominated, notably peas, cabbage, turnips, onions and leeks. The most important greens were sorrel, lettuce and parsley. Others, such as asparagus, were still a novelty even in France, where they had been grown only since the early part of the century. The French also introduced apple, pear and plum trees, and with a little more difficulty, peach trees and grapevines. Apple trees were the most successful, and from the early eighteenth century on, the Sulpicians of Montreal produced a hundred casks of cider annually.

By the mid-seventeenth century, the Canadian colony, though well established, was still not self-sufficient. The colonists had some difficult years ahead of them, and even occasional food shortages, since as time went on, game became increasingly rare. Contemporary writings reveal the apparent contradiction between the perceived abundance and the frugality of the habitants; at the same time, they underscore the colony's partial dependence on food imports from the homeland.

The diet of the first colonists was very restricted during the early years of settlement: an often limited variety of grains and vegetables; livestock products, especially milk, butter, eggs, and salt pork; some game and fish, chiefly small game and particularly passenger pigeons and eels, preserved in salt. Cabbage, turnip or onion soup seasoned with a piece of salt pork or eel was probably their daily fare in hard times.

In any event, Canadian colonists generally ate better than the French peasants of the time. Upon his arrival in Quebec City in 1651, Simon Denys was astonished by the prodigality of the colonists. "They offered us cabbage, butter, milk, turnips, plums and chickens. All we are missing is the wine and *eau de vie* I have been promised, along with eels, in exchange for silver," he wrote. Baron de La Hontan was even more forthright when he wrote: "The peasants here are extremely well off, and I would wish such good cooking upon all our ruined nobility of France."

But what about high society? Governor D'Argenson remarked that they showed "a devotion to good fare." But a colonist who wished to eat well and cook *à la française* would have needed a larder well stocked with various imported goods: chiefly almonds, raisins, lemon rind, verjuice, sugar, olives and olive oil. Tours prunes, rice, conserves, Dutch cheese and occasionally oranges and lemons were also imported.

Wine was imported in large quantities, mainly from Bordeaux and sometimes from Spain, while cider and *eau de vie* (Calvados) were brought in from Normandy and brandy from France. On feast days nothing was lacking, and capon pies and roast suckling pigs were washed down with plenty of drink. According to the Jesuit Beschefer, the tables of the well-to-do were "as good as those in France."

Although, at the time of Champlain, the cooking of the privileged few still reflected medieval traditions, the influence of the new French model of cooking gradually imposed itself after 1650. The use of spices was diminishing in the colony as well as in the mother country. Pepper and the trio of cinnamon, cloves and nutmeg alone were retained from the elaborate range of medieval spices. Other condiments such as capers and anchovies came to the fore. The French *"nouvelle cuisine"* of the seventeenth century, which made increasing use of herbs and roots as seasoning, had an impact in the colony, too. The Jesuits and Pierre Boucher, authors of narrative accounts, praised the quality of the vegetables, roots and herbs transplanted to Canada. They also noted the gastronomic appeal of indigenous herbs that most resembled those used in the new cuisine, like wild thyme, chervil, bay leaves, parsley and marjoram, as well as bulbs such as onions (martagons). They also mention edible flowers that had become fashionable in French cooking, such as borage, bugloss and angelica. Champlain even claimed that some New World tubers had a taste similar to truffles. As the century progressed, livestock breeding became well established, and so too did cooking with butter. Over the years, verjuice, a hangover from medieval times, ceased to be mentioned in inventories of larders and lists of imports. The exotic meats so highly prized in the Middle Ages, like cranes and herons, were no longer commented on as they were in Champlain's time.

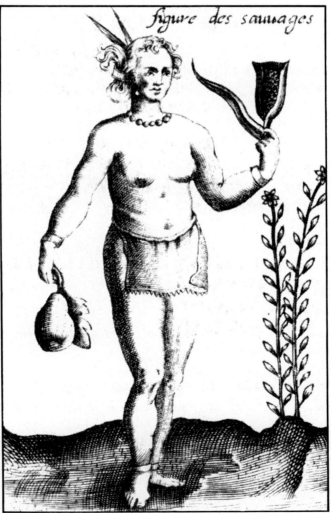

Drawing taken from a map by Champlain (1612) illustrating Amerindian
agricultural products: the squash, corn and the Jerusalem artichoke.

Searching for New Tastes in the Sixteenth and Seventeenth Centuries

Soups

Pumpkin Soup, "Potage à la citrouille," *L'École des ragoûts*, 1700

Partridge and Cabbage Soup, "Potage de perdrix au chou," La Varenne,
Le Cuisinier français, 1670

Entrées

Braised Eel, "Anguille à l'étuvée," La Varenne, *Le Cuisinier français*, 1670

Civet of Hare, "Civet de lièvre," Massialot, *Le Cuisinier royal et bourgeois*, 1691

Daube of Pork, "Cochon à la daube," La Varenne, *Le Cuisinier français*, 1670

Sturgeon *à la Sainte-Menehould*, "Esturgeon à la Sainte-Menehould," Massialot,
Le Cuisinier royal et bourgeois, 1691

Pigeon Pie, "Tourte de pigeonneaux," La Varenne, *Le Cuisinier français*, 1670

Roasts and Removes

Grilled Shad with Sorrel, "Alose grillée à l'oseille," Bonnefons,
Les Délices de la campagne, 1684

Loin of Game with Pepper Sauce, "Longe de gibier, sauce poivrade," La Varenne,
Le Cuisinier français, 1670

Salads and Canapés

Lettuce Salad with Trimmings, "Salade de laitue et fournitures," Massialot,
Nouvelles instructions pour les confitures, 1703

Cucumber Salad, "Concombres en salade," Bonnefons, *Les Délices de la campagne*, 1684

Entremets

Pot Herb Pie, "Tourte d'herbes," Bonnefons, *Les Délices de la campagne*, 1684

Fricassee of Spinach, "Fricassée d'épinards," Bonnefons, *Les Délices de la campagne*, 1684

Jerusalem Artichoke Fritters, "Topinambours en beignets," Bonnefons,
Les Délices de la campagne, 1684

Desserts

Apple and Pear Pie, "Tarte à la chair de pommes et poires," *Le Pâtissier français*, 1700

Glazed Marzipan, " Massepain glacé," *Le Pâtissier français*, 1700

Beverage

Hippocras, "Hypocras," *Le Confiturier français*, 1700

Pumpkin Soup

The first explorers, including Jacques Cartier, confused the squash (Curcubita) of the New World with melons, which were of European origin. Squash soon crossed the Atlantic, and by the seventeenth century, pumpkins and other varieties of squash were well-known in Europe. Recipes for squash can be found in cookbooks dating from the mid-seventeenth century. Bonnefons, for instance, devotes an entire chapter to them in his Délices de la campagne, first published in 1654. Marie de l'Incarnation, an Ursuline, used them to make soups, preserves and fritters the European way. La Hontan preferred them roasted in ashes, Indian style, since they then tasted much sweeter "than applesauce."

45 mL (3 tbsp) butter
675 g (11/2 lb) pumpkin, cubed
2 mL (1/2 tsp) salt
4 cloves
2 mL (1/2 tsp) nutmeg
1.2 L (5 c) water
250 mL (1 c) milk
2 egg yolks

Melt the butter over medium heat. Season the cubes of pumpkin with the salt, cloves and nutmeg, then brown for 5-7 minutes. Turn up the heat, add the water and bring to a boil, stirring occasionally. Lower the heat and simmer 30-35 minutes, covered.

Run the pumpkin through the blender or food processor, then strain, draining the liquid into the cooking water.

Warm the milk over medium heat without letting it boil. Blend a few spoonfuls of warm milk and a few of broth with the egg yolks. Pour all the liquids into a pan and cook over medium heat for 10 minutes, stirring constantly.

To serve, pour over a slice of thick bread.

Note: If you take care not to break the pumpkin shell when removing the pulp, you can use it as a serving bowl.

Partridge and Cabbage Soup

Since the time of Champlain, the French inhabitants of the St. Lawrence Valley had mistaken spruce grouse, ruffed grouse and willow ptarmigan for partridges, black, grey and white. But in cooking they are all partridges. The American writer, Waverly Root even used the word "partridge" as a poetic symbol for fine cuisine. This extremely old combination of partridge and cabbage has been handed down from generation to generation and is part of traditional Quebec cuisine. We no longer know it in the form of soup and it might be added that in some recipes the partridge is not cooked with the cabbage. In the original recipe, La Varenne garnished the soup with sausages or fagoues, an old French word for pancreas or calf's sweetbreads; these are optional!

2 partridges
4 pieces pork fat (for barding)
2 L (8 c) stock [see recipe in annex]
1 cabbage cut into 6 or 8 pieces
60 mL (4 tbsp) melted pork fat
1 pinch ground cloves
2 mL (1/2 tsp) pepper
bread crusts

Truss the partridges. Sear lightly in the oven for 10 minutes at 160°C (325°F). Let cool and bard (cover with pieces of pork fat).

Bring the stock to a boil and simmer the partridges and cabbage 25-30 minutes over low heat. Remove the partridges and cabbage and set aside.

Melt the pork fat in a frying pan over medium heat and brown the partridges in it. Remove them and set aside. Brown the cabbage in the same melted fat. Season with cloves and pepper.

Place the bread crusts in the bottom of the soup plates and pour the stock over it. Serve the partridges and cabbage on a platter with the soup or serve as a remove.

Braised Eel

"This fish," wrote Simon Denys in 1651, "takes the place of beef in this country, and is eaten all year round with no one growing tired of it." Eel and moose were essential to the survival of the colony's first settlers. In Quebec City, eel fishing took place from August until early November; part of the catch was salted for the rest of the year. All chroniclers praised its culinary qualities, and Canadian eel even carved out an enviable reputation in France. Its fat was liked so much that it was said to need no other seasoning. Eel was often braised with little or no liquid since its juices made "very flavourful sauces."

900 g (2 lb) eel
250 mL (1 c) white wine
 30 mL (2 tbsp) parsley, chopped
 10 mL (2 tsp) capers
 60 mL (4 tbsp) butter
    salt and pepper

Skin the eel and slice into 2.5 cm (1 in) pieces. Place the eel in a frying pan with the parsley, capers, wine and butter. Season and cook, tightly covered, over low heat for twenty minutes.

Civet of Hare

Some seventeenth-century authors state that Canadian hare had a dreadful taste. Others were more subtle, saying that it was preferable to eat them in summer rather than winter, when they fed in the fir forests giving their meat an unpleasant flavour. Chrestien Leclerc, a Récollet, found, however, that hare was "quite delicate when made into a pie or civet." In the seventeenth century, it was always eaten soon after being caught and the blood was kept. In earlier times, thickening the sauce with the blood was an essential part of the recipe, as was seasoning with green onions, "cives" in French, from which the recipe takes it's name. Today the liver is used instead of the blood.

  2 hares weighing about 2 kg (4 1/2 lb), with their livers
       (chicken livers may be used instead)
225 g (1/2 lb) pork fat
    salt and pepper
500 mL (2 c) white wine
250 mL (1 c) stock [see recipe in annex]
  1 bouquet parsley and thyme
  1 pinch nutmeg
  1 bay leaf
  1 lime, thinly sliced
 45 mL (3 tbsp) butter
 30 mL (2 tbsp) flour

Remove the legs and shoulders of the hares and cut the rest into 4 pieces. Lard the pieces of hare with half the pork fat. Season with salt and pepper and set aside.

Melt the rest of the fat and brown the meat on all sides (approx. 20 minutes). Add the wine, stock, bouquet, nutmeg, bay leaf and lime rind. Bring to a boil, cover, lower the heat and simmer over medium heat for 25 minutes. Then reduce to very low heat while you prepare the livers.

Sauté the livers in half the butter over high heat for a few minutes.

Knead the rest of the butter with the flour to make a *beurre manié*.

Put the liver through a food processor with 125 mL (1/2 c) cooking stock. Add the mixture of liver and *beurre manié* to the pot and stir constantly to thicken the sauce.

Add the slices of lime and cook another few minutes. Serve immediately.

Daube of Pork (p. 15)   **Cochon à la daube (p. 15)**

A stove from Jacques Cartier's ship the Grande Hermine (Cartier-Brébeuf National Historic Site). This rudimentary stove, made of strips of iron, was housed in the steerage.

«Fougon» du navire de Jacques Cartier, la Grande Hermine (lieu historique national Cartier-Brébeuf). Ce poêle rudimentaire constitué de plaques de fer était logé dans l'entrepont.

Daube of Pork

The chief attraction of the pig is that it is almost entirely edible. It is also very easy and cheap to raise, and can be salted, smoked or made into cold cuts. The fact that so much of the animal can be used, led the Récollets to raise swine on the shores of the St. Charles river as early as 1620. Pigs multiplied so fast that in 1667 the Sovereign Council decreed a regulation on pigpens. Nevertheless, salt pork remained an indispensable import in the colony throughout the seventeenth century, and, even in the eighteenth century, it was still imported to feed the troops. In the seventeenth century, the term "daube" referred to braised meat that was generally eaten cold. Incidentally, the saffron in this recipe shows a lasting medieval taste, one that would disappear by 1700.

- 2 kg (41/2 lb) shoulder of pork, with skin
- 5 mL (1 tsp) marjoram
- 5 mL (1 tsp) thyme
- salt and pepper
- 60 mL (4 tbsp) fat cut from the shoulder of pork
- 2 onions, diced
- 250 mL (1 c) stock [see recipe in annex]
- 250 mL (1 c) white wine
- 1 bay leaf
- 1 pinch saffron
- parsley

Season the pork with the thyme, marjoram, salt and pepper. Melt the fat and brown the shoulder on all sides. Remove the meat and set aside.

Brown the onions. Replace the meat in the pan, adding half the stock, half the wine, the bay leaf and the saffron. Cover tightly and cook 21/2 hours over low heat.

Remove the meat and add the rest of the stock and wine. Bring to a boil and reduce by half. Strain.

Let the pork and sauce cool on a serving platter so that the sauce thickens. Garnish with parsley.

Sturgeon à la Sainte-Menehould

Some French cookbook writers, such as Bonnefons, speak highly of sturgeon because it has "several tastes, depending on the part of its body." This was also the case in Canada; the end of the tail and the belly were preferred, that is the darkest, fattest parts, "which have an exquisite taste," wrote the Jesuit Louis Nicolas. As early as 1615, Champlain was praising its quality. Sagard, a Récollet, found sturgeon "tastier than any of our species of fish." In fact, in the seventeenth century, sturgeon was one of the fish most commonly eaten in Canada. Like eel, it was caught in great numbers near Quebec City. It was salted for the winter and the Lenten season. Its caviar was also appreciated, as was the jelly made from its stock.

- 15 mL (1 tbsp) melted pork fat
- 250 mL (1 c) white wine
- 250 mL (1 c) milk
- 1 bay leaf
- salt and pepper
- 1 sturgeon fillet weighing 1 kg (21/2 lb), cut into 6 pieces
- 125 mL (1/2 c) breadcrumbs

Anchovy Sauce

- 4 anchovy fillets
- 15 mL (1 tbsp) capers, chopped
- 1 bunch parsley, chopped
- 30 mL (2 tbsp) green onions, chopped
- 1 clove garlic
- 180 mL (3/4 c) fish stock [see recipe in annex]
- 1 drop olive oil
- pepper

Melt the fat in a large frying pan. Add the wine and milk. Cook for 2 minutes and strain. Return to heat and bring to a boil. Add the bay leaf, salt and pepper.

Cook the sturgeon 15-20 minutes over a low heat. Bread the pieces of sturgeon and put under the broiler. In the meantime, make the sauce by chopping the anchovy fillets, garlic, capers, parsley, green onions and garlic very finely.

Heat the stock and add the oil, chopped mixture and pepper. Reduce a little. Pour the sauce on the serving platter and place the fish on top.

15

Pigeon Pie

In French Canada today, tourtière is a type of pie made with ground meat, generally pork. Popular belief as well as some ethnologists and historians trace the origin of the tourtière to the seventeenth-century colonists, who made pies with the tourterelle, that is, the passenger pigeon, which is now extinct. But etymologically there is no relation between the name of the bird and the dish called tourte or tourtière. In fact, tourte is used to refer to a whole variety of pie-like dishes, while a tourtière was originally the name of the pan in which a tourte was baked. The extension of the term to mean the prepared dish itself is not specifically Canadian. Country cooking in France also has its tourtières. In Guienne, it is made with veal, pigeon, turkey and hare; in Limousin, it consists of ground pork and potatoes baked in a brioche pastry; and in the Landes, it is a dessert pie.

2 pie crusts, one 20 cm (8 in) and the other 23 cm (9 in) [see recipe in annex]
30 forcemeat balls
2 pigeons* cut in quarters and browned in butter
12 asparagus spears, cut into 1 cm (1/2 in) lengths
12 mushrooms, cut into halves or quarters
250 mL (1 c) beef marrow, thinly sliced
4 egg yolks, hard-boiled
30 mL (2 tbsp) capers
2 truffles, finely chopped (optional)
juice of 1 lemon
salt and pepper
60 g (2 oz) pork fat, diced

Forcemeat balls

350 g (3/4 lb) ground veal
110 g (1/4 lb) beef fat
3 green onions, finely chopped
salt
15 mL (1 tbsp) parsley, chopped
2 mL (1/2 tsp) pepper
2 mL (1/2 tsp) nutmeg
2 mL (1/2 tsp) cloves

Line a pie plate with the 20 cm (8 in) pie crust. Make the forcemeat balls: mix all the ingredients and form balls the size of large marbles. Cover the bottom crust with half the meatballs. Place the browned pigeon quarters on top. Fill the gaps with the asparagus and mushrooms. Cover with beef marrow, egg yolks, capers and truffles (if desired). Create a mound in the centre with the rest of the meatballs, mushrooms and asparagus. Sprinkle with lemon juice and season.

Cover with the larger pie crust, taking care to leave some air inside. Seal the edges with a fork as well as possible, moistening with milk and circling with a ring of crust. Brush with egg white and decorate if desired.

Bake at 175°C (350°F) for 11/2 hours.

* Pigeon is tough and hard to find, so sliced duck breast or quail may be substituted.

Doves or passenger pigeons. Watercolor painting by Daniel Fowler, 1866. Royal Ontario Museum, Toronto.

An eighteenth-century copper pie dish. Musée David M. Stewart, Île Sainte-Hélène, Montreal.

16

Grilled Shad with Sorrel

The French have always liked shad, despite the fact that it is a very bony fish. According to some cookbooks, a sorrel stuffing is the best way to counteract this problem, since the oxalic acid in the sorrel softens the bones. In the seventeenth century, Bonnefons recommended acidic sauces made with vinegar, gooseberries, grain verjuice or sorrel to accompany the fish. The shad is a migrating fish that swims up the St. Lawrence to Montreal each spring. In the seventeenth century, large numbers were caught at Quebec City. Grilled shad with sorrel became a classic French recipe.

1   shad weighing 1.5 kg (31/4 lb)
30 mL (2 tbsp) wine vinegar
    salt and pepper
900 g (2 lb) sorrel
45 mL (3 tbsp) butter
60 mL (1/4 c) milk
    salt and pepper
45 mL (3 tbsp) melted butter

Scale, wash and dry the shad after removing its head and tail. Cut into 5 or 6 pieces. Season and sprinkle with half the vinegar; marinate 30 minutes.

In the meantime, prepare the sorrel by removing the stems, washing, draining, and drying. Place the sorrel in a large pot of boiling water and boil for 5 minutes. Put into a strainer, rinse with cold water and wring to dry.

Melt the butter, add the sorrel, and cook about 5 minutes, adding the milk gradually. Keep warm.

Place the shad on a roasting pan, skin down. Sprinkle with salt and pepper and brush with melted butter. Grill at a high heat for 10-12 minutes, placing the roasting pan 5 cm (2 in) from the source of heat.

Place the shad on the sorrel purée, brush with a little melted butter and serve.

Loin of Game with Pepper Sauce

Of all the large game eaten in the colony in the seventeenth century, moose was preferred. The colonists, like the Indians, would also eat bear from time to time, and occasionally caribou, since woodland caribou was quite plentiful in the St. Lawrence Valley during this period. The wapiti elk, known as "wild cow," was also well liked. Wapiti was fairly common in eastern Canada in the seventeenth century, but today it survives only in the western part of the country. Moreover, by the beginning of the eighteenth century large game was already rare in the St. Lawrence Valley, having been driven north and west by the fur trade. Only the rich could afford it.

1   roast of large game weighing 2.5 kg (5-6 lb)
    pork fat [for larding]

Sauce
125 mL (1/2 c) vinegar
5   mL (1 tsp) salt
1   green onion or small onion
    rind of 1 orange or lemon, chopped
5   black peppercorns

The game can either be roasted on a spit over the gas barbecue, or in the oven. Lard the meat with a larding needle or by making a cut with the tip of a knife. Insert the meat thermometer and skewer the roast. Melt a little pork fat to baste the meat as it cooks. Cook for about 11/2 to 2 hours for medium rare (57-62°C [135-145°F] on thermometer).

To make the sauce, heat the vinegar, salt, chopped onion and citrus rind for 15-20 minutes over low heat. Add the ground pepper 5 minutes before the end of the cooking period. Pour the sauce onto the serving platter and place the meat on top.

Lettuce Salad with Trimmings

Jacques Cartier was supposedly the first European to sow lettuce seeds in Canada. When the French returned to the St. Lawrence Valley in the seventeenth century, lettuce was one of the first salad greens they grew in their kitchen gardens. In 1620, the Récollets grew "small gardens of flowers and salad greens." Nothing is more typical of the eating habits of the seventeenth-century élite than the flowers and other herbs they added to their salads as "trimmings." Among these were balsam, tarragon, chives and watercress. Louis XIV ate his lettuce seasoned with tarragon, burnet and violets. Pierre Boucher was thus very much of his time when in 1664 he listed hyssop, borage and bugloss among the herbs in Canadian vegetable gardens.

2 heads Boston lettuce
500 mL (2 c) watercress, washed and with stems removed
30 mL (2 tbsp) borage leaves
30 mL (2 tbsp) fresh tarragon, chopped
30 mL (2 tbsp) fresh chives, chopped
30 mL (2 tbsp) fennel
   borage or bugloss flowers or violets

Dressing
45 mL (3 tbsp) olive oil
15 mL (1 tbsp) vinegar
2 mL (1/2 tsp) salt
2 mL (1/2 tsp) white pepper

Tear up the lettuce leaves and mix in a bowl with the watercress, chopped borage, tarragon and chives. Sprinkle with the chopped fennel. Decorate with the flowers.

Mix all the ingredients to make the dressing; serve in a sauceboat.

Cucumber Salad

The cucumber, which originally came from Asia, did not appear in France until the fourteenth century. In the sixteenth century, the Spanish transplanted it to the Americas, where it was immediately adopted by the Indians—which is why some explorers mistakenly identified the cucumber as a plant native to the New World. In the seventeenth century, this vegetable became a French favourite. It was eaten fricasseed, stuffed or stewed, in salad or even, as Bonnefons wrote, "in a new kind of soup." It was also pickled in salt and vinegar to keep it over the winter. For salads, Bonnefons recommended using tender cucumbers, "before the seeds have become at all hard."

3 cucumbers
1 onion
4 cloves
90 mL (6 tbsp) vinegar
5 mL (1 tsp) salt
60 mL (1/4 c) olive oil
1 mL (1/4 tsp) white pepper

Peel and split the cucumbers; remove seeds. Slice thinly.

Cut the onion into quarters and stud each with a clove. Marinate the onion and cucumbers for 12 hours in the salt and vinegar, stirring from time to time. Drain and press in a tea towel to remove the liquid.

Add the oil and white pepper; toss and serve.

Pot Herb Pie

Bonnefons recommended a wide variety of greens for pies: spinach, which he deemed to be excellent, orache, chicory, white beet t or Swiss chard ("a large quantity is added to herb fillings, so that it makes up the main part") and finally a small amount of sorrel and purslane to heighten the flavour. These greens were introduced into the colony in the first half of the seventeenth century. In 1615, Champlain planted "cabbages, white beets and other necessary herbs," and in 1618, he mentioned purslane and sorrel. Fifty years later, Boucher wrote about spinach, sorrel, chicory and "chards of all sorts."

225 g (1/2 lb) spinach
110 g (1/4 lb) chicory (curly endive)
110 g (1/4 lb) Swiss chard
30 g (1 oz) sorrel
30 mL (2 tbsp) butter
2 eggs, lightly beaten
1 L (4 c) cream filling
5 mL (1 tsp) salt
rind of 1 lemon
2 mL (1/2 tsp) mixed spices [see recipe in annex]
10 mL (2 tsp) icing sugar
10 mL (2 tsp) rose water
1 puff pastry pie shell [see recipe in annex]

Cream Filling

4 eggs
210 mL (7/8 c) flour
410 mL (12/3 c) milk
45 mL (3 tbsp) butter
1 pinch salt

Make the filling first. Stir the eggs into the flour and set aside.

Bring the milk to a boil. Gradually pour in the flour and egg mixture, stirring continuously. Add the butter and salt and cook 7-8 minutes over high heat, stirring constantly. Let cool and cover well. Keeps 6 days.

Wash the greens and remove the stems. Boil in salted water for 5 minutes; drain, dry and chop.

Melt the butter in a frying pan over medium heat. Add the greens, beaten eggs, filling, salt, lemon rind and spices. Cook 10 minutes, stirring constantly. Let cool.

Fill the pie shell with the mixture, sprinkle with the sugar and rose water and bake in a preheated 175°C (350°F) oven for 30-35 minutes.

Title-page illustration from the cookbook by Nicolas de Bonnefons, *Les Délices de la campagne*, 1684.

Lettuce Salad with Trimmings (p. 18)　　　　*Salade de laitue et fournitures (p. 19)*

Copper utensils. It was not until the eighteenth century that cast iron began to progressively replace copper and brass in the manufacture of kitchen utensils.

Ustensiles de cuivre. Il faut attendre le XVIIIᵉ siècle pour que la fonte remplace progressivement le cuivre et le laiton dans la fabrication des ustensiles de cuisine.

Fricassee of Spinach

Pierre Boucher was the first European to mention spinach being grown in Canada in 1664, and yet this vegetable had been eaten in France since the thirteenth century; it was even a preferred dish during Lent. Bonnefons believed that its flavour needed to be heightened by adding one part sorrel or verjuice to five parts spinach. He warned his readers that spinach soaked up a lot of butter but that this could be prevented by adding a purée of white peas. He also recommended adding raisins: "Damascene, muscat, common raisins, or currants, for they are very good in it."

450 g (1 lb) fresh spinach
110 g (1/4 lb) fresh sorrel
110 g (1/4 lb) fresh butter
60 g (2 oz) raisins
15 mL (1 tbsp) vinegar
1 pinch nutmeg
salt and pepper
60 mL (1/4 c) milk
strips of fried bread

Wash and drain the spinach and sorrel; remove stems. Bring a little salted water to a boil in a large pot and cook the sorrel and spinach for 5 minutes. Drain, rinse in cold water and dry thoroughly. Chop the spinach-sorrel mixture.

Melt the butter, add the raisins, and cook for a few minutes. Add the spinach and sorrel, vinegar, salt, pepper and nutmeg. Cook the spinach for 5-10 minutes, adding the milk a little at a time.

Serve hot, with the strips of fried bread inserted into the mixture. To make the strips of bread, remove the crusts from slices of white bread, cut into rectangles, then fry in butter until lightly browned

Jerusalem Artichoke Fritters

Historians have generally confused the Jerusalem artichoke (Helianthus tuberosus) with the potato or the groundnut, another edible tuber native to North America that the Jesuit Charlevoix called "apios d'Amérique." According to Lescarbot, the groundnut was a delicacy in France, and often mistakenly called "topinambaux" (Jerusalem artichokes). The first real mention of Jerusalem artichokes seems to go back to Champlain, who found them at Cape Cod; he remarked on the fact that they tasted like regular artichokes. The Récollet Sagard drew a distinction between Jerusalem artichokes and potatoes, stating that there were no potatoes in Canada. But the term potato was used regularly to mean Jerusalem artichoke. Despite the fact that it tasted somewhat similar to regular artichokes, the Jerusalem artichoke was gradually abandoned by colonists. In 1737, Mother de Sainte-Hélène commented that the great famine reduced the habitants to eating "potatoes [meaning Jerusalem artichokes] and other things not fit for human consumption."

fritter batter
1 L (4 c) Jerusalem artichokes, peeled and sliced
frying oil

Fritter Batter

375 mL (1 1/2 c) flour
2 egg yolks
250 mL (1 c) white wine
10 mL (2 tsp) salt
45 mL (3 tbsp) fresh parsley, chopped

Mix the ingredients to make the fritter batter.
Soak the slices of Jerusalem artichoke in the batter for a few minutes.
Fry in the hot oil until golden brown.

Sixteenth-century pewter dishes: plate, bowl and spoon. Musée David M. Stewart, Île Sainte-Hélène, Montreal.

Apple and Pear Pie

The first apple trees in New France, planted by Louis Hébert, disappeared when Quebec was occupied by the English from 1629 to 1632. When the French returned, they planted others, as well as pear trees, but it wasn't until the 1660s that these began to yield much fruit. By the end of the century there were russets, pippins, calvilles and the famous lady apple cultivated in antiquity. Already enough were harvested to produce cider in Montreal. In the eighteenth century, the number of orchards increased. Bougainville found Canadian apples to be "admirable" and Boucault thought the cider was as good as that of Lower Normandy.

1 puff pastry pie shell [see recipe in annex]
60 mL (1/4 c) icing sugar
4 apples, peeled, cored and thinly sliced
60 g (2 oz) raisins
  rind of 1/2 lemon
2 mL (1/2 tsp) cinnamon, ground
4 pears, peeled, cored and thinly sliced
60 g (2 oz) fresh butter, diced

Line a pie plate with the puff pastry. Sprinkle with half the sugar. Add the apples, raisins and lemon rind; sprinkle with cinnamon. Cover with pears. Sprinkle with the other half of the sugar and cover with diced butter. Top with a lattice made of strips of pastry.

Bake in a preheated 230°C (450°F) oven for 10 minutes, then reduce the temperature to 175°C (350°F) and bake another 30-40 minutes.

Glazed Marzipan

In the East, sweets have been served as dessert since ancient times. During the Crusades, Europeans discovered that the Arabs were masters in this area of cuisine. From the fourteenth century on, French confectionery expanded enormously as the use of sugar increased. In the colony, cooks prepared sweets with local products such as pumpkins and wild berries and nuts, especially butternuts. A whole range of confectionery was also imported. Sugar was still rare in the colony in the first half of the seventeenth century, as the large West Indian plantations were just beginning. Honey sometimes replaced sugar but it too was imported as the Canadian climate was considered unpropitious to beekeeping. Marzipan, small cakes of almond paste of Arab origin, was another type of sweet. It was very much sought after in the seventeenth century, and still highly prized in the nineteenth century.

500 mL (2 c) almonds, ground
250 mL (1 c) icing sugar
20 mL (4 tsp) rose water
1 egg white

Glaze
15 mL (1 tbsp) orange blossom water
60 mL (4 tbsp) icing sugar

Mix the ground almonds with the sugar, adding the rose water and egg white a little at a time. Refrigerate for one hour.

Preheat the oven to 175°C (350°F).

Roll small amounts of paste, being careful to spread a little sugar on the board and rolling pin. Cut with a cookie cutter. Bake 10-15 minutes on a cookie sheet.

Make the glaze by combining the two ingredients. After the marzipan has baked for 8 minutes, remove from the oven and glaze with a knife. Return to oven to finish baking.

Yields about 3 dozen small mouthfuls.

Hippocras

On January 5, 1646, Robert Giffard gave a bottle of hippocras to the Jesuits of Quebec City as a New Year's present. This mulled wine dates from the Middle Ages though people still drank it in the seventeenth century, especially at dessert with fresh fruit, nuts, dragées or other confections. Hippocras was thought to help digestion; the first colonists probably prepared it with Spanish wine, which was then the kind most commonly drunk in New France.

4.5 L (1 gal)	full-bodied red wine
580 mL (2 1/3 c)	white sugar
310 mL (1 1/4 c)	brown sugar
1	stick cinnamon, coarsely ground
2	pinches nutmeg
6	black peppercorns
24	cloves
2	small pieces fresh ginger, chopped
1	capful orange blossom water
20	almonds, blanched

Pour the wine into a glass container. Mix the ingredients (except the almonds) with the wine, stirring to dissolve the sugar. Cover and let stand one hour.

Put about 20 coarsely ground blanched almonds into a straining bag. Pour the wine through the straining bag 3 or 4 times.

The hippocras is ready to serve, but it will improve if left to age a few weeks.

Reconstruction of a seventeenth-century kitchen. Musée Château Ramezay, Montreal.

From Frugality to Feasting:
Kitchen and Table in the
Eighteenth Century

The eighteenth century, like the seventeenth, perpetuated the social inequality that has characterized food and eating since time immemorial. From the townsfolk and peasants to the seigneurs and bourgeois, the hierarchy of eating was just as striking as the one in the army that differentiated between the rations of common soldiers and the "refreshments" of the officers—not only in the quantity and variety of the food, but also in the frequency of the feasts.

Opinion is divided and at times even contradictory concerning the food of the "common folk." Pehr Kalm, a Swede who was usually a keen observer, stated that the poorest people lived on nothing but dry bread and water. Comments on the same topic by the parish priest Navières and Officer D'Aleyrac flatly contradict these observations. According to them, Canadians ate a lot of meat and wheaten bread, and "it would not bother French peasants to be reduced to such poverty."

Through the study of food allowances stipulated in donation agreements found in notarial archives, a picture emerges of the rural diet. Allowances generally consisted of wheat, butter, eggs, pork (a plump pig), and vegetables such as peas, cabbages, onions, turnips and leeks. Agreements also provided for a "perpetual cow" (one that must be replaced when it dies) which furnished dairy products. Other foods that might be added, depending on a person's means, were meat, poultry, fish, fruit, drinks, condiments and spices.

Geography, the seasons and the Church calendar all helped shape the menu. The large-scale slaughter that took place in autumn provided an opportunity to eat fresh meat. Weddings and baptisms were festive occasions, with roast meats and pies replacing the usual pot-au-feu. This pork or beef stew that cooked slowly overnight with cabbage and turnip was nevertheless "very substantial" and even "not unpleasant to the taste." Onions, herbs (chervil, parsley, sorrel, etc.) and spices (pepper, cloves, nutmeg) which became standard seasonings in the colony would enhance its flavor.

Urban eating habits differed from the rural chiefly in the range of products available. A market inaugurated in 1676 supplied Quebec City: it was held twice a week in the early part of the century and three times a week later on. The habitants sold their livestock and other farm products, wild game, fish and fruit there. According to contemporary observers, the Quebec City market was well stocked, but the Montreal market offered a better choice of fruit and vegetables. John Lambert listed the products available at the Quebec City market in the summer of 1806: he counted seven types of meat, eight of poultry or game, thirteen of fish, sixteen of vegetables and ten of fruit, not to mention a variety of grain, sugar, fat and cheese. Butchers, bakers, caterers and innkeepers sold food too, as did retail shops, which also dealt in imported seasonings and condiments.

Access to all these products was decidedly unequal, however. Many of the poorest laborers and tradespeople could count only on bread, vegetables, occasional dairy products, eel and beef. In the city, beef was the cheapest meat, replacing pork as a staple. It could cost as little as a quarter of the price of pork at the market. The foods listed as being in the larders of

artisans and other members of the *petite bourgeoisie*, along with descriptions of their kitchen and table utensils, suggest a simple yet more varied diet than that of the vast majority of habitants.

Breakfast was eaten between seven and eight o'clock, but did not consist of much: *eau de vie* and bread for hardier souls, *café au lait* or hot chocolate for women. Dinner, eaten at noon, was the main meal of the day. Supper was eaten around seven o'clock in the evening and often consisted of leftovers from dinner.

Meals usually had three courses: the first was always a soup served with a lot of bread but no meat. The second course was mainly meat: either the meat boiled to make the soup, a roast, a fricassee or a braised dish. According to Pehr Kalm, Canadians ate a lot of meat in the second course, yet the ordinary ration of meat at noon for priests at the Quebec Seminary was only a hundred and twenty grams (four ounces); it was served with salad, raw vegetables or olives. On meatless days (Fridays and Saturdays), the second course was made up of fish, egg dishes, rice and various sorts of vegetables. Sometimes there would be a third course (entremets), in which dishes such as pies, eggs or cooked vegetables would be eaten. Dessert consisted of various confections, fresh fruit, nuts or cheese. Sweet pastries were not part of an ordinary meal and were usually kept for special occasions. The most common drinks were water (especially for women), red wine (usually Bordeaux), often mixed with water, and sometimes spruce beer. Black coffee rounded off the meal.

On special occasions or when guests were invited, a greater number of both dishes and courses were served, and the dishes were more refined, in imitation of the tables of the seigneurs, officers and rich merchants. At the Sulpicians' in Montreal, on a meat day, the engineer Franquet dined well on "deer, passenger pigeons, chickens, squab and veal"; and at Fort Chambly, on a meatless day, the commander gave him a supper consisting of "all sorts of fresh fish, among the best that this river has to offer."

Not just the variety of meat, but the refinement of the preparation distinguished the cuisine of the élite from that of the rest of society. During the Seven Years' War, the French authorities ordered their officers to reduce the extravagance of their suppers to one course only. Montcalm submitted gracefully, taking care to add: "Tomorrow I shall have ten people for soup, four large entrées, a shoulder of veal and a large cold entremets – all of it to be served at once, with the boiled meat straight after the soup." A splendid example of frugality!

But to the élite, eating well also meant obtaining rare and costly ingredients to make certain dishes and enjoying exotic or seasonal foods. Some people imported truffles and meadow mushrooms, oranges, flasks of stock, artichokes and pickled oysters from France; others endeavoured to purchase liqueurs from the West Indies, like Barbados cream, or exotic produce like peppers and coconuts. Some New World foods such as Niagara or Detroit peaches, Illinois pecans, fresh oysters from Baie Verte (Acadia) or "wild oats" (wild rice) were very much sought after simply because they were harvested far from settled areas.

Some early fruits and vegetables were also appreciated by gourmets. Thus speedwell, which in spring was used for salad, and milkweed shoots were eagerly awaited. Early winter was the time for bear oil, which was very good in salads. Caribou and ptarmigan meant a feast, since they came down into the St. Lawrence Valley only in very cold weather. Each winter small snow bunting were eaten, "so plump and so delicate that connoisseurs called them ortolans." Finally, everyone made a fuss about beaver tail, bear paw, moose muffle and bison tongue.

None of these dishes would be served on a simple pewter plate such as those used by the habitants, for the élite set their tables with china and silver. They also had many more and many different types of serving platters than the common people, and their kitchens were much better equipped. Cookbooks could be found on the bookshelves in some homes. For example, François Étienne Cugnet, a former partner in the Saint-Maurice ironworks, had in his collection *Le Cuisinier royal et bourgeois* by Massialot as well as a book on jams and liqueurs. The merchant Jacques Perrault owned *La Cuisinière bourgeoise* by Menon, while the sculptor François Baillargé showed he was a fine gourmet when he acquired *Les Dons de Comus* by Marin. But the most common cookbook to be found in bourgeois households was Liger's *La Maison rustique*.

Would the Conquest transform the eating habits of Canadians? Certainly everyone benefited from Governor Murray's introduction of the potato, which was soon found on all tables. The élite, however, had to cope with major changes in what foods could be imported. From 1765 on, Canadian merchants complained of the dearth of French wines; they even saw in this an attempt by the British authorities to change the drinking habits of Canadians by making only fortified wines (sherry, madeira, port) available, "generally foul beverages, horrid, mixed wines that are excessively strong and rough."

It was only occasionally, as in 1789, the year the French Revolution broke out, that French wines and other foods (pickled artichokes, truffles in oil) arrived in the colony. Canadian gourmets therefore had to make do with products from the British imperial larder. Of these, it was certainly tea that made the greatest inroads, to the point where some denounced its use as snobbish imitation of British manners. In fact, some people began eating dinner at four o'clock, abandoned soups and entrées for roasts and puddings, drank madeira and port, had tea at seven o'clock and a late supper with a sandwich, "in a true fashionable style."

But such a complete adoption of English eating habits remained a marginal phenomenon in the eighteenth century. Early in the nineteenth century, the artist William Berczy, while visiting Judge De Bonne, remarked that meals were always served according to French hours, although people also took tea! And in terms of fare, "we live entirely the French way, always having good soups, which suits us very well."

French and Dutch eighteenth-century earthenware. Collection archéologique de Place Royale, MAC.

From Frugality to Feasting:
Kitchen and Table in the Eighteenth Century

Soup
Oille, "Ouille," *Le Ménage des champs et de la ville*, 1739

Entrées
Chicken Fricassee with Brown Sauce, "Fricassée de poulet, sauce rousse,"
L'école des ragoûts, 1700

Salmon Steaks with Herbs, "Darnes de saumon aux fines herbes,"
Traité historique et pratique de la cuisine, 1758

Lamb Chops with Herb Sauce, "Côtelettes d'agneau à la plucheverte," Menon,
La Cuisinière bourgeoise, 1772

Roasts and Removes
Beef Rump *à la cardinale*, "Culotte de boeuf à la cardinale," Menon,
La Cuisinière bourgeoise, 1772

Braised Beef Tongue, "Langue de boeuf à la braise," Marin, *Les Dons de Comus*, 1775

Browned Trout with Mushroom Ragout, "Truites rissolées et ragoût de champignons," Liger,
Le Théâtre de l'agriculture, 1723

Salads and Canapés
Green Bean Salad, "Haricots verts en salade," Menon, *La Cuisinière bourgeoise*, 1772

Fish Salad, "Barbue en salade," Massialot, *Le Nouveau Cuisinier royal et bourgeois*, 1732

Entremets
Small Hot Patties *à l'espagnole*, "Petits pâtés à l'espagnole," Massialot,
Le Nouveau Cuisinier royal et bourgeois, 1732

Root Vegetables, Sliced Thinly, "Racines en menu droit," Menon,
La Cuisinière bourgeoise, 1772

Turnips with Cheese, "Navets au fromage," *L'École des ragoûts*, 1700

Desserts
Almond Torte, "Tourte d'amandes," *Traité historique et pratique de la cuisine*, 1758

Apple Fritters with Cheese, "Beignets de pommes au fromage," Liger,
La Nouvelle Maison rustique, 1755

Raspberry Compote, "Compote de framboises," Menon,
La Science du maître d'hôtel confiseur, 1776

Beverage
Lemonade, "Limonade," *Le Confiturier français*, 1700

Oille

According to some authors, oille comes from the Spanish dish olla podrida, an elaborate sort of stew that was apparently introduced into France by the queens Anne of Austria and Marie Thérèse, both of whom were Spanish. Others claim that the name comes from the oule, an earthenware pot of southwestern France in which a potée (stew) was made. Whatever the case may be, it is, as the Dictionnaire de Trévoux states, a seigneurial dish. It was probably introduced into the colony by soldiers or colonists from the south of France. Le Ménage des champs gives a recipe for a meatless oille whose refinement depends on the preparation of the stock and the stuffing. We do not eat much carp anymore, but at the time it was considered to be a delicacy.

2 L (8 c) fish stock [see recipe in annex]
1/4 cabbage, cut into 4
2 carrots, sliced
2 parsnips, sliced
2 small turnips, diced
3 leeks, sliced
45 mL (3 tbsp) fresh parsley, chopped

Stuffing

150 g (1/3 lb) carp or cod
150 g (1/3 lb) eel or mackerel
2 small green onions
45 mL (3 tbsp) fresh parsley, chopped
2 egg yolks
1 mL (1/4 tsp) ground cloves
2 mL (1/2 tsp) salt
1 mL (1/4 tsp) pepper
30 mL (2 tbsp) butter
1 loaf bread, 25 cm (10 in) long

Bring the vegetables and stock to a boil in a large pot. Cook 25-30 minutes over medium heat. In the meantime, chop up the fish with the green onions and parsley. Mix well with the egg yolks, cloves, salt and pepper to make the stuffing. Melt the butter in a frying pan and cook the fish mixture for 10-15 minutes over a low heat.

Cut the top off the loaf of bread, hollow out the loaf, and stuff it with the cold chopped fish. Ladle some fish stock into a fish pan (or long mould) and put in the stuffed loaf with its crust. Heat in a 120°C (250°F) oven for 10-15 minutes.

Serve the stuffed bread on a platter surrounded by the cooked vegetables and the stock in a soup tureen.

Reconstruction of a large middle-class kitchen, mid-eighteenth century. Drawing by Richard Dollard, Canada Parks Service.

Chicken Fricassee with Brown Sauce

In the seventeenth century, the French word from which fricassee is derived could also mean "to spend one's money on debauchery and good food." This may well have some connection with its culinary sense. For common people, fricasseeing was wasteful, because it did not allow them to use the meat's juices or make a stock for soup. It is a quick and tasty cooking method first used with chicken, an expensive ingredient at the time.

 60 mL (4 tbsp) butter
  2 chicken breasts, each cut into 4 pieces
310 mL (11/4 c) chicken stock
 15 mL (1 tbsp) wine vinegar
  2 bay leaves
     rind of 1 orange
     juice of 1 lemon
 30 mL (2 tbsp) fresh parsley, coarsely chopped
  1 mL (1/4 tsp) nutmeg, grated
 60 mL (1/4 c) breadcrumbs

Brown the chicken in the butter over medium heat. Drain and set aside.

Pour off the fat; replace with the stock, vinegar, bay leaves, lemon zest, lemon juice, parsley and nutmeg, and cook over low heat for 3-4 minutes. Replace the chicken in the pan and sprinkle with breadcrumbs; cover and cook over low heat 45 minutes to 1 hour.

Salmon Steaks with Herbs

Salmon, like sturgeon and eel, was a major catch for the colonists of the St. Lawrence Valley from the seventeenth century on. Large numbers were caught in the waterway, as far upstream as Niagara Falls. Salmon from the rivers of the Châteauguay seigneury and around the Îles de la Paix, for example, was regularly sold at the Montreal market. Indeed, so many were caught that some were salted for export to France and the West Indies.

110 g (4 oz) fresh butter
 60 mL (4 tbsp) olive oil
 60 mL (4 tbsp) green onions, chopped
 60 mL (4 tbsp) fresh parsley, chopped
5-6 mushrooms, sliced thinly
  1 pinch nutmeg
     salt and pepper
  8 salmon steaks about 2.5 cm (1 in) thick

Sauce

150 g (1/3 lb) butter
  2 shallots, chopped
     salt and pepper
  1 pinch nutmeg
 45 mL (3 tbsp) flour
250 mL (1 c) fish stock [see recipe in annex]
 30 mL (2 tbsp) capers

Melt the butter and mix with the olive oil. Add the green onions, parsley, mushrooms, nutmeg, salt and pepper and heat for 2-3 minutes.

Marinate the salmon in a roasting pan placed on the top of the stove for 30 minutes so it is warmed while the oven is heating up. Grill in the oven for 6-8 minutes, basting with the marinade.

Melt the butter and brown the shallots. Season and add flour; cook for 2-3 minutes, stirring constantly. Add stock and thicken the sauce.

Lamb Chops with Herb Sauce (p. 31)   **Côtelettes d'agneau à la plucheverte (p. 31)**

A copper frying pan and wicker basket. The long handle on the frying pan allowed the user to stay a safe distance from the flames of the hearth.

Poêle à frire en cuivre et panier d'osier. Le long manche de la poêle permettait de se tenir éloigné des flammes de l'âtre.

Lamb Chops with Herb Sauce

Suckling lamb, practically unknown today in Canada, was a favourite dish in the seventeenth and eighteenth centuries. It had to weigh between fifteen and twenty pounds, which meant it could be no more than seven weeks old. It was usually roasted on a spit or as Bonnefons says, if it was "no larger than a rabbit" it could be put whole into a soup. But most often spring lamb (less than five months old and weighing under forty-five pounds) or just plain lamb (less than a year old) was eaten. Today in Quebec, lamb is defined as being less than fourteen months old. Several eighteenth-century travellers reported that in New France sheep were small; however, all agreed on the high quality of the meat. Lamb and mutton were served at country wedding feasts.

6	lamb chops, thick
30 mL (2 tbsp)	butter
60 mL (1/4 c)	white wine
125 mL (1/2 c)	beef stock
15 mL (1 tbsp)	fresh parsley, chopped
5 mL (1 tsp)	green onion, chopped
1	clove garlic
1	shallot
5	leaves fresh tarragon, chopped [1 mL (1/4 tsp) dried]
2	cloves
1	bay leaf
5 mL (1 tsp)	fresh thyme
5 mL (1 tsp)	fresh basil
1	good pinch flour
	salt and pepper

Sauce

15 mL (1 tbsp)	butter
15 mL (1 tbsp)	flour
5 mL (1 tsp)	fresh parsley, chopped
1	dash wine vinegar

Sear the cutlets in the butter over high heat. When golden, add the liquid ingredients, herbs and spices, and pinch of flour. Bring to a boil, stir and reduce the heat. Cook over low heat for about 20 minutes. Remove the chops and keep them warm. Strain and degrease the sauce.

Make a *beurre manié* by kneading the butter, flour and parsley together. Put the *beurre manié* in the frying pan and put the pan back on the heat; stir in the sauce. Add the dash of vinegar and whisk until smooth. Pour the sauce over the chops.

Wild laurel and chervil. Drawings taken from *Histoire de la Nouvelle France…*, 1744, by P. De Charlevoix.

Beef Rump à la cardinale

Salting meat and fish as a method of preservation has been practised for thousands of years. Not only does the coarse salt act as a preservative, but impurities in it, the nitrites, also alter the color and taste of the meat. In the sixteenth century it was discovered that adding saltpetre to the brine, as well as preserving the meat, gave it a pleasant flavor and also helped it retain its red color even after cooking. Beef was the meat most commonly eaten in the towns of New France. The authorities supervised the market and butchers' stalls, and inspected animals before they were slaughtered; they also regulated sales and even set maximum prices. It was all the more difficult to ensure steady supplies since a good part of the beef was salted to feed the crews of ships or for export to the West Indies. Despite the importance of salted beef in the colony, it never replaced pork in the diet, since salt pork and lard were among the most basic seasonings in French cooking. Nonetheless, salted beef was not neglected by gourmets. After the conquest, it became a popular food item. From then on, heavy consumers of beef that the English were, they adopted this preservation method for their beef. It became known as "corned beef," the word "corn" used referring to the coarse grains of the salt used.

225 g (1/2 lb) salt pork, cut into lardoons
5 mL (1 tsp) mixed spices [see recipe in annex]
5 mL (1 tsp) salt
1 rump roast* of beef weighing 5 kg (10-12 lb)
110 g (1/4 lb) saltpetre, ground

Marinade

30 g (1 oz) juniper berries, ground
3 bay leaves
5 mL (1 tsp) thyme
5 mL (1 tsp) basil
300 g (2/3 lb) coarse salt

a few strips pork fat (for barding)
1.5 L (6 c) red wine
1 L (4 c) water
5-6 onions
2 cloves garlic
4-5 carrots
2 parsnips
1 bay leaf
5 mL (1 tsp) basil
5 mL (1 tsp) thyme
4-5 cloves
1 mL (1/4 tsp) nutmeg
45-60 mL (3-4 tbsp) fresh parsley
30 mL (2 tbsp) fresh chives

Marinade

Rub the lardoons with the mixed spices and salt; lard the beef. Rub the beef with the ground saltpetre. Place the roast in a large earthenware pot; add the juniper berries, bay leaves, thyme, basil and coarse salt. Cover and marinate 8 days.

Cooking

Remove the beef from the pot and wash with hot water. Bard (cover with strips of pork fat), wrap in cheesecloth and tie. Cook over very low heat for 5 hours with the red wine, water, onions, garlic, carrots, parsnips, bay leaf, basil, thyme, cloves, nutmeg, parsley and chives.

Remove from the heat and let cool in the cooking juices. Keep cool until serving time. Serve cold and sliced.

* The rump corresponds more or less to today's sirloin and part of the hind quarters.
Nowadays, the piece of beef that is usually salted is the brisket.

Braised Beef Tongue

According to Furetière's dictionary of 1700, the tongue is "the instrument of taste," and it is an instrument that gastronomes have long appreciated. In Canada, the French were keen on moose tongue and especially bison tongue, which the Indians considered to be a delicacy. During the famine of 1756, Montcalm did not hesitate to suggest horse tongue stew. In the best kitchens of Quebec City, tongue was cooked in a cast-iron braising pan that had a concave lid with a rim on which coals from the hearth were placed. The meat thus cooked from both top and bottom, and its juices could not evaporate.

- 1 beef tongue weighing 2 kg (4-41/2 lb)
  water
- 225 g (1/2 lb) pork fat for bards and lardoons
- 3-4 onions, sliced
- 2 carrots, grated
- 2 parsnips, grated
- 3 cloves
- 1 sprig fresh basil [5 mL (1 tsp) dried]
- 2 slices beef (round steak), well pounded
  salt and pepper
- 250 mL (1 c) beef stock

Place the tongue in a large pot, cover with water and cook slowly for 31/2 hours over low heat, adding water as necessary. Take the tongue out of the pot and remove the skin. Lard the tongue, inserting lardoons every 5 cm (2 in).

Lay half the sliced onions in a stewing pot, then add half the parsnips and carrots, 2 cloves, a little basil, salt and pepper. Cover with a slice of beef and one bard; place the tongue on top. Cover the tongue with another bard, the second slice of beef, a clove and the rest of the basil, carrots, parsnips and onions. Sprinkle with salt and pepper. The pot should be well covered and airtight. If necessary, use a sheet of wax paper between the pot and the lid.

Simmer the tongue gently about 20 minutes; add the stock and cook gently for 1 or 11/2 hours. Remove the tongue, slice thinly and serve with the degreased pan juices.

Browned Trout with Mushroom Ragout

In New France, there were three types of native trout. The best known species was brook trout or sea trout. Large numbers were caught around Quebec City, where there were even trout mongers, like a certain Poitevin père. Lake Beauport in particular was so famous for its trout that Seigneur Joseph Giffard leased it as a fishery, asking a rent of four hundred fresh trout per year.

- 4 trout
- 90 mL (6 tbsp) fresh butter
- 250 mL (1 c) breadcrumbs
  salt and pepper

Mushroom Ragout

- 450 g (1 lb) mushrooms, sliced
- 30 mL (2 tbsp) melted pork fat
- 1 pinch nutmeg
- 60 mL (4 tbsp) fresh parsley, chopped
- 30 mL (2 tbsp) green onions, chopped
  salt and pepper
- 15 mL (1 tbsp) lemon juice
- 1 egg yolk, beaten

Brush the trout with melted butter and coat in breadcrumbs. Season with salt and pepper. Place in a buttered dish and bake 8-10 minutes at 220°C (425°F).

Melt the fat and sauté the mushrooms. When the juice has come out of the mushrooms, add the nutmeg, parsley, green onions, salt and pepper. Cook for another few minutes and add the lemon juice; mix well. Blend in the egg yolk, stirring constantly. Serve with the trout.

Green Bean Salad

Although Columbus discovered green beans (Phaseolus) in Cuba, they were introduced into Europe only slowly, and did not arrive in France–through Italy–until around the time Cartier rediscovered them in the St. Lawrence Valley. It was not until the mid-seventeenth century that they became widely cultivated in France, and it was then that the first recipes appeared in cookbooks. Bonnefons called them "feverottes" and said that they were eaten "in a new kind of haricot," that is, stewed young beans in their pods.

450 g (1 lb) green beans

Dressing

60 mL (1/4 c) olive oil
30 mL (2 tbsp) wine vinegar
1 mL (1/4 tsp) dried chervil
1 mL (1/4 tsp) dried tarragon
2 mL (1/2 tsp) fresh parsley, chopped
2 mL (1/2 tsp) fresh chives, chopped

Wash the beans and cut off the ends. Bring the water to a boil and cook the beans for 15 minutes or so; they should still be a little crisp. Drain; cut in half, lengthwise, if desired.

Make a vinaigrette dressing with the olive oil, vinegar and herbs; pour over the beans and let cool and soak for at least an hour.

Fish Salad

The barbue known in France is a flat salt-water fish, which in English is called brill. In Canada, the fish known as barbue is the catfish, a freshwater fish that tastes rather like eel and was often eaten, in the colony. But this is not the fish Massialot refers to. In New France this recipe would have been made with halibut, turbot or sole, which are related to brill. These fish were very familiar downstream from Quebec City. Halibut caught in the gulf was roasted on a spit, according to Nicolas Denys (1672), or eaten with vinegar. It was also prepared with a court bouillon, butter, or herbs and orange.

750 mL (3 c) water
60 mL (1/4 c) coarse salt
3 cloves
2 bay leaves
2 onions, quartered
white pepper
450 g (1 lb) halibut

Rémoulade Sauce

30 mL (2 tbsp) chives
3 shallots
30 mL (2 tbsp) capers
30 mL (2 tbsp) parsley
4 anchovy filets, washed in cold water
salt and pepper
10 mL (2 tsp) Dijon mustard
250 mL (1 c) olive oil
80 mL (1/3 c) vinegar
1 romaine lettuce

Bring the water and coarse salt to a boil to dissolve the salt. Add the spices and onions, and cook 10 minutes over low heat. Add the fish and bring to a boil again; simmer 20 minutes over low heat. Remove the fish and cool.

In the meantime, make the rémoulade. Finely chop the chives, shallots, capers, parsley and anchovy filets. Mix together and season with salt and pepper. Stir the mustard, oil and vinegar into the mixture and let cool.

Line the bottom of a bowl with lettuce leaves; chop up the fish into small pieces and place it on the leaves. Sprinkle generously with the rémoulade and serve.

Small Hot Patties à l'espagnole

In the eighteenth century, small hot patties were served as hors d'oeuvres or small entrées, and were also sold by street vendors. They were the equivalent of the modern sandwich–a snack or light meal that can be eaten at any time. The guard of the Port of Quebec, René Chevalier, had patties at eleven o'clock in the morning at the café run by pastry cook Jean Robin. In 1804, Thomas Verchères de Boucherville purchased from an old woman at the Montreal market "a small pie that looked superb," but it did not taste as good as it looked! Perhaps Montcalm's colleagues felt the same way in 1757 when, during a severe famine, he offered them Spanish-style patties made with horse meat.

225 g (1/2 lb) pork fat
225 g (1/2 lb) white chicken meat, finely chopped
225 g (1/2 lb) ground veal
  1 small onion, thinly sliced
  5 mL (1 tsp) mixed spices [see recipe in annex]
  5 mL (1 tsp) dried tarragon
  2 cloves garlic, finely chopped
    pepper and salt
    puff pastry [see recipe in annex]
  1 egg white

Melt 45 mL (3 tbsp) of the pork fat. Cut the rest of the fat into large pieces and brown with the chicken and veal. Remove the meat and run it through the food processor to make a smooth filling. Mix in the onions, spices, tarragon, salt and pepper.

Cut 12 bottom crusts measuring 13 cm (5 in) and 12 top crusts measuring 8 cm (3 in). Flour some small moulds (muffin tins, for example) and line with the larger pieces of pastry. Add the filling, top with the second crust and pierce with a fork. Brush with egg white.

Bake 5 minutes in a preheated 220°C (425°F) oven, then reduce heat rapidly to 165°C (325°F) and bake 15-20 minutes, until golden brown on top.

Root Vegetables, Sliced Thinly

In the seventeenth century, root vegetables were still seen as food proper for only the poor and the destitute. "They live on black bread, water and roots," wrote La Bruyère. Indeed, in the early seventeenth century, the poor usually had only vegetables to eat, while the rich dined mainly on meat. But even at the beginning of the century, French agricultural treatises, such as that by Olivier de Serres (1600), discussed a wide range of edible vegetables and pointed out the qualities of the humble roots from the kitchen garden. Cookbooks followed suit, with writers finally distinguishing one root from another, so that, along with onions, root vegetables eventually became essential in the preparation of soups. In the eighteenth century, recipes for root vegetables became more refined and they were also featured in special dishes.

  5 carrots
  2 large parsnips
  1 celeriac
    water
 30 mL (2 tbsp) butter
  1 medium red onion, thinly sliced
 30 mL (2 tbsp) flour
    salt and pepper
  5 mL (1 tsp) wine vinegar
  2 mL (1/2 tsp) old-fashioned Dijon mustard

Peel the vegetables (except for the onion) and cut into thin strips, Julienne style. Boil 10-15 minutes so that they are still crunchy. Keep the vegetables warm and set aside the cooking liquid.

Melt the butter and sauté the onion until transparent, not brown. Add the flour to make a roux. Add 175 mL (3/4 c) of the cooking liquid to the roux; add the salt, pepper and vinegar, stirring all the while. Mix in the vegetables.

Stir in the mustard when you serve.

Turnips with Cheese

Ever since antiquity, the élite had scorned turnips. They made a good winter food, since they were easy to grow and cheap, and they kept well, but they were always considered to be fit only for the poor and for pigs. Yet turnips were not universally disdained and their good qualities had long been praised: they add flavor to soups and go wonderfully with duck. Along with cabbages and onions, turnips were one of the first vegetables brought to Canada by the French; Jacques Cartier planted some as early as 1540. According to Simon Denys in 1651, they "grew marvellously." They could be found on good tables in the eighteenth century, served with imported Parmesan, a dry sharp cheese.

900 g (2 lb) turnips
45 mL (3 tbsp) butter
salt
1 mL (1/4 tsp) pepper
1 pinch nutmeg
160 mL (2/3 c) milk
125 mL (1/2 c) Parmesan, grated

Peel the turnips and boil them. When done, remove from water and cut up. Add the butter, salt, pepper, nutmeg and milk to the turnips and bring to a boil. Sprinkle with Parmesan and stir. Reduce the heat and simmer gently for a few minutes. Serve hot.

Almond Torte

Almonds were an essential ingredient in medieval cuisine, used as a base for sauces and in several types of dessert. Even in the seventeenth and eighteenth centuries, they were still employed extensively, particularly in confectionery (dragées, nougats and marzipan). Imported in large quantities, they were even found in the king's stores in towns, forts and the far outposts of the colony. It is sweet or bitter almonds, either whole or ground, that are most often listed as being in the larders of the middle classes of Quebec City and Montreal. Almond desserts remained very popular in the colony well into the nineteenth century. Macaroons, almond biscuits, sugared almonds and frangipane were part of the diet of the religious communities; their bakeries sold these confections to the public as well.

4 macaroons
110 g (1/4 lb) ground almonds
2 eggs
zest of 3/4 lime
a few drops orange blossom water
250 mL (1 c) icing sugar
110 g (1/4 lb) butter
1 puff pastry pie shell [see recipe in annex]
1 egg

Macaroons

2 egg whites
250 mL (1 c) icing sugar
150 g (1/3 lb) almonds, ground

First make the macaroons. Preheat the oven to 175°C (350°F). Beat the egg whites to a stiff foam and alternately add the sugar and almonds, continuing to beat. Spoon onto a greased cookie sheet and bake for 15-20 minutes. The macaroons can also be served as cookies.

To make the pie, turn the oven up to 230°C (450°F). Mix all the ingredients in a food processor. Pour the mixture into the pie shell. Put a rim of pastry around the edge, using a little egg white to make it stick. Add a decorative lattice if desired. Brush with egg white. Bake 10 minutes at 230°C (450°F) if the pie shell is not prebaked. Lower the temperature quickly to 165°C (325°F) and bake another 50 minutes until golden brown.

Apple Fritters with Cheese

Apples and cheese make a very good pair! In the eighteenth century, the apples grown in the St. Lawrence Valley were of French origin; some had long been established, like the pippin, the lady apple or the calville. Others, like the roseau, the fameuse or the bourassa, were more recent. According to the accounts of market gardener Pierre Guy in the mid-eighteenth century, the most highly valued were, in descending order, the russet, the bourassa, the fameuse, the calville and the pippin. Although John Lambert confirmed the popularity of the russet, Mrs. Simcoe preferred the roseau, with its strawberry flavor, and Baroness Von Riedesel the bourassa. The best known of the soft white cheeses was certainly that of Île d'Orleans, but it was not to everyone's taste.

350	g (3/4 lb) cream cheese
750	mL (3 1/2 c) all-purpose flour
4	eggs
5	mL (1 tsp) salt
60	mL (1/4 c) icing sugar
500	mL (2 c) milk
4	apples, peeled, cored and sliced
	butter or lard

Break up the cream cheese with a wooden spoon. Blend in the flour. Break the eggs one at a time and blend well, using your hands if necessary. Add the salt and sugar. Add the milk gradually, stirring constantly. Dip the pieces of apple in the batter. Melt the butter or fat over medium heat and brown the fritters on both sides.

Raspberry Compote

Raspberries grew all over the colony, on the banks of streams and rivers and on hillsides. The colonists ate lots of them when they were in season. The Swede, Pehr Kalm, recalls that they were served right after the meal instead of jam. They were eaten plain, with milk and sugar, or in a compote with cane syrup. Preparing them as a compote seemed to be very fashionable, judging from the large number of fruit bowls (compotiers) found among the serving dishes of the colonial townspeople.

160	mL (2/3 c) water
1/2	egg white
250	mL (1 c) sugar
1	L (4 c) raspberries

Bring the water and egg white to a boil in a pan over medium heat, beating to make the egg froth, then add the sugar. As the froth rises, add a little cold water to reduce it. Repeat 3 or 4 times.

When the froth begins to turn brown, remove from heat, skim and return to heat. If the froth does not rise again, strain through a cheese cloth. If it does, add a little cold water.

After straining the syrup, return to the heat and bring to a boil until small bubbles form in a slotted spoon when you blow on it. Remove the pot from the heat, stir in the raspberries and let stand for 15 minutes.

Return to the heat and bring to a boil. Remove from heat immediately and pour into individual dishes.

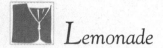

Lemonade

In the eighteenth century, refreshing "waters" for the spring and summer were distinguished from liqueurs to "fortify and heat in winter." Among the first type were iced waters flavored with flowers (violets, oranges, roses) and those flavored with fruit (raspberries, cherries, gooseberries, oranges). The fruit and flowers were simply steeped in water and sugar. Lemonade and orangeade were simply variations on lemon and orange water. Spiced waters (cinnamon, aniseed, coriander), although served cold, were considered to be winter drinks. Some "aromatic spirits" were also called waters when distilled with these spices. Governor La Jonquière had a great many flasks of ratafia (fruit liqueur), cinnamon water, orangette (orange liqueur) and cordial (made with balm and lemon rind).

1   **L (4 c) water**
60   **mL (4 tbsp) sugar**
     zest of 1 lemon
     zest of 2 oranges
     juice of 6 lemons
     juice of 2 oranges

Mix all the ingredients and let stand 4 hours. At serving time, strain to remove the rinds. Serve cold.

"Un souper chez un grand seigneur canadien." Phillipe Aubert de Gaspé, *Les Anciens Canadiens*, ed. 1931.

Fare at the Colonial Palaces
in the Eighteenth Century

At the Château St. Louis (the governor's residence), the Intendant's Palace and the Bishop's Palace in Quebec City, lavish living varied according to the tastes of those in power. This small circle regularly spent the summers in Montreal, where it carried on the same exceptional lifestyle with sumptuous repasts at its various official residences. Not all the members of the circle favored rare and lavish food, however. Bishops Laval and Saint-Vallier were models of frugality; Saint-Vallier even exhorted Governor Denonville to curb the extravagance of his feasts.

Their successors, on the other hand, showed themselves to be rather more refined; Dosquet, for example, invited visiting priests to eat at the bishop's refectory. Pontbriand often had guests to dinner, and according to the officer Duplessis, "all honest people are always welcome, save for women, whom he never invites." On his death, the prelate's sublimely refined larder held seven pounds of truffles, a much sought-after and very expensive food even that long ago.

Governor Frontenac was a well-known gourmet. In talking about the governor-to-be's expensive tastes and considerable vanity, Mademoiselle de Montpensier, a cousin of Louis XIV, noted the sumptuousness of his table and the ostentation with which he discussed the talents of his cooks.

The Marquis de La Jonquière was also well-known for his exotic tastes. Over a quarter of the expenses for his stay in Canada in 1749 was for provisions, not to mention the luxury of his silver dishes, elaborate kitchen equipment and extensive table accessories. He had hardly arrived in Quebec City when he invited all the local dignitaries to dine, and "fed them well."

Even the governors of Montreal and Trois Rivières kept very good tables. When the engineer Louis Franquet passed through Trois Rivières in 1752, he dined with Governor Rigaud de Vaudreuil and remarked "an abundance of delicacies from the best provinces of France."

But the most extravagant of all was indubitably Intendant Bigot. Whether in Quebec City or Montreal, he always had what was needed for a proper feast. Even during his official travels, he made sure that he could provide a table for twenty or thirty every day. The intendant was an excellent host and his table was "always open and splendidly laden."

At carnival time in 1750, according to Governor La Jonquière, Intendant Bigot gave large balls; the last one was even accompanied by a "magnificent medley," a type of lavish buffet where the rigid structure of French service was abandoned. Nonetheless, games often encroached upon mealtimes, and people dined very late. Montcalm for one found that the intendant's suppers often took on the "atmosphere of a tavern."

To provide these copious and delicate meals, the prominent men of the colony had special rooms and professional cooks at their disposal. The three official residences in Quebec City also had grounds large enough for splendid orchards and vegetable gardens. Their cellars probably resembled those of the Quebec Seminary where, according to Bacqueville de La Potherie, "in winter it is like a garden in which all the vegetables are set out in rows."

They also stored champagne and other sorts of wine, such as Saint Macaire, Bordeaux, Graves, Saint Émilion and even Haut Brion. There were fortified wines from Frontignan, Navarre, the Canary Islands, Muscat and Spain, not to mention cognac and anise liqueur from Andaye, and refreshing "waters" of all flavors. Some governors even employed a wine butler.

Their kitchens were large, with one or two fireplaces for spit-roasting or grilling meats, or cooking soup in large pots hung from trammels. Sometimes the fireplace would include a built-in oven for baking bread, pies and other pastries. In addition to the fireplace, cooks would also have a special brick stove (*potager*) with several openings for simmering sauces and stews, which was heated with coals from the fireplace. A whole set of pots and pans and other utensils would be available to them. Governor Vaudreuil had a portable oven that could be put in the fireplace and a number of copper platewarmers to keep hot the numerous dishes needed for the French service. There was also a plethora of pots, pans, cauldrons, frying pans and small copper or iron saucepans; not to mention specialized utensils like braising pans, fish kettles, *poupetonnières* (braising pans for making *poupetons*, a kind of meat roll) and *chaponnières* (pots for stewing capons).

Accessories like skimmers, colanders, mills, cleavers, scales, ladles, mortars, large kettles and terrines hung on the wall, or were scattered here and there on shelves throughout the room. All the work was done under the watchful eye of the head cook, assisted by one or more helpers.

Off the kitchen was the pantry, supervised by the pantryman, who had a few helpers and sometimes a confectioner under him. Smaller than the kitchen, the pantry was used for making sweets, distilling and preparing fruits and salads. As in the kitchen, there was a fireplace and a small stove (*potager*) on which to cook the compotes that were so popular at the time.

The equipment was not the same as that in the main kitchen. Naturally there were platewarmers and a few kitchen utensils, but chiefly there were salad bowls, cruets, mustard pots, sugar bowls, fruit bowls, basins, biscuit moulds and similar items. There were also utensils for serving fruit, along with all the tableware, especially the silverware.

There was no such thing as a dining room until the eighteenth century. Then, in all the official residences, one room was set aside for eating. Large trestle tables could seat thirty, forty, or even sixty guests. The butler, who was responsible for all kitchen and pantry staff, was particularly attentive to table service, and commanded a small army of servants.

The change of régime in 1763 did not put a stop to this sumptuous lifestyle and exotic eating. The English governors of the eighteenth century—Murray, Carleton, Haldimand, Prescott and Craig—all recruited French chefs. When Murray, the first governor, asked his sister in Scotland to try to find a good cook for him, she replied that it was a difficult task, and that it would be a lot easier to find a good French cook in Quebec!

Some cooks, like Petit, carved out enviable reputations for themselves. Menut, Maillet, Lemoine and Langlois, after serving governors and bishops, all set up their own shops and flourished. Aubert de Gaspé, having titillated his palate at one of Governor Craig's feasts around 1806, left this reflection on the centres of culinary creativity that were the kitchens of the official colonial residences: "There is nothing finer or more splendid than the way this meal was set forth, not only in the eyes of the children of the soil, who are little accustomed to such luxury, but in the eyes of the European guests; there was a small inconvenience to these guests, however, and that was not knowing a single one of the dishes we were served, so distinguished a French artist is Monsieur Petit."

Monarchs' birthdays, New Year's Day, dignitaries' visits and the commemoration of military victories were all occasions for holding grand dinners, suppers and balls at the Château St. Louis. On December 31, 1776, to celebrate the defeat of the Americans at Quebec City a year earlier, Governor Carleton gave a dinner for sixty guests, all men, with the exception of the governor's wife and sister-in-law.

On the queen's birthday in 1787, the large hall of the château was filled with dancers. The servants handed round hot madeira and huge quantities of candies. The table was set at eleven in the evening: the governor, senior officers and

ladies sat at the table of honor. The other ladies then sat down with their partners standing behind them. The meal, which lasted an hour and a half, was "artistically arranged" with many pyramids of fruit, wrote Nicolas Gaspard Boisseau. Then, the most important ladies sang sweetly. After that, dancing continued until five in the morning.

This type of very English formal party favored by Governor Carleton (Lord Dorchester) was called a rout; it allowed the governor to receive guests and introduce visitors from abroad to the high society of Quebec. People dined, danced, took tea and played cards, notably whist, at these parties. Governor Craig liked to organize country feasts at his summer residence on the road to Cap Rouge. These parties lasted all day, from breakfast with its cold meats, radishes, butter, tea and coffee until supper, when the cook demonstrated that he deserved the highest praise.

View of the *Palais de l'Intendant*, Quebec. Richard Short, 1761. National Archives of Canada, C.360.

Fare at the Colonial Palaces in the Eighteenth Century

Soup

Soup *à la vierge*, "Potage à la vierge," *Traité historique et pratique de la cuisine*, 1758

Entrées

Royal Sceptres, "Bâtons royaux," *Traité historique et pratique de la cuisine*, 1758

Chicken Tartare, "Poulet à la tartare," Menon, *La Cuisinière bourgeoise*, 1772

Walleye with Fennel, "Doré au fenouil," Massialot,
Le Nouveau Cuisinier royal et bourgeois, 1732

Roasts and Removes

Royal Sausage, "Saucisson royal," Massialot, *Le Nouveau Cuisinier royal et bourgeois*, 1732

Whitefish with Crayfish Sauce, "Poisson blanc au coulis d'écrevisses," Massialot,
Le Nouveau Cuisinier royal et bourgeois, 1732

Chicken with Chervil, "Poulet au cerfeuil," Menon, *La Cuisinière bourgeoise*, 1772

Salads and Canapés

Ham on Toast, "Rôties de jambon," *Traité historique et pratique de la cuisine*, 1758

Beet and Caper Salad, "Salade de betteraves aux câpres," *L'École des ragoûts*, 1700

Entremets

Blancmange, "Blanc-manger," *L'École des ragoûts*, 1700

Asparagus Rolls, "Pain aux pointes d'asperges," Massialot,
Le Nouveau Cuisinier royal et bourgeois, 1732

Cauliflower with Butter, "Chou-fleur au beurre," Massialot,
Le Nouveau Cuisinier royal et bourgeois, 1732

Desserts

Strawberry Fritters, "Beignets de fraises," Marin, *Les Dons de Comus*, 1775

Chocolate Mousse, "Mousse au chocolat," Menon, *La Science du maître d'hôtel confiseur*, 1776

Cream *à la Choisy*, "Fromage à la Choisy," *Traité historique et pratique de la cuisine*, 1758

Peach Pie, "Tourte de pêches," Marin, *Les Dons de Comus*, 1775

Beverage

Rosolio, "Rossoli," Massialot, *Nouvelles Instructions pour les confitures*, 1703

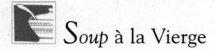

Soup à la Vierge

This recipe probably takes its unusual name from the color of the broth and delicacy of the ingredients. While few recipes are to be found in period cookbooks under exactly this name, the recipe known as potage à la reine is almost identical. It goes back to at least the sixteenth century, when it was one of the great favorites at the French court, and especially of Queen Marguerite de Valois. It remained popular in royal kitchens even in the nineteenth century, since according to Sarah Hale, it was Queen Victoria's favorite soup.

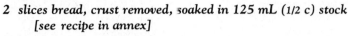

1 **chicken breast, cooked**
2 **eggs yolks, hard-boiled**
2 **slices bread, crust removed, soaked in 125 mL (1/2 c) stock**
    [see recipe in annex]
1.5 **L (6 c) beef and chicken stock**

Cut up the chicken. Put into the food processor with the egg yolks, bread and 250 mL (1 c) stock.

Once it has formed a paste, stir in the rest of the stock. Strain through cheesecloth. Heat in a double boiler, stirring all the while. Serve hot on the slices of bread.

Royal Sceptres

As small entrées or hors d'oeuvres, "bâtons royaux" are still part of the classic French culinary repertoire. They are actually just stuffed rissoles shaped into long thin sticks. Stuffed meat rissoles in a wide variety of forms go back to the Middle Ages. In this elongated form, they are simply a refined version of the popular rissoles sold in the streets of Paris in the eighteenth century.

1 **chicken breast, roasted and boned, weighing about**
    175 g (6 oz)
1 **chicken liver (or, preferably, goose liver)**
2 **calves' sweetbreads (place in a bowl of cold water in the refrigerator**
    overnight)
45 **mL (3 tbsp) pork fat, grated**
1 **small onion, chopped finely**
30 **mL (2 tbsp) parsley, chopped**
5 **mL (1 tsp) mixed spices [see recipe in annex]**
1 **slice of bread, soaked in milk**
2-3 **mushrooms, thinly sliced**
    salt and pepper
2 **eggs**
    puff pastry [see recipe in annex]

Chop the chicken, liver, sweetbreads and fat separately. Mix together and stir in the onion, parsley, spices, bread, mushrooms, salt and pepper. Thicken the stuffing with 1 or 2 eggs (depending on the consistency) and roll into small sticks the length of a finger and about 2.5 cm (1 in) thick.

Roll out the pastry and cut it into 10 cm (4 in) squares; wrap around the stuffing and fold the ends of the sticks. Seal and brush the seam with a little milk. Place on a cookie sheet with the seams downward. Make a cut on the top of each sceptre with a knife and brush with egg.

Bake in a preheated 205°C (400°F) oven for 25-30 minutes.

Yields about 16 royal sceptres.

Chicken Tartare

Although a recipe for chicken tartare is still around today, its seasonings have undergone a number of changes. The basic technique is still the same, however. The chicken is still cut into two, brushed with butter, coated with breadcrumbs and grilled. But the difference is that the tartare seasoning no longer consists of parsley, mushrooms and chopped garlic, but has become a mayonnaise sauce with chopped chives.

1   chicken weighing about 1.25 kg (3 lb)
60 mL (4 tbsp) butter
15 mL (1 tbsp) fresh parsley, chopped
15 mL (1 tbsp) fresh chives, chopped
2   large mushrooms, thinly sliced
1   clove garlic, crushed
    salt and pepper
250 mL (1 c) breadcrumbs

Cut the chicken in half and flatten, breaking some of the bones if need be.

Melt the butter and add the parsley, chives, mushrooms, garlic, salt and pepper. Brush the chicken on both sides with the melted butter mixture and let it marinate for an hour in a roasting pan. Leave the pan on top of the stove so it is warmed by the oven.

In the meantime, make the breadcrumbs by toasting a few slices of bread in the oven. Sprinkle the chicken with the breadcrumbs.

Grill the chicken at 175°C (350°F) for an hour, making sure not to let it burn. If the breadcrumbs start to burn, cover with foil. Brush with the rest of the marinade while it cooks.

Walleye with Fennel

Massialot actually calls for sole with fennel, which is indeed quite delicious. We have substituted walleye as a reminder of the wealth of our rivers and lakes; this fish was not mentioned in the cookbooks of the period simply because it was unknown in France. All the memoir writers and travellers rated it highly; Bacqueville de La Potherie reported that it was one of the most delicate fish of New France, along with bass and whitefish.

6   walleye fillets
60 mL (4 tbsp) unsalted butter
1   bulb fennel, sliced
15 mL (1 tbsp) flour
500 mL (2 c) fish stock [see recipe in annex]
15 mL (1 tbsp) fresh chives, finely chopped
15 mL (1 tbsp) fresh parsley, finely chopped
3   anchovy fillets, rinsed and finely chopped
15 mL (1 tbsp) capers
    a few sprigs fennel

Preheat the oven to 230°C (450°F).

Melt half the butter and brush the fish with it. Place slices of fennel beneath and on top of each fillet. Bake for 15 minutes.

In the meantime, make the sauce. First melt the rest of the butter on a low heat. Add the flour, stirring constantly. Add the stock a little at a time, stirring constantly. Mix in the parsley, chives, anchovies and capers and bring to a slow boil.

Pour the sauce onto a serving dish and place the fillets on it. Decorate with sprigs of fennel.

Royal Sausage

In the seventeenth and eighteenth centuries, the French did not often eat prepared meats, and contemporary cookbooks gave only a few recipes for them. Under the French régime in Canada, there were no pork butchers, although there were many other food-related trades. Sausage makers did not appear in the colony until after the English took over in 1763. Today sausage is generally made with raw ground meat that is highly seasoned. The royal sausage is so named because of the delicate and expensive meats used in making it.

300	g (2/3 lb) partridge breast
350	g (3/4 lb) breast and leg of chicken, boned
110	g (1/4 lb) ham
110	g (1/4 lb) veal
225	g (1/2 lb) pork fat
1	clove garlic, chopped
30	mL (2 tbsp) parsley, chopped
4	green onions, chopped
60	g (2 oz) mushrooms, chopped
2	truffles, chopped (optional)
	salt and pepper
5	mL (1 tsp) mixed spices [see recipe in annex]
2	eggs
3 or 4	egg yolks
1	dash cream
4	veal cutlets, well pounded
450	g (1 lb) round steak
450	g (1 lb) pork fat (for barding)

Chop the partridge, chicken, ham, veal and pork fat with the garlic, parsley, green onions, mushrooms and truffles (if used). Add the salt, pepper, spices, eggs, egg yolks and cream to the mixture to make a smooth stuffing. Roll the stuffing into the shape of a sausage as thick as an arm and wrap with the veal cutlets.

Line an oval casserole dish with half the bards of fat. Place the sausage on the bards. Cover with the steak and then the rest of the fat.

Cover the dish tightly with aluminum foil and its lid. Cook slowly in the oven at 120°C (250°F) about 5 hours. Let cool in the dish. Remove the grease, barding and steak and gently lift out the sausage.

Slice and serve cold.

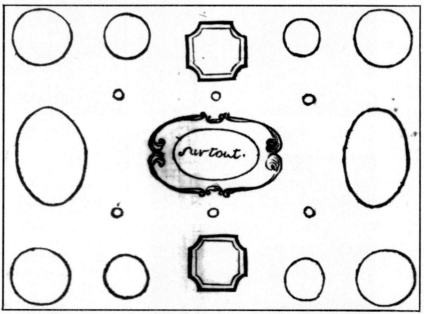

Drawing of how a table should be set. Massialot, *Le Cuisinier royal et bourgeois*, ed. 1732. Archives du Monastère de l'Hôtel-Dieu de Québec.

Whitefish with Crayfish Sauce (p. 47)　　　　**Poisson blanc au coulis d'écrevisses (p. 46)**

Products imported from France and eighteenth-
century objects. To prepare their refined and
delicate meals, the French relied on imports.

Produits importés de France et objets du
XVIIIᵉ siècle. Pour préparer leurs mets raffinés et
délicats, les Français devaient absolument compter
sur les importations.

Whitefish with Crayfish Sauce

On the subject of whitefish, contemporary authors were almost unanimous: it was the best fish in the colony. Louis Nicolas went so far as to say "I don't believe there is a better fish to be found anywhere in the world." Even the fatty flesh was "so sweet and succulent that it makes one's heart positively rejoice by melting on the tongue like sugar." There is nothing to indicate that whitefish was ever prepared with a crayfish cullis in the colony, but cookbooks of the time contain several recipes for other fish with this type of sauce. Incidentally, although this crustacean was abundant in the rivers and streams of the colony in the seventeenth century, Kalm noted, it had virtually disappeared by the mid-eighteenth century as a result of excessive commercial fishing.

Reconstruction of an eighteenth-century table used by the French élite. Musée David M. Stewart, Île Sainte-Hélène, Montreal.

1 or 2 whitefish (depending on size)
    crayfish cullis
    sauce

Crayfish Cullis

18 crayfish or scampi tails or 2 small lobster
12 sweet almonds
45 mL (3 tbsp) butter
1 onion, chopped
1 carrot, sliced
1 parsnip, sliced
    salt
375 mL (11/2 c) fish stock [see recipe in annex]
2 cloves
1 mL (1/4 tsp) dried basil
4 mushrooms
2 truffles (optional)
1 slice bread
15 mL (1 tbsp) fresh parsley
1 green onion

Sauce

30 mL (2 tbsp) butter
5 mL (1 tsp) flour
1 anchovy fillet, chopped
1 green onion, chopped
5 mL (1 tsp) capers
    salt and pepper
1 pinch nutmeg
15 mL (1 tbsp) water
5 mL (1 tsp) vinegar

First make the cullis; bring the water to a boil and cook the crayfish for 5 minutes over medium heat. Rinse in cold water and remove the shells. Set the shells and the tails aside separately. Put the shells in a food processor with the almonds and a few spoonfuls of the cooking water. Grind up well.

Melt the butter and sauté the onion, carrot and parsnip a few minutes. Add the ground shells and almonds, the fish stock, salt, cloves, basil, mushrooms, truffles (optional), bread (without crust), parsley and green onion. Cook over a low heat for 30-40 minutes. Strain the cullis through a cheesecloth and set aside.

Make a few shallow cuts across the fish and brush with a little melted butter. Grill in the oven about 10 minutes on each side.

In the meantime, prepare the sauce. Melt the butter and thicken with the flour. Add the anchovy, green onion, capers, salt, pepper, nutmeg, water and vinegar. Add at least 250 mL (1 c) cullis and simmer 5-10 minutes, stirring continually. Two minutes before the cooking time is up, add the crayfish and heat.

Pour the sauce on a serving platter and place the whitefish on top. Garnish with the crayfish and serve.

Chicken with Chervil

In eighteenth-century Canada, chicken was a rare delicacy. Since it is so nutritious and easy to digest, hospitals bought it to feed convalescents. Wealthier people delighted in it, but according to Navières, a parish priest, it was only available from late July to the end of the summer. In autumn, winter and spring, it was difficult to hatch eggs. Doctor Gaultier was therefore most enthusiastic in 1750 when he learned about the use of the thermometer and Réaumur's study of incubators. Four years later, he told the French scientist that the first incubator had been set up in Canada.

1 roast chicken

Sauce

30 mL (2 tbsp) butter
2 carrots, grated
1 parsnip, grated
3 onions, sliced
1 clove garlic, crushed
2 cloves
1 bay leaf
15 mL (1 tbsp) fresh thyme (half that amount if dried)
15 mL (1 tbsp) fresh basil (half that amount if dried)
250 mL (1 c) white wine
250 mL (1 c) chicken stock
15 mL (1 tbsp) butter
1 large pinch flour
2 pinches chervil

Melt the butter in a saucepan over medium heat. Brown the carrots, parsnip and onions for about 5-7 minutes, seasoning with the garlic, cloves, bay leaf, thyme and basil. Next add the wine and stock and heat gently until the mixture is reduced by half. Strain.

Knead the butter and flour to make a *beurre manié*. Add the liquid, stirring constantly. Season with the chervil and thicken the sauce.

Pour the sauce onto the serving platter and place the chicken on top.

Ham on Toast

Although there is a long tradition of smoking ham in France and it is known that Canadian colonists adopted the Indian techniques of smoking fish and game, historical records are rather silent on the subject of smoking ham in Canada under the French régime. However, smoked ham was imported to the colonies from Bayonne and Mainz, along with barrels of salted beef tongue and goose legs. Large supplies were laid in, as indicated by the twenty-three hams and the barrel of tongue that Baron Dieskau left in his kitchen at Quebec before setting off to battle at Lake St. Sacrement.

toast
225 g (1/2 lb) ham
1 mL (1/4 tsp) nutmeg
15 mL (1 tbsp) fresh parsley, chopped
5 mL (1 tsp) fresh chives, chopped (half that amount if dried)
1 mL (1/4 tsp) black pepper, ground
1 egg
raisins or pine nuts (optional)

Cut up the ham and put it in a food processor with the other ingredients to obtain a smooth paste. Spread on toast. Decorate with raisins or pine nuts, if desired.

Beet and Caper Salad

This was one of the most common salads in the eighteenth century. Beets were grown everywhere in Canada and they kept well. Beet salad was probably served at most suppers and banquets at Château St. Louis. In his memoirs, Aubert de Gaspé gives a wonderful description of old Governor Prescott inveighing against his servants, all the while nibbling on bread, cheese and beet salad in the pantry. Adding capers—one of the main condiments imported under the French régime—gives the salad much more flavor.

a few small beets

drained capers

olive oil (optional)

Boil the unpeeled beets covered for 30 minutes. Peel and dice. Add the capers and mix well. Add olive oil, if desired.

Blancmange

Blancmange was highly appreciated during the Middle Ages, and it is still eaten today. Over time it gradually changed from a savory side dish made of veal and chicken stock and almond milk scented with lemon to a dessert. In the eighteenth century, although there was no longer any meat in the dish and it had become a true jelly, it still had something old-fashioned about it, at least in the use of meat stock. We know that it was eaten in Canada in this form, since Montreal pastry chef Jean Gaston advertised it in 1795 with other aspics. But even at that date it was also made as a dessert.

500 mL (2 c) very concentrated beef and chicken stock, degreased, made without herbs or spices

110 g (1/4 lb) almonds, ground

1 pinch cinnamon

60 g (2 oz) white chicken meat, chopped and pounded

30 mL (2 tbsp) white bread (without crust), finely chopped

juice of 1 lemon

60 mL (1/4 c) sugar

1 envelope gelatin, if needed

Bring the stock, almonds and cinnamon to a boil and stir. Strain through a cheesecloth, twisting well to get all the juice.* Discard the almonds. Add the chicken and bread. Stir and return to the heat; bring to a boil. Strain through cheesecloth again, twisting well.

Pour the liquid into a saucepan and add the lemon juice and sugar, stirring constantly. Continue to stir constantly over high heat to thicken. Once the mixture is thick, put a spoonful on a plate and pop it into the refrigerator; if it gels, the blancmange is ready. Remove from the heat and pour into a mould. Refrigerate.

* Remember that the basic ingredient is almond milk.

Asparagus Rolls (p. 51)   *Pain aux pointes d'asperges (p. 51)*

French crockery found after the sinking of the ship Machault in 1760 (Bataille-de-la-Ristigouche National Historic Site).

Vaisselle française trouvée à la suite du naufrage du Machault, en 1760 (lieu historique national de la Bataille-de-la-Ristigouche).

Asparagus Rolls

Asparagus has been cultivated for about two thousand years, but it does not seem to have been introduced into France until the seventeenth century, when it was given pride of place by Louis XIV's gardener. In New France, Pierre Boucher was the first to mention it, though it was not grown very widely before the mid-eighteenth century. The colonists had acquired a taste for it, however, since they regularly ate milkweed shoots, which were prepared the same way as asparagus. Kalm notes that they were eaten all over Canada beginning in early spring. Towards the end of the century, they were even sold at the market in bundles like asparagus.

450 g (1 lb) asparagus
 60 mL (4 tbsp) butter
  1 onion, whole
  1 bouquet parsley and thyme (1 sprig of each)
     salt and pepper
 15 mL (1 tbsp) flour
250 mL (1 c) stock [see recipe in annex]
  2 egg yolks, beaten
125 mL (1/2 c) cream
  2 mL (1/2 tsp) sugar
6-8 rolls
125 mL (1/2 c) milk
125 mL (1/2 c) lard

Wash and cut the asparagus into pieces, setting aside the tips. Blanch the pieces for 3 minutes and the tips for 1 minute.

Melt the butter over moderate heat. Add the onion and the bouquet, salt, pepper, asparagus and flour. Sauté for 2 minutes. Add the stock and stir as it thickens. Cook about 3 minutes.

Mix the egg yolks, sugar and cream. Gradually add 60-75 mL (4-5 tbsp) of the sauce to the egg-cream mixture and then return the mixture to the saucepan with the asparagus. Cook over a low heat and thicken. Remove the onion and bouquet.

Make a 10 cm (4 in) slit along the top centre of each roll. Hollow out the rolls with your fingers. Stuff the rolls with the asparagus mixture, keeping any remaining mixture warm. Dip the rolls in the milk and let them drain.

Melt the lard over medium-high heat and brown the rolls. Serve the stuffed rolls on the rest of the asparagus.

Cauliflower with Butter

Cauliflower was unknown in France until the seventeenth century. It generated a great deal of enthusiasm among the nobility, however, and was found on all the best tables. In Canada, it was known from the early eighteenth century on. After the first seeds were imported, cauliflower could be bought at the public market. In Quebec City, the Hôtel Dieu Hospital produced enough to supply the crews of ships spending the winter in the capital. In the middle of the eighteenth century, Canadians posted to the West Indies imported the seeds from New France. A favorite vegetable of the élite, cauliflower was also given ample space in contemporary cookbooks, which suggested several recipes.

  1 cauliflower
 60 mL (4 tbsp) butter
  1 clove
  2 slices lemon
  1 dash vinegar
     salt and pepper
  1 pinch nutmeg
 15 mL (1 tbsp) beurre manié

Bring to a boil about 1 L (4 c) water seasoned with 1 pinch salt, 15 mL (1 tbsp) butter and 1 clove. Cut the cauliflower into florets and boil for 10 minutes. Drain well and keep warm.

Melt 45 mL (3 tbsp) butter in a frying pan over medium heat. Add the lemon, vinegar, salt, pepper and nutmeg and heat for 3 minutes. Remove the lemon and add the *beurre manié*. Thicken the sauce, adding a little cooking water, if necessary.

Pour the sauce over the cauliflower.

Strawberry Fritters

Strawberries were first grown in market gardens in the sixteenth century and immediately became all the rage in the streets of Paris. They made a delicate dessert much appreciated in the evenings by both women, who added cream, and men, who added wine. Infatuation with the fruit proved to be no passing fancy. Neither explorers nor colonists failed to make a point of the great abundance and size of the wild strawberries found in Canada. They were eaten with sugar and cream, or in compote, jam, fritters or brandy. Strawberries in brandy were even sent all the way to the West Indies.

500 mL (2 c) strawberries
60 mL (1/4 c) sugar
fritter batter
frying oil
icing sugar

Fritter Batter

60 mL (4 tbsp) flour
1 pinch salt
1 pinch pepper
2 eggs
zest of 1 lemon
15 mL (1 tbsp) olive oil
60 mL (4 tbsp) beer
2 egg whites, beaten

First make the batter. In a bowl, mix the flour, salt, pepper, eggs, lemon zest, oil and beer. Gently stir in the egg whites and let stand for 1 hour.

In the meantime, wash and hull the strawberries. Bring out the juice by sprinkling with sugar and letting stand 30 minutes.

Heat the oil over medium heat. When the oil is hot, toss the strawberries into the batter and then into the hot oil. WATCH OUT for spattering, since there is a lot of water in strawberries. Use a tall pot if you don't have a deep fryer. When golden brown, drain on paper towels. Sprinkle with sugar and serve.

Chocolate Mousse

Cacao, discovered by Columbus on his fourth voyage in 1502, did not find favor with the nobility until it was finally mixed with sugar. From Spain, chocolate was introduced into France. In the middle of the seventeenth century, Marie-Thérèse, the wife of Louis XIV, consumed huge amounts of a new drink made from chocolate that immediately won over the court. Shortly after that, it was mixed with milk and put into a whole range of desserts, becoming the favorite ingredient of confectioners, who used it to make mousses, macaroons, fritters, creams and all sorts of sweets. In Canada, it was often eaten for breakfast with milk and maple sugar, which was excellent according to Pouchot, a military officer. Although chocolate was not as popular as coffee, all the best kitchens had a special chocolate pot (chocolatière).

3 egg yolks
150 mL (2/3 c) icing sugar, sifted
150 g (1/3 lb) semi-sweet chocolate
30 mL (2 tbsp) water
500 mL (2 c) 35% cream
3 egg whites
dark chocolate shavings

Beat the egg yolks in a bowl with 60 mL (1/4 c) of sugar until the mixture becomes foamy.

Put the chocolate and water in a small saucepan and melt over a low heat, stirring constantly. Remove from heat and stir in the egg yolk mixture, stirring constantly. Set aside.

Beat the cream, slowly adding the rest of the sugar (pre-sieved) until the mixture becomes firm. Beat the egg whites until stiff. Fold the whipped cream into the chocolate/egg yolk mixture, using a spatula. Delicately fold the egg whites into the mixture.

Scoop the mixture into cups and decorate with dark chocolate shavings. Refrigerate for 4 hours.

Cream à la Choisy

Dairy products were an essential part of the diet of Canadians in the eighteenth century. In 1734, Father Navières, the parish priest at St. Anne de Beaupré, said that "milk is to the habitants here what chestnuts are to the peasants of Limousin." This cream à la Choisy is, in a fashion, an eighteenth-century version of whipped Chantilly cream, but perfumed with rose water rather than vanilla.

500 mL (2 c) 35% cream
2 egg whites, well beaten
180 mL (3/4 c) icing sugar
a few drops orange blossom water or rose water

Whisk the egg whites into stiff peaks. Mix the sugar and the drops into the cream; beat. As the cream thickens, remove it and place it in a strainer to drain. Add the egg whites to the cream. Fill individual serving bowls and refrigerate 1 or 2 hours. Sprinkle with a little icing sugar before serving. Decorate with rose petals or small sprigs of fennel, if desired.

Peach Pie

Introduced into the Americas by the Spanish, peaches were quickly adopted by the Indians, who cultivated them in the southern United States. The French planted them in Canada, initially in Montreal, where the Sulpicians had varying degrees of success, but especially in the Niagara region, around Detroit and in Ohio. Peaches grown in these regions were sent to Quebec, as attested by Commander Contrecoeur at Niagara, who in 1753 was very pleased to ship barrels of peaches and chestnuts to Governor Duquesne.

1 puff pastry crust [see recipe in annex]
8-10 peaches, peeled and sliced
125 mL (1/2 c) icing sugar
rind of 1/2 lemon
a few strips pastry, for decoration

Preheat the oven to 220°C (425°F).
Line a pie plate with the pastry. Sprinkle with 1/3 of the sugar and 1/3 of the lemon zest. Place one layer of peach slices in the bottom of the pie shell. Sprinkle with 1/3 of the sugar and 1/3 of the lemon zest.
Add another layer of peach slices. Sprinkle again. Decorate with strips of pastry.
Bake at 220°C (425°F) for 10 minutes then at 175°C (350°F) for another 35 minutes.

Rosolio

In Canada, it was only natural that rosolio would be made with maple sugar. In 1691, Chrestien Leclerc said that he mixed maple sugar with eau de vie, cloves and cinnamon, "which made a very pleasant sort of rosolio." In the eighteenth century, maple syrup was mixed with cold water and maidenhair fern syrup, another local product, to make a thirst-quenching drink.

500 mL (2 c) eau de vie (brandy)
3 cloves
5 black peppercorns
1 stick cinnamon
12 coriander seeds
5 mL (1 tsp) aniseed
125 g (4 oz) maple sugar, grated

Place all the ingredients in a bowl and let stand for 4 hours. Strain and bottle.

Cooks, Pastry Cooks and Traiteurs: The French Tradition

In the eighteenth century, as today, weddings and baptisms were celebrated either in a public place or at home. On such occasions, those who could afford it called on the services of a *traiteur*, or caterer. But specialized services of this kind were also in demand on a more daily basis, as many city dwellers bought prepared foods from the pastry cook or baker or went to the inn for a meal.

In eighteenth-century France, there were some two dozen guilds and an even greater number of trades related to food, whether prepared or not. Each guild had its own special privileges. In Paris, *cabaretiers* were members of the wine merchants' guild: they were allowed to retail wine, put a tablecloth and plates on a table and serve certain dishes. Pastry cooks (*pâtissiers*), who were also organized into a guild, prepared puff pastry or ordinary pastry for pies and flans, while sellers of roast meat (*rôtisseurs*) made meat pies and cooked dishes, in addition to roasting meat. French *traiteurs* had the rights of all three professions: innkeeper, pastry cook and roast meat seller. Only *traiteurs* could cater to weddings or other feasts, whether on their own premises or elsewhere. There were many other trades as well, including bakers, pork butchers (*charcutiers*), soft drink sellers (*limonadiers*), café owners (*cafetiers*), ice cream makers (*glaciers*) and confectioners (*confiseurs*). The French guild system was highly structured, and each guild tried to obtain more privileges at the expense of the others.

Not only was there a great deal of division and a very strict hierarchy among the trades, but within each trade not everyone could make it to the top: the rank of master was obtained only after an apprenticeship that could last from three to five years, depending on the trade, at which time a masterpiece had to be presented as evidence of qualification.

In Canada, this segregation of guilds did not exist. Moreover, although apprenticeship existed, it was not as strict as in France: apprentices had to spend just as long learning the trade as their counterparts in France, but did not have to produce a masterpiece. Very few trades offered apprenticeships, however. In fact, only butchers, bakers and pastry cooks would agree to reveal the secrets of their arts to the uninitiated. In some trades, knowledge was essentially handed down from father to son, and this was particularly true among butchers and bakers. Qualified practitioners of the arts of preparing food were usually recruited in France.

In a small town like Quebec, which had barely one thousand eight hundred inhabitants in 1692 and scarcely more than seven thousand two hundred in 1755, there were twenty and eighty innkeepers respectively, giving a ratio of one for every ninety citizens; three quarters of them were originally from France. A good number claimed to have been trained as bakers, pastry cooks or regular cooks, and some had even worked in the kitchens of the governor or intendant.

Nonetheless, most cooks who had been members of the household of the governor, the intendant or the bishop and who had decided to stay in the country when their employer returned to France became *traiteurs*. They set up shop in Quebec City rather than Montreal because it was the seat of government and that was where their customers were. "People of quality," wrote one famous French author at the end of the seventeenth century, "do not go to the cabaret to eat, they go to the *traiteur's*."

In Montreal, according to Madame Bégon, notables gathered at Nicolas Morand's for "fine parties." Governor Charles Le Moyne de Longueuil even attended to his administrative duties there, while military officers sometimes lived there. Occasionally, the parties degenerated into "great drunken revels" during which the minuet was danced, although none too gracefully. At other times, the banquets started at the stroke of twelve noon and went on until late in the evening. Montreal had no cause to be jealous of the capital!

Around 1750, the high society of Quebec City dined at one of three *traiteurs*: Jean Amiot, Alexandre Picard or Jacques Lemoine. Lemoine's stews were immortalized in a lyrical poem in the second half of the century. Amiot arrived in Quebec as a cook to Governor La Galissonnière. Picard was head cook to the officer Bourlamarque, while Lemoine was head cook at the Quebec Seminary. Obviously, they were all Frenchmen. They picked up where Antoine Lecompte and Joignet, known as Lafrance, had left off, the first having worked in the late seventeenth and early eighteenth centuries, the second from about 1714 to 1745.

Some other household members, like Intendant Hocquart's pastry cook, Charles-Gabriel Pélissier, had interesting careers. Pélissier, originally from Paris, disembarked at Quebec in November 1740 at the age of twenty-six. The next year he married twenty-year-old Marie-Josephe Sasseville, whose father was a minor official working for the intendant. Pélissier then left the intendant's service and set up his own pastry shop and residence in rented quarters in Rue du Parloir in the Upper Town. He is called a pastry cook in the lease, but the next year's parish census lists him as a *traiteur*. In 1748, he and Jean-Antoine Bachelier, a billiard master, formed a company for three years. Each of them contributed an equal amount of capital to buy tools, utensils and table linen, and to hire help. Pélissier moved in with Bachelier in Rue St. Anne. However, their association ended with Bachelier's premature death.

Three important observations can be made about Pélissier and the other *traiteurs*. First, all were men; professional cooking was a man's world. Second, most of the *traiteurs* and cooks were tenants who worked out of their own homes. Third, individual enterprise was a prominent feature of these trades. Only one other association besides that of Pélissier and Bachelier has been found.

All in all, eighteenth-century Canada had far fewer food trades than did France at the same time. Of course, Frontenac had a confectioner on his kitchen staff, but no confectioner went into private business in Quebec City before the second half of the eighteenth century. Nor was there a roast meat seller or pork butcher, despite the fact that governors, intendants and bishops employed them in their households. But Quebec City boasted the first café in the colony. Pierre Hévé set up shop in Rue St. Pierre in the Lower Town in 1739, hoping to be a leader in imitating Parisian fashion. Although the idea was a good one, it was short-lived because there were simply not enough customers.

There were not many butchers and bakers, either. The government regulated the number of people who could practise these trades. There were scarcely three butchers for two thousand five hundred people in 1716; this number tripled in the next thirty years because the increase in beef consumption was four times greater than the growth in population. An eye was also kept on bakers to prevent any abuse. But here again, merchants and individuals competed with them directly: merchants obtained the right to supply ships, while individuals were entitled to bake their own bread, provided they had the necessary equipment. Competition was lively in all sectors.

The situation did not change much with the Conquest. Governors and bishops still kept a household with a butler and a chef, and many of these servants, like Petit and Menut, were French and eventually became *traiteurs*.

The best known is undoubtedly Alexandre Menut, cook for Governor Murray and Governor Carleton, who became not only a *traiteur* but a Member of Parliament. This Canadian Vatel showed off his "superior talents in the art of entertaining," as reported in the *Québec Gazette* on January 8, 1778. Once he was elected, Menut stopped working as a cook. He even sold one of his businesses to one of Governor Clark's former cooks, Charles-René Langlois, who became Canada's first restaurateur in the modern sense.

Many of these Frenchmen, in the second half of the eighteenth century, exasperated by the French-British wars, religious persecution of Protestants, or even the French Revolution, left France for England or the United States. Several later came to settle either in Quebec City or Montreal, thus maintaining a link with their homeland. The confectioner Antoine Griseau arrived in the colony at the end of the Seven Years War. He hung out his shop sign on the Côte de la Montagne in Quebec City for five years but, "unable to earn a living," he had to move. Jean Gaston, to take another example, was a pastry cook-*traiteur* who settled in Montreal in 1792, after the French Revolution had chased him out of France. He brought with him knowledge of the latest culinary trends, "both English and French."

And the same might be said of the confectioner Martin and the ice cream maker Lefebvre, both Parisians, and the pork butcher Broyer, all of whom set up shop in Montreal between 1816 and 1819. These men and others like them sold an enormous range of foods, including all sorts of sausages (bologna, Lyons, Arles, cervelas, mortadella), pies (raised, hot or cold and "garnished in several ways"), pastries (tarts, brioches or even *choux à la parisienne* and all kinds of biscuits), not to mention the many types of soup and consommé, and the various fish and meat dishes, such as larded roast venison or beef ribs *bonne femme*.

Eighteenth-century bakery. *Encyclopédie de Diderot.*

Cooks, Pastry Cooks and Traiteurs:
The French Tradition

Soups
Julienne Soup, "Potage à la julienne," *Le Nouveau Cuisinier impérial*, 1813

Purée of Pea Soup, "Potage à la purée," Liger, *La Nouvelle Maison rustique*, 1755

Entrées
Marinated Veal with *sauce Robert*, "Veau mariné, sauce Robert,"
Traité historique et pratique de la cuisine, 1758

Chicken Marengo, "Fricassée de poulet Marengo," Audot,
La Cuisinière de la campagne et de la ville, 1839

Veal Cutlets *en papillotes*, "Côtelettes de veau en papillotes," Lecointe, *Le Cuisinier royal*, 1792

Quarter of Lamb with Sauce, "Quartier d'agneau à la sauce,"
Le Nouveau Cuisinier impérial, 1813

Roasts and Removes
Grilled Spencer Roast with Piquante Sauce, "Entrecôte grillée, sauce piquante," Viard,
Le Cuisinier impérial, 1806

Duck with Olives, "Canard aux olives," *Dictionnaire portatif de la cuisine*, 1772

Salads and Canapés
Canapés for Hors d'Oeuvres, "Canapés pour hors-d'oeuvre," Beauvilliers,
L'Art de la cuisine française, 1814

Spinach on Toast, "Rôties d'épinards," *Traité historique et pratique de la cuisine*, 1758

Entremets
Asparagus as Peas, "Asperges en petits pois," *Traité historique et pratique de la cuisine*, 1758

Dried White Bean Stew *à la bretonne*, "Ragoût de haricots à la bretonne," Beauvilliers,
L'Art de la cuisine française, 1814

Desserts
Savoy Sponge Cake, "Gâteau de Savoie," Menon, *La Cuisinière bourgeoise*, 1772

Iced Cheese *à la bourgeoise*, "Fromage glacé à la bourgeoise," Menon, *La Cuisinière bourgeoise*,
1772

Pears in Syrup, "Poires au sirop de sucre," Utrecht-Friedel, *Le Confiseur royal*, 1821

Beverage
Vinegar Syrup, "Sirop de vinaigre," Bouillon-Lagrange,
L'Art de composer les liqueurs de table, 1807

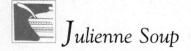

Julienne Soup

Nowadays the Julienne, a classic French recipe, is a clear soup containing a mixture of finely chopped vegetables (also known as Julienne) that have been sautéed in butter. The julienne technique goes back to the early eighteenth century. Then it was a clear broth to which asparagus tips and sorrel or other vegetables were added, but as Liger indicates in La Nouvelle Maison rustique, *the vegetables had to be green.* This type of Julienne was still fashionable in the early nineteenth century, when a pork butcher by the name of Broyer let his Montreal customers know that he was selling Julienne soup.

30 mL (2 tbsp) melted pork fat
 3 stalks celery, cut into sticks
2-3 large leaves of sorrel, cut into thin strips
 1 small Boston lettuce, cut into thin strips
1.5 L (6 c) stock*
 2 carrots
 2 parsnips
 2 small turnips
 1 onion studded with 2 cloves
250 mL (1 c) peas

Brown the celery, then the sorrel and lettuce in the fat. Pour in the stock. Add the carrots, parsnip, turnip and onion. Simmer for an hour over low heat. Remove the carrots, parsnip, turnip and onion. Add the peas and heat for 5 minutes. Serve on dry bread.

* The stock in the *Le Nouveau Cuisinier impérial* is made with beef, carrots, onions, parsnips, turnips, celery, leeks and a piece of liver.

Purée of Pea Soup

Writers did not have enough adjectives to describe the quality of Canadian peas. According to Joseph-François Perrault, author of an 1831 agricultural treatise, town and country dwellers alike ate large amounts of them. In the country, pigs were also fed peas—to firm up their fat, so it was said. Green peas, added Perrault, are tasty and wholesome. But while their nutritional value increases as they mature, they become more difficult to digest and "windy" unless the skin is removed and they are puréed. Writers of the eighteenth and nineteenth centuries were unanimous in their admiration of purée made from Canadian peas.

2.5 L (10 c) water
450 g (1 lb) split green peas
 60 g (2 oz) sorrel leaves
  1 endive (witloof chicory)
  2 cloves
  1 onion
  5 mL (1 tsp) dried chervil
  6 sprigs parsley
  5 mL (1 tsp) salt
 60 mL (4 tbsp) butter

Bring the water to a boil. Wash and drain the peas. Simmer for 2 hours. Strain without crushing the peas. (The peas can be kept for another recipe.)

Put the stock back on the heat with the other ingredients, bring to a boil and simmer for 40 minutes. Strain again and serve hot on dry bread.

Marinated Veal with sauce Robert

According to the English traveller John Lambert, writing in the early nineteenth century, Canadian veal was not only expensive but tasteless, because the calves were killed too young. That explains why people took veal to a cook for larding. Veal was a rare and expensive meat, and like all other suckling animals, required extra seasoning. In his statement of account of May 1732, the cook Jacques Joignet, known as Lafrance, demanded the sum of two "livres" from a merchant named Crespin for larding a loin of veal. At that time, veal cost ten to fifteen percent more than beef per pound; this difference had risen to about one hundred percent by the early nineteenth century, according to Lambert.

Early nineteenth-century stove. Illustration taken from the *Nouveau Cuisinier impérial*, 1813. Université Laval (Rare Book Collection).

900	g (2 lb) shoulder of veal
6	lardoons, seasoned with the next 4 ingredients :
1	mL (1/4 tsp) salt
1	mL (1/4 tsp) mixed spices [see recipe in annex]
5	mL (1 tsp) fresh parsley, chopped
5	mL (1 tsp) fresh chives, chopped
375	mL (1/2 bottle) white wine
80	mL (1/3 c) brandy
4	cloves
1	onion, sliced to make rings
	salt and pepper
4	sprigs parsley
5-6	chive leaves

Sauce Robert

2	small onions
30	mL (2 tbsp) butter
250	mL (1 c) stock [see recipe in annex]
60	mL (1/4 c) white wine
1	mL (1/4 tsp) mixed spices [see recipe in annex]
45	mL (3 tbsp) cullis [see recipe in annex] or beurre manié
1	dash wine vinegar
15	mL (1 tbsp) old style mustard

Lard the veal.

Make a marinade with the wine, brandy, onion, herbs and spices; marinate the veal for 12 hours. Braise the veal in the marinade over low heat for 3 hours.

Prepare the sauce 20 minutes before the end of the cooking time. Cut the onions in thin slices. Brown the onions in butter over medium heat for 3 to 4 minutes. Add a quarter of the stock and heat slowly for 3 to 4 minutes. Add the rest of the stock, the wine and mixed spices. Thicken the sauce with the cullis or *beurre manié*. Add the dash of vinegar and mustard.

Pour the sauce onto a serving platter and place the veal on top.

Chicken Marengo

Marengo was the site of a battle where Napoleon beat the Austrians in 1800. After the battle, Napoleon asked his cook, Dunand, to prepare something special to celebrate the victory. Since they were far from the supply wagons, Dunand only had a few eggs, tomatoes, crayfish, a small chicken, a little garlic and oil—orso culinary history would have it. Less than twenty years later, the dish had become so well-known, that the pork butcher, Broyer, was offering it to his Montreal customers. Yet to our knowledge, no cookbook at the time gave the recipe, which means that in some cases the literature lagged noticeably behind the market. There is a significant difference between the ingredients listed above and the ingredients listed by cookbook authors in the first half of the nineteenth century. Although crayfish were standard ingredients in French cooking, tomatoes were fairly rare before the mid-nineteenth century.

2 small chickens
125 mL (1/2 c) olive oil
 salt
1 bouquet garni (parsley, bay leaf, thyme, green onion)
450 g (1 lb) mushrooms, whole
2 truffles, sliced (optional)
6 eggs, fried
 fried croutons

Wine Sauce

30 mL (2 tbsp) butter
30 mL (2 tbsp) parsley
1 shallot
3 mushrooms, chopped
30 mL (1 oz) white wine

Cut up the chickens into 6 or 8 pieces each. Fry in olive oil over moderate heat for 45 minutes.

During this time, make the sauce by melting the butter in another frying pan and sautéing the parsley, shallot and chopped mushrooms. Add the white wine and cook over low heat for 30 minutes.

Ten minutes before the end of the cooking time. Add the *bouquet garni*, mushrooms and truffles to the chicken. Arrange the pieces of chicken, mushrooms and truffles on a serving platter and keep warm. Pour part of the cooking oil into the wine sauce. Stir well and pour over the chicken. Decorate the platter with the fried eggs and croutons and serve immediately.

Veal Cutlets en papillotes

The term en papillote applies to baking food—mainly veal cutlets—in a heart-shaped piece of paper; the paper puffs up as steam is generated during cooking. The recipe is alleged to have originated with one of the most eminent representatives of the French culinary diaspora of the eighteenth century, Vincent La Chapelle. It was probably in his book, The Modern Cook, translated into French in 1735, that this now classic recipe first appeared. The pork butcher Broyer offered this refined dish to his distinguished customers, as well as mutton chops baked in this fashion.

6 veal cutlets, 1 cm (1/2 in) thick
60 mL (4 tbsp) parsley, chopped
2 shallots, chopped
2 egg yolks
60 mL (4 tbsp) melted butter
250 mL (1 c) breadcrumbs
 salt and pepper
 parchment paper or aluminum foil

Mix together the parsley, shallots, egg yolks, salt, pepper and butter. Brush the cutlets with the mixture and coat with breadcrumbs. Place the cutlets on paper cut out in the shape of a heart. Seal each *papillote* by folding the edge of the paper to one side and then to the other every centimetre (1/2 in). Heat the oven to 175°C (350°F). Place the *papillotes* on a sheet of aluminum foil in the oven and bake 25-30 minutes or until the paper swells up and becomes golden. Serve the cutlets in their *papillotes*.

Quarter of Lamb with Sauce

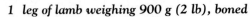

Mutton and lamb were not often eaten in the eighteenth century. Sheep were introduced into the colony rather late and according to the Jesuit Silvy, "only started to become more common" in the early eighteenth century. According to Intendant Raudot, the explanation was that farmers preferred to raise sheep when crops were poor because they were cheaper to feed than cattle. At the market, farmers sold lamb and mutton by the quarter, half or whole, while it was sold by the pound at butchers' stalls. Between 1730 and 1732, a Québec city cook, Lafrance, prepared and cooked several quarters of mutton for a merchant named Crespin. But it was not until the second half of the eighteenth century that the number of sheep surpassed the number of pigs–a development which was no doubt partially determined by British influence.

1 leg of lamb weighing 900 g (2 lb), boned
5 mL (1 tsp) salt
30 mL (2 tbsp) butter
2 mL (1/2 tsp) pepper
45 mL (3 tbsp) fresh parsley, chopped
1 shallot, chopped
1 green onion, chopped
60 mL (1/4 c) breadcrumbs
30 mL (2 tbsp) white wine
30 mL (2 tbsp) stock
30 mL (2 tbsp) orange juice

Preheat the oven to 160°C (325°F). Place the leg of lamb in a roasting pan and roast 55 minutes per kilo (25 minutes per pound) to medium rare [about 71°C (160°F) on the meat thermometer]. Remove from the oven and let cool a little.

In the meantime, make a stuffing with the salt, butter, pepper, parsley, shallot, green onion and breadcrumbs; stuff the leg of lamb. Put the meat in a frying pan with the wine, stock and orange juice and heat gently for 10 minutes.

Grilled Spencer Roast with Piquante Sauce

In the eighteenth century, observers were divided on the quality and taste of Canadian beef: some thought it was excellent, others terrible. The varying quality was explained either by the fact that the cattle grazed in salt fields, or that pasture land differed from region to region, and between Quebec City and Montreal in particular. John Lambert, for example, underscored the toughness of the meat sold by the habitants and the excellence of that found at butcher's stalls, thus noting an economic reality of the times in Canada. Others claimed the beef smelled of fish, which was occasionally fed to livestock in exceptional circumstances over the winter. In any case, the question can never be settled, because it is all a matter of taste. Nonetheless, there was one thing on which all agreed: Canadian cattle were small and weighed scarcely more than five hundred pounds, or about half the weight of modern cattle.

1.25 kg (3 lb) Spencer, roast or boned rib roast
salt and coarsely ground peppercorns
15 mL (1 tbsp) melted butter
15 mL (1 tbsp) olive oil

Piquante Sauce
125 mL (1/2 c) wine vinegar
2 small hot peppers
1 pinch pepper, ground
1 bay leaf
1 pinch thyme
60 mL (4 tbsp) sauce espagnole [see recipe in annex]
30 mL (2 tbsp) stock [see recipe in annex]

Heat the oven to 160°C (325°F). The meat can also be cooked on a barbecue. Rub the meat with the salt and peppercorns and brush with the butter and olive oil. Cook until the thermometer reads 65°C (150°F), or 40 minutes per kilo (18-20 minutes per pound) for medium rare.

Make the sauce 15 minutes before the end of the cooking time. Wash the hot peppers; cut off the ends, remove the seeds and chop finely. Put the peppers, vinegar, ground pepper, thyme and bay leaf in a small saucepan; cook over high heat until it has been reduced by half. Add the sauce espagnole and stock; mix and cook, stirring gently, until the sauce thickens a little but is still fairly thin. Adjust the seasoning. Slice the meat and cover with sauce.

Canapés for Hors d'Oeuvres (p. 63)   *Canapés pour hors-d'œuvre (p. 65)*

Pots for preserves in fine earthenware and glass condiment bottles. Imported from England after 1760, these pots would have been used for jams and marinades.

Pots de conserve en faïence fine et bouteilles de condiments en verre. Importés d'Angleterre après 1760, ces pots contenaient confitures et marinades.

Duck with Olives

The duck eaten in the eighteenth century was most often wild, and in fact, domestic species were very rare in New France. According to Jean-François Gaultier, no one should be shocked to learn that duck was even eaten on meatless days, under the pretext that it was a type of fish! And as Gaultier added, "the practice has become so widespread that on Fridays and Saturdays [meatless days] it is even served on the tables of the Bishop of Quebec and of several communities." He was careful not to denounce this state of affairs, since as he said, "I am coping wonderfully!" At this same time, olives were sometimes imported from the south of France but mainly from Spain.

1 duck weighing 1.75 kg (4 lb)
10 mL (2 tsp) butter
3 mushrooms, sliced thinly
60 mL (1/4 c) stock [see recipe in annex]
15 mL cullis [see recipe in annex] or beurre manié
375 g (13 oz) green olives, pitted and blanched

Heat the oven to 175°C (350°F). Prick the duck with a fork and place it on a roasting pan. Roast 65 minutes per kilo (30 minutes per pound).

Make the sauce 30 minutes before the end of the cooking time. Melt the butter and brown the sliced mushrooms. When the liquid has come out of the mushrooms, add the stock and cullis (or *beurre manié*). Simmer a little while. Add the olives (blanched for 2 minutes ahead of time) and simmer a few more minutes. Pour the sauce over the duck and arrange the olives around the bird.

 # Canapés for Hors d'Oeuvres

Canadians, wrote Baroness Von Riedesel in 1782, do not know how to pickle gherkins. In the colony, gherkins were most often salted, although vinegar marinades had been known and used in France since the seventeenth century. Our present-day conserves seem to have more in common with the English culinary tradition. Pickling goes back to the Middle Ages in England, and pickles were so much a part of English eating habits that they, rather than sauces, were served with meats. Beauvilliers showed his English inspiration by combining a marinade and a canapé; he probably got the idea when living in England during the revolutionary wars. But adoption of this English tradition had already begun in Quebec, as evidenced by Broyer's offer of "superior pickles" to his Montreal customers. Ten years later, in his agricultural treatise, Joseph-François Perrault noted that peppers were picked unripe "for conserving in vinegar alone or with gherkins."

6 slices of bread
60 mL (4 tbsp) olive oil
60 mL (4 tbsp) butter
4 eggs, hard-boiled
1 large dill pickle
10 mL (2 tsp) capers
2 mL (1/2 tsp) dried chervil
60 mL (4 tbsp) dried tarragon
   salt and pepper
30 mL (2 tbsp) olive oil
10 mL (2 tsp) white wine vinegar
60 g (2 oz) anchovy fillets

Cut the slices of bread into a variety of shapes and sizes, removing the crust. Melt the butter with the oil over moderate heat and brown the pieces of bread. Set aside.

Chop the egg yolks and whites separately. Set aside. Chop the pickle and capers and season with the chervil, tarragon, salt and pepper. Add the oil and vinegar and mix.

Spread the pickle mixture on the bread. Cover each piece with either egg white or yolk. Decorate with bits of anchovy fillets.

Spinach on Toast

The settlers of the St. Lawrence Valley ate a lot of wheat, much of it in the form of bread. In 1706, according to Intendant Raudot, a habitant would eat two pounds of bread per day, while a soldier's ration was one and a half pounds per day. At that time, bakeries sold white bread, light brown bread and dark brown bread, the latter two containing different amounts of bran. According to travellers, however, white bread was much preferred. Soups were often served with croutons that had been simmered in the stock. Toast, now served at breakfast, was not very popular with the French, but certainly was with the English. As part of an entrée or hors d'oeuvre, bite-sized pieces of toast were served to customers who thought of themselves as being rather refined.

60	g (2 oz) spinach
30	mL (2 tbsp) butter
1	pinch salt
1	pinch nutmeg
5	mL (1 tsp) icing sugar
	rind of 1 lemon
60	mL (1/4 c) cream
2	eggs
	bread, cut into bite-sized pieces
80	mL (1/3 c) breadcrumbs
	frying oil

Blanch the spinach for 2 minutes. Drain and chop fine. Brown over medium heat in the butter, with the salt, nutmeg, sugar and lemon rind. Add the cream little by little, stirring constantly for 5-7 minutes. Remove from the heat and add 1 egg. Let cool.

Beat the other egg and soak the bits of bread in it. Spread the spinach mixture on the bread. Sprinkle with breadcrumbs. Fry in the hot oil until golden brown.

Yields about 24 bite-sized pieces.

 # Asparagus as Peas

Asparagus has always been regarded as a luxury vegetable. This is probably the reason why, in 1747, the official Claude Morillonnet, known as Berry, required that each year his tenant, Barthelemy Collins, set aside several bundles of asparagus from the garden of the house he rented in Rue St. Louis in Quebec City. Not far from there, at Artillery Park, a few years later, a controversy over a garden full of asparagus broke out between the artillery officers and their commander, who wanted it for himself. Apparently the commander won. This just goes to show what a luxury the vegetable was considered to be. The reason that asparagus as peas was so popular in the seventeenth century is that peas themselves were another extremely popular luxury food. So, if you had no peas, you could always dress up asparagus to look like peas.

450	g (1 lb) asparagus, cut into small pieces
15	mL (1 tbsp) butter
125	mL (1/2 c) cooking water
	pepper
5	mL (1 tsp) brown sugar
1	bouquet parsley and chives
3	small egg yolks, beaten
15	mL (1 tbsp) flour
1	pinch nutmeg
30	mL (2 tbsp) cream or milk

Blanch the asparagus for 2 minutes and drain. Brown in the butter and add the cooking water. Season with the pepper, sugar and bouquet, and cook over low heat for 15 minutes. Remove the bouquet and the asparagus, keeping them warm.

Mix together the egg yolks, flour, nutmeg and milk (or cream). Add a few spoonfuls of hot cooking water to the egg mixture, beating constantly. Add the mixture to the rest of the cooking water and thicken over low heat. Put the asparagus into the sauce and heat a few minutes. Serve immediately.

Dried White Bean Stew à la bretonne

When Broyer the pork butcher offered his customers "small beans à la bretonne" in the early nineteenth century, he was probably talking about string beans. The many different names for beans lead to some confusion, but there are two main classes. Phaseolus vulgarus (haricot in French) includes green beans (French beans, snap beans or string beans) and wax beans, which can be eaten whole in the pod; when dried, the seeds are known as kidney beans, pea beans, butter beans, navy beans, white beans and flageolets. Vicia faba includes broad beans (fava beans, field beans or horse beans), which are shelled and eaten fresh or dried. The recipe given here dates back to the mid-seventeenth century, when Nicolas Bonnefons suggested fricasseeing beans with butter and onions. This dish is not eaten anymore today; some time during the nineteenth century, through contact with Americans, we started to eat baked beans, instead, with or without

450	g (1 lb) dried white beans
5	mL (1 tsp) salt
4	large onions
125	mL (1/2 c) butter
30	mL (2 tbsp) flour
125	mL (1/2 c) stock [see recipe in annex]
45	mL (3 tbsp) Spanish sauce [see recipe in annex]
	salt and pepper

Place the beans in a large pot and cover with water to 2 cm (1 in) above the beans. Add salt. Bring to a boil, lower the heat and simmer gently for 45 minutes. Drain.

In the meantime, make a roux with onions. Slice the onions into rings. Melt 45 mL (3 tbsp) butter and brown the onions 6-8 minutes. Sprinkle the onions with flour and continue to brown, stirring constantly. Add the stock and stir well. Put the mixture through the food processor.

Add the purée and 45 mL (3 tbsp) butter to the beans. Add 750 mL (3 c) water and stir well. Bring to a boil and simmer gently for about 2 hours or until the beans are tender. Add the Spanish sauce and the remaining butter; season, mix and cook another 10 minutes.

 # Savoy Sponge Cake

Savoy sponge cake is a very old dish in western cuisine. Culinary tradition has it that Pierre de Yenne, the bastard son of Amadeus V of Savoy, created it in about 1343. The recipe can be found in most later French writings on cookery. It even gained an enviable international reputation. In Quebec City and Montreal during the eighteenth century, pastry cooks and traiteurs frequently offered it to their customers. Two examples are Charles Martin, a confectioner and pastry cook newly arrived from Paris, and Jean-Baptiste Martinucio, another Parisian who had his shop near the Quebec City cathedral. His "Savoy Sponge Cake" can be compared to the pain de Savoie made by Robert Paul, a Montreal pastry cook originally from Glasgow! Sponge cake had its fans on both sides of the Channel and both sides of the Atlantic.

14	eggs, separated
500	mL (2 c) sugar
500	mL (2 c) all-purpose flour
	zest of 1 lime
2	capfuls orange blossom water

Preheat the oven to 200°C (400°F).

Whip the egg whites. Gradually add the sugar to the egg yolks and mix until creamy. Add the lime rind and orange blossom water. Add one spoonful of egg white to the yolk mixture and beat thoroughly. Alternately fold in the flour and the egg white, one spoonful at a time.

Pour into a greased mould of the right size. Bake for 5 minutes at 200°C (400°F) then reduce the heat to 150°C (300°F) and bake another 40 minutes. Insert a toothpick; if it emerges clean, the cake is done.

Pears in Syrup (p. 67)   *Poires au sirop de sucre (p. 68)*

Fruit dish in glazed terra cotta with saucer. The end of the eighteenth century saw a diversification in the type of dishes available. Compotes and fresh fruits now had their own dishes.

Compotier de terre cuite vitrifiée avec sa soucoupe. À la fin du XVIIIe siècle, on assiste à une diversification de la vaisselle. Compotes et fruits frais ont maintenant leur récipient.

Iced Cheese à la bourgeoise

On July 7, 1768, the traiteur, Alexandre Menut, notified "those who feel it is appropriate to have large or small meals at home… that he will provide feasts and meals in town at a reasonable price and will also make all sorts of pastries and iced cheeses." In the eighteenth century, water ices, ice cream and iced cheese as well as sherbet were very successful. Competition to attract customers was very stiff, but the highest-quality products were found in Montreal, where the renowned Dillon sold "cirina Gelata," the famous Italian ices, a reminder of the origin of ice cream. Ices first appeared in Paris towards the end of the seventeenth century and one of their chief promoters was the Italian, Francisco Procopio. When Governor Frontenac asked his confectioner to make ices of every color for Indian chiefs who had come to Quebec City for talks, he was making a show of his culinary refinement, and thus did credit to his reputation as a gastronome.

500	mL (2 c)	35% cream
250	mL (1 c)	milk
1		egg yolk, lightly beaten
180	mL (3/4 c)	white sugar
15-20	mL (3-4 tsp)	lemon extract or orange blossom water

Put the cream, milk and egg in a saucepan over medium heat. Gradually add the sugar, beating continuously with a whisk, and bring to a boil. After 15 minutes the cream should start to foam indicating that it is beginning to boil. Continue to beat for 1 minute. After 5 or 6 bubbles appear, remove from the heat. Add the flavoring and beat a little. Taste and adjust the flavor. Pour into a tin mould and freeze for 4 hours. To remove from the mould, plunge into hot water for a fraction of a second; place a dish on top of the mould and turn upside down. Serve immediately.

Pears in Syrup

There are many varieties of pear; Nicolas Bonnefons, in his Jardinier français, states that there are more than four hundred. Pears do not last well through harsh winters, so they were grown chiefly in the Montreal region, by the Sulpicians and by the market gardener Guy. The pears preserved in syrup that the Swede, Pehr Kalm, ate when visiting the General Hospital in Quebec City in 1749 came from that part of the country. What kind they were remains a mystery, however, although William Berczy indicated to his wife that bon chrétien pears, one of the most beautiful examples of eighteenth and nineteenth-century horticulture, were considered to be the best. They were also known as Bartletts.

4-5		pears
1	L (4 c)	light brown sugar
110	g (1/4 lb)	honey
375	mL (11/2 c)	water
		whites of 2 eggs and their crushed shells

Over medium heat, bring to a boil all ingredients except the pears. Lower the heat and continue to cook for another 15 minutes. Skim until the syrup is very clear. Strain through a fine sieve after cooking. Peel and core the pears. Place them in a dish and pour the syrup over them. Let cool to room temperature.

Pastrycook's shop, eighteenth century. *Encyclopédie de Diderot.*

Vinegar Syrup

This recipe was popular until quite recently, and our grandparents would probably remember it. The vinegar used in New France was either imported or produced locally, at least in the eighteenth century. The imported kind was obviously wine vinegar but, in Canada, vinegar was also made from maple sap! At least that was what Doctor Gaultier suggested in the papers he presented to the Academie royale des sciences in 1755. "Maple sap," he wrote, "enclosed in a barrel, turns; but not as quickly as the liquor extracted from sugar cane. If a barrel of maple sap is left in the sun over the summer, it turns into a very good vinegar." But Gaultier specified that this vinegar was made from the last sap to be tapped.

500 mL (2 c) raspberries
500 mL (2 c) vinegar
1.1 L (41/2 c) sugar

Steep the raspberries and vinegar in a pot for 8 days; the level of the vinegar should not submerge the raspberries. Strain through a silk strainer (or a nylon stocking is also quite good). Set aside 500 mL (2 c) syrup.

In a double boiler, dissolve the sugar and the syrup until there are no crystals left. Remove from the heat and let cool. Bottle. To serve, pour two parts syrup for one part ice water or iced sparkling water.

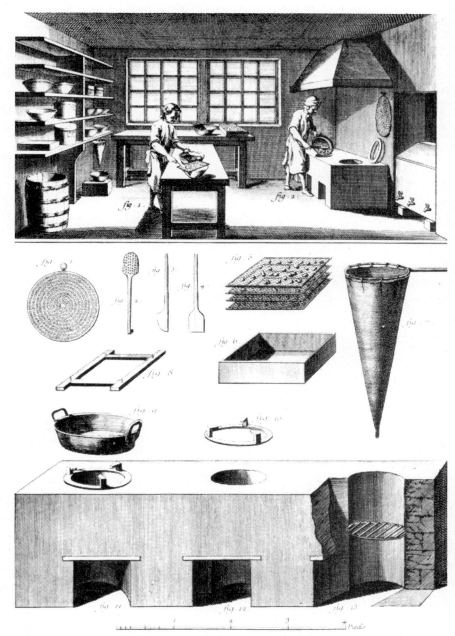

Confectioner's shop, eighteenth-century, with illustrations of the utensils and the oven. *Encyclopédie de Diderot.*

Clubs, Cafés and Taverns: John Bull in Canada, 1760-1820

In the mid-eighteenth century, the English began to identify with John Bull, a jovial fat man who was a great drinker. A symbol of landed gentry and the British Empire, he chiefly ate joints of beef and mutton and drank beer. He typified the Englishman who preferred simple cooking with plenty of meat.

John Bull embodied a contradiction, deploring the overspicing that masked the natural flavours of meat, but admitting to a penchant for the strong spices and exotic dishes of India. He also allowed little room for vegetables—although they were starting to find a place on middle-class tables—for, it bears repeating, he liked his meat. This explains why English cooking earned a reputation for being boring. Although a certain variety did exist in British cooking, it had to be looked for in the preparation of conserves, pickles and condiments, and in sweets—biscuits, cakes, tarts and puddings of all types.

In many ways, British cooking carried on medieval traditions. Sauces amounted to seasoned meat juices, or gravy; medieval spices (ginger, mace and so on) were still used, although in moderation; the basic techniques of roasting and boiling had changed little. And yet the influence of French cuisine had been felt across the Channel since the seventeenth century. Most of the major French cookbooks were translated almost immediately, so that French terminology and techniques—cullis (*coulis*), *daube*, bisque, *à la mode*, ragout, fricassee, to name but a few—became well known. But a Francophobic reaction began to emerge, and French methods, table manners, prodigality and tastes, and especially the extravagance of French dishes were rejected.

So the first English and Scots to settle in Canada after the Conquest found the cooking to be quite foreign to them, though they were not totally unfamiliar with it. This is the context in which the sometimes unkind and haughty comments of certain travellers in the late-eighteenth and early-nineteenth centuries must be placed. For example, Jeremy Cockloft was very direct: "I would not advise an epicure in diet to visit Quebec."

The first British to settle in the towns of the colony therefore found it imperative to stock up on products that would allow them to eat in traditional English style. Yorkshire hams, salt pork and Irish beef; Cheshire cheese; rose butter from Cork; Scottish barley; pickled walnuts, gherkins, mangoes and oysters; smoked herring; allspice, mace, ginger and cayenne pepper; and Durham mustard, fish sauce, ketchup and soya sauce were just some of the many foods of the imperial larder that were soon to fill grocers' shelves.

After this first step had been taken, it became essential to set up establishments where the imported food could be prepared and eaten away from home. In the mid-eighteenth century, the British, much more than the French, developed the habit of frequently eating out, gathering in the town's cafés, taverns and chop houses.

Although inns (*auberges*) already existed, they did not provide either English tone or style, but the situation was soon corrected. The first taverns in Quebec provided dinner and supper on the premises, like the London Tavern run by Samuel Sills, which was a pale reflection of its London namesake famed for its turtle soup. Patrons could sit

down to an "ordinary," also called the table d'hôte, or to cold dishes of all sorts served at set times. Taverns also offered catering services, as did Edward Allen of Montreal, who made "beef steaks, mutton chops and cold relishes" to order. Although they were called interchangeably either taverns, cafés or hotels, these places were distinguished from simple drinking establishments by their "more elegant" clientele and the quality of the food, and unlike inns, their primary function was not to provide lodging.

In Quebec City, the most popular places in the eighteenth century were the Merchants Coffee House in Rue St. Pierre and the Freemason's Hotel in Rue Buade. In Montreal, the British élite—men only, of course—gathered at Sullivan's Coffee House or Dillon's Montreal Hotel. In England, ladies usually went to pleasure gardens, the best known of which were the Ranelagh in Chelsea and the Vauxhall in London. John Franks opened a Vauxhall around 1781 in Montreal and T. Powis opened his Montreal Tea Gardens in 1797. There were gardens and orchards, a variety of playing fields, pavilions with chairs, and theatres. Punch and tea were served; pastries and even dinner were eaten there, too.

Rich merchants and high officials of the colony also gathered in private clubs like the Beaver Club to imbibe and indulge in the pleasures of the table, while soldiers met in the messes, like the one in Quebec City's Redoute Dauphine. Every two weeks, thirteen Montreal bachelors met as the Bachelors Club at the Vauxhall or Teasdale's Old Coffee House. The Beef Steak Club, later the Barons Club, formed along the lines of its London namesake, was for Quebec City merchants and senior officials. Members met in a tavern or on an excursion; a rump of beef weighing about thirty pounds (twelve kilos) was the main dish, and it would be suitably washed down with wine and porter.

For the new arrival, the first goal was to live and eat in the English manner. Living the good life was a constant preoccupation for the English bourgeois and aristocrats in Canada. However, the chasm that separated the élite and the middle classes was quite large, as shown by Joseph Frobisher, fur trader, and the printer John Neilson at the beginning of the nineteenth century.

Frobisher would welcome ten to twenty-four guests at his luxurious Beaver Hall residence, built on the former site of Vauxhall Gardens, even though he often ate in town. To satisfy his needs and those of his guests between June and October 1810, he bought 360 kilos (800 lb) of beef and 17 veal, 16 mutton and 10 lamb quarters. Poultry (80 chickens) and small game were always served during this period. The menu often included offal and veal offcuts, necessary ingredients along with oats for the making of Scottish Haggis. Pork and fish was almost never eaten fresh.

Fruit, vegetables and cereals were in abundance too, though the fresh fruit and vegetables came mainly from his gardens and orchards. Butter and lard were the fats most often used, oil being used only for salads. Not much is known about his taste in desserts. Tea was drunk in large quantities; he bought 7 kilos of it in June! He drank no French wines, preferring the wines of the Canary Islands, madeira and port. He liked gin, rum and brandy, not forgetting the 500 bottles of beer he was given by John Molson. All in all, a bountiful table overflowing with meat and drinks...very much in the John Bull fashion!

In comparison, his compatriot John Neilson's table would seem bare, but the printer-bookseller had barely begun his career. To feed his wife, possibly a servant and himself between May and August 1800, Neilson bought on average 8 kilos (18 lb) of meat per week. Veal was bought in the greatest quantities, followed by pigeons, beef, mutton and, last of all, pork; meat accounted for forty percent of all spending on food. Fish was hardly ever served, even though his wife was Catholic and the Bishop's niece. Milk products and cheese accounted for twenty-eight percent of spending, though the average consumption by the Neilsons was only a kilo of butter per week, 18 eggs and 4 pints of milk. Cereals accounted for only four percent of spending; it must be said that the barley and rice was bought before the arrival of potatoes on the market. Fruit, herbs and vegetables took ten percent of the budget and were bought fresh. A kilo of sugar was consumed per week, taking up eleven percent of the budget. As for the drinks, they consisted of tea, milk or water.

Alcoholic beverages, cheese, prepared meats, jellied fruits, cakes, spices and condiments were absent. Seasonings were probably already part of the larder. As for the other products, was our printer practising the well-known Scottish art of frugality? However that may be, new arrivals brought with them cookbooks from their countries of origin. Furthermore, merchants and booksellers imported them from England. In the middle of the eighteenth century, the most popular book was Hannah Glasse's *The Art of Cookery made plain and easy (1747)*; this book was for the bourgeois as well as housewives and servants. Mrs. Glasse declared herself to be against the French cuisine of the period and strongly in favor of economy and simplicity, even though many of her recipes were neither economical nor simple, many even being inspired from French cuisine.

At the beginning of the nineteenth century, a whole series of English publications could be found on the Quebec market, the most important of which were *The Complete Confectioner* (1789) by Frederick Nutt, *A New System of Domestic Cookery* (1807) by Maria Rundell that were a strong opposition to Mrs. Glasse's book and Louis-Eustache Ude's book, *The French Cook* (1813), written by the greatest chef in England in the first half of the nineteenth century. William Kitchiner's *The Cook's Oracle* (1817) and *Five Thousand Receipts* (1821) by Colin Mackenzie, were later added to this list. Overall, the cookbooks for sale in Quebec until 1820 reflected the tendency to oppose books written by women for housewives to those written by men advocating French cuisine and aimed at the aristocracy.

At the beginning of the nineteenth century, Anglo-Saxon homes showed a growing interest in professional cooks. Numerous households sought a competent cook, which brought Mrs. Lapsly of Montreal to give cooking lessons so as to teach "the best method of cooking, making pastries, sweets and marinades and, in a word, all that is necessary to make an elegant and inexpensive meal."

Robert Philip Isaacson, owner of Dolly's Chop House in Montreal.
Oil. Musée Château Ramezay, Montreal.

Clubs, Cafés and Taverns: John Bull in Canada, 1760-1820

Soup

Scotch Barley Broth, Kitchiner, *The Cook's Oracle*, 1822

Entrées

Chicken Curry, MacKenzie, *Five Thousand Receipts*, 1831

Cutlets *en haricot brun*, Ude, *The French Cook*, 1828

Beef Steaks, Kitchiner, *The Cook's Oracle*, 1822

À *la Mode Beef*, Glasse, *The Art of Cookery made plain and easy*, 1791

Roasts and Removes

Roast Pork and Apple Sauce, Rundell, *New System of Domestic Cookery*, circa 1840

Boiled Salmon with Lobster Sauce, Kitchiner, *The Cook's Oracle*, 1822

Roast Wild Duck, Kitchiner, *The Cook's Oracle*, 1822

Salads and Canapés

Chicken Salad, MacKenzie, *Five Thousand Receipts*, 1831

Entremets

Welsh Rarebit [Rabbit], MacKenzie, *Five Thousand Receipts*, 1831

Mutton Pie, Smith, *The Compleat Housewife*, 1736

Oyster Patties, Simpson, *A Complete System of Cookery*, 1806

Forced Cucumbers, Simpson, *A Complete System of Cookery*, 1806

Desserts

Carrot Pudding, Nutt, *The Complete Confectioner*, 1809

Duke of Cumberland Pudding, Rundell, *A New System of Domestic Cookery*, circa 1840;
Kitchiner, *The Cook's Oracle*, 1822

Beverage

Shrub, Smith, *The Compleat Housewife*, 1736

Scotch Barley Broth

In the Middle Ages, the term "gravy" referred to a sweet and sour sauce made with meat stock. In the seventeenth century, gravy was obtained from slices of partially roasted meat; presses were even designed to extract the juices. Later, recipe books recommended cutting the meat and simmering it in a little liquid with various condiments and spices. The liquid obtained was then used to make sauces as well as a variety of soups, gravy soups, which were to be found on the daily menus of many taverns, such as the one operated by Edward Allen in Montreal in 1787. For William Kitchiner, gravy soup was the base for practically all vegetable soups. Scotch Barley Broth was one of the gravy soup family; to the gravy base barley and vegetables were simply added to make a "good and substantial dinner."

3   L (12 c) water
2.25 kg (5 lb) beef shank cut in half
2   onions
125 mL (1/2 c) barley
5   celery stalks, cubed
1   turnip, cubed
    salt and pepper

Wow-Wow Sauce

30 mL (2 tbsp) butter
15 mL (1 tbsp) flour
250-375 mL (1-11/2 c) stock [see recipe in annex]
15 mL (1 tbsp) vinegar
5   mL (1 tsp) mustard
15 mL (1 tbsp) ketchup [see recipe in annex] or 15 mL (1 tbsp) port
30 mL (2 tbsp) parsley, chopped
2   pickles, cubed

Place the beef in a cooking pot filled with water, bring to a boil and skim. Add the onions and cook over low heat for 2 hours. Skim and degrease. Add the barley, cubed celery and turnip, salt and pepper and continue cooking over low heat for one hour. Remove the meat and keep warm.

Prepare the Wow-Wow sauce: melt the butter and stir in the flour. Add the stock, vinegar, ketchup or port and mustard. Cook over low heat until the sauce thickens sligthly. Add the parsley and pickles. Keep warm.

Serve the soup in bowls. Pour the Wow-Wow sauce over the boild beef and serve separately.

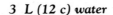

Chicken Curry

The mixture of spices called "curry" originally came from the same tradition as the French "fines épices" (ginger, pepper, cloves, nutmeg and cinnamon) which dates back to the Middle Ages. However, the curry borrowed from India included turmeric, coriander, cumin, cardamom and, later on, cayenne pepper. By the end of the eighteenth century, some British cookbooks contained recipes for curries. Even in France, A. Viard included a recipe for curry in his Cuisinier impérial (1806). Curry, imported to Canada around the beginning of the nineteenth century, was quickly adopted by the British upper class. In 1831, the members of the Quebec Driving Club included a curry on the menu for one of their banquets.

    salt and pepper
30 mL (2 tbsp) flour
1   chicken weighing 1.25 kg (3 lb) cut into 8 pieces
60 mL (4 tbsp) butter
4   onions, sliced
250 mL (1 c) boiling water
15 mL (1 tbsp) curry powder [see recipe in annex]
2   mL (1/2 tsp) cayenne pepper

Mix the salt, pepper and flour together and roll the pieces of chicken in the mixture. Melt the butter over medium heat and brown the chicken. Remove the chicken and set aside. Add the onions and sauté for 5 to 6 minutes. Add the water and cook for 2 minutes.

Place the chicken in the casserole and cook over low heat for 30 minutes. Add the curry powder and cayenne pepper; mix well. Cook over low heat, for another 25 minutes. Serve with white rice.

Cutlets en haricot brun

In eighteenth-century England, three-to four-year-old mutton with its strong flavor, more pronounced than lamb, was highly regarded by lovers of fine food and grilled mutton chops was the dish most often ordered in taverns and chop houses. Throughout the eighteenth and nineteenth centuries, in Montreal and Quebec City, these establishments counted on their chops to attract customers. In France, the "haricot" or "halicot" of mutton was traditionally prepared with turnips, although the very first recipes, such as the "héricot de mouton" in the Ménagier de Paris (around 1393) made no mention of them. It did not take long for the "haricot" to become part of British cuisine and the recipe was soon adapted for their so dearly prized chops. After 1850 mutton en haricot was very popular in Canada. In 1874, Dufresne and McGaraty, grocers, even offered it in a jar. This dish is no longer part of our present-day cuisine.

6 to 8 **mutton chops**

6 **turnips**

45 **mL (3 tbsp) butter**

15 **mL (1 tbsp) flour**

375 **mL (11/2 c) gravy, or good stock [see recipe in annex]**

1 **bouquet garni (2 whole green onions and 2 sprigs of parsley)**

2 **mL (1/2 tsp) sugar**

Peel the turnips and cut them into pieces shaped like bulbs of garlic. Throw away the peel, but retain the trimmings.

Melt 30 mL (2 tbsp) of butter and brown the chops. Remove the chops and keep them warm.

Degrease the pan; melt the remaining butter and stir in the flour to make a white roux. Add the gravy or stock. Mix well and bring to a boil. Add the chops, trimmings from the turnips and the *bouquet garni*. Cook over low heat for 15 minutes, skimming the sauce occasionally. Remove the chops and keep them warm. Strain the sauce and throw away the turnip trimmings and *bouquet garni*. Return the sauce to the pan and add the turnip bulbs and chops. Sprinkle with sugar. Cover and cook over low heat until the turnips are tender.

Place the chops on a serving platter, garnish with the turnip bulbs and cover with the sauce.

Beef Steaks

In England, steaks, grilled or fried in butter, were served as early as the Middle Ages. In the sixteenth century they became very popular and were known as "carbonadoes", served with vinegar and chopped onions. By the eighteenth century, preparation of the steak in Britain had become a fine art and even the French succumbed to it. A "real steak, prepared the way they do it in England," properly aged and well garnished, was highly appreciated by French gastronomes such as Grimod de La Reynière and Beauvilliers. Together with the grilled chop, steak was the most popular dish in the taverns and chop houses. The first tavern owners to set up in Quebec City and Montreal after the Conquest also listed it on their menus. The garnish or relish served with it varied. Kitchiner proposed horseradish in vinegar, pickled gherkins, grilled mushrooms, mushroom or nut ketchup, shallot wine, oyster sauce, onion sauce, and even a tartare sauce.

2 **top round steaks, 1 cm (1/2 in) thick**

Port Sauce

30 **mL (2 tbsp) butter**

15 **mL (1 tbsp) flour**

250 **mL (1 c) boiling water**

30 **mL (2 tbsp) mushroom ketchup [see recipe in annex]**

1 **shallot, minced**

15 **mL (1 tbsp) port**

grilled mushrooms (optional)

First prepare the sauce. Melt the butter over medium heat and add the flour. While stirring constantly, add the boiling water, ketchup, shallot and the port. Allow to thicken. Add mushrooms, if desired. Keep the sauce warm.

Cook the steaks over high heat to the degree desired.

Pour the sauce over the steaks and serve hot. Serve with the horseradish and sour pickled gherkins.

À la mode *Beef*

Together with stews and other braised dishes, À la mode Beef was borrowed from French cuisine. In the eighteenth century, this type of dish, braised slowly in its own juices, acquired the favor of the British upper class. In contrast to the chop houses which specialized in grilled and roasted meats, À la mode beef shops would soon appear in London. These establishments quickly became fashionable. William Kitchiner, after having consulted some 180 recipe books, complained of being unable to find any recipes which tasted as good as the famous dish prepared in the À la mode Beef shops. It was, no doubt, this stunning success which led Francis Millem of Quebec City to propose À la mode Beef in his café. But the À la mode Beef Shops do not seem to have made an impact in Canada. Even in London, by the mid-nineteenth century, their reputation was on the wane and their menus offered only soup, potatoes and bread, which critics judged to be rather mediocre.

1.25	kg (3 lb) roast beef - bottom round
10	mL (2 tsp) salt
10	mL (2 tsp) ground pepper
5	mL (1 tsp) mace
5	mL (1 tsp) nutmeg
60	g (2 oz) pork fat, cut into rectangular lardoons
60	g (2 oz) pork fat, for barding
1	bouquet garni (parsley, thyme, bay leaf)
1	piece lemon zest
3	onions, large
60	mL (4 tbsp) vinegar
375	mL (11/2 c) gravy [see recipe in annex]
150	g (5 oz) mushrooms

Combine the salt, pepper, mace and nutmeg. Moisten the lardoons in the vinegar and roll them in the spices.

Make incisions in the piece of meat and insert the lardoons. If the meat has not already been wrapped in fat, cover it with the bards. Place the meat in a casserole with the *bouquet garni*, lemon zest, onions and vinegar. Cover to seal tightly and cook for 3 to 4 hours over a low heat. When the cooking is finished, degrease the stock. Cook the mushrooms in the gravy and add the gravy to the cooking juices. Slice the meat and serve covered with sauce.

Roast Pork and Apple Sauce

In 1807, when John Lambert, a British explorer, noted that Canadian habitants consumed a great deal of maple sugar with their salt pork, the British tradition of serving pork with a sweet sauce or dressing was already well established. Lambert believed that it served as a corrective measure in a diet containing salted meat. British tradition had always associated pork or goose with apple sauce and hare or venison with red currant jelly. This manner of preparing meat dates back to a time when sugar was used instead of salt to cover up the taste of putrefying meat. Lambert was merely repeating the medieval belief that sugar or spices would mask the taste of badly preserved food. While sugar was considered to be a spice in the Middle Ages, its use in preparing meat originated in the search for luxury during a period when spices were very expensive.

1	knuckle of pork, weighing 2.75-3.5 kg (6-8 lb)
125	mL (1/2 c) onions, finely chopped
5	mL (1 tsp) sage
5	mL (1 tsp) salt
2	mL (1/2 tsp) pepper
450	g (1 lb) apples, peeled and cored
5	mL (1 tsp) brown sugar
15	mL (1 tbsp) butter

Ask the butcher to prepare the meat for you. The piece of pork should include the leg, thigh and top part of the foot. The rind should be left on.

Make an incision, approximately 5 to 7 cm (2 in to 3 in) long in the center of the inside portion of the leg. Mix the onions, sage, salt and pepper together. Stuff the mixture into the incision in the meat, and slash the rind every 2 cm (1 in), then sprinkle with salt. Heat the oven to 160°C (325°F). Roast for 90 minutes per kilo (40 minutes per lb) or until a meat thermometer reads 75°C (170°F).

Cut the apples into thin slices. Fill two glass jars with the sliced apples. Close the jars, without tightening the covers, so that the steam can escape. Place the jars in a pot of boiling water and boil for about 40 minutes. Remove the jars and empty them; puree the apple sauce, add the butter and sugar and mix.

Serve hot in a sauce boat with the roast pork.

Boiled Salmon with Lobster Sauce

As early as the seventeenth century, the English commonly used shellfish, lobster, shrimps and mussels in preparing sauces to accompany fish. Lobster sauce, seasoned with cayenne pepper was considered to be one of the delicacies of British cuisine in the eighteenth century. By 1789, pickled lobster was being imported to Quebec City and was undoubtedly used to prepare this sauce. In fact, at that time, the English loved to use lobster, especially the coral, in preparing sauces as a preserve, or combined with butter for sandwiches. In the mid-nineteenth century, the Canadian élite would not hesitate to offer salmon with lobster sauce as a course in a banquet.

- 3 L (12 c) water
- 45 mL (3 tbsp) salt
- 1 female lobster weighing 450-675 g (1-1 1/2 lb)
- 1 salmon weighing 1.25-1.75kg (3-4 lb)
- 45 mL (3 tbsp) butter
- 5 mL (1 tsp) flour
- 125 mL (1/2 c) milk
- 90 mL (6 tbsp) water
- 15 mL (1 tbsp) lemon juice
- 1 pinch cayenne pepper

Bring the water to a boil, add the salt and the lobster. Cook over high heat for 2 minutes, then lower the heat and cook for another 15 minutes. Remove the lobster and add the salmon to the boiling water. Bring the water to a boil again, reduce the heat and cook the salmon for 22 minutes per kilo (10 minutes per lb).

Split the lobster and remove the meat, keeping the coral. Cut the lobster meat into small pieces and set aside. Finely chop the coral and mix with 15 mL (1 tbsp) of butter. Strain the mixture.

Melt 30 mL (2 tbsp) of butter in a pan. Add the flour and 30 mL (2 tbsp) of milk. Mix well and add the water. Heat to boiling point, stirring constantly. Remove from the stove, add the coral mixture and mix well. Add milk (60 to 90 mL-4 to 6 tbsp) to make a smooth and creamy sauce. Add the lemon juice and cayenne pepper.

Mix and serve with the salmon.

THE

COOK'S ORACLE :

CONTAINING

RECEIPTS FOR PLAIN COOKERY

ON THE

MOST ECONOMICAL PLAN FOR PRIVATE FAMILIES

ALSO

THE ART OF COMPOSING THE MOST SIMPLE, AND MOST HIGHLY

FINISHED

BROTHS, GRAVIES, SOUPS, SAUCES, STORE SAUCES,

AND FLAVOURING ESSENCES :

The Quantity of each Article is

ACCURATELY STATED BY WEIGHT AND MEASURE :

THE WHOLE BEING THE RESULT OF

Actual Experiments

INSTITUTED IN

THE KITCHEN OF A PHYSICIAN.

"Macaut utile dulce."

FROM THE LAST LONDON EDITION,
WHICH IS ALMOST ENTIRELY RE-WRITTEN

WITH

AN APPENDIX,
BY THE AMERICAN PUBLISHERS, MARKETING TABLES, &c

BOSTON :
PUBLISHED BY MUNROE AND FRANCIS.
No. 4, Cornhill.

1822.

Title page from the book by William Kitchiner, *The Cook's Oracle...*, 1822. The Department of Rare Books and Special Collections of the McGill University Libraries.

Roast Wild Duck

Toward the end of the eighteenth century, British merchants and soldiers in Quebec City loved to hunt, particularly for wild fowl. Lieutenant Tolfrey found the white-backed tufted duck and black duck to be delicious when seasoned with cayenne pepper and lemon juice. English recipes often associated this acidic, spicy sauce with waterfowl. Kitchiner added port, mushroom ketchup, shallots and mace. The cayenne pepper and lemon juice sauce was mixed with the cooking juices of the duck, which was roasted for only 20 minutes on a skewer. Kitchiner also suggested a recipe for Wild Duck with onions and sage, recommended by Sir Kenelm Digby, in The Queen's Closet Opened as early as 1669. This recipe would soon be adapted to the domestic duck.

1 Barbary duck, weighing 2.25-2.75 kg (5 to 6 lb)
melted butter for basting

Stuffing

1 small onion, chopped
5 mL (1 tsp) sage
500 mL (2 c) fresh bread, with crusts removed and made into crumbs
1 egg
1 apple, chopped
salt and pepper

Onion and Sage Sauce

1 small onion, chopped
5 mL (1 tsp) ground sage
60 mL (4 tbsp) water
5 mL (1 tsp) pepper
5 mL (1 tsp) salt
60 mL (1/4 c) fresh breadcrumbs
375 mL (1 1/2 c) stock or gravy [see recipe in annex]

Preheat the oven to 175°C (375°F).

Prepare the stuffing by combining all the ingredients. Stuff the duck and skewer it. Pour a little water in the bottom of a roasting pan with a rack. Place the duck on the rack of the roasting pan. Roast the duck for 45 to 60 minutes, depending on its size, basting occasionally with butter.

Prepare the sauce. Chop the onion very finely and place it in a casserole with the sage and water. Cook over low heat for 10 minutes. Add the salt, pepper and fresh breadcrumbs. Mix together like a roux. Add the stock or gravy and allow to thicken. Serve with the duck.

The "ordinary" or table d'hôte in an English tavern, early nineteenth-century. Drawing by Thomas Rowlandson, *This World is a well furnished Table*, 1811. Art Gallery of Ontario, Toronto, gift of M. Lyle, 1942. Acc. no. 2701.

Chicken Salad

Our familiar chicken salad made with eggs and celery is actually a very old recipe. As early as 1669, the highly popular English cookbook, The Queen's Closet Opened combined these ingredients in a salad seasoned with oil and vinegar, with capers and anchovies. The only difference in MacKenzie's recipe, recorded some two hundred years later, was to substitute mustard and cayenne pepper for the capers and anchovies. In Canada, chicken salad was a very popular dish for large dinners, banquets, cold buffets and picnics. Even restaurants, such as Reynold's in Quebec City (1858), listed it on their menus.

1	chicken, weighing 1.25 kg (3 lb)
	salt and pepper
1	package celery hearts
5	egg yolks, hard-boiled
150	mL (5 oz) olive oil
60	mL (2 oz) vinegar
60	mL (4 tbsp) strong mustard
2	mL (1/2 tsp) cayenne pepper
2	mL (1/2 tsp) salt

Season the chicken with salt and pepper and boil for one hour. Remove from the liquid and allow to cool.

Cut the chicken meat into 2 cm (1 in) cubes. Cut the celery into 2 cm (1 in) pieces. Mix the celery with the chicken. Cover and refrigerate.

Mash the egg yolks in a mixing bowl. Slowly mix in the oil, vinegar, mustard, cayenne pepper and salt. Set aside.

Five minutes before serving, pour the dressing over the chicken and celery. Mix well.

Welsh Rarebit

According to British tradition, Welsh Rabbit or Rarebit got its name from a culinary joke. When the hunter returned home empty-handed, his wife prepared cheese for dinner instead of a hare. A rarebit is usually served as a "savory," that is as a salted entremet at the end of a meal. In 1812, in Quebec City, the proprietors of the Crown and Anchor Hotel offered Welsh Rabbit with various condiments on request. It is made with cheddar or the famous English Cheshire cheese. During the eighteenth century the English cheeses Cheshire, Gloucester, Dolphin, Chester, Wiltshire, North Wilton and Stilton were sold by grocers and import merchants. Cheddar did not become widely known until the end of the nineteenth century.

75	mL (5 tbsp) butter
450	g (1 lb) strong cheddar, sliced
60	mL (1/4 c) beer
60	mL (1/4 c) madeira
1	egg yolk, beaten
1	pinch cayenne pepper
1	pinch nutmeg
6 to 8	pieces of toast

Melt the butter. Add the cheese and beer. Cook, stirring constantly until the cheese has melted. Add the madeira and egg yolk and mix well. Cook over low heat for 2 or 3 minutes to heat and mix thoroughly. Sprinkle with the spices.

Pour the cheese mixture over the hot toast and serve.

Note: Hannah Glasse (1791) proposes a simpler recipe. She spreads the toast with strong mustard and covers it with sliced cheese, then melts the cheese under a grill.

Mutton Pie

The English, whether it be true or false, claim to have invented the pie more than six hundred years ago. In any case, pies and tarts are fundamental to English cuisine. Hot mutton pie, a raised pie that is formed and raised by hand, goes back to the Middle Ages. However, oysters only came to be associated with it early in the seventeenth century. At that time, the fashion was leg of mutton stuffed with oysters, minced mutton and oysters, mutton and oyster sausages, or mutton pie with oyster sauce. The latter was one of the most popular dishes served in the colony's taverns. For example, in Montreal, pastry chef, Robert Paul prepared these pies every day and sold them hot to his customers in the evening between 5 and 9 pm. When oysters were in season, everyone went to James Somervail's at the Clark Inn. According to Somervail, "there is nothing more delicate for sauces and there can be no greater pleasure during the approaching holidays." His announcement appeared on December 18, 1809; oysters would be on the holiday menu!

2 mL (1/2 tsp) salt
2 mL (1/2 tsp) pepper
5 mL (1 tsp) mace
60 mL (4 tbsp) butter
900 g (2 lb) mutton chops, boned, 1 cm (1/2 in) thick
2 puff pastry pie shells [see recipe in annex]

Oyster Sauce

45 mL (3 tbsp) butter
12 oysters, shelled (reserve the liquid)
1 small cucumber, cubed
1 anchovy, finely chopped
30 mL (2 tbsp) capers
15 mL (1 tbsp) flour
500 mL (2 c) gravy [see recipe in annex]

Preheat the oven to 175°C (350°F)

Mix the spices and rub them into the chops. Brown the mutton over high heat in half the butter (30 mL - 2 tbsp) for 1 minute on each side.

Line a 25 cm (10 in) pie plate with one of the pastry shells and place the mutton in it. Dot with bits of butter and cover with the second pastry shell. Bake in the oven for 1 to 2 hours.

Twenty minutes before the pie has finished cooking, prepare the sauce: melt the butter over medium heat. Sauté the oysters, cucumber, anchovy and capers. Add the flour and mix well. Add the gravy and oyster liquid and allow to thicken. Serve with the slices of pie.

Oyster Patties

Under French rule, fresh oysters in Quebec City were quite an exceptional event. It was only in the 1780s that oysters, particularly from the baie des Chaleurs, began to arrive on a regular basis. In December 1799, Francis Millem offered them for sale in barrels of eight hundred or a thousand, ensuring his customers that "they were arranged in such a manner as to keep over the winter." But a few years later, John Lambert assures us that oysters were seen so rarely in Quebec City that an oyster feast was "a very rare treat." During the 1820s, cargos increased and most taverns listed oysters on their menus between October and March. They were served in their shell, in soups, in pies, fried or sautéed à la poulette.

30 mL (2 tbsp) butter
5 mL (1 tsp) flour
3 dozen oysters, with their juice
60 mL (4 tbsp) cream
1 dash lemon juice
   salt and pepper
6 to 8 medium sized vol-au-vent shells

Melt the butter in a pan over medium heat. Add the flour and mix well. Add the oysters with their juice. Cook slowly for 5 minutes, stirring constantly. Add the cream and mix. Add the lemon juice, salt and pepper to taste. Cook for 2 more minutes, without boiling.

Heat the vol-au-vent shells in the oven. Fill the vol-au-vent shells with the oyster mixture and serve.

Note: You can make your own vol-au-vents with the recipe for puff pastry in the annex. Roll the dough 1/2 cm (1/4 in) thick. Using a cookie cutter, 8 cm (3 in) in diameter, cut out a circle, then press out another smaller circle in the center without cutting completely through the pastry. Cook the vol-au-vent shells in a preheated oven at 400°F for 20 to 25 minutes. When they are cooked, remove the lids.

Forced Cucumbers (p. 81)   *Concombres farcis (p. 81)*

A reconstruction of the vegetable garden at the
Redoute Dauphine (Parc-de-l'Artillerie National
Historic Site). Soups simmered on these small
portable stoves that were heated with embers.

Reconstitution du «potager» de la Redoute
Dauphine (lieu historique national du
Parc-de-l'Artillerie). Les potages mijotaient sur
ces petits réchauds alimentés à la braise.

Forced Cucumbers

While the cucumber was not well-known in England before the sixteenth century, it gained favor rapidly. It was eaten fresh in summer or pickled for the winter. In the seventeenth century, the English, already confirmed lovers of puddings (various types of stuffings seasoned with suet), realized that a hollowed out cucumber presented an interesting alternative to the traditional casing. Simpson's stuffed cucumbers come from this tradition, although the presence of the cullis and consommé in the recipe show a decidedly French influence. This dish was surely popular in Canada. Joseph François Perrault, in his Traité d'agriculture (1831) mentioned that the cucumber could be eaten raw, in salad, preserved, or cooked "either in a roasting pan under the roast or fricasseed in white sauce. They are excellent stuffed and cooked in a roux."

6	cucumbers
45	mL (3 tbsp) butter
45	ml (3 tbsp) flour
810	mL (3 1/4 c) consommé [see recipe in annex]
30	mL (2 tbsp) cullis or beurre manié [see recipe in annex]
5	mL (1 tsp) sugar
	juice of 1/2 lemon
	salt and pepper

Stuffing

350	g (3/4 lb) minced veal
60	g (2 oz) minced suet
60	g (2 oz) minced pork fat
30	mL (2 tbsp) parsley, chopped
5	mL (1 tsp) thyme
1	shallot, chopped
4	mushrooms, chopped
1	mL (1/4 tsp) salt
1	mL (1/4 tsp) pepper
1	mL (1/4 tsp) cayenne pepper
60	mL (1/4 c) breadcrumbs
1	egg, beaten

First prepare the stuffing by combining all the ingredients.

Peel the cucumbers and hollow them out using an apple corer. Stuff the cucumbers and make small balls with the leftover stuffing mixture. Melt the butter, roll the balls of stuffing in flour and brown them in a pan. Remove the balls and set aside.

Bring the consommé to a boil in a large pan, then add the cucumbers and balls of stuffing. Cook over low heat for about 30 minutes. Remove the cucumbers and balls and keep them warm.

Mix the cullis or *beurre manié* with the consommé and allow the sauce to thicken. Add the sugar and lemon juice. Season to taste. Cook for a few more minutes and serve the cucumbers sliced with the balls of stuffing.

A picnic at the Montmorency Falls around 1830. Aquatint by C. Hunt after a drawing by Lieutenant-Colonel Cockburn. National Archives of Canada, C.95617.

Carrot Pudding (p. 83)   *Tarte aux carottes (p. 84)*

This reconstruction of the kitchen grill of the Redoute Dauphine *would seem to indicate that cooking was done in an English manner (Parc-de-l'Artillerie National Historic Site)*.

La reconstitution de la grille de cuisine de la Redoute Dauphine laisse percevoir une manière anglaise de cuisiner (lieu historique national du Parc-de-l'Artillerie).

Carrot Pudding

While the original English pudding was not so different from the French boudin (blood pudding sausage), a stuffing of seasoned blood and fat contained in an animal casing, the term began to designate a whole range of sweet or salted dishes, prepared in various manners. As early as the end of the sixteenth century, some pudding recipes were actually desserts without suet, composed of cream, almonds, eggs, sugar, dried and aromatic fruits. By the seventeenth century, some puddings were even confused with pies, since the stuffing mixture was placed in a mould with a pie crust and cooked in the oven. Fresh fruits such as apples, apricots, oranges and even carrots were often added to the usual pudding and baked in the oven.

3 *small carrots*
4 *eggs*
125 *mL (1/2 c) sugar*
110 *g (1/4 lb) clarified butter*
30 *mL (2 tbsp) brandy*
   zest of 1 lemon
1 *puff pastry pie shell [see recipe in annex]*

Peel the carrots and boil them for 20 minutes. Remove the carrots, cool them and grate finely. Beat the eggs, gradually adding the sugar, then the butter, brandy and finally the carrots.

Pour the mixture into the pie crust. Sprinkle with the lemon zest.

Cook in the oven for 5 minutes at 220°C (425°F), then 25 minutes at 175°C (350°F).

Note: Clarified butter is obtained by melting butter (a larger amount than required by the recipe) over a low heat. When it has melted, pour the contents into a dish and refrigerate until the butter fat separates from the milk products. Use only the butterfat.

An eighteenth-century copper plum pudding mould.
Hôtel-Dieu de Québec.

Duke of Cumberland Pudding

Plum pudding or Christmas pudding, the traditional holiday dessert, has evolved a great deal since the seventeenth century. Originally it was a sort of porridge composed of meat stock, fruit juice, wine, plums and bread. In the eighteenth century the dessert took on a more solid and round form; it was tied in a cloth and boiled. In the nineteenth century, the pudding began to take on its truly noble character. It was poured into a bowl, especially designed to give it its form and was then cooked in boiling water. This pudding, and Maria Rundell's recipe below, differ from the modern version which is now less dry thanks to the addition of eggs, brandy and sometimes dark brown beer and which is also left to mature before and after cooking, sometimes for several months. In Canada, during the eighteenth and nineteenth centuries, plum pudding was listed on the menu of all holiday meals and banquets. It was even served at the banquet of the Canadian Institute in 1855 in Quebec City in honor of Captain de Belvèze, the Commander of the Capricieuse and the first Frenchman to make an official visit to Canada in almost a century.

180 mL (3/4 c) bread, grated (8 to 10 slices)
180 mL (3/4 c) currants
180 mL (3/4 c) suet
180 mL (3/4 c) apples, minced
180 mL (3/4 c) sugar
6 eggs
5 mL (1 tsp) nutmeg
5 mL (1 tsp) salt
zest of 1 lemon, finely minced
15 mL (1 tbsp) orange zest, cut in thin strips
15 mL (1 tbsp) lime zest, cut in thin strips

Duke of Cumberland Sauce

150 g (5 oz) butter
1 mL (3 tbsp) flour
150 mL (10 tbsp) milk
90 mL (6 tbsp) water
60 ml (1/4 c) sweet sherry
30 mL (1 oz) brandy
15 mL (1 tbsp) sugar
5 mL (1 tsp) lemon zest
1 pinch nutmeg

Combine the bread, currants, suet, apples, sugar, eggs, nutmeg, salt and lemon, orange and lime zests. Place the mixture in pudding basins (3 or 4 depending on their size) and wrap them in a cloth (if you do not have pudding basins, use empty tin cans). Boil the puddings in a large cooking pot filled with water, for 3 hours. Remove and unmold the puddings, using a knife. Prepare the sauce by melting the butter over low heat, add the flour, then gradually add the milk. Mix well, adding the water bit by bit. Allow the sauce to thicken.

Slowly add the sherry, brandy, sugar and lemon zest. Mix well and cook over low heat for 10 minutes. Taste and add more sugar if necessary.

Sprinkle with nutmeg and serve with the plum pudding.

Note: The plum pudding will be better if prepared a few weeks or even months in advance. If desired, it may also be "flambéed" before serving by pouring a little brandy over the pudding and igniting it.

Shrub

Shrub is a form of punch or, to be more exact, as the English say, "a concocted drink." From early in the eighteenth century, British culinary treatises included recipes for Shrub, generally composed of brandy, white wine, lemon juice and sugar. In Canada, at the beginning of British rule, Shrub and "le noyau" were the most popular drinks.

750 mL (3 c) brandy
juice of 2 lemons
zest of 1/2 lemon
1 mL (1/4 tsp) grated nutmeg
680 mL (23/4 c) white wine
250 mL (1 c) sugar

Mix the brandy with the lemon juice, zest and nutmeg. Allow the mixture to steep in a covered jar for 3 days. Then add the wine and sugar and mix well to dissolve the sugar. Pour the mixture through a cheesecloth and bottle.

English Cuisine and Eating Habits in Nineteenth-Century Quebec

During the first half of the nineteenth century, while the number of English taverns and coffee houses in Montreal and Quebec City increased, their menus also diversified. They still continued to provide a house special at specific hours, three times a day, but in addition, more and more establishments offered a dinner, snack or supper at any time. For example, in 1840, the proprietors of the Victoria House announced that the tavern "is conducted on the London principle where refreshments can be obtained at any hour of the day."

Grilled meat, steak, chops and croquettes, pies, especially mutton, oysters and soups, in particular turtle (mock or real!), appeared on most taverns' à la carte menus, imitating the English chop houses which specialized in various types of grilled meats and soups. In 1839 and 1840, J.H. Isaacson, recently arrived from London, opened two Dolly's Chop Houses, one after the other, in Montreal and Quebec City; obviously London had its own Dolly's! In addition to the grilled meat, Isaacson was very proud of his Barklay & Perkin's Stout, a dark brown draught beer, and later, his buffalo steaks.

Other establishments had their own specialties. For example, in 1837 Hanley's Commercial Inn in Quebec City offered sturgeon soup ("the equal of the turtle soup"); and in 1844, the Rialto in Montreal , specialized in seafood such as oysters, lobsters and mussels from New York. Certain coffee houses, such as Hannah Hays' Coffee Room in Quebec City, were known for their pastries and confections. In 1833, Francis Fairplay, a traveller, was astonished to see confectioners offering not only wine, drinks and beer, but actually acting as English chop houses.

Several coffee houses and taverns also provided a reading room and newspapers for their customers. The Neptune Inn in Quebec City attracted merchants and sailors with its coffee room, newspapers, boat schedules and price lists of imported goods. During this period, American fashions began to appear, including the carbonated drink fountains with their sodas and, if need be, magnesia water!

During the second half of the century, several of these establishments, without changing their menus, began to acclaim their cooks' virtuosity and experience, renaming themselves restaurants. Some, such as the H.T. Privett in Montreal continued in the pure tradition of Dolly's, placing the emphasis on the bar, reading room and, of course, the grill with meats prepared "according to the strictest rules of Charlotte Brontë." Others, like Reynolds in Quebec City, while still maintaining their role as chop houses, rounded out their menus with dishes originally borrowed from French cuisine but which had become international, including various galantines, chicken or lobster in mayonnaise, charlotte russe and Italian creams.

Private clubs continued to abound. In Quebec City, the Driving Club organized weekly sleigh rides for its members in winter. We found one of the Club's menus which is typical of English eating habits around 1830.

The meal for some twenty guests contained only two courses, however the first included three soups (a gravy soup, a hare soup and a giblet soup), four dishes of roast meat (deer, beef, turkey and chicken), a pot roast of beef, probably boiled, three meat and one oyster pie, two types of grilled chops, as well as three dishes with a sauce (a forcemeat, a fricassée and a curry).

The dishes in the first course, were probably not all served at the same time. The soups were probably followed by the boiled meat and the other meat dishes cooked in a sauce were probably followed by the roasts, grilled meats and pies. Another menu of this period offered by John Molson to his guests reflects this serving order: the soups preceding the fish, followed by the boiled meat, then the roasts and pies. The second course on the Driving Club menu was composed of jellies, blancmange, tarts and pastries, including mince pie, and stewed fruits.

Travellers of this period also mention the large quantities of meat consumed by the English in the colony. In 1824, Adam Hodgson referred to these meals as wasteful. He preferred life on the steam boats that travelled between Montreal and Quebec City, with their cuisine that reminded him of the best hotels in London. Around 1830, Thomas Fowler, travelling on the *Chambly*, gave a good description of a typical day's menu: for breakfast, steaks, baked potatoes, eggs, bread, butter and tea; and for dinner, considerable quantities of meat (roast beef, boiled mutton, steak, ham and tongue), boiled vegetables and pies, with puddings and confections for dessert.

Half a century later, the menus of the Allen Line always offered a full daily special, but the service was less elaborate. Nevertheless, the cuisine remained typically English. The first course commonly included oxtail, kidney or veal soup, then roasts (roast beef and Yorkshire pudding, roast pork with apple sauce, roast turkey or goose with stuffing) and boiled meats (corned beef, mutton with capers, ducks and macaroni, or veal). Paradoxically, the entrées were served after the main course. In contrast to the hotels, entrées were not French style, but very English: curried chicken, steak and kidney pie, grilled pigeon and mushrooms, mutton chops and peas and toad in the hole (sausages cooked in a dough). Boiled vegetables accompanied the traditional mashed potatoes with desserts, puddings, pastries and stewed fruits completing the meals.

All of these dishes were described in the culinary treatises of the period, of which there were many. While in 1830, Cary's Circulating Library in Quebec City carried hardly anything but periodicals and dictionaries such as the *Ladies Library* or the *Encyclopedia of Female Knowledge* (1790), by the middle of the century, the Quebec City Library offered the population a much more elaborate range of reading material. William Kitchiner's *Cook's Oracle* and *Housekeeper's Oracle* were very popular along with Mackenzie's *Five Thousand Receipts* while John Conrad Cook's volume of *Cookery and Confectionery* (1824) was innovative in that recipes indicated the cooking time required. Other volumes included Appert's treatise on preserving foods and an English translation of Beauvilliers' work.

From the 1840s, the English Canadian market was inundated with collections of recipes and cookbooks. Many of these books came from Great Britain, including Dalgairn's work *The Practice of Cookery*, 1829, Eliza Acton's *Modern Cookery*, 1845, Soyer's *The Modern Housewife*, 1849 and *Shilling Cookery for the People*, 1845, Francatelli's *The Modern Cook*, 1846 and somewhat later, Isabella Beeton's *Book of Household Management*, 1861, an extremely successful book specifically aimed at the urban bourgeoisie. The variety is quite remarkable, from the Scottish recipes of Dalgairn, the essentially English cuisine of Acton and Beeton, to books written by great chefs, such as the Englishman Charles Francatelli and the Frenchman Alexis Soyer, both disciples of Carême.

American cuisine also had an impact on the Canadian market around 1830 with Amelia Simmons' original work, *American Cookery*, 1796, and Lydia Child's *American Frugal Housewife*, 1832, which was reprinted 11 times in its first year of publication. However, the most popular were Sarah Hale's books, *The Lady's New Book of Cookery*, 1852, *The New Household Receipt Book*, 1853, and *Mrs. Hale's Receipts for the Million*, 1857 and Eliza Leslie's *New Receipts for Cookery*, 1854, and *New Cookery Book*, 1857. Sarah Hale even published her American recipes in popular women's magazines, such as *Godey's Ladies Book*. Around 1870, other newspapers, such as the *Canadian Illustrated News*, also made space for American cuisine, publishing recipes for dishes such as clam soup, chicken *à la créole*, succotash, okra gumbo and saratoga potatoes.

Finally the English Canadians also started to publish cookbooks. The first, *The Cook not Mad or Rational Cookery*, published in Kingston in 1831, was merely a Canadian edition of a volume published the preceding year in Watertown, New York. The second, *The Frugal Housewife's Manual*, by A.B., published in Toronto in 1840, only contained some 70 rather simple recipes claiming primarily a "great plainness." *Modern Practical Cookery* by Mrs. Nourse, published in Montreal in 1845, was again merely a Canadian edition of a volume published in Edinburgh, Scotland. A volume published by Henry Richards in Hamilton in 1867 proved more interesting. The author of *The Canadian Housewife's Manual of Cookery* acknowledged his debt to Soyer, his principal source of inspiration. He considered himself to be more a "compiler," his book including a series of interesting recipes drawn from various French, English and American cookbooks, adapted for the Canadian housewife. Following Confederation, dozens of recipe books were published in Ontario, particularly in Toronto. The authors were often anonymous women or women's groups who, following the American example, emphasized the country's produce, wild game, corn and pumpkins. It is difficult to know to what degree these books actually penetrated the market in Quebec, although some of them were to be found in the libraries of French educational institutions.

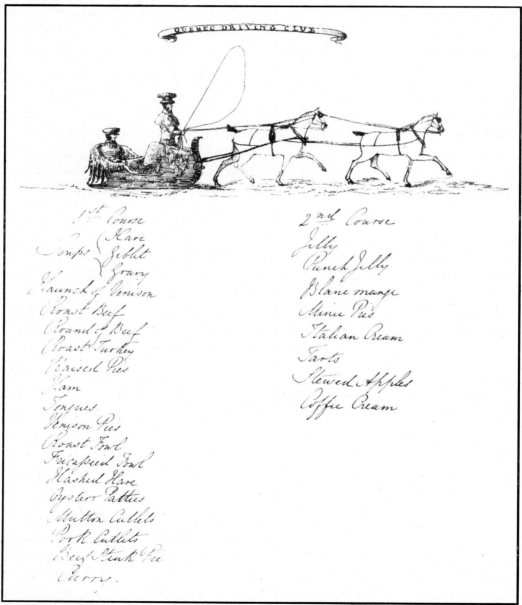

Menu manuscript by the Quebec Driving Club, around 1831. National Archives of Canada, C.84669.

English Cuisine and Eating Habits in Nineteenth-Century Quebec

Soup
Mock Turtle Soup, Beeton, *All about Cookery*, 1861

Entrées
Pork Chops and Mustard Sauce, Soyer, *Shilling Cookery for the People*, 1855

Mock Veal Cutlets, *The Cook not Mad or Rational Cookery*, 1831; Tartar Sauce, Acton, *Modern Cookery for Private Families*, 1858

Breast of Veal, Ragooed Whole, Simpson, *A Complete System of Cookery*, 1806

Roasts and Removes
Roast Beef and Yorkshire Pudding, Soyer, *Shilling Cookery for the People*, 1855

Boiled Turkey, Oyster Sauce, Rundell, *New System of Domestic Cookery*, circa 1820

Salads and Canapés
Romaine (Coss) Lettuce Salad, Richards, *The Canadian Housewife…*, 1861

Entremets
Corn Fritters, Hale, *The Lady's New Book of Cookery*, 1852

Rump Steak Pie, Mackenzie, *Mackenzie's Five Thousand Receipts*, 1831

Sea Pie, Hale, *The Lady's New Book of Cookery*, 1852

Rice Croquettes, Leslie, *New Receipts for Cookery*, 1854

Desserts
Rice Pudding, Simmons, *American Cookery*, 1796

Cherry Pudding, Glasse, *The Art of Cookery…*, 1791

Beverage
Planter's Punch, Tolfrey, *Travels to Canada*, 1810

Mock Turtle Soup

At one time turtle soup was all the rage. This ancient aristocratic delight was served at large banquets and diplomatic dinners from around the middle of the eighteenth century. By 1768, the London Tavern, in London, was famous for its live turtles, swimming in glass tanks. Advertisements in Quebec City and Montreal newspapers show that turtle soup was not long in coming to Canada. Francis Millem, proprietor of a coffee house in Quebec City, seems to have been the first to commercialize it in 1798. During the second half of the nineteenth century, the ceremony of decapitating an enormous live turtle even became a publicized event, drawing Montreal's gastronomes to gather at Francis Francisco's Empire Saloon. Although taverns and restaurants regularly served this soup, its preparation was long, complicated and expensive, which is why as early as in the eighteenth century, cooking treatises also suggested recipes for "Mock Turtle Soup", using a head of veal, or even sturgeon. This "mock" dish was also served in commercial establishments.

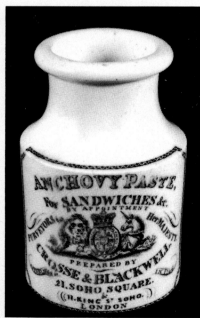

Anchovy-paste pot, made by Crosse & Blackwell, nineteenth century. Canada Parks Service, Quebec.

1/2 or 1   head of veal (Ask your butcher to cut it into four pieces. Keep the brain for an accompanying dish.)

- 2   carrots
- 2   onions, studded with a clove
- 1   parsnip
- 1   sprig parsley
- 4   L (16 c) good bouillon obtained by cooking the head of veal
- 110   g (1/4 lb) butter
- 110   g (1/4 lb) raw ham
- 30   mL (2 tbsp) parsley, chopped
- 1   pinch thyme
- 1   pinch marjoram
- 1   pinch basil
- 2   onions, chopped
- 2   shallots, chopped
- 6   mushrooms, chopped
- 30   mL (2 tbsp) flour
- 1/4   bottle madeira
- 1   pinch cayenne pepper
- 1   pinch mace
-   juice of 1 lemon
-   juice of 1 Seville orange (bitter orange)
- 5   mL (1 tsp) sugar

Stuffing for the quenelles

- 125   mL (1/2 c) fresh breadcrumbs, with the crusts removed
- 250   mL (1 c) milk
- 450   g (1 lb) minced veal
- 110   g (1/4 lb) minced suet
-   salt and pepper
- 1   pinch nutmeg
- 2   eggs, beaten

Begin the day before, by preparing the bouillon.

Wash the head well and cleanse by soaking in cold water for 2 hours. Cover the head with boiling water and cook over low heat for 1 hour. Mrs. Beeton does not mention it, but it is a good idea to add 5 mL (1 tsp) of vinegar for each litre (4 cups) of cooking water. Skim well. Remove the meat from the bones, cut into small cubes and plunge in cold water. Set the meat aside. Replace the bones in the cooking liquid and cook for 2 or 3 hours more with the carrots, onions, parsnip and parsley. Strain the bouillon through cheese cloth and leave it in a cool place overnight.

Preparing the soup:

First, remove the fat from the bouillon. Place 3 L (12 cups) of bouillon in the cooking pot with the cubes of meat. Cook over low heat for 1 hour and set aside.

While the bouillon and meat are cooking, melt the butter in another casserole and brown the ham which has been cut into small cubes. Add the parsley, thyme, marjoram, basil, onions, shallots and chopped mushrooms and cook over low heat for 5 minutes. Add the remaining litre (4 cups) of bouillon and continue cooking over low heat for 2 hours. Pour a little of this bouillon into a jar with the flour, mix

well and stir the mixture back into the bouillon to thicken it slightly. Add the madeira and cook for 10 minutes more. Strain the mixture and combine with the bouillon containing the meat. Leave over low heat while you prepare the quenelles.

Preparing the quenelles:

Place the bread in a casserole, cover with milk and bring to a boil. Cook over medium heat for 10 minutes or until this panada begins to dry out a little. Mix together the minced veal, the panada, suet, salt, pepper, nutmeg and eggs. When well blended, form small quenelles using a spoon. Poach in boiling water for 10 to 15 minutes. Keep the quenelles warm.

Preparing the soup:

Bring the soup to boiling point and season with the cayenne pepper, mace, salt, bitter orange juice and lemon juice. Add the quenelles. Cook slowly for a few minutes. Correct the seasoning and serve.

Some cookbook authors (Kitchiner, Simpson, etc.) also add quenelles made from egg yolks. Directions to prepare them are included in Simpson's recipe for ragooed breast of veal in this chapter.

Pork Chops and Mustard Sauce

In nineteenth-century Canada, all of British high society loved a picnic. Any occasion was a good excuse for filling wicker baskets with delectable dishes and refreshments and taking a carriage in summer, or a sleigh in winter, to the most picturesque sites in the surrounding countryside. The Montmorency Falls near Quebec City were a favorite spot. Usually the meal was composed of cold dishes to be eaten out-of-doors, such as roasted meat, ham, tongue, salads, sandwiches, bread, pastry and fruit. Hot meals were often included as well. In 1806, Hugh Gray took a boat trip to the Chaudière Waterfall. A fire was made in the middle of the rocks and steaks, stews and potatoes were served, all washed down with a good Bourgogne wine. Pork chops were on the menu of one of the Quebec Driving Club's excursions in 1831, along with other hot dishes: soups, forcemeats, fricassees and stews.

1	onion
6 to 8	pork chops
	salt and pepper

Mustard Sauce

30	mL (2 tbsp) butter
60	mL (4 tbsp) onion, chopped
15	mL (1 tbsp) flour
300	mL (11/4 c) bouillon [see recipe in annex]
2	mL (1/2 tsp) salt
1	mL (1/4 tsp) pepper
1	mL (1/4 tsp) sugar
10	mL (2 tsp) English mustard

Cut the onion in half. Salt and pepper the chops and rub with the onion. Grill the chops in the oven until completely cooked, but still juicy. While they are cooking, prepare the sauce.

Melt the butter and sauté the onion. Add the flour and blend well. Slowly add the bouillon and mix well. Boil over low heat for 10 minutes. Season with salt, pepper, sugar and mustard. Cook for a few more minutes to bring out the seasonings . Serve the sauce with the chops.

Mock Veal Cutlets, Tartar Sauce

The so-called "mock" dishes originated during the Middle Ages, with cooks at court attempting to transform various foods, not only to change their appearance, but also their taste. The need for meatless dishes during Lent encouraged a good deal of imaginative competition between cooks who prepared fish to resemble meat and used almonds in the place of milk products and eggs. This tradition continued long after the Reformation (sixteenth century), even though the reason for creating these "mock" dishes no longer existed. In fact, beef came to be prepared as mock duck, veal as mock lobster and squash as mock goose. The texture and flavor of sturgeon made it an excellent choice for this type of recipe. Mrs. Simcoe (1792) found Niagara sturgeon to be delicious when prepared by good cooks in Mock Turtle Soup or as Mock Veal Cutlets. These dishes remained very fashionable in English Canada throughout the nineteenth and even the twentieth centuries.

6 to 8	sturgeon fillets, cut into slices
2	egg yolks
125 mL (1/2 c)	flour
	salt and pepper
	butter

Tartar Sauce

45 mL (3 tbsp)	olive oil
15 mL (1 tbsp)	vinegar
5 mL (1 tsp)	Dijon mustard
5 mL (1 tsp)	shallots, chopped
5 mL (1 tsp)	parsley, chopped
5 mL (1 tsp)	capers, chopped
5 mL (1 tsp)	pickles, chopped
1	hard-boiled egg yolk
150 mL (1/2 c)	sour cream

Dip the pieces of sturgeon in the beaten egg yolks. Sprinkle with flour seasoned with salt and pepper. Fry in butter for 10 minutes on each side.

At the same time, prepare the tartar sauce by beating the oil and vinegar in a bowl. Add the mustard, shallots, parsley, capers and pickles and combine well with the oil/vinegar mixture. Finely chop the hard-boiled egg yolk and force through a strainer. Slowly add the hard-boiled egg yolk and the cream to the sauce mixture. Serve with the mock veal cutlets.

Terrapin Restaurant, Montreal. *Canadian Illustrated News*, 1871. Bibliothèque nationale du Québec.

Breast of Veal, Ragooed Whole

During the seventeenth century, a ragout was actually a seasoning, sauce, or way of preparing a dish in order to bring out the flavors and to sharpen the appetite. It was introduced quite early in England and became one of the repertoire of English dishes prepared "the French way." Already in 1723, in his Court Cookery, Robert Smith included a dozen recipes for ragout, three of which used veal. However, just as quickly, other English cooks who were hostile to French cuisine, suggested the ragout, among the more complex dishes in French cuisine, to be too refined, if not downright unnatural and unhealthy. Nevertheless, the ragout continued to be part of English cuisine and eventually became confused with the English stew. Simpson's recipe is French in its conception, although it contains typically English seasonings, such as mace and madeira. The veal ragout on John Molson's menu at the Mansion House around 1821 was probably part of this tradition.

1	breast of veal with the bone, but with tendons removed (2.75 to 3 kg - approx. 6 to 7 lb)
60	g (2 oz) pork fat, cut in cubes and 1 bard
6	onions, sliced
1	pinch mace
1	pinch thyme
1	sprig parsley
1.75	L (7 c) bouillon [see recipe in annex]
30	mL (2 tbsp) butter
6	mushrooms, sliced
	salt and pepper
	juice of 1/2 lemon
275	g (10 oz) veal sweetbreads
24 to 30	veal balls (see recipe for the veal stuffing under Forced Cucumbers in the preceding chapter)

Egg Yolk Quenelles

8	eggs
15	mL (1 tbsp) flour
	salt and pepper
500	mL (2 c) sauce
250	mL (1 c) madeira

Tourney Sauce

500	mL (2 c) consommé [see recipe in annex]
30	mL (2 tbsp) butter
4	mushrooms, sliced
2	shallots, minced
225	g (1/2 lb) ham, cubed
30	mL (2 tbsp) flour

Ask your butcher to prepare the meat.

Line a large casserole with the cubed pork fat and add the breast of veal, sliced onions, mace, thyme, parsley and bouillon. Bring to a boil, skim and cook over low heat for 2 1/2 hours.

Half way through the cooking time, begin to prepare the tourney sauce. Melt the butter and add the mushrooms, shallots, ham and 15 mL (1 tbsp) of consommé. Cook slowly over low heat for 30 minutes. Place the flour and 125 mL (1/2 c) consommé in a jar, close the lid and shake well. Add the flour and consommé to the ham mixture, stirring constantly for around 10 minutes. Add the remaining consommé and bring to a boil. Boil for 10 minutes to thicken, stirring constantly. Strain the sauce and set aside.

Remove the veal, bone it and cut the meat into cubes. Set it aside. Strain the bouillon and set it aside.

Prepare the ragout. First melt the butter and add the sliced mushrooms, salt, pepper and lemon juice. Cook over low heat for 15 minutes. Slice the sweetbreads, prepare the veal balls (see recipe) and the egg yolk quenelles. Hard boil 6 eggs. Separate the whites from the yolks. Place the egg yolks in a mortar and crush them with a pestle,

then add the two raw egg yolks. Mash them well, adding the flour little by little. Add salt and pepper. Form into small quenelles with a spoon. Take 500 mL (2 c) of bouillon from the veal. Bring it to a boil and poach the quenelles in it for a few minutes.

Add the sweetbreads and veal balls with 500 mL (2 c) of sauce and 115 mL (1/2 c) madeira to the mushrooms and lemon juice mixture. Cook over low heat for 15 to 20 minutes. At the same time, take 500 mL (2 c) of the veal bouillon and bring it to a boil; reduce by half. Add this reduced bouillon, the veal cubes and egg yolk quenelles to the ragout of sweetbreads and veal balls. Cook for 5 minutes more over low heat to combine the flavors.

 # Roast Beef and Yorkshire Pudding

The English held their roast meat in high esteem, especially beef. Up until 1830, meat was usually roasted over a hot fire on a skewer and basted with salt and water in order to release the gravy, then floured just before the end of cooking to give it a golden crust. Mid-nineteenth century authors like Soyer went against this tradition, since this technique dried out the meat by withdrawing all the juices. Soyer, and others, recommended roasting in an oven using a roasting pan with a rack. In the nineteenth century, this technique spread to Canada, due to the enormous popularity of the stove. Yorkshire Pudding, the traditional accompaniment to roast beef, was cooked under the rack, absorbing the drippings, that is the grease and juices from the roast. Roast beef was usually eaten rare: "rare done is the healthiest and the taste of this age," wrote Amelia Simmons in 1796.

2.25 kg (5 lb) roast beef, Spencer or deboned rib
6 to 8 potatoes

Yorkshire Pudding

3 eggs
125 mL (1/2 c) flour
500 mL (2 c) milk
salt
30 mL (2 tbsp) butter

Horseradish Sauce

30 mL (2 tbsp) horseradish, grated
5 mL (1 tsp) mustard
5 mL (1 tsp) salt
1 mL (1/4 tsp) pepper
5 mL (1 tsp) sugar
30 mL (2 tbsp) vinegar
a little milk or cream
250 mL (1 c) gravy [see recipe in annex]

First prepare the Yorkshire Pudding. Beat the eggs, add the flour and beat in the milk and salt. Butter a baking dish (4 cm-11/2 in deep and 20 cm-8 in wide) and pour the pudding mixture into the dish. Heat the oven to 160°C (325°F). Place the pudding dish in the bottom of a large dripping pan. Cover with a rack and place the roast beef on the rack. Surround the roast beef with the potatoes. Cook at 160°C (325°F) for 35 to 45 minutes per kilo (15 to 20 minutes per lb) depending on whether you want the meat to be well-cooked or not.

When the Yorkshire Pudding is golden and firm, take it out of the oven, cut it into portions and turn them over to brown on the other side. When the meat is cooked, remove the roast beef from the oven and leave it to rest for 20 minutes before carving.

At the same time, keep the Yorkshire Pudding and the potatoes hot while you prepare the horseradish sauce. Grate the horseradish and place it in a bowl. Add the mustard, salt, pepper, sugar and vinegar and mix well. Moisten with milk or cream until it is the desired consistency. Heat the gravy in a pan. Carve the roast beef and add any juices which escape to the gravy. Serve the roast beef with the potatoes and portions of Yorkshire Pudding, the gravy in a gravy boat and the horseradish sauce in a small bowl.

Boiled Turkey, Oyster Sauce (p. 95)   *Dinde bouillie, sauce aux huîtres (p. 95)*

A glazed earthenware dish and sauceboat.
Industrialization meant that more functional objects
were produced, such as this dish designed to collect the
juices from roasts.

---

*Plat et saucière de terre cuite vitrifiée. Avec l'indus-
trialisation, des objets plus fonctionnels sont fabriqués,
tel ce plat conçu pour recueillir le jus des rôtis.*

Boiled Turkey, Oyster Sauce

Although the turkey originally came from North America, it was first domesticated in Europe and only later re-imported to the colonial farmyards. From the seventeenth to the nineteenth centuries, it was always a popular holiday meal. Cranberries also originally came from North America. Canadians made jam with them from as early as the seventeenth century, but it appears that it was only in the eighteenth century that the cranberry came to be associated with turkey, probably due to the influence of the United States. To the best of our knowledge, Amelia Simmons, in her American Cookery (1796), was the first author to propose a recipe for turkey with cranberries. La Nouvelle Cuisinière canadienne (1855) does not mention using cranberries with turkey, although it does offer a recipe for goose and cranberries. Its "Canadian-style turkey" is more in the English tradition. It was braised, larded with pork fat and studded with cloves, dredged with flour and browned with onions, then boiled with savory and parsley and served with madeira sauce. The most characteristic dish from English cuisine however, is still a boiled stuffed turkey served with oyster sauce.

1 turkey, 2.75 to 3.5 kg (6 to 8 lb)

Oyster Stuffing

110 g (1/4 lb) suet
1 onion, chopped
1 stalk celery, chopped
1 L (4 c) fresh bread crumbs
5 mL (1 tsp) salt
2 mL (1/2 tsp) pepper
2 mL (1/2 tsp) sage
15 oysters, chopped, with their juice
   zest of 1/2 lemon, finely chopped
1 egg
1 mL (1/4 tsp) nutmeg

Oyster Sauce

30 mL (2 tbsp) butter
15 mL (1 tbsp) flour
10 oysters, with their juice
2 mL (1/2 tsp) mace
5 mL (1 tsp) lemon zest, chopped
125 mL (1/2 c) milk

You will need around 125 mL (1/2 c) of stuffing for each 450 g (1 lb) of turkey. Combine all the ingredients for the stuffing. Stuff the main cavity of the turkey and the smaller cavity in the skin at the neck. Close the cavities and sew them. Tie the legs and wings to the bird, leaving a little space to allow the stuffing to expand. Flour a large cloth, cover the turkey with it and tie it to close.

Bring the water to a boil in a large stewing pot, place the turkey in it and cover with a lid. Cook over low heat for 3 to 31/2 hours, depending on the weight of the turkey. Twenty minutes before the end of cooking, prepare the sauce: melt the butter in a pan, add the flour and brown slightly. Add the chopped oysters, their juice, the lemon zest and mace and cook for a few minutes. Thin the sauce by adding milk until it is the consistency desired.

Remove the turkey from the pan, cut the strings and remove the cloth. Serve the turkey on a large platter, with the stuffing in a separate bowl and the sauce in a sauce boat.

Corn Fritters (p. 97)
and Rice Croquettes (p. 99)

Croquettes de maïs (p. 97)
et Croquettes de riz (p. 98)

Nineteenth-century recipe books. Full of
gastronomic secrets, the first Canadian
cookbooks appeared in 1840.

Livres de recettes du XIXᵉ siècle. Véhicules des secrets
gastronomiques, les premiers livres de recettes
canadiens apparaissent en 1840.

Romaine (Coss) Lettuce Salad

The English adopted lettuce when it was first introduced to Great Britain by the Romans. They were so fond of it that the well-known author and horticulturalist, John Evelyn, dedicated an entire culinary work, Acetaria (1699), to it alone. His green salad is still a classic. The lettuce and herbs should be carefully selected, then delicately washed, dried and simply sprinkled with oil and vinegar. "All should fall into their place like the notes in music, in which there should be nothing harsh or grating." In spite of its name, Romaine lettuce does not come from Rome but has its origins in Greece on the Island of Cos. It was referred to by the name "Cos lettuce" in the nineteenth century and is still called "Coss" in modern England.

2   heads of Romaine lettuce
2   hard-boiled eggs, quartered
1/2 shallot or 1 green onion, finely chopped
2 or 3 radishes, sliced
1   cucumber, sliced
    nasturtium flowers (optional)

Dressing

15 mL (1 tbsp) oil
10 mL (2 tsp) vinegar
5   mL (1 tsp) chives, chopped
5   mL (1 tsp) tarragon, chopped
5   mL (1 tsp) salt
2   mL (1/2 tsp) pepper

Tear the lettuce into pieces, retaining a few whole leaves. Prepare the dressing by mixing all the ingredients. Line the bottom of a salad bowl with the whole lettuce leaves and fill with the torn leaves. Garnish with the quartered eggs, sliced radishes and cucumber, shallots or green onion and, if you have some, scatter with nasturtium flowers. Pour the dressing over the salad and toss before serving.

Corn Fritters

In 1807, John Lambert confirmed that Canadians ate very little corn. In fact, it was cultivated more as a luxury item than for everyday fare. They rarely used it to make bread or porridge, but liked it fresh on the cob, boiled or roasted, with a little salt and butter. "They pick the corn off the cob in the same style and with as much goût, as an alderman picks the wing of a fowl at a city feast." In contrast, corn held an important place in American cuisine and was made into flour or hominy, with which they then made corn bread and the more refined johnny cake, pancakes, puddings and various types of corn fritters, as well as succotash, a succulent dish which combines beans with corn. The latter, along with all dishes prepared with corn, were originally part of the cuisine of the American Indian.

1   can corn niblets, 360 mL (12 oz)
60 mL (1/4 c) flour
2   eggs, beaten
    salt and pepper
60 mL (4 tbsp) butter

Put the corn through a food processor. Then add the flour, beaten eggs, salt and pepper and mix well. Melt the butter in a frying pan over a medium heat and place spoonfuls of the mixture in the pan. Fry in the butter, turning the fritters once. Serve hot.

Rump Steak Pie

When the British travelled in Canada, their provisions usually included meat pies, hams and tongues. At the Redoute Dauphine in Quebec City, the canteen-keeper of the Artillery Mess supplied Lieutenant Tolfrey with a veal pie, rump steak pie, a ham and two beef tongues, together with ample quantities of beer, sherry and brandy, when he went on a hunting trip in 1816. On longer trips, such as one made by the Anglican Bishop Mountain to visit his diocese in Upper Canada, preparations were even more elaborate. The journey took place on water, with a boat reserved for the travelling apparatus: baskets of wine and porter, hams, tongues, cages containing four dozen chickens, boxes of glasses, dishes and utensils, everything required for tea, as well as a travelling basket filled with cold meat and other prepared dishes.

1.25 (3 lb) rump steak, 1 cm (1/2 in) thick
6 shallots
5 mL (1 tsp) salt
5 mL (1 tsp) pepper
2 fine pastry pie crusts [see recipe in annex]
30 mL (2 tbsp) mushroom ketchup [see recipe in annex]
30 mL (2 tbsp) beef bouillon or red wine

Cut the beef into pieces, 10 cm by 8 cm (4 in by 3 in), removing the fat and tendons. Finely chop the shallots and mix with the salt and pepper. Line a pie plate with a pie crust. Cover with a quarter of the shallot mixture. Cover with a layer of beef and another quarter of the shallot mixture; repeat. Pour the ketchup and bouillon (or red wine) over the meat. Cover with the second pie crust and seal the crusts, using egg white and a fork. Bake in the oven for 11/2 hours at 175°C (350°F).

Sea Pie

There is a degree of controversy regarding the origins of the Quebec cipâte or cipaille . Some authors believe it came from a recipe of English origin, the Sea Pie: a pie of fish, potatoes and onions which later became a pie of meat and wild game, with its six layers of pastry and meat. Others claim that it may have come from a Scottish pie of beef and chicken, or even that the cipâte was an old recipe from the north coast of France. It is impossible to know which version is true, but we do know that a variation of Sea Pie was known in the United States in the eighteenth century and that Amelia Simmons (1796) seems to have been the first author to give a recipe for it. Her Sea Pie includes pigeons, turkey, veal, lamb and chicken, with slices of pork fat. The layers of meat are sprinkled with flour. Sarah Hale proposed a variation to this recipe around the middle of the nineteenth century.

1 chicken, 1.75 to 2.25 kg (4 to 5 lb)
450 g (1 lb) salted* beef, with the fat removed
30 mL (2 tbsp) butter
3 onions, chopped
    pepper
2 fine pastry pie crusts [see recipe in annex]
1.5 L (6 c) cold water

Cut the chicken into 8 or 10 pieces. Cut the salted beef into thin slices.

Generously butter the bottom and sides of a casserole. Line with a layer of salted beef. Season with half the onions and pepper. Cover with a pie crust. Cover with the pieces of chicken and the rest of the salted beef. Season with the onion and pepper. Pour the cold water over. Cover with the second pie crust.

Cover and cook for 21/2 hours, that is, 30 minutes at 230°C (450°F), 1 hour at 175°C (350°F) and 1 hour at 160°C (325°F).

* If necessary, salted beef can be used as prepared in the Beef à la cardinale recipe, page 32.

Rice Croquettes

Among the many American cookbooks which flooded the Quebec market during the 1850s, those written by Eliza Leslie were among the most interesting in that they were as much regional as cosmopolitan in content. For the most part, Leslie followed the British and American tradition, but she was also fascinated by the cuisine of the blacks in the south. She was not afraid of the French influence, admitted that French cuisine inspired her a great deal and even published a cookbook on French cuisine. In her books, she also included several recipes from other countries such as Italy, the West Indies, and India as well as Turkey. In New Receipts for Cooking (1854), she gave several Spanish recipes a place of honor, such as Pisto omelette, pollo valenciano, gazpacho and guisada.

250 mL (1 c) rice, uncooked
30 mL (2 tbsp) strong cheddar, grated
2 mL (1/2 tsp) mace
75 mL (5 tbsp) butter
5 mL (1 tsp) salt
90 mL (6 tbsp) white chicken or turkey meat, minced
8 large fresh oysters
1 sprig tarragon or parsley, chopped
2 mL (1/2 tsp) nutmeg
zest of 1/2 lemon
salt and pepper
15 mL (1 tbsp) 15% cream
1 egg yolk, beaten
125 mL (1/2 c) fine bread crumbs
450 g (1 lb) lard or frying oil

Boil the rice until it is dry and tender. Mix the rice with the cheddar, mace, butter and salt.

Separately, combine the chicken, minced oysters, tarragon or parsley, nutmeg, lemon zest, salt, pepper and cream.

Take a spoonful of rice, the size of an egg. Flatten the rice in your hand, making a little cavity in the center. Fill the center with a little of the chicken/oyster mixture. Close your hand around the rice to form a croquette the shape of an egg. Dip the croquettes in the egg yolk and then roll in the bread crumbs.

Heat the oil or lard in a deep fryer. Fry the croquettes until golden brown. To serve, garnish with fried parsley.

Rice Pudding

Rice pudding was already well-known in seventeenth-century England. It was prepared by boiling the rice in milk and enriching it with marrow, eggs and sugar and seasoning it with spices (nutmeg, mace) and grey amber before cooking it in the oven. Essentially the same technique was still used in the nineteenth century, as revealed by the recipe for rice pudding in the Frugal Housewife's Manual, published in Toronto in 1840. However, raisins are added, marrow is replaced by butter, and grey amber, the traditional medieval seasoning, has been dropped. Amelia Simmons' rice pudding (1796) belongs to the same tradition, but the author presents six different versions, one of which involves cooking the pudding in a puff pastry shell.

1 L (4 c) milk
125 mL (1/2 c) rice
55 mL (1/4 c) currants
1 stick cinnamon
2 mL (1/2 tsp) nutmeg
20 mL (4 tsp) rose water
4 eggs
sugar to taste (optional) *
2 puff pastry shells [see recipe in annex]

Bring the milk, rice, currants and cinnamon to a boil, stirring occasionally. Lower the heat and simmer for 15 to 20 minutes. Remove from the casserole and allow to cool. Add the nutmeg, rose water, eggs and sugar (if desired) and mix.

Fill a pie crust with the mixture and cover with the second crust. Bake in a preheated oven at 175°C (350°F) for 35 minutes.

* Note: The original recipe does not include any sugar.

Cherry Pudding (p. 101)

Pudding aux cerises (p. 98)

A reconstruction of a kitchen in the officers' mess, used to introduce children to their heritage (Parc-de-l'Artillerie National Historic Site).

Reconstitution d'une cuisine du logis d'officiers utilisée dans le but d'initier les enfants au patrimoine (lieu historique national du Parc-de-l'Artillerie).

Cherry Pudding

In the seventeenth century, pudding was a daily item on every English menu. The invention of the pudding cloth at the beginning of the century finally allowed the pudding to break away from the traditional animal casing, which meant that it could then be made at any time, without depending on the butcher to procure the casings. By the middle of the century, boiled pudding made up of a basic dough of flour and suet or butter surrounding a stuffing of fruit was all the fashion. By the end of the eighteenth century, this type of pudding was already well-known in Canada. It was usually made with apples, pears, plums or even cherries. Amelia Simmons (1796) called this type of dish a pudding dumpling.

450 g (1 lb) puff pastry [see recipe in annex]
800 mL (28 oz) cherries, pitted
45 mL (3 tbsp) butter
75 mL (3/8 c) sugar

Roll out the pastry to a thickness of 1 cm (1/2 in). Place the cherries in the center of the pastry and close the pastry carefully over the cherries by bringing the sides up and over, to form a rounded ball. Place the pastry ball in a floured cloth, close the cloth around the pudding and tie.

Bring a large pot of water to a boil. Place the pastry in the boiling water and cook for 3 to 4 hours. When it has finished cooking, remove the pudding from the water, take it out of the cloth, make an incision in the top of the pudding and add the mixture of butter and sugar. Allow them to melt for 10 minutes, then serve hot.

 # Planter's Punch

According to certain authors, punch was another item that the British borrowed from Indian cuisine. In Hindi, the term "punch" means the number "five" which is the number of ingredients required to make this beverage: alcohol, water, lemon juice, sugar and spices. Introduced in England by officers of the East Indian Companies during the seventeenth century, punch immediately became the rage. Several variations soon appeared, but during the eighteenth century, the rum and exotic fruit juice punch of the West Indies became the drink most British merchants preferred. It was served in a punch bowl, with fruit studded with cloves and biscuits floating in it. It was served in all the taverns and coffee houses in Canada throughout the eighteenth and nineteenth centuries and was soon adopted for all types of social events. This recipe for Planter's punch from the West Indies was prepared by Major Brown, Lieutenant Tolfrey's companion on a hunting trip to Chateau-Richer. Tolfrey qualifies it as the "nectar of nectars!"

500 mL (2 c) green tea, prepared with 3 tbsp of green tea, infused in 1 L (4 c) of boiling water
250 mL (1 c) guava jelly or tropical fruit syrup (for example, mango) juice of 3 limes
375 mL (13 oz) rum
180 mL (3/4 c) cognac
60 mL (1/4 c) madeira
500 mL (2 c) boiling water
1 pinch nutmeg

Steep the tea for 3 to 4 minutes. Mix the tea with the guava jelly or fruit syrup and lime juice. Allow the ingredients to dissolve. Add the rum, cognac, madeira and boiling water; sprinkle with nutmeg. Serve hot in a punch bowl.

Middle-Class Dining in the Nineteenth Century: From French Gastronomy to the French-Canadian Cook

In 1873, Ernest Doin wrote a parody entitled "*Dîner interrompu*" (The Interrupted Dinner). This amusing satire on the dining habits of the nineteenth-century middle class poked fun at everything from the elaborate detail of certain dishes in French cuisine at that time, to certain aspects of French Canada and its cuisine.

Behind the somewhat pompous style of Mr. Plumet and the more common beer-hall tone of Jocrisse, his cook, can be found the prejudices as well as the fashionable tastes of the middle of the nineteenth century. The names of foods are ridiculed: a ragout of herbs with an entourage of love apples; chopped parsley and garlic in a vinaigrette dressing; duck with onions, Russian-style Parisian sauce and gelatine; a little suckling piglet farced (sic) with truffles and Plumet's most favorite dish of all, pigs' ears larded with truffles and herbs! This characterization of French cuisine is however a reflection of French cuisine in the nineteenth century.

With its leading exponents Antonin Carême and Auguste Escoffier, French cuisine conquered the countries of the Western world in the nineteenth century. These famous chefs were responsible for the initial classification and standardization of techniques, names and associations, or specific uses for various ingredients. In the nineteenth century, French cuisine became less concerned than in the preceding century with adding external flavors, concentrating more on the search for new tastes which they obtained by combining essences or concentrated extracts of savory substances, often quite familiar ones.

Menus from restaurants, hotels and banquets of this period illustrate this new refinement, which was also practised by the wealthiest members of high society. This is also confirmed by the more sophisticated cookbooks and works on gastronomy. For example, in its 1837 catalogue, the Fabre Bookstore in Montreal listed titles of French culinary treatises of the eighteenth century, in particular the works of Menon and Marin, but also included more contemporary works on gastronomy, the *Manuel des amphitryons* by Grimod de La Reynière, Berchoux's poem, "*Gastronomie*" and the *Cours gastronomique ou les dîners de Manantville*.

The politicians Louis Hippolyte Lafontaine and George Étienne Cartier each had their own copy of the *Cuisinier parisien* by Albert and the *Physiologie du goût* by Brillat-Savarin. However, the richest culinary collection has to be that of Louis-Joseph Papineau. His library contained several treatises on vegetable gardens and orchards, a treatise on cultivating mushrooms, Appert's book on preparing preserves, volumes on domestic economics, books on English cuisine, French culinary treatises from the eighteenth century, in particular Menon's, cookbooks by Viard and Audot and the entire collection of the "*Classiques de la table*" by Améro which included all the writings of Brillat-Savarin, Grimod de la Reynière, Carême, the Marquis de Cussy, Berchoux and Colnet.

This preoccupation with refinement in dining and gastronomy was not just on the part of isolated individuals. Certain newspapers of the period shared it. The *Album de la Minerve*, published in Montreal during the 1870s is the best example.

It contained articles on the cuts and qualities of beef, carving fowl and game, on oysters, on Roquefort, on the order in which dinner should be served (Russian-style service), on the vocabulary of the pantry and kitchen, on preserving food, the nomenclature of wines and the order in which they should be served. Occasionally recipes were published, "real cheese soup," "aloyau of roast beef," "glazed vegetable loaf…" Excerpts from the *Physiologie du goût* by Brillat-Savarin, from the poem "*Gastronomie*" by Berchoux and a series of culinary proverbs were also published. In 1884, *La Presse* went even further, in suggesting menus and recipes from Baron Brisse, whose culinary work was one of the most fashionable among the wealthy middle class during the second half of the nineteenth century.

In the mid-nineteenth century, all the ingredients required for this kind of sumptuous living were available in Quebec City and Montreal, as an inventory of merchandise carried in 1886 by Grenier, a grocer on rue Saint-Jean in Quebec City, confirms. In one entire section devoted to beverages, the Grenier shop offered its customers a complete range of teas, coffees, including "gourmet" coffee, English, American and Canadian beer, French, Italian, Spanish and German wines, fortified wines, alcohols such as Martell cognac, Aberdeen Scotch and Imperial Rye, liquors and liqueurs (Swiss Absinthe, Bénédictine, Chartreuse). Gourmets and chefs must have loved perusing the shelves of condiments and seasonings, loaded with delicacies such as clam bouillon, French capers, chutney, ketchup and English sauces (including chili and Worcestershire), shallot, malt, or wine vinegar, anchovy essence, truffles and mushrooms, herring pâté *bouilli à la diable*, *financières aux truffes*, mushroom and madeira jellies.

At the cheese counter, the connoisseur would have appreciated English cheeses, Roquefort, Gruyere, Parmesan and even the Canadian (cheddar) and Oka. Grenier also sold rare fruits and vegetables: pineapples, bananas, apricots and pears from California, oranges from Florida, peaches from Niagara, American and French asparagus, cauliflower, flageolet beans, peppers and tomatoes. The fish counter was well stocked with crabs, lobsters, oysters, clams and salmon from Restigouche, herrings, sardines and tuna in oil as well as mackerel in white wine. In the prepared meat section were turkeys, hams and jellied beef tongue, curried rabbit, *pâté de foie gras* with truffles from Strasbourg, *pâté de grives* (thrush) and breast of grouse.

As for desserts, the *pâtissier-confiseur* Frédric Grosstephan of Montreal, previously cook to the "*Minister of the Emperor's Household*" prepared Savoy cakes, *gâteaux à la reine*, lemon cakes and cream cakes, cakes with icing and Scottish babs, while the French *confiseur*, Emile Joannet offered cream chocolates, French pralines, dates in cream, and liquor-filled candies. Even the gourmet who was too busy to prepare his meal or even stop in at a restaurant could try his chance with the new preserved products sold by Dufresne and McGaraty on rue Notre-Dame. They not only offered all kinds of fruits and vegetables, but also soups and other prepared dishes such as hare *à la bordelaise*, roast and stuffed partridge and a *fricandeau* of veal. Dining sumptuously became a priority for an entire stratum of society.

It was also during this period that "French-Canadian" cuisine finally found its identity. It was very far from the *grande cuisine* of Carême, Gouffé, Dubois and the others. This "Canadian" cuisine, with its strong roots, was firmly based on the culinary traditions of early eighteenth-century France, as well as English and American culinary practices!

In 1840, the publication of *La Cuisinière canadienne* by Louis Perrault was for Quebec what La Varenne's *Le Cuisinier français* was for France, or Simmons' *American Cookery* for the United States. For the first time, a so-called "national" cuisine had emerged. While recipes of regional origin were included in it, *La Cuisinière canadienne* was not a repertory of what, today, we refer to as traditional Quebec cuisine. It was more of a cooking manual destined for the Quebec housewife. Inspired by the type of cooking practised in Canada, it also drew on French, English and even American cuisine, recipes of which were circulating in Quebec at this time. Accordingly, it was not a work intended for professionals, but well and truly a volume for the general public, in the tradition of French middle-class cookbooks and Anglo-Saxon domestic economics.

It was obviously influenced by the French middle-class cuisine of the eighteenth and early-nineteenth century. A comparison with *La Cuisinière bourgeoise*…(by an anonymous author), the second edition (1825) of which was published in Paris for the Quebec bookseller, Augustin Germain, reveals similarities as much in terms of style as in presentation.

Several recipes were even borrowed from it, such as the ragout *de foie gras*. Seasonings and sauces are more or less similar: from the salad dressing, to sauces *à la poulette, à la mode, à la tartare, à la bourgeoise, à l'italienne, à la sauce piquante, aux fines herbes, aux câpres, à la Sainte-Menehould, en matelote*, and so on. In some regards, *La Nouvelle Cuisinière canadienne* is more modern, for example, it did not use verjus, but did have recipes for chicken Marengo, truffled turkey and a charlotte russe, which were not to be found in the French volume. On the other hand, the book published by Perrault is much less modern than Audot's (1818), Albert's (1822) or Cardelli's (1822). The English influence in it is felt, without being preponderant: it contained only some twenty English recipes, twelve of which were for puddings. However, the English influence was also evident in what most differentiates the work from the French middle-class cuisine, that is the "Canadianization."

La Nouvelle Cuisinière canadienne contained 22 recipes referred to as "Canadian-style" as well as several recipes for game or fish native to Canada (snow buntings, passenger pigeons, walleye, bass, whitefish) and other Quebec country-style dishes such as potato pie, or fresh pork pie (the future tourtières of Mère Caron in 1878), ragout of pigs' feet and fresh pork balls. These recipes used simple and not very diversified techniques, based on a rather rudimentary style of cooking. Water, rather than bouillon, was generally used in preparing braised dishes, ragouts and even sauces such as "white sauce." Certain herbs and spices from traditional English cuisine, such as cayenne pepper, savory and sage were often used. The sauces accompanying dishes, were thickened not with roux but by sprinkling the meat with flour, and in particular, browned flour.

La Nouvelle Cuisinière canadienne did have a degree of success, as is demonstrated by the fact that it was reprinted five times. But from 1878, *Les Directions diverses données en 1878...* written by Mère Caron became very popular. This volume borrowed a great deal from its precursor; in fact, this phenomenon was not new, it plagiarized a number of recipes, including ragout of beef, dumplings and salt beef, beef Canadian-style, veal chops *en papillotte* and Canadian-style. However, the English influence is quite noticeable in Mère Caron's work: ten percent of the recipes in the book are for puddings. In addition, recipes for pickles were also introduced, although not to the extent that they would be in the twentieth century.

Mère Caron's manual was also designed to train good cooks, that is servants. The majority of the recipes are even more rudimentary than those in *La Nouvelle Cuisinière canadienne*. Many of the interesting recipes from the French middle-class cuisine, such as soup *à la julienne*, veal liver Italian-style or chicken Marengo were neglected. When Caron did retain recipes such as civet of hare, she chose the least refined version, "Canadian-style" and not "*à la bourgeoise*." In Caron's book the recipes for soups, meat, fowl, game, fish, eggs and vegetables are less numerous than in *La Nouvelle Cuisinière canadienne*, and there is no section dedicated to sauces! On the other hand, there were more recipes for puddings and quite a few for biscuits, cakes and jams. Caron takes us further and further from the middle-class and professional French cuisine; the "Canadianization" process and English influence are present more than ever in her collection.

Distribution of recipes was ensured by teaching nuns and the first housekeeping schools, as well as by the Quebec press. In 1897, in a letter addressed to the Ursulines of Quebec City, Charles Baillargé, an engineer, referred to the need for a school to train domestics. He listed some thirty dishes which every cook should know how to prepare. Baillargé wrote at great extent on how a head of veal should be prepared. This was a very middle-class dish popular during this period. He also suggested civet of hare, *à la mode* beef, Irish stew, partridge and cabbage, macaroni and cheese and pork hocks with brown sauce (browned flour). These dishes are all drawn from the typical Canadian cuisine as it was practised in Quebec during this period, at least in the households of the lower middle class.

Middle-Class Dining in the Nineteenth Century: From French Gastronomy to the French-Canadian Cook

Soup

Spring Soup, "Potage printanier," Audot, *La Cuisinière de la campagne et de la ville*, 1839

Entrées

Veal Stew, "Blanquette de veau," Albert, *Le Cuisinier parisien*, 1842

Vol-au-vent Appetizers *à la Montglas*, "Bouchées à la Montglas," Dubois,
L'Ecole des cuisinières, 1887

Chicken with Cheese, "Poulet au fromage," *La Cuisinière des cuisinières*, circa 1847

Stuffed Veal Loaf, "Pain de veau farci," *La Cuisinière bourgeoise*, 1825

Roasts and Removes

Beef Tenderloin with Vegetables, "Filet de boeuf aux légumes,"
La Nouvelle Cuisinière canadienne, circa 1855

Roast Goose, Canadian Style, "Oie rôtie à la canadienne",
La Nouvelle Cuisinière canadienne, circa 1855

Salads and Canapés

Celery Salad, "Céleri en salade," *La Cuisinière des cuisinières*, circa 1847

Onion Salad, "Oignons en salade," *La Cuisinière des cuisinières*, circa 1847

Entremets

Green Beans *à la provençale*, "Haricots verts à la provençale", Albert,
Le Cuisinier parisien, 1842

Fish Pie, "Tourte de poisson en maigre," *La Nouvelle Cuisinière canadienne*, circa 1855

Terrine of Hare, "Terrine de lièvre," Dubois, *L'Ecole des cuisinières*, 1887

Desserts

Lafayette Cake, "Tarte à Lafayette," *La Nouvelle Cuisinière canadienne*, circa 1855

Génoese Cake with Rum Icing, "Génoise glacée au rhum,"
La Nouvelle Cuisinière canadienne, circa 1855

Blueberry Pudding, "Pudding aux bleuets," Caron, *Directions diverses données...*, 1878

Coffee Cream *à la canadienne*, "Crème au café à la canadienne,"
La Nouvelle Cuisinière canadienne, around 1855

Beverage

Cherry Ratafia, "Ratafia de cerises," Caron, *Directions diverses données...*, 1878

Spring Soup (p. 107)   *Potage printanier (p. 104)*

A table set for a society dinner, mid-nineteenth century (Sir-George-Étienne-Cartier National Historic Site).

Table dressée pour un souper mondain du milieu du XIXᵉ siècle (lieu historique national de la Maison-de-Sir-George-Étienne-Cartier).

Spring Soup

"*The classical dinner is giving way to the new Russian-style service. Brillat-Savarin must be rolling over in his grave with pain and indignation; the hot plate is a thing of the past!...*" (Album de la Minerve, June 5, 1873.) In fact at this time, Russian-style service had only just reached Canada. Within ten years, Canadian high society would welcome it with open arms. From that time on, one dish would follow another. No longer would several dishes be served at the same time, even though the serving order of the ancient French dinners was retained. Another novelty of the period was to include a little menu at each place setting: small pieces of paper, on which the hostess herself would list the dishes to be served. On August 11, 1881, Adolphe Caron was invited to such a dinner. At that time, a guest was always sure of a fine meal. Spring soup was the first course, followed by an hors d'oeuvre, les bouchées à la Montglas, *a remove of fish, two meat entrées and one of wild game.*

30	mL (2 tbsp) butter
1	carrot, cut into julienne sticks
1	turnip, cut into julienne sticks
1	parsnip, cut into julienne sticks
1	leek, cut into julienne sticks
2	sticks celery, cut into julienne sticks
1	onion, cut into julienne sticks
2 to 3	leaves sorrel, cut in strips
5	mL (1 tsp) chervil
2 to 3	lettuce leaves, cut in strips
3	L (12 c) bouillon [see recipe in annex]
4 to 5	asparagus stalks, cubed
125	mL (1/2 c) peas
12	small onions
5	mL (1 tsp) sugar
	salt and pepper

Melt the butter and cook the carrot, turnip, parsnip, leek, celery, onion, sorrel, chervil and lettuce over low heat for 5 to 10 minutes. Moisten with the bouillon and add the asparagus, peas, little onions and sugar. Cook for 5 to 10 minutes more. Season with salt and pepper and serve.

Veal Stew

La Chapelle, first, in his Cuisinier moderne *(1735), then Marin in* Les Dons de Comus *(1739), gave recipes for this white stew of veal, thickened with egg yolks and garnished with mushrooms, eventually destined to become a great classic. In the nineteenth century, a "blanquette" of veal or lamb appeared in every cooking repertory.* La Nouvelle Cuisinière canadienne *also had a recipe for this. The popularity of this stew spread throughout Quebec. For example, a recipe for blanquette is found in a* Recueil de recettes *by S.S. Dénéchaud from Stanfold, in 1858 (a collection preserved in the archives of the Augustine Monastery of the Hôpital général de Québec).*

45	mL (3 tbsp) butter
30	mL (2 tbsp) parsley, chopped
30	mL (2 tbsp) green onion, chopped
45	mL (3 tbsp) flour
1	L (4 c) bouillon [see recipe in annex]
	salt and pepper
1	pinch nutmeg
12	small mushrooms
1.25	kg (3 lb) veal, in strips or small cubes
3	egg yolks
	a dash lemon juice

Melt the butter over medium heat and sauté the parsley and green onion. Add the flour and mix. Moisten with the bouillon and allow to thicken. Add the salt, pepper, nutmeg and mushrooms. When the mushrooms are cooked, add the veal. Cook over low heat for 2 hours. Just before serving, thicken the sauce with the egg yolks and add the dash of lemon juice.

Vol-au-vent Appetizers à la Montglas

This dish can certainly be considered part of "haute gastronomie." We have included it to illustrate an aspect of French haute cuisine in the mid-nineteenth century: bouchées, hors d'oeuvre or small entrées. At this time, foie gras and truffles were indispensable in preparing several dishes; with names like "à la financière, à la périgord or périgourdine, or à la piémontaise". The truffle, in particular, was used in many dishes, at times as a garnish, or even a decoration. The quantities used were sometimes phenomenal; for example, a truffled turkey required 1 kg (2 lb) of truffles. Today, of course, this would cost a small fortune. In his recipe, Urbain Dubois does not explain how to prepare the Montglas, but suggests several variations: "montglas of chicken, game, foie gras, sweetbreads."

60-125 mL (1/4-1/2 c) consommé [see recipe in annex]
1/2 chicken breast
60 g (2 oz) pickled tongue (see recipe on page 142)
3 or 4 mushrooms, chopped
60 g (2 oz) foie gras, cut into julienne sticks
1 or 2 truffles, cut into julienne sticks, with their juice
250 mL (1 c) sauce, velouté or Spanish [see recipe in annex]
30 mL (2 tbsp) madeira (optional)
30 small vol-au-vent shells

Bring the consommé to a boil. Cook the chicken breast in the consommé for 15 minutes. Remove the chicken, cut it into julienne sticks and set aside.

Cook the tongue and the mushrooms in the consommé over low heat for 5 to 10 minutes. Remove them and set aside. Add the foie gras and the truffles and bring the consommé to a slow boil for 2 minutes. Remove the foie gras and truffles. Combine the consommé with the sauce and reduce the mixture. Add the Madeira and cook for 2 to 3 minutes more. Add the julienne sticks and keep warm. Bake the vol-au-vent shells in the oven. Fill the shells and serve hot.

Chicken with Cheese

"Chicken is to the cook what canvas is to the artist (…); it can be served boiled, roasted, fried, hot or cold, whole or in pieces, with or without a sauce, boned, with or without its skin, or stuffed, and always with equal success." (Brillat-Savarin). Here is another Italian recipe from a collection compiled by Audot which was very successful. Along with other recipes, it was plagiarized many times. We have selected the version from La Cuisinière des cuisinières, "an edition revised by Mozard, former head pantry steward" (1st printing in 1847). In 1861, this book was on sale in Quebec City at the J.O. Crémazie bookshop. The library of the Seminaire de Québec has a copy of this book with Crémazie's seal on it.

2 small chickens
30 mL (2 tbsp) butter
30 mL (2 tbsp) white wine
30 mL (2 tbsp) bouillon [see recipe in annex]
1 bunch parsley
2 green onions
1/2 clove garlic
2 cloves
1/2 bay leaf
1 pinch thyme
1 pinch basil
5 mL (1 tsp) salt
2 mL (1/2 tsp) coarsely ground pepper
15 mL (1 tbsp) beurre manié
250 mL (1 c) Gruyère cheese, grated

Truss the chickens attaching the drumsticks to the body then flatten the chickens by splitting them slightly along their backs. Brown the chickens in the butter until they are light gold in color. Moisten with the wine and bouillon, then add the parsley, green onions, garlic, cloves, bay leaf, thyme, basil, salt and pepper. Cook for 1 hour over a low heat. Remove the chickens from the sauce and add the *beurre manié* to thicken it.

Pour half the sauce into an ovenproof serving platter. Cover with half the cheese. Place the chickens on the cheese and cover with the remaining sauce and cheese. Place under the grill. When the cheese has melted, remove the grease, using a spoon. Replace the platter under the grill to brown the cheese, then serve.

Stuffed Veal Loaf

Meat loaf seems to have been around for a very long time. The raw forcemeats of the seventeenth century were part of this tradition. In the eighteenth century, Marin's Les Dons de Comus gave recipes for meat loaf, including one for veal loaf. However, knowing the popularity of meat loaf in nineteenth-century Quebec, it seems strange that neither La Nouvelle Cuisinière canadienne, nor Mère Caron contains even one recipe. Nevertheless, the dish was known in nineteenth-century Quebec, if not through eighteenth-century recipe books, such as Marin's and Menon's, at least through La Cuisinière bourgeoise, (by an anonymous author), published in France in 1825 specifically for the Quebec market.

Title page from *La Cuisinière bourgeoise précédée d'un manuel...*, printed in 1825 for Augustin Germain, bookseller at Quebec. Bibliothèque nationale du Québec.

675	g (1 1/2 lb) ground veal
110	g (1/4 lb) beef suet
45	mL (3 tbsp) parsley, chopped
45	mL (3 tbsp) green onion, chopped
2	shallots, chopped
5	mL (1 tsp) salt
2	mL (1/2 tsp) pepper
2	eggs, beaten
45	mL (3 tbsp) cream
5	mL (1 tsp) salt
	bards of pork fat

Stewed Stuffing

110	g (1/4 lb) sorrel
110	g (1/4 lb) lettuce
110	g (1/4 lb) spinach (white beet or orach)
45	mL (3 tbsp) butter
45	mL (3 tbsp) green onion, chopped
45	mL (3 tbsp) parsley, chopped
5	mL (1 tsp) dried chervil
60	mL (1/4 c) bouillon [see recipe in annex], or milk
5	mL (1 tsp) flour
15	mL (1 tbsp) beurre manié or cullis [see recipe in annex]
	salt and pepper
	piquante sauce [see recipe on page 61]

Mix the ingredients for the meat loaf together: ground veal, suet, parsley, green onions, shallots, salt, pepper, eggs and cream. Set aside.

Bring 4.5 L (18 c) of water to a boil with 5 mL (1 tsp) of salt. A little at a time, plunge the sorrel, lettuce and spinach into the water until it comes to the boil again. Boil for 5 minutes. Remove the greens, cool in cold water, drain, pressing out the water by hand and set aside.

Melt the butter and sauté the green onion, parsley and chervil for 3 to 4 minutes. Add the mixture of herbs and cook, stirring, to heat the mixture. Add the bouillon or milk. Sprinkle with flour and mix in the *beurre manié* or cullis. Mix and cook over low heat for 5 minutes. Season with salt and pepper. Remove from heat and set aside.

Line a mold with bards of pork fat. Place half the meat mixture in the mould. Cover with the stewed stuffing and then the rest of the meat mixture. Cover with bards of fat. Cook in the oven at 175°C (350°F) for 1 hour.

Prepare the *piquante sauce*, or another clear and slightly spicy sauce. Unmould the veal loaf and place it on an oven proof platter. Pour one third of the sauce over the loaf and place it in the oven at 230°C (450°F). After 5 minutes, repeat with another third of the sauce. Remove the platter from the oven after 5 minutes. Pour the remaining sauce over the veal loaf and serve.

Beef Tenderloin with Vegetables

The Canadian middle class always consumed fairly large quantities of boiled and roast meat, especially at celebrations or other social events. In the mid-nineteenth century, during the final examination of their boarders, the nuns of the Hôpital général prepared elaborate meals for the priests. One menu listed a boiled turkey, a boiled salmon, a trio of beef, pork and mutton boiled together, as well as roast veal, beef, chickens, partridges and pigeons, and sometimes suckling piglets. As vegetables to accompany the roast meat, they served potatoes, turnips, carrots and green peas. For dessert there were creams, frangipane, tarts, puddings, cheese and fruit. On other occasions, as well as the dishes listed above, meat pies, dishes of meat balls, haricots of mutton, potato loaves, dishes of lentils and plum puddings would also be served

1	whole tenderloin of beef * 2.25-2.75 kg (5-6 lb)
50	g (2 oz) pork fat cut into lardoons, 5 cm (2 in) long

Marinade

60	mL (1/4 c) olive oil
125	mL (1/2 c) lemon juice
1	mL (1/4 tsp) cinnamon
1	onion, chopped
3	sprigs parsley
3	carrots, cut lengthwise
3	onions, sliced
125	mL (1/2 c) white wine
125	mL (1/2 c) bouillon [see recipe in annex]
1	bouquet parsley
	salt and pepper
2	cucumbers
1	head of chicory
15	mL (1 tbsp) butter
55	mL (1/4 c) Spanish sauce [see recipe in annex]

Lard each end of the piece of beef with the lardoons. Mix the ingredients for the marinade (oil, lemon juice, cinnamon, onion, parsley) and pour it over the beef. Leave in a cool place to marinate for 24 hours.

Place the carrots and onion in the bottom of a casserole. Put the meat on top. Pour the white wine and bouillon into the casserole and add the parsley. Season with salt and pepper. Bring to a boil over high heat. Cover and place in the oven at 160°C (325°F). Cook for approximately 3 hours or until the meat is tender.

At the same time, peel the cucumbers and remove the seeds, then remove the stalks from the chicory. Bring water to a boil, add the cucumbers and chicory and cook for 5 minutes over high heat. Remove the vegetables and drain well. Melt the butter in a frying pan and sauté the vegetables.

When the meat is cooked, remove it from the casserole and keep it warm. Remove the fat from the cooking liquid and reduce. Add the Spanish sauce and allow the sauce to thicken. Add the vegetables. Serve the beef on a platter, surrounded by the vegetables.

* Note: Since the beef is marinated, if you prefer to use a less expensive cut (for example, a boned rump roast) it will still be tender.

Vignette drawn from the Manuel de la jeune femme…, by Cardelli, 1825. Bibliothèque nationale du Québec.

Roast Goose, Canadian Style

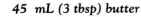

"(....) In the meantime, the butchering has been completed. The meat has been cut up, portions to be salted have been salted. The cortons (sic for "cretons") have been made and the blood pudding, the larder is full and awaiting your return. Our servants are in the wash house plucking geese and ducks..." (letter from Mme. Chapais to her husband Jean-Charles Chapais, Saint-Denis, December 17, 1868).

Once the butchering was completed, the housewife set about planning the holiday meals. Roast goose was the traditional dish for Epiphany. Joseph-François Perrault (1831) mentions two varieties of domestic geese in Lower Canada, large and small ones, but he says that "you hardly need to be concerned with small ones since the large provide a better return." Goose was usually eaten roasted with "apple marmalade or currant jelly." They were also preserved in earthenware pots, "the half cooked thighs, immersed in salted water, covered with lard."

45	mL (3 tbsp) butter
3 to 4	onions, finely chopped
60	mL (1/4 c) parsley, chopped
15	mL (1 tbsp) sage
5	mL (1 tsp) salt
2	mL (1/2 tsp) pepper
1.5	L (6 c) fresh breadcrumbs
1	goose, 4-4.5 kg (9 to 10 lb)

Cranberry Sauce

| 500 | mL (2 c) cranberries, fresh or frozen |
| 500 | mL (2 c) sugar |

Melt the butter and brown the onions with the parsley, sage, salt, pepper and fresh breadcrumbs. Stuff the goose with the mixture. Cook in the oven at 160°C (325°F) for 2 1/2 to 3 hours. Baste from time to time with water.

At the same time, prepare the sauce. Place the cranberries and sugar with 250 mL (1 c) water in a pot. Cook, skimming occasionally, for 15 minutes to obtain a sauce. If this mixture is cooked for an hour it will turn into a jam. Serve with the goose.

Celery Salad

At the market, Quebec City, May 20, 1866:

"Last Saturday there was a dense crowd at the market in the Upper Town. The sellers could hardly keep up with the buyers. Busy housewives, honest stewards, bargaining over every item; demanding gourmets, rejecting and discrediting the produce, examining the carts from top to bottom to find the gem they were searching for; fathers of families, trailing after them two or three porters...; old bachelors, ferreting out the succulent chop for their dinner, meeting, pushing and shoving, filling the market and overflowing from the sidewalks. Almost everyone looked happy and seemed to be smiling in anticipation, thinking of the good dinners they would prepare..."

Hector Fabre, Chroniques, Quebec City, L'Evénement, 1877.

1	celery heart
60	mL (1/4 c) olive oil
30	mL (2 tbsp) vinegar
10-15	mL (2-3 tsp) Dijon mustard
	salt and pepper

Cut the celery into julienne sticks. Prepare the dressing by mixing the other ingredients together. Pour the dressing over the celery and serve.

Upper-town market at Quebec during winter (1873). Drawing by W.O. Carlisle. National Archives of Canada.

Onion Salad

Joseph-François Perrault, in 1831, noted that Canadians pickled small onions in vinegar and that the onion was always eaten raw with bread by "the poor." In this, the situation differs little from that of the eighteenth century. The middle class scorned the raw onion and this is why it was cooked for their salads. Perrault also praised the onion as a condiment for sauces and stocks and this is how it was most often used. By the middle of the century, the Alf Savage Company of druggists in Montreal exploited the culinary habits of the era by marketing a range of products, powders of herbs, celery, onion and shallots "to give flavor to soups, sauces and gravies." Savage imported these products in large quantities from England, claiming that they were used widely in the London hotels and restaurants.

500-1000 mL (2-4 c) bouillon [see recipe in annex]
9 medium-sized onions
75 mL (5 tbsp) oil
30 mL (2 tbsp) vinegar
salt
coarsely ground pepper

Cook the onions in the bouillon for 15 minutes. Make a dressing with the other ingredients. Drain the onions well and pour the dressing over. Slice the onions and mix the juices which escape from the onions into the dressing. Serve warm.

Serve with a dish of meat, for example, grilled pork chops with mustard sauce. (See this recipe on page 90.)

 # Green Beans à la provençale

Today, "à la provençale" generally refers to dishes made with garlic and that often include tomatoes. In fact, Provence adopted the tomato much earlier than the rest of France. During the eighteenth and nineteenth centuries, a dish was called "à la provençale" if it was prepared with olive oil and aromatic herbs. This was also the case in Canada at that time; a dish which included tomatoes was simply referred to as "tomato sauce." As for olive oil, it was always the favorite. Its use in cooking had been popular in Canada since the seventeenth century. Even during the eighteenth and nineteenth centuries, it remained a basic import commodity, local oils (corn, sunflower, nut) did not succeed in taking its place.

675 g (11/2 lb) green beans
30 mL (2 tbsp) olive oil
2 onions, sliced
15 mL (1 tbsp) parsley, chopped
2 green onions, chopped
salt and coarsely ground pepper
1 dash vinegar or 15 mL (1 tbsp) lemon juice

Cook the beans in a pot of salted, boiling water for around 15 minutes. They should still be crunchy.

Heat the oil in a casserole. Brown the onions in the oil. Add the beans, parsley and green onions. Season with salt and pepper. Sauté for a few minutes. Remove the beans and keep them warm. Add the vinegar or lemon juice to the casserole and heat. As soon as the mixture boils, pour it over the beans and serve.

Fish Pie

Until the the nineteenth century, the Catholic population was forbidden to eat meat during Lent. However in 1845, Pope Grégoire XVI substantially modified the ecclesiastical law regarding meatless holidays. From then on, meat could be eaten on Sundays during Lent, except for Palm Sunday. Catholics could also eat meat at one meal per day on Mondays, Tuesdays and Thursdays during the first five weeks of Lent, on the condition that fish was not eaten on those days. However, these rules did not apply during Holy Week, nor on the Thursday following Ash Wednesday. From this same period, the Pope also permitted meat to be eaten on Saturdays, except for the Saturdays during Lent.

A French wrought-iron braizer, nineteenth century. Musée David M. Stewart, Île Sainte-Hélène, Montreal.

450 g (1 lb) cod or other fish
    salt and pepper
 30 sturgeon balls
  2 puff pastry pie crusts [see recipe in annex]
 45 mL (3 tbsp) butter
 15 mL (1 tbsp) parsley
  1 bay leaf
  2 mL (1/2 tsp) thyme
  1 egg, slightly beaten

Sturgeon Balls

225 g (1/2 lb) sturgeon fillet, finely chopped
  1 small onion, minced
  5 mL (1 tsp) salt
  2 mL (1/2 tsp) pepper
  1 mL (1/4 tsp) ground cloves
 15 mL (1 tbsp) fresh parsley, chopped
  2 egg yolks
 30 mL (2 tbsp) butter

White Sauce with Capers

110 g (1/4 lb) butter
 15 mL (1 tbsp) flour
    salt and pepper
    a little water
 15 mL (1 tbsp) fine capers
  2 anchovy filets, finely chopped
  1 pinch nutmeg
 15 mL (1 tbsp) fresh parsley, chopped

Make the sturgeon balls by mixing all the ingredients together. Line a pie plate with one of the puff pastry crusts. Cover the crust with pieces of cod. Season with salt and pepper. Cover with the fish balls. Cover with a second layer of pieces of cod. Season with parsley, bay leaf, thyme, salt and pepper and dot with the butter cut into pieces the size of a nut. Cover with the second pie crust with a chimney installed in it. Seal well and brush with the egg. Bake in the oven for 25 minutes at 230°C (450°F).

Prepare the sauce by mixing the butter with the flour, salt and pepper and place in a saucepan. Melt the mixture, moistening it with a little water. Stir the sauce until it is smooth, without allowing it to boil. Remove from the heat and add capers, anchovies, nutmeg and parsley.

To serve, remove the pie from the oven, remove the top crust and degrease as much as possible. Pour the white sauce with capers over the pie and serve.

Terrine of Hare

"A terrine is referred to by that name because long ago the terrine in which the meat was cooked was also used for serving," wrote Marin in *Les Dons de Comus.* In the eighteenth century, more refined, silver, porcelain or earthenware platters were preferred for serving. The terrine of this period, was composed of various meats, "oxtails, mutton, veal, gristle, slices of tongue, beef rump, saddle of mutton, leg of veal....," all braised in a terrine. The meat did not have the compacted aspect of the modern terrine (chickens were often included whole) and was removed from the cooking vessel to be served hot, accompanied by a sauce, ragout, cullis or a purée. It was only during the nineteenth century that the terrine took on the appearance we know today. "Terrines," wrote Escoffier, "are nothing other than pies without a crust."

2	hares
110	g (1/4 lb) fresh pork fat
150	g (5 oz) raw ham
	salt and pepper
15	mL (1 tbsp) melted pork fat
450	g (1 lb) ground veal
350	g (3/4 lb) fresh pork fat
	livers and hearts from the hares
225	g (1/2 lb) veal liver
	salt and pepper
1	pinch nutmeg
1	pinch ground cloves
	bards of pork fat
90	mL (6 tbsp) lard, melted

Remove the bones and tendons from the hares. Cut the filets and the best part of the thighs into pieces. Cut the pork fat and raw ham into cubes. Mix with the pieces of hare and season with salt and pepper. Brown the meat in the melted pork fat over a high heat. Remove from the pan and set aside.

Chop the trimmings from the hares with the ground veal and fresh pork fat. Brown the hares' hearts and livers and the veal liver in the melted pork fat, then chop them. Mix the two chopped mixtures and season with the salt and spices. Force the mixture through a strainer.

Line a terrine with part of the stuffing. Cover with pieces of hare and ham and cover with the remaining stuffing. Cover with the mixture with bards of pork fat. Place a cover on the terrine. Place the terrine in a large container with a little water and cook in the oven at 175°C (350°F) for 2 1/2 hours.

Remove the terrine from the oven and allow to cool a little. Then place a plate on the terrine with a weight on it in order to press the contents. When the terrine has cooled completely (after 12 hours), remove the weight. Take out the contents of the terrine and remove the damp layer at the bottom of the pot. Pour 30 mL (2 tbsp) of melted lard into the bottom of the pot. Replace the contents in the terrine and cover with the remaining lard. Serve cold.

 Lafayette Cake

Lafayette cake is a well-known, traditional dessert in Quebec. Marius Barbeau, while collecting popular traditional recipes in 1935-1936, came upon it several times. It is also mentioned in the manuscripts of recipes from the nineteenth and twentieth centuries in religious communities in Quebec. This dessert was named in honor of the Marquis de Lafayette, a hero of the American Revolution, who visited the United States one last time in 1824-1825.

6	eggs (whites and yolks separated)
430	mL (1 3/4 c) sugar
60	g (2 oz) butter
500	mL (2 c) sifted flour
10	mL (2 tsp) chemical leavening (baking powder)
	jams

Beat the whites until stiff. Beat the yolks, gradually adding the sugar. Cream the butter and add the yolk/sugar mixture to it. Little by little, very delicately add the egg whites, stirring with a wooden spoon. Gradually add the flour and baking powder.

Preheat the oven to 175°C (350°F). Butter 2 round, 20 cm (8 in) cake pans and pour the batter into them. Bake in the center of the oven for 25 minutes. Allow to sit for 10 minutes, then unmould. Spread the top of one of the cakes with jam and cover with the other cake.

Génoese Cake with Rum Icing

In 1737, in his Cuisinier moderne , La Chapelle gave a recipe for "génoise", but it referred to small turnovers of crusty pastry filled with crème pâtissière made with pistachios, and fried. In the nineteenth century, the "génoise" was very different. It was made from a perfumed biscuit dough, usually containing lemon peel, and cooked in the oven in moulds or on a cookie sheet; it was used to make various sweet entremets. Génoise seems to have been common in nineteenth-century Quebec and there are several recipes in the manuscripts of religious communities, sometimes referring to it as "janoises," together with other biscuit recipes popular at the time, like ginger, anise, or sugar biscuits, or biscuits à la bonne femme and soda biscuits.

6 eggs
250 mL (1 c) sugar
small pinch salt
zest of 1 lemon
375 g (11/2 c) flour
225 g (1/2 lb) ground almonds
125 g (1/2 c) potato flour
225 g (1/2 lb) melted butter
60 mL (4 tbsp) cognac
fruit jam

Icing
250 mL (1 c) icing sugar
30 mL (2 tbsp) rum
1 dash water

Preheat the oven to 160°C (325°F).

Break the eggs and beat them, gradually adding the sugar. Mix until smooth and creamy. Add the salt and lemon zest. Alternately add the flour and almonds, stirring constantly. Add the potato flour and beat. Add the melted butter and cognac and mix.

Cover 2 small cookie sheets with buttered wax paper. Using a spatula, spread the mixture to a thickness of approximately 2 cm (3/4 in). Cook in the center of the oven for 40 minutes.

When the genoese is cooked, remove the sheets from the oven, turn them over and allow to cool. If the paper tends to stick, cover with a damp cloth for a few minutes before removing it. Cover with jam, then the icing, which is prepared as follows: combine the sugar with the rum and water until it is of the right consistency to spread. Ice the genoese using a spatula or a knife with a wide blade. Cut into rectangles, 4 cm x 10 cm (11/2 in by 4 in).

Blueberry Pudding

Around 1876, a Frenchman, Molinari, observing innumerable quantities of bark baskets filled with all kinds of berries in the Quebec City market, noted that "the huckleberry, disdained in Europe, was very popular in the United States and Canada, where it was called by the romantic name of blueberry (bleuet)." Actually the inhabitants of Quebec adored blueberries. In 1848, at the Hôpital général de Québec, to celebrate the birthday of the Mother Superior, "de bonnes poutines" were made, that is to say puddings, using "a dozen eggs, 3 lbs of butter and 1 pot of water which made 4 medium large puddings and a little one for our Father."

125 mL (1/2 c) sugar
60 mL (1/4 c) melted butter
1 egg
625 mL (21/2 c) flour
5 mL (1 tsp) cream of tartar
125 mL (1/2 c) milk
5 mL (1 tsp) bicarbonate of soda dissolved in
15 mL (1 tbsp) of hot water
500 mL (2 c) blueberries

Mix the sugar and butter until creamy. Add the egg and continue to beat until it becomes the consistency of cream.

Sift the flour with the cream of tartar into a bowl. In another bowl, sprinkle a little flour over the blueberries. Alternately add the flour and the milk to batter, then add the bicarbonate of soda. Mix. Add the blueberries. Pour into a buttered mould and cook for one hour in a preheated oven at 190°C (375°F).

Coffee cream à la canadienne

The second edition of Berchoux's poem entitled "Gastronomy", had just appeared when, on November 14, 1805, the Gazette de Québec, published an extract of the verses on the properties of coffee. In it, Berchoux described the attributes of coffee in flowering rhyme, claiming that it would "chase away the vapors" caused by too much wine, "improve the spirit and ensure a more amiable disposition" and even "bring out the genius in the poet." Some time later, Berchoux would be accused of being a rather mediocre poet; it is questionable whether coffee actually did anything for him!...

1 L (4 c) black coffee
1 L (4 c) 15% cream
80 mL (1/3 c) sugar
3 egg yolks
1 pinch flour

Put the coffee, cream and sugar into a saucepan. Bring it to a boil, stirring constantly with a wooden spoon. Cook for around 30 minutes, or more, until it has reduced to half. Be sure to stir constantly with the wooden spoon. Remove from the heat and add the egg yolks and flour. Return to the heat and bring to a boil, stirring constantly. The cream is ready when you can see the bottom of the pot as you stir. Pour the mixture into molds and refrigerate for a few hours.

Cherry Ratafia

Up to the end of the eighteenth century, distilled aromatic liquors and essences were imported, except for those which could be manufactured by individuals owning a still. It seems that, in 1783, a man named Giratty in Quebec City, became the first merchant of spirits to actually market his product. Using his still, he produced usqueba (whisky), ratafias (fruit base spirits), genièvre (gin), absynthe, eau de menthe, eau de baume and so on. The market for spirits flourished in the nineteenth century.

900 g (2 lb) cherries, with their pits
750 mL (26 oz) Canadian whisky
150 g (5 oz) sugar

Remove the stalks from the cherries and wash them. Crush the cherries with your fingers in a large bowl with a cover. Add the whisky and mix. Leave to steep for 1 month.

Then strain the mixture, pressing hard to extract all the juice from the cherries. Discard the cherries. Add the sugar and allow it to dissolve. Bottle.

The Bonsecours Market at Montreal, 1875. *Frank Leslie's Illustrated Newspaper*. Musée David M. Stewart Library, Île Sainte-Hélène, Montreal.

The Rise of the Restaurant Industry in the Nineteenth Century

"A restaurateur," wrote Brillat-Savarin in 1826, "is one whose business consists in offering the public a feast at any time…" The restaurant business and its restaurateurs originated in France, with the increasing popularity of refined cuisine which, until then, had been confined only to the aristocrats' mansions. During the 1770s, this diffusion grew; the revolution, by abolishing the privileges of the guilds and putting a number of cooks, previously employed by the nobility, onto the streets, increased the impetus. Restaurants soon became the meeting places for the new deputies to the National Assembly who were flocking to Paris. These refined, clean, peaceful and luxuriously decorated dining rooms were also known for the rapidity of their service and the variety of dishes on their menus. In addition to the menu in the common dining room, they also offered regular customers a special table d'hôte and private rooms for gourmets.

With the exodus of increasing numbers of cooks from Paris, the restaurant fashion soon spread to other countries. In 1792, Charles René Langlois, previously cook for Governor Clarke, opened his *hôtel de la Nouvelle Constitution* in Quebec City, believing that, as in Paris, he could profit from the arrival of the members to the new Legislative Assembly for Lower Canada. Unfortunately he was a little premature and the venture ended in failure, barely six months later.

It would take another thirty years before restaurants became part of the Canadian way of life. Timidly, "French" coffee houses began their transition to restaurants during the second decade of the nineteenth century: d'Aubreville (1817), Deshons Montbrun (1818), de Vilallave (1825) in Montreal and Broyer (1823) in Quebec City, as well as the typical offerings of the coffee house (lemonade, creams, sorbets, fruits and iced cheeses) announced they would serve meals at set hours. During the 1830s, the transition was completed: Maximilien Jehlen, *Charcutier* of Paris, offered meals "served in the French style," while Augier, at the *café Français*, offered private rooms, "tables perfectly served and soups of all kinds…, prepared at any hour," from oysters to macaroni, Italian style…

However, during the 1830s, Quebec City, which had so long been the center for the colony's élite, lost ground to Montreal which took the lead as the colony's business center. The development of the city and its privileged location in regard to the United States, ensured the growth of its restaurants and hotels. Everything was done according to the taste and fashion in Paris and New York. French chefs, like Charles Lafon and N. Gilbert arrived via the United States. The number of French restaurants soared. H. Lux, on rue Saint-Vincent (1844) offered a table d'hôte at 1 pm, subscriptions at a set price for regular customers and an à la carte menu with "a wide variety of elaborate dishes." Charles Lafon, on rue St-Vincent (1848) served everything that could be found "on the best European tables of this type" à la carte, at any time, in a common dining room or private salon. Maury and Ansel, of the restaurant Parisien (1857) boasted that they had acquired one of the "best chefs to ever cross the Atlantic!"

But the most frequented restaurant in Montreal in the middle of the century was owned by Sébastien Compain. It appears that this Canadian-born restaurateur had already acquired a great deal of experience before he opened his restaurant in 1847 in the old *café de Dillon*, in Place d'Armes. He claimed to be a great traveller, having visited India and China as Chef to the Officers' Mess and had been cook for governors general, admirals and private clubs, including the

famous Reform Club in London. Compain, whose restaurant was just across the road from the new Bank of Montreal, hoped to attract a clientele of business men to the "elegant and comfortably furnished" salons and apartments in his restaurant. He offered a varied menu with dishes of a quality "equal to that of Paris and New York" as well as select wines and liquors.

In 1850, Compain diversified his activities by opening a hotel with sixty rooms, a restaurant, "tea gardens and pleasure grounds" on two hundred acres at Monklands, in the Montreal suburbs. In the city, his restaurant and catering service proved to be very successful. In fact he catered for all sectors of the community from the *Institut mécanique* to the Saint-Patrick Society. In 1859 he merged his restaurant with the *hôtel Cosmopolitain* owned by Angelo Gianelli, while continuing to Americanize his enterprise with a table d'hôte "at a modest price of 50 cents, including a glass of beer," room and board at twenty dollars a month, and a "bar," supplied with wine, liquor and of course, cigars.

Quebec City also had its share of restaurants during this period: the new restaurant Jourdain (1859), on rue Desjardins, served meals on request at any time; the *restaurant de l'Hoist* (1860), on rue Sainte-Anne, with its separate salons, offered private dinners with very little notice and specialized in entremets; the *Salon aux huîtres* of J.-P. Latour (1860), on rue Saint-Jean, in addition to a large selection of oysters prepared in every manner, offered "the choice of the sea," that is live lobster, cod and haddock, sea eel, herring and fresh crab. But the most important restaurants in the middle of the nineteenth century were concentrated in Montreal, and for the most part, followed the American model of the Delmonico in New York City.

Francis Francisco's *Salon Empire* (1850) on rue Bonsecours, M. O'Neil's *Salon métropolitain* (1853) on rue Notre-Dame and Alexandre's *Nouveau Salon de rafraîchissement* and restaurant (1855) aimed at every comfort, luxury and convenience. The "colossal" *Salon Empire*, for example, claimed to be the largest restaurant in the city, with its main dining room on the ground floor where one could be served à la carte at any time, with a table d'hôte between noon and 3 pm. There was also the salon aux liqueurs, the "bar," the oyster counter and next to it, a skittles room and a billiard room. On the first floor, individual salons had been set up where dinners could be served in privacy. All these establishments boasted of the talents of their French chefs and the quality of their food.

M. O'Neil of the *Salon métropolitain* prided himself in serving "all kinds of cuisine, French, English, American and Russian." He advertised a galantine of turkey or game, larded wild game, liver loaf, ornamental salads, specialities of "moose muffle soup" and venison steaks, fresh Irish salmon, turtle soup, fresh halibut and live lobsters.

Carlisle and McConkey also presented their Terrapin restaurant (1862) on rue Notre-Dame as a luxurious establishment with its dining rooms, bar, and private salons. It was famous for its wild game (deer steak, partridge, duck, prairie chicken and quail), turtle soup and steaks and even fresh oysters. Customers like Hector Fabre went there "for a drink with friends," in an atmosphere of serious discussion of affairs of state, as well as the lighter amusement of shows put on by pianists and actors. Montreal also had its oyster salon, the Prince-de-Galles restaurant (1862) and beginning in 1870, its own Delmonico on rue Saint François-Xavier, managed by Joseph Gianelli.

The luxury of restaurant furnishings attained a new peak in 1874 when the Ethier restaurant on rue Notre-Dame opened its doors. *L'Opinion publique* praised it: "In our country, the restaurants, bar-rooms are built with a luxury which surprises foreigners; the *maison Ethier* is a marvel of the type." Ethier neglected nothing in terms of equipment; he insisted on the most modern, including a Prussian furnace, kitchen utensils made of copper, porcelain, crystal, and silver. He hired a Parisian chef; his cellar was filled with the rarest wines and "when he served his wines, it was always in muslin glass." Unfortunately, it appears that his investment had been too costly. By the following year, Ethier had sold his restaurant to Edouard Fortin.

During the same period Victor Olivon, a Frenchman, made himself an enviable reputation in the restaurant business. In 1870 he opened the *Maison dorée*, named after the famous Parisian restaurant and a homonym already made famous in New York City. The restaurant, which was very busy (and known for the excellence of its cuisine), nevertheless had to

close its doors a few years later. Olivon then became Head Chef at the restaurant *hôtel de France* founded in 1874 by French businessmen. The opening of the restaurant was widely publicized by the newspapers, helped by the fact that the proprietors prepared an inauguration banquet for the restaurant and invited all the financial and business magnates, as well as the eminent representatives of the legal profession and, naturally, the press. The *hôtel de France* offered a table d'hôte at set hours, meals à la carte at any time, catered dinners in private homes and accepted wedding meals, balls, banquets and other social occasions. The decor was rich, elegant and comfortable, if we are to believe the descriptions written at this time. Hired according to Olivon's orders, all the cooks were French and numerous employees were assigned to the tables to ensure a polite and diligent service.

Olivon prepared a brilliant meal for the inauguration banquet, which earned him the greatest tributes: "one of those meals which are the talk of the times and are sufficient to immortalize a chef" (*L'Opinion publique*); "the menu, a real work of culinary art (...) Gourmets found everything which could possibly flatter the most difficult stomach" (*La Minerve*). There were in fact very elaborate dishes: cromesquins of lobster as an hors d'oeuvre; fresh salmon *à la romaine* as the fish course; the remove was a tenderloin of beef *à la Godard*; the rarest entrées, sweetbreads *à la Périgueux*, Lamb chops *à la Maintenon*, chicken mayonnaise and pâtés of truffled partridge filets; with roasts of wild duck and a galantine of capon with pistachios; an excellent selection of vegetables, artichoke hearts, asparagus, peas and cardoons; strawberry tart, orange jelly, Italian meringue and coffee custard as entremets.

The *hôtel de France* proved to be very successful, attracting many regular customers, including politicians and journalists. Olivon always looked for the earliest vegetables, luxurious dishes, exotic produce, everything new, in fact he had such a good reputation that in 1878, he was hired as *chef des cuisines* for the opening of the *Grand Hôtel Windsor*. A few years later, in 1883, he opened his own establishment, the Victor restaurant, on rue Saint-Jacques.

Other French restaurants in Montreal, during this period also offered haute cuisine. The *Grand Vatel* (1880), on rue Saint-Jacques was especially proud of its à la carte dinners, and prepared sweetbreads *à la financière*, *bouchées à la Rothschild*, saddle of lamb *à la chartreuse*, leg of deer *à la piémontaise* and truffled turkey. A. Beau, proprietor of the restaurant of the same name on rue Sainte-Catherine, in 1880, and the Occidental restaurant on rue Vitré in 1886, offered a selection of dishes from haute cuisine: partridge, snipe and quail as canapés, deer chops, clams, scallops, crabs, shrimp, oysters and various imported luxury products, such as English sole, snails, brie and camembert, and artichokes.

On a more modest scale, there were also a number of establishments which offered a large clientele good meals at set prices. On the *hôtel de France*'s table d'hôte, Olivon offered a 50 cent meal, twice a day, which included a choice of four soups, one or two fish, three entrées, two or three vegetables, two roasts, two or three deserts, coffee and wine. A notch lower on the ladder, the *Petit Vatel*, on côte Saint-Lambert, in 1879, prepared the "best dinners" at 25 cents, " which included a choice of soup, one or two dishes of meat, two dishes of vegetables, a drink and a selection of desserts." In short, by the turn of the century, French cuisine had reclaimed all the restaurants in the cities of Quebec, from the top to the bottom of the ladder.

A view of the interior of the Ethier Restaurant, Notre-Dame Street, Montreal. *Canadian Illustrated News*, 1874. Bibliothèque nationale du Québec.

The Rise of the Restaurant Industry in the Nineteenth Century

Soups
Oyster Soup, Soyer, *The Modern Housewife*, 1850
Carrot Soup, "Purée Crécy," Beauvilliers, *L'Art du cuisinier*, 1814

Entrées
Red Snapper, Shrimp Sauce, Soyer, *The Modern Housewife*, 1850
Chicken and Mushroom Croquettes, "Croquettes de poulet aux champignons," Carême,
L'Art de la cuisine française, 1847
Fried Frogs' Legs, "Cuisses de grenouilles frites," Carême, *L'Art de la cuisine française*, 1847
Lamb Chops *à la Soubise*, "Côtelettes d'agneau à la Soubise," Cardelli,
Nouveau Manuel du cuisinier, 1842

Roasts and removes
Sirloin of Beef *à la Godard*, "Aloyau de boeuf à la Godard," Beauvilliers,
L'Art du cuisinier, 1814
Deer with Pignole Sauce, "Chevreuil, sauce pignole," Carême,
L'Art de la cuisine française, 1847

Salads and canapés
Asparagus with Vinaigrette Dressing, "Asperges vinaigrette," Audot,
La Cuisinière de la campagne et de la ville, 1839

Entremets
Eggs *à la tripe* with cucumbers, "Oeufs à la tripe aux concombres,"
La Cuisinière des cuisinières, 1847
Macaroni *à l'Italienne*, Francatelli, *The Modern Cook*, 1876
Fried Artichokes, "Artichauts frits," Audot, *La Cuisinière de la campagne et de la ville*, 1839

Desserts
Omelette with Rum, Soyer, *The Modern Housewife*, 1850
Petty-shoes or Profiteroles, Francatelli, *The Modern Cook*, 1876
Sabayon, Dubois, *L'Ecole des cuisinières*, 1887

Beverage
Mulled Wine, "Vin chaud," Dubois, *L'Ecole des cuisinières*, 1887

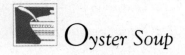 Oyster Soup

"Oysters are good at home, very good at the docks, fantastic in the Gulf," claimed an article in L'Opinion publique in 1874. Although connoisseurs all agreed that oysters should be consumed as fresh as possible, it did not discourage people in towns far from the oyster beds from consuming them in large quantities. The mania for oysters in the nineteenth century was manifested by a startling number of oyster counters in hotels and restaurants as well as specialty oyster bars. In Quebec City, customers went to the oyster room in the London Coffee House (1845) or else to the faubourg Saint-Jean operated by hotel owner B. Massé (1855), which offered oysters by the quarter, the hundred or the plate, served in a "superb dining room." In Montreal, in 1865, the Freeman Salon, with separate rooms for Ladies and Gentlemen, specialized in Blue Point oysters "the best in town." The majority of oyster lovers preferred the oysters from Caraquette. The fad reached such a point that 20,000 barrels were exported to Canada in 1863. In 1882, however, only 2,000 barrels were sent. The beds at Bouctouche, Shédiac, Malpèque and others, through lack of oysters, were seriously affected at this time. In Canada during the nineteenth century, the consumption of oysters increased, though the country had not yet its own oyster-farming industry. Already, in the middle of the century, oysters were imported from artificial beds in Portland, New York and Boston in the United States.

60	g (2 oz)	butter
1.25	kg (3 lb)	veal shank, cubed
110	g (1/4 lb)	ham, cubed
1		onion, studded with 2 cloves
1		small turnip
1		carrot
2		stalks celery
1/2		leek
3	L (12 c)	water
3		dozen oysters with their juice
60	g (2 oz)	butter
60	mL (1/4 c)	flour
500	mL (2 c)	milk
		salt
1	mL (1/4 tsp)	cayenne pepper
3		peppercorns
1		pinch mace
5	mL (1 tsp)	mushroom ketchup [see recipe in annex]
2	mL (1/2 tsp)	anchovy essence (or 1 anchovy finely chopped)
60	mL (1/4 c)	cream

Melt the butter and quickly brown the veal and ham over high heat. Add the onion, turnip, carrot, celery, leek and water. Bring to a boil, skim and simmer over low heat for 3 hours. Remove the meat and retain it for another recipe.

Reduce the bouillon to half and pass it through a cheesecloth. Degrease and reserve 1 L (4 c) of bouillon.

Shell the oysters, retaining their juice. Place the oysters with their juice in a saucepan and bring to a boil. Immediately remove from heat and set the oysters and juice aside.

Melt the butter in a saucepan and add the flour to make a white roux. Remove from heat and add the oyster juice, milk and bouillon which was set aside and return to the heat. Bring to a boil, stirring constantly. Season with salt (as desired), cayenne pepper, peppercorns, mace, mushroom ketchup and anchovy essence. Cook over high heat for 10 minutes. Skim and pass through a fine strainer. Return to the heat and mix in the cream. Add the oysters, heat a little and serve in a soup tureen.

Red Snapper, Shrimp Sauce (p. 123)   *Vivaneau, sauce crevettes (p. 121)*

This small stove with two rounds, somewhat
extravagant in design, was moulded at the Forges du
Saint-Maurice around 1830. The lateral grill
allowed people to admire the flames.

*Ce petit poêle à deux ponts, dit de fantaisie, fut moulé
aux Forges du Saint-Maurice vers 1830. La grille
latérale permettait d'admirer les flammes.*

Carrot Soup

Although the color and sweet taste of the carrot make it rather interesting gastronomically, it is most often reduced to the role of an accompaniment. This 'purée Crécy', which we found on the menu of the hôtel de France's luxurious inauguration banquet in 1874, is an exception. The soup even inspired the gastronomical poet, Charles Monselet, to write a sonnet, connecting the name of the soup with the battle of Crécy. All that remains of Crécy, he said is this famous soup of "vegetables cut into pieces."

4 carrots
1 small white turnip
2 stalks celery
1 onion
1.1 L (4 1/2 c) water
1 pinch salt
45 mL (3 tbsp) butter
60 g (2 oz) ham in 2 pieces
4 slices of bread, crusts removed
225 mL (1 c) bouillon [see recipe in annex]

Slice the vegetables and cook them in a pot with the litre of salted water for 15 minutes. Retain the cooking liquid.

Melt the butter and add the ham and vegetables. Cook over low heat, stirring for 15 minutes. Remove the ham and put the mixture through a food processor. Moisten the vegetables with the cooking liquid and mix. Pass the mixture through a strainer to make a purée. Cook the purée over low heat for 2 hours. Taste and correct the seasoning.

At the same time, place the bread and bouillon in another pot and simmer slowly until the bread disintegrates. Serve the purée over the bread bouillon.

 # Red Snapper, Shrimp Sauce

At first glance, the presence of red snapper, a warm-water fish, on the menu of an Occidental restaurant in Montreal in 1885 is rather surprising. Even the shrimps used in the sauce are unusual for the Laurentian Valley at this period. However, it does indicate the revolutionary changes which had occurred during the second half of the nineteenth century in the transport and preservation of food. The introduction of clipper ships, steam boats and railways, of refrigeration by producing artificial ice and the development of refrigerated train cars and cold rooms opened the doors to a variety of new foods in Canada. Restauranteurs, always quick to adopt new alimentary innovations, were eager to serve this "gros beak" fish from the coral reefs, with its firm and succulent flesh.

1 or 2 red snappers, depending on the size

Shrimp Sauce
350 g (3/4 lb) fresh shrimps, unshelled
30 mL (2 tbsp) butter
10 mL (2 tsp) flour
1 pinch cayenne pepper
2 anchovy filets, reduced to a purée
whole shrimp for the garnish

First prepare the sauce by cooking the shrimps for 5 to 6 minutes in boiling water. Retain the cooking water. Shell the shrimps and retain the shells. Set the shrimps aside. Boil the shells in the cooking water for 20 minutes. Strain the cooking water and set it aside.

Melt the butter over medium heat and add the flour to make a roux. Add 375 mL (1 1/2 c) of the cooking water. Season with the pinch of cayenne pepper and the anchovy purée and allow to thicken. Add the shrimps and heat for a few minutes.

Broil the red snapper in the oven for 6 to 8 minutes on each side. Place the sauce on a serving platter with the fish on top and serve with the shrimp as a garnish.

Chicken and Mushroom Croquettes

Chicken croquettes, wrote Grimod de la Reynière, "cannot support any mediocrity." He ranked this entrée with dishes of a great delicacy "the preparation of which calls for much talent and a great deal of experience." This dish is foreign to middle-class cuisine since it demands "the hand of a first class artist." Croquettes were found on the menu of the Beau restaurant in Montreal in 1880. The Beau seems to have been considered one of the best restaurants in Canada at the time. Little entrées, such as cromesquins of lobster served by the hôtel de France (1874), or croquettes of game à la princesse on the menu of the hôtel Saint-Louis in Quebec City (1881), were generally considered dishes reserved for special occasions, such as banquets.

1	chicken
	pork fat bard
60	mL (1/4 c) mirepoix (chopped carrots, onions, parsley)
60	mL (1/4 c) consommé [see recipe in annex]
250	mL (1 c) water and the degreased juices from the cooked chicken
85	mL (1/3 c) velouté sauce [see recipe in annex]
150	g (1/3 lb) pickled tongue, cubed (see recipe, Chapter 9)
10 to 12	mushrooms, sliced
4	egg yolks
1	pinch nutmeg
15	mL (1 tbsp) butter
	dry breadcrumbs
2	egg yolks, beaten
	oil for frying
	fried parsley

Stuff and cover the chicken with the mirepoix and cover with a bard of lard. Cook in the oven for 1 hour at 175°C (350°F). Allow to cool and remove the breasts and meat from the thighs. Cut into cubes (approximately 450 g-1 lb).

Place the chicken carcass in a pot with the consommé, water, cooking juices and the mirepoix and cook over low heat for 1 hour. Strain and degrease the cooking liquid. Set aside. Heat the velouté sauce and add the chicken, pickled tongue, mushrooms and 225 mL (1 c) of cooking liquid. Reduce the velouté sauce to half. Mix in the egg yolks. Add the nutmeg and butter. Cook for 4 to 5 minutes more in order to reduce the mixture. Pour the mixture into a dish and allow to cool.

When the mixture has cooled, form croquettes of various shapes (balls, fingers, etc). Roll these croquettes in the breadcrumbs, dip them in the sauce and roll again in the breadcrumbs. Press firmly on the second crumb coating, using the blade of a knife. Dip the croquettes in egg yolk, and roll in the breadcrumbs again and allow to rest for 15 minutes.

Fry the croquettes in the oil until they are golden. Serve on "a bed of fried parsley."

Publicity from the Compain Restaurant, Saint-Jacques Street, Montreal (around 1850). Bibliothèque nationale du Québec.

Fried Frogs' Legs

The first colonists in the seventeenth century were amazed at the size of the "oüarons," bull frogs which "moo like cows" and noted that the American Indians ate them and found them to be "very good." In 1807, John Lambert showed a very British aversion for this amphibian, stating that he could not believe that Canadians would eat them. However, frogs' legs, together with snails, had been popular in France for a long time. In the seventeenth century, Nicolas Bonnefons, recommended preparing them "à la fricassée de poulet." This same recipe was included in La Nouvelle Cuisinière canadienne in 1855 and since then, frogs' legs have been considered a gourmet delight. In 1886 in Montreal, they were eaten at the Grand Café Parisien owned by Louis Goudreau on rue Sainte-Catherine, prepared "in the manner of the Grand Vatel in Paris."

24 frogs' legs
    salt and pepper
1 pinch thyme
1 bay leaf
1 onion, in thin slices
3 sprigs parsley
    juice of 1/2 lemon
30 mL (2 tbsp) olive oil
2 to 3 eggs, beaten
180 mL (3/4 c) flour
    oil for frying
    fried parsley

Cleanse the frogs' legs by soaking in cold water for 3/4 hour. Drain the frogs' legs and place them in a marinade of salt, pepper, thyme, onion, bay leaf, parsley, lemon juice and olive oil. Marinate for 30 to 45 minutes. A little before cooking place the legs on a paper towel to drain.

Roll the legs in flour and dip in the beaten egg. Fry in the oil. Serve on a "fine green bush of fried parsley".

Lamb Chops à la Soubise

Lamb chops were considered meat for fine dining and were served as entrées at practically all the banquets in Montreal and Quebec City during the second half of the century. They were prepared à la Maintenon, à la chartreuse, à la jardinière (with vegetables), with mushrooms, with peas and à la Soubise (with onions). They were hardly ever seen on the tables d'hôte in restaurants where veal reigned as the entrée. The Soubise was born in the eighteenth century, so they say, at the table of Charles d'Orleans, Prince of Soubise, who "passed for a very good host" (Grimod). The Soubise is a purée of onions and rice with a béchamelle sauce. Cardelli's recipe is a middle-class version.

6 onions
45 mL (3 tbsp) butter
60 mL (1/4 c) white wine
60 mL (1/4 c) bouillon [see recipe in annex]
    salt and pepper
8 to 10 lamb chops
8 large croutons, fried in the butter
90 mL (6 tbsp) butter

Slice the onions. Melt the butter. Sauté the onions until they are soft. Add the wine and cook for 5 or 10 minutes more.

Grind the onions in the blender. Return the onions to the pan with the bouillon and cook for a few more minutes to make a purée. Season with salt and pepper and keep warm.

Melt half the butter and cook 8 large croutons, 5 cm (2 in) square. Keep warm.

Melt the remaining butter, season the chops with salt and pepper and cook them to the degree of doneness desired (add more butter if necessary). Arrange the chops in a crown with a fried crouton between each chop.

Pour the onion purée into the center and serve.

Sirloin of Beef à la Godard (p. 127)   *Aloyau de bœuf à la Godard (p. 125)*

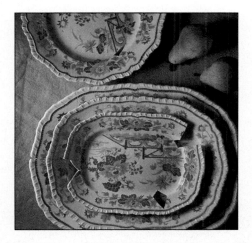

Glazed earthenware dishes and plate from the
beginning of the nineteenth century. Earthenware
appears often in archeological collections as it does not
decompose in the ground.

---

*Plats et assiette de terre cuite vitrifiée, au début
du XIXᵉ siècle. Les terres cuites sont nombreuses dans
les collections archéologiques car elles ne se
décomposent pas dans le sol.*

Sirloin of Beef à la Godard

Beef sirloin and tenderloin were often served as the roast in the second course. For example, beef tenderloin with radishes was one of the roasts served at Saint-Lawrence Hall in 1855 at a dinner in honor of the Commander de Belvèze. With a sauce or a ragout, the roast was transformed into an entrée and, braised, was served as a remove, like the braised tenderloin of beef with truffles served at a banquet in honor of Minister Hector Langevin at the hôtel Saint-Louis in 1881. These are the, occasionally confusing, rules of service French style! Aloyau à la Godard, a distinguished and distinctive remove, embellished the table at the inauguration dinner of the hôtel de France in 1874. The ragout served as a very elaborate garnish. In addition to the ingredients indicated, Beauvilliers added cock's combs and kidneys, and mentions that the dish could be completed with "little pigeons à la Gautier, whole truffles, quenelles and six or eight fine crayfish."

2-2.25	kg (5 lb) rib roast with the bone
110	g (1/4 lb) thick pork fat lardoons
15	mL (1 tbsp) green onion, chopped
15	mL (1 tbsp) parsley, chopped
5	mL (1 tsp) pepper
5	mL (1 tsp) mixed spices [see recipe in annex]
1	bouquet garni (1 bay leaf, 2 green onions, 2 sprigs parsley, a little thyme)
2	onions
2	carrots
125	mL (1/2 c) bouillon [see recipe in annex]
125	mL (1/2 c) white wine
125	mL (1/2 c) madeira
5	mL (1 tsp) salt
2	mL (1/2 tsp) crushed pepper
15	mL (1 tbsp) lemon juice
225	g (1/2 lb) sweetbreads (soaked in cold water for 7 to 8 hours)
15	mL (1 tbsp) butter
20	mushrooms
10	artichoke bottoms
120	mL (8 tbsp) Spanish sauce [see recipe in annex]
	cooking juices from the roast beef, strained and degreased
4	hard-boiled eggs, cut in half

Roll the lardoons in a seasoning mixture of chopped green onion and parsley, pepper and mixed spices. Lard the roast with the lardoons. Place the roast beef in a large casserole with the bouquet garni, onions and carrots and moisten with the bouillon, white wine and madeira. Season with salt and pepper. Cover tightly and cook in the oven at 160°C (325°F) for around 2¼ hours.

At the same time, bring salted water to a boil in a pot, add the lemon juice, lower the heat and cook the sweetbreads for 15 minutes. Remove the sweetbreads and allow to cool.

Melt the butter in a pan and sauté the mushrooms and artichoke bottoms over low heat. Add the Spanish sauce and sweetbreads and allow the ragout to rest.

Remove the beef from the casserole when it is cooked and keep it warm. Reduce the cooking juices until they are almost a glaze. Pour this into the ragout pot, heat and mix well for 5 minutes. Add the eggs, cut in half and glaze them in the sauce. Serve the beef on top of the ragout à la Godard in a large serving platter.

Publicity for the table d'hôte of the restaurant at the *hôtel de France* published in *La Minerve*, May 13, 1876. Bibliothèque du Séminaire de Québec.

Deer with Pignole Sauce

Large game was not often served on the table d'hôte of restaurants in towns in the Laurentians. It was generally ordered à la carte, as chops. An exception was the Windsor Hotel which, in good British tradition, listed saddle of venison with Cumberland sauce on its table d'hôte in 1877. On the other hand, large game was a popular item for large dinners or banquets. Jellied buffalo tongue was an ornate dish considered worthy of figuring on the menu of a banquet in honor of Prince Arthur in Quebec City in 1869. Leg of deer à la piémontaise was considered a superior remove along with truffled turkey at the Grand Vatel during the annual dinner of the Law Faculty of McGill University in 1880. Pignole sauce, like the piémontaise, both of Italian origin, goes very well with venison.

1	haunch of deer, weighing 1.25 to 1.75 kg (3 to 4 lbs)
60-120	g (2-4 oz) lardoons

Marinade

30	mL (2 tbsp) butter
2	carrots
2	onions, minced
5	mL (1 tsp) thyme
1	bay leaf
1	clove garlic, crushed
2	sprigs parsley
1	pinch sage
1	pinch basil
5 or 6	juniper berries
	salt and 5-6 peppercorns
125	mL (1/2 c) bouillon [see recipe in annex]
125	mL (1/2 c) vinegar

Pignole Sauce

60	mL (1/4 c) brown sugar
60	mL (4 tbsp) vinegar
60	mL (1/4 c) good bouillon [see recipe in annex]
1	bouquet garni
1	mL (1/4 tsp) nutmeg
1	pinch pepper
60	mL (4 tbsp) Spanish sauce [see recipe in annex]
60	mL (1/4 c) red Bordeaux wine
15	mL (1 tbsp) pine nuts

The day before, lard the deer and prepare the marinade. Melt the butter and sauté the carrots and onions. Add the herbs and seasonings and leave to brown slightly. Moisten with the bouillon and vinegar and simmer until it has reduced by half. Strain the mixture, pressing on the vegetables well. Place the roast of deer in a large terrine and pour the marinade over. Cover. Marinate for at least 12 hours.

The next day, drain the roast for one hour before starting to cook it. Roast in the oven at 160°C (325°F) for 33 to 44 minutes the kg (15 to 20 minutes per lb), that is for around 11/2 hours, basting with the marinade from time to time. While the meat is roasting, prepare the sauce.

Put the brown sugar, vinegar, bouillon, *bouquet garni*, nutmeg and pepper into a casserole. Simmer over medium heat to reduce the mixture by half. Then combine the mixture with the Spanish sauce and add the red wine. Cook again to reduce the sauce and strain it through a cheese cloth. Pour the sauce back into the casserole and add the pine nuts. Boil for a second and serve with the roast deer.

Asparagus with Vinaigrette Dressing

*While asparagus was
expensive and could only be purchased
for a short period each year, it was
very popular in restaurants. At the
hôtel de France, it was the early
vegetable on the table d'hôte;
appearing on the menu from mid-May
to mid-June. It was most often
prepared with a white sauce, but also
served with butter, or a vinaigrette
dressing.*

450 g (1 lb) asparagus

Vinaigrette

2 hard-boiled egg yolks

30 mL (2 tbsp) vinegar

salt and pepper

2 mL (1/2 tsp) dried dill

2 mL (1/2 tsp) dried chervil

1 shallot, minced

75 mL (5 tbsp) olive oil

Wash the asparagus, cut off the bottoms and tie them together in a bundle. Bring the water to a boil and cook for 10 to 15 minutes until the base is tender. Plunge in cold water to cool and set aside.

Prepare the marinade by combining the egg yolks with the vinegar. Add the salt, pepper, herbs and shallot. Little by little, add the olive oil, stirring constantly.

Pour the vinaigrette sauce over the asparagus and refrigerate for 15 minutes before serving.

Eggs à la tripe with Cucumbers

*"...and to crown the meal,
guess... a plate of oeufs à la tripe,
the sauce for which I prepare myself
for, brother Alexis, I am the only one
who knows how to give it the degree of
perfection this excellent dish
deserves..." (Aubert de Gaspé,
Mémoires). In spite of the
enthusiasm of Aubert de Gaspé's
mother, the Récollet monk could not
have been blamed for complaining,
since he ate eggs in the Monastery
every day for the last fifteen days of
Lent! Inspiration was sometimes
lacking in certain cooks! La
Cuisinière des cuisinières plagiarizes
Menon in recommending
accompanying oeufs à la tripe with
cucumbers sautéed in butter, with
parsley and green onions. It was an
interesting way to prepare a
traditional dish which had become a
little monotonous. In restaurants,
oeufs à la tripe was used as an
entremet served instead of vegetables,
with mashed potatoes, to accompany
roast beef or mutton in the second
course of the table d'hôte.*

30 mL (2 tbsp) butter

1 cucumber, peeled, cored and cut in thin slices

15 mL (1 tbsp) parsley

2 green onions, chopped

15 mL (1 tbsp) flour

30 mL (2 tbsp) water, seasoned with salt and pepper

6 hard-boiled eggs, sliced

125 mL (1/2 c) milk

Melt the butter in a pan over moderate heat. Sauté the cucumbers with the parsley and green onions for 5 minutes. Add the flour and water and allow the liquid to evaporate for a few minutes. Add the sliced eggs and milk and bring to a boil. Taste and correct the seasoning. Serve hot with sprigs of parsley.

Macaroni à l'Italienne

During the nineteenth century, a number of Italians entered the hotel and restaurant business in Montreal. Around the beginning of the century, Thomas Delvecchio was the proprietor of the Auberge des Trois Rois with his Museo italiano. The Orsoli's, Rasco's, Giraldi's, Bottazini's, Donegani's and Donegana's who succeeded him owned some of the most respected hotels in the first half of the nineteenth century. The Gianelli's carved out an important place for themselves in the restaurant business. Angelo Gianelli, Compain's partner in the Cosmopolitan, was appointed Consul for Italy in 1871; F.C. Gianelli owned the Prince-de-Galles restaurant and Joseph Gianelli, the Delmonico. There was also Francis Francisco of the Salon Empire, Peter Cavalo of the restaurant Impérial and Serafino Giraldi of the Tivoli. In 1881, sixteen Italians were practising trades related to food, among them two noodle manufacturers, one of whom, Mario Catelli founded an enterprise that still prospers today. Macaroni was appreciated in soups or as an entremet. It was prepared with cream sauce, with cheese au gratin, Milanaise-style and Italian-style.

450 g (1 lb) long macaroni
15 mL (1 tbsp) butter
salt and coarsely ground pepper
125 mL (1/2 c) parmesan cheese

Tomato Sauce

45 mL (3 tbsp) butter
12 tomatoes, seeded and chopped
225 g (1/2 lb) raw ham, diced
2 shallots, minced
1 bay leaf
5 mL (1 tsp) dried thyme
75 mL (5 tbsp) velouté sauce [see recipe in annex]
60 mL (1/4 c) consommé [see recipe in annex]
30 mL (2 tbsp) butter

First prepare the sauce. Melt the butter in a casserole over medium heat. Add the tomatoes, ham, shallots, bay leaf and thyme, cover and cook for 35 to 40 minutes until the tomatoes are soft. Reduce to a purée by putting the mixture through a strainer. Replace on the heat and add the velouté sauce, consommé and butter and bring to a boil. Simmer for 10 minutes, then degrease.

Cook the macaroni in a pot of boiling water with the butter, salt and coarsely ground pepper for 8 to 10 minutes. Drain. Put a layer of macaroni into an oven proof casserole. Pour a little sauce over the macaroni, then sprinkle with parmesan. Repeat these layers 2 or 3 times, ending with a layer of parmesan. Heat in a hot oven for 5 minutes until the cheese on the top melts and browns slightly.

"La carte à payer," from a painting by M. Leroux showing the Grimod de La Reynière period. *L'Opinion publique*, 1874. National Library of Canada, NL 16425.

Fried Artichokes

Artichokes had been eaten in Canada since the founding of Nouvelle France, at which time they were imported pickled or dried. During the 1780s, they were again found in grocery stores in Quebec, preserved in oil, along with other French products, such as truffles, morel mushrooms, fine capers and certain cheeses. Nevertheless, the artichoke remained a rather rare, luxury item. In fact, in 1874, the owners of the hôtel de France were very proud to announce that they had just received fresh artichokes from France by "the last steamer. This is the first import of its kind." From this time on, artichokes began to be featured on hotel and restaurant menus.

Fritter batter

- 250 mL (1 c) flour
- 250 mL (1 c) water
- 15 mL (1 tbsp) eau-de-vie (brandy)
- 15 mL (1 tbsp) olive oil
- 5 mL (1 tsp) salt

- 6 to 8 small tender artichokes
- 30 mL (2 tbsp) melted butter
- 15 mL (1 tbsp) flour
- 30 mL (2 tbsp) cream
- 2 egg yolks
- 1 egg white, beaten until stiff
- oil for frying
- salt
- fried parsley

First prepare the fritter batter. Mix the water with the flour and add the brandy, oil and salt. Mix well and refrigerate for 30 minutes to 1 hour. At the same time, begin heating the oil gently.

Cut the artichokes into quarters and blanch them in boiling water for 2 minutes. Drain well. Mix the melted butter with the flour, cream and egg yolks. Dip the hot artichokes in this mixture, remove and allow to cool in a plate.

Add the egg white to the batter. Dip the artichokes in the batter and brown them in the oil. Serve the fried artichokes, sprinkled with salt and accompanied with fried parsley.

 # Omelette with Rum

Omelettes have often been served as a sweet entremet ever since the seventeenth century. Le Pâtissier français (1700) gives almost as many recipes for sweet omelettes as for savory ones. Omelette à la célestine (parsley, icing sugar, rose water and cinnamon), apple omelette and omelette à la mode (pine nuts, grapes, candied lemon peel, sugar, rose water and cinnamon) are good examples. It appears that the Canadian heart was conquered by the rum omelette in the nineteenth century. Recipes for omelettes à la célestine, souffléed, sugared, with jam and with rum are all given in the Nouvelle Cuisinière canadienne (1855). Omelettes also appeared on restaurant menus. In 1880, the Beau restaurant offered an entremet of omelette soufflée, or omelette with rum.

- 6 eggs
- 10 mL (2 tsp) sugar
- 15 mL (1 tbsp) cream
- 60 mL (1/4 c) butter
- 125 mL (1/2 c) rum

Beat the eggs with the sugar and cream. Melt the butter in an omelette pan and pour in the batter. Cook for 5 minutes on one side and turn. Cook one minute. Pour the rum over the omelette and ignite it. Serve.

Petty-shoes or Profiteroles

High-society ladies never missed taking tea, coffee, or chocolate in the afternoon with a pastry, an ice or sweet. In 1818, at the café Français owned by Deshons Montbrun in Montreal, an apartment was reserved for ladies where they could eat creams, iced fruits, sorbets and iced cheese prepared by Lefebvre, ice-cream maker from the old Montansier café in Paris. Later, the fashion turned to pastries. In 1874 in Quebec City, Charles Gagnon, on rue Saint-Jean offered "Lunch for Ladies" which included French pastries and sweets "always fresh and made by artists."

310 mL (11/4 c) water
225 g (1/2 lb) butter
60 mL (1/4 c) sugar
1 small pinch salt
250 mL (1 c) sifted flour
3 eggs
a few drops orange or other essence
60 g (2 oz) almonds (optional)
10 mL (2 tsp) sugar (optional)
egg white (optional)

Cream
4 egg yolks
60 mL (1/4 c) sugar
15 mL (1 tbsp) flour
60 g (2 oz) semi-sweet chocolate, grated
1 small pinch salt
310 mL (11/4 c) cream
15 mL (1 tbsp) butter
45 mL (3 tbsp) whipped cream

Heat the oven to 220°C (425°F).

First prepare the little puff shells. Place the water, butter, sugar and salt in a pot and bring to a boil over medium heat. Remove from heat and add the flour. Return to the heat and stir with a wooden spoon, allowing the liquid to evaporate for 2 to 3 minutes. Add the flavoring. Remove from heat again and stir in the egg yolks, one at a time. If the batter is too thick, add an extra egg yolk.

Form small balls of batter and place them on a greased cookie sheet. If desired, brush the puffs with almonds mixed with half the sugar and a little egg white. Sprinkle the remaining sugar on top. Bake in the oven for 15 minutes, then lower the heat to 175°C (350°F) and bake for 30 minutes more. Allow to cool. Yields around 24 small puffs.

While the puffs are cooling, prepare the cream by placing all the ingredients, except for the whipped cream, in a small pot. Mix well and bring to a boil over medium heat. Cook for 10 minutes.

Strain the cream and allow to cool.

When the chocolate cream is cold, add the whipped cream. Slit the sides of the puffs and fill with the cream. Replace the tops.

Note: The chocolate may be replaced by lemon, vanilla, orange or other essence.

Sabayon

The word "sabayon" is a deformation of "zabaglione" and refers to a mousse of Italian origin. It was one of the new style dishes prepared at the table on a hot plate, and was developed during the second half of the nineteenth century. Dubois informs us that sabayons were prepared with white wine, Madeira, Marsala, Champagne, Asti wine, with kirsh, and so on, but Marsala, also of Italian origin, was the traditional ingredient. Victor Olivon listed a sabayon on his table d'hôte menu at the hôtel de France in 1876 to accompany the plum pudding.

12 large egg yolks
250 mL (1 c) icing sugar
    a generous pinch lemon zest
    a generous pinch cinnamon
250 mL (1 c) Marsala wine

Place the egg yolks in a double boiler. Add the icing sugar, lemon zest and cinnamon. Beat until the mixture is pale and foamy. Then add the Marsala wine, one spoonful at a time, beating constantly until the mixture is thick and firm. Serve in glasses.

Mulled Wine

All travellers from Europe were astonished by the bars in the hotels and restaurants in Canada and the United States. In 1829, John MacTaggart already mentioned that the worldly young men of Quebec City and Montreal had adopted the American style: " (they) drink gin sling, sangaree and lemonade, smoke segars (sic), and in the morning take bitters, cocktail and soda water." Samuel P. Day noted that the bars were elegant places where a continual coming and going was the order at any time of the day. Such a large variety of "concocted and compounded" drinks were served that Day found it impossible to list them all. Among the drinks served during the holidays was Mulled Wine, or hot spiced wine.

110 g (1/4 lb) sugar in cubes
 60 mL (1/4 c) cold water
1/2 stick cinnamon
  3 cloves
    a little orange or lemon zest
  1 bottle Bordeaux wine

Soak the sugar in the cold water in a saucepan. Add the cinnamon, cloves and zest. Pour the wine into the saucepan. Heat until the surface whitens slightly, without allowing it to boil. Strain through a cloth. Serve in glasses or mugs.

Title-page illustration from *L'Art du cuisinier*, by A. Beauvilliers, 1814. Bibliothèque du Séminaire de Québec.

The Hotel and Restaurant Trade in the Nineteenth Century

On August 14, 1805, Quebec City's businessmen and top civil servants assembled in Place d'Armes to lay the cornerstone for the Union Hotel. This event marked the beginning of hostelry (in the modern sense) in Canada. Until then, hotels had not been very different from taverns or coffee houses, but from this time on hotels began to emphasize lodging, comfort, service, entertainment and dining, with their massive dining rooms.

The Union Hotel, itself, was not a perfect prototype, since it was operated in the English tradition, that is, on a subscription basis, more like a club, with its coffee house open to subscription members only. Furthermore, lodging still played a secondary role. The twenty-odd rooms available for travellers were located in a small annex attached to the rear of the main building. Nevertheless, the concept of the modern hotel had been launched. During the next decade, new hotels, such as the Malhiot (1812) in Quebec City and the Mansion House (1817) in Montreal modelled themselves on the American style, taking the traveller's needs more into consideration.

During the 1820s, the growth of American tourism and introduction of such "fashionable tours" as the one from Saratoga and Albany, by means of Lake Champlain, to Montreal, encouraged the emergence of these luxury hotels. In 1825, the Masonic Hall or, as it was also known, the British American Hotel, owned by John Molson in Montreal and operated by the Italian hosteler, Francisco Rasco, claimed to be superior to any other establishment of its type in North America, with its 80 rooms and suites for families, ballroom, coffee house, baths, billiard rooms, music rooms for ladies and its restaurant, "modelled after the Palais Royal in Paris."

By this time, the hotel trade depended on tourism for its customers and was firmly established in the American style, both in terms of lodging as well as service and meals. These establishments served both as hotels for travellers as well as boarding houses since many rooms and suites were rented by families who lived there by the month, or year, and ate their meals there. These hotels became respectable places for ladies to visit, a privilege not yet allowed them in Europe. The large hotels around the middle of the century, such as the Saint-Louis in Quebec City, owned by the American, Willis Russell, and especially those in Montreal, such as the Rasco, the Donegana, the Canada Hotel with its one hundred and fifty rooms, and the Saint Lawrence Hall (1851), established in the "best style of the hotels in New York and Boston", followed the example. Toward the end of the century, the development of the railways considerably increased mobility on the continent, giving way to new, bigger, more luxurious hotels, veritable palaces, like the Windsor Hotel in Montreal and the Château Frontenac in Quebec City.

The traveller, Charles Weld (1855), comparing the British hotels to those in Canada, described the former as small, tranquil establishments, without excitement, a little faded, but expensive, and the latter as vast and overwhelming, with a "constant flow of human beings" in their bars and reception halls. Immense dining rooms like the one in the Saint Lawrence Hall could serve two to three hundred people. Meals were taken according to the "American plan," that is, four or five meals per day included in the price of the lodging. Meal times were more or less the same everywhere: breakfast was served between seven and eleven o'clock, lunch from noon to two o'clock and dinner from five to seven o'clock. Tea was served at eight o'clock and supper from eight to eleven o'clock.

The sound of the Chinese gong called the guests to the dining room. The large communal tables of the beginning of the century were gradually replaced by tables for six to eight. Customers found the tables to be "exquisitely" decorated with floral arrangements, silver centrepieces, pyramids of fruit, porcelain dishes and silver cutlery. The waiters, in black trousers and white jackets, wrote Samuel Phillips Day in 1864, under the vigilant eye of the maître d'hôtel, carried out their serving in a ceremonious fashion with the regularity and precision of soldiers on manoeuvres. A daily menu was included at each place. European travellers were astonished by the magnificence and variety of dishes served at each meal. Customers ordered whatever they wished and the waiters even insisted that they taste everything. Dishes were brought in a large number of small plates, but the servings themselves were small.

The hoteliers placed a great deal of emphasis on their French cooks and their maître d'hôtels trained in the New York tradition of the Astor House. But European clients complained of the deafening noise in the dining rooms, the chaos of dishes and cutlery on the tables, stereotyped menus and French-style dishes adapted for American tastes. The menu in these dining rooms was arranged according to types of dishes: soups, entrées, meat (roasted or boiled), sweet entremets and desserts (fruits and nuts). As the century progressed, more types of dishes were added: fish, cold meat, game, hors d'oeuvres of raw vegetables and salads or "mayonnaises" were added. The number of dishes offered also increased. In 1859, the Saint Lawrence Hall listed 21 different dishes, not including dessert; in 1872, its menu contained 49 dishes, still not including dessert. In 1877, the Windsor Hotel, then the most fashionable establishment in Canada, offered its clientele 60 different dishes, so it was difficult to taste everything.

Soups and entrées generally followed the French tradition (Julienne soup, consommé *biscotte*, mackerel *à la maître d'hôtel*, duck braised *à la flamande*, oysters sautéed *à la poulette*). English and American traditions could also be perceived, especially in the preparation of meats, cold dishes, vegetables and sweet entremets (leg of mutton with capers, corned beef and cabbage, turkey with cranberries, pork and beans, currant tart, mince pie, Indian pudding...). To judge from the menus, French wines (champagne and bordeaux) seemed to be the most popular. This trend actually reflected the British tastes of the period for "champagne" and "claret" which dominated the wine list, together with sherry, port, madeira and hock (Rhine wines).

Hotels had become by mid-century, the place to hold important events, such as state dinners and banquets which were both quite fashionable during the second half of the century, and to which all organizations, societies and other groups subscribed. State dinners with their rituals and traditions, speeches and toasts, were the occasion for spectacular cold buffets. Hotel cooks outdid themselves in the grand tradition of Carême, preparing elaborate dishes, galantines and cold pâtés crowned with various titbits on skewers, salads, mayonnaises, jellies and elaborately decorated creams, and especially their inedible architectural masterpieces mounted on pedestals and sculpted in sugar or lard. The series of banquets held in 1855 at the Saint Lawrence Hall and Donegana Hotel in Montreal and at the Russell Hotel in Quebec City to celebrate the visit of the French frigate, *La Capricieuse*, and in honor of its Commander, Belvèze, were the perfect occasion for the creation of these sophisticated dishes which were prepared for their spectacular effect as much as for their value in haute cuisine. The centrepieces, pyramids, fountains, miniature canons or pavilions like "La Capricieuse" made of nougat, or the "Temple of the Canadian Institute," decorated the tables, and the cold buffets abounded in aspics. Fortunately, a few elaborate hot entrées, *chartreuses* of filets of pigeon, *chevaliers* of fowl with truffles and *vol-au-vent à la financière*, were also provided to appease the torments of the gastronomes present.

These ostentatious cold buffets with their elaborate center pieces and monotonous series of aspics began to decrease in popularity during the last quarter of the century and menus started to reflect categories of dishes and preparations in the same manner as the hotel menus, with the three courses usually served. An average of 35 to 40 different dishes were usually served, not including dessert, enough to satisfy around two hundred guests. Almost invariably, every menu included a French consommé, *à la reine*, royal or *printanière* and, when two soups were served, a turtle, green turtle, or mock turtle soup from British tradition was added. As for the fish, halibut *au gratin* with madeira sauce, boiled salmon with lobster sauce and cod with oyster sauce or hollandaise sauce were the most popular, reflecting the internationalization of French cuisine as well as the more refined dishes from English cuisine.

Entrées were extremely diverse and, essentially, drawn from French haute cuisine. Among the most popular dishes there were various croquettes and *bouchées*, oyster timbales, *chartreuses* of small game and all the *à la financière* and *à la périgueux* dishes, as well as others with truffles and foie gras. The British influence predominated in the roast and boiled meats or game: mutton with capers, lamb with mint, turkey with oysters, celery or cranberries, roast beef with horseradish and Yorkshire pudding were omnipresent. Exceptionally, a French remove or roast was included, such as braised beef tenderloin with truffles.

The presentation of vegetables, still in the English tradition, was characterized by its simplicity. They were merely boiled, roasted or puréed. More elaborate menus invariably included salads and internationalized dishes from French cuisine such as chicken or lobster mayonnaises. Sweet entremets were stereotypes. The guest was almost sure of finding a plum pudding, jelly, fruit tart and a Russian Charlotte on the menu, to which were often added, Italian creams, ice creams, ices and meringues.

In short, except for the more diversified and refined entrées, the banquet menus during the last quarter of the century followed a set pattern, strongly influenced by the American hotel tradition, internationalized French cuisine and the canons of English cuisine of the period. Nevertheless, hotels remained very much in style, as much for the luxury, services and activities they offered, as for their dining facilities.

A view of the dining room on the vice-royal train. *Canadian Illustrated News*, 1878. National Archives of Canada, C.68460.

The Hotel and Restaurant Trade in the Nineteenth Century

Soup
Quenelles of Fowl in Consommé, Francatelli, *The Modern Cook*, 1876

Entrées
Sweetbreads Larded with Stewed Peas, Francatelli, *The Modern Cook*, 1876
Veal Cutlets, Tomato Sauce, Soyer, *The Modern Housewife*, 1850

Roasts and Removes
Roast Lamb with Mint Sauce, Acton, *Modern Cookery*, 1858
Ham with White Wine, "Jambon au vin blanc," Dumont, *La Bonne Cuisine française*, 1889
Pickled Tongue, "Langue à l'écarlate," Carême, *L'Art de la cuisine française*, 1847

Salads and Canapés
Chicken Mayonnaise, "Mayonnaise de volaille," Audot,
La Cuisinière de la campagne et de la ville, 1839
Lobster Salad, Acton, *Modern Cookery*, 1858

Entremets
Stewed Tomatoes, Acton, *Modern Cookery*, 1858
Cheese Omelette, "Omelette au fromage," Gouffé, *Le Livre de cuisine*, 1884
Lyonnaise Potatoes, "Pommes lyonnaises," Cardelli, *Manuel complet du cuisinier*, 1842

Desserts
Russian Charlotte, Francatelli, *The Modern Cook*, 1876
Italian Cream, Ude, *The French Cook*, 1828
Fromage Bavarois of Strawberries, Ude, *The French Cook*, 1828
Claret Jelly, "Gelée de claret," Cardelli, *Manuel complet du cuisinier*, 1842

Beverage
Nectar, Mackenzie, *Mackenzie's Five Thousand Receipts*, 1831

Quenelles of Fowl in Consommé

During the second half of the nineteenth century, the term "consommé" referred to a clear soup made from various meat, fowl, game, fish or shellfish to which was often added a small amount of garnish. The consommé then took on the name of its garnish. These soups were frequently found on the menus of hotels and restaurants in Canada at the time, for example, garnished with vermicelli, macaroni or quenelles or even prepared "à la royale" (garnished with a mixture of egg and bouillon poached in a double boiler and cubed), "à la reine" (puréed fowl in cubes with julienne strips of filets of fowl), "à la printanière" (carrots and turnips in sticks, green beans cut on the diagonal, peas…) and so on. For certain banquets or dinners, the cook would create a new garnish and name the consommé after the event. For example, the chef of the Grand Vatel in Montreal offered "consommé à l'aspirant de droit" to the guests at the McGill University Law Faculty banquet in 1880.

A breakfast menu from the Windsor Hotel, Montreal, 1877. The Department of Rare Books and Special Collections of the McGill University Libraries.

2.25 L (9 c) consommé [see recipe in annex]
125 mL (1/2 c) egg white
3 or 4 egg shells, crushed

Quenelles

110 g (1/4 lb) bread
60 g (2 oz) butter
30 mL (2 tbsp) chicken bouillon
    salt and pepper
1 pinch nutmeg
2 eggs
2 egg yolks
15 mL (1 tbsp) velouté sauce [see recipe in annex]
3 egg yolks
225 g (1/2 lb) butter
300 g (2/3 lb) breast of chicken, minced

The day before:

Prepare the consommé, following the recipe in the annex, but replacing the 4 litres (16 cups) of beef bouillon with the same amount of white chicken stock. Refrigerate for 12 hours.

The next day:

Prepare the panada for the quenelles by moistening the bread with the water and leaving it to soak for 10 minutes. Squeeze the bread well to remove the water and place the bread, the butter and chicken bouillon in a saucepan. Cook over medium heat until the panada takes on the appearance of a dough. Add the egg yolks and mix. Set aside.

Preparation of the quenelles:

In a blender process 225 g (1/2 lb) of panada with the same amount of butter and the minced chicken breast. Add the salt, pepper, nutmeg and one egg. Mix well in the blender. Then add the other egg, the two egg yolks and the velouté sauce and mix again.

Cooking the quenelles:

Using 2 teaspoons, form the quenelles. Dip the spoons in hot water occasionally to prevent the quenelle mixture from sticking to them. Place the quenelles in a well-buttered pan. When all the quenelles have been made, slowly add the boiling water and poach them for about 10 minutes.

Preparation and cooking of the soup:

In a large pot, mix the shells and egg white. Pour the consommé into the pot and bring to a boil over high heat, stirring constantly. Reduce the heat and cook for 15 to 20 minutes more. Strain the consommé slowly through a cheesecloth. Reheat the consommé. Place the quenelles in a soup tureen then pour in the consommé and serve.

Sweetbreads Larded with Stewed Peas

*V*eal organ meats were usually reserved for middle-class cuisine, except for sweetbreads, which gastronomes of the period considered to be one of the most delicate variety meats. In haute cuisine, they were frequently used to garnish ragouts, on brochettes, in vol-au-vents and timbales, or were prepared as an entrée. They were never found on the tables d'hôte in restaurants but were almost always served at important dinners and banquets. They were prepared in various manners, glazed or larded with peas, mushrooms or spinach, à la financière (garnished with quenelles, truffles, cock's crests and mushrooms, with madeira or truffle sauce) or à la toulouse (similar garnish with German sauce).

750 g (12/3 lb) sweetbreads
110 g (1/4 lb) lardoons
  1 carrot, sliced
  2 sticks celery, sliced
  2 onions, sliced
  1 bouquet garni (2 green onions and 1 sprig parsley)
 85 g (3 oz) pork fat
500 mL (2 c) bouillon [see recipe in annex]
350 g (3/4 lb) peas
150 g (5 oz) butter
  1 Boston lettuce
  1 bouquet garni (2 green onions and 1 sprig parsley)
  5 mL (1 tsp) sugar
    salt
  5 mL (1 tsp) flour

Place the sweetbreads in a large bowl of cold water and leave them to soak for 7 to 8 hours in the refrigerator.

Bring water to a boil and blanch the sweetbreads for 3 minutes. Remove them and replace them in cold water again for half an hour. Place the sweetbreads between two large plates and press them for a few minutes. Lard the sweetbreads.

Line a casserole with carrots, celery and onions, thinly sliced. Place the sweetbreads on top and add the *bouquet garni*. Cover with thin slices of pork fat and moisten with the bouillon. Bring to a boil, cover, place in the oven and braise for 20 minutes at 175°C (350°F), basting occasionally. After 20 minutes, remove the cover and allow the sweetbreads to glaze under the grill. Set the casserole aside.

At the same time, in another casserole, place the peas in a little cold water with 110 g (1/4 lb) of butter. Add the torn up lettuce, the second *bouquet garni* and the sugar. Season with salt. Cover the casserole and cook over low heat for 20 minutes. When cooked, check the amount of liquid remaining. If there is still a lot, reduce it. Make a *beurre manié* by mixing 60 g (2 oz) of butter with the flour and add it to the peas. Mix well. Serve the sweetbreads on a platter, surrounded by the peas.

The dining room of the Russell Hotel, by E. Jump. *Canadian Illustrated News*, 1873. National Archives of Canada, C.59083.

Veal Cutlets, Tomato Sauce

Tomatoes were used in preparing sauces long before they were eaten fresh. Viard, in his Cuisinier impérial (1806), introduced several recipes which included a tomato sauce. During the same period, Grimod de la Reynière recommended preparing tomato sauces with preserved tomatoes. Appert was already selling bottles of tomato purée by this time. During the second half of the nineteenth century, its use became widespread. For example, it was the sauce most often listed on the table d'hôte of the hôtel de France where it accompanied veal head, tongue or cutlets, braised beef and "épigrammes" of lamb. By the turn of the century, tomato sauce had even joined the ranks of the great basic sauces in French cuisine such as Spanish, velouté and béchamelle.

6 to 8   veal chops
         salt and pepper
30   mL (2 tbsp) shallots, chopped
         dry breadcrumbs
         olive oil

Tomato Sauce

6   tomatoes
1/2   onion, sliced
5   mL (1 tsp) thyme
1   bay leaf
15   g (1/2 oz) celery, chopped
60   g (2 oz) ham, cubed
30   g (1 oz) butter
5   mL (1 tsp) sugar
5   mL (1 tsp) salt
1   mL (1/4 tsp) pepper
15   mL (1 tbsp) flour
250   mL (1 c) bouillon [see recipe in annex]
1   pinch cayenne pepper

First, prepare the sauce. Slice the tomatoes and remove the seeds. Place the tomatoes in a casserole with the onion, thyme, bay leaf, celery, ham, butter, sugar, salt and pepper. Cook over low heat for 45 minutes. Then add the flour, mix well and add the bouillon. Season with cayenne pepper. Boil for 5 minutes. Adjust the seasoning and strain the sauce. Return the sauce to the casserole and allow it to thicken over low heat.

Salt and pepper the chops and sprinkle them with the shallots and breadcrumbs. Brush the chops with olive oil and grill them for 5 minutes of each side. Serve with the sauce.

A banquet in honor of Louis Fréchette, poet and laureate of the Académie française. *Canadian Illustrated News*, 1880. National Archives of Canada, C.75685.

Roast Lamb with Mint Sauce

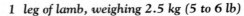

In Canada, roast lamb with mint sauce was one of the canons of English cuisine, an integral part of every important dinner. However, there were different schools of thought as to whether or not mint sauce should be used to complement meat. The French almost automatically rejected it. Even in Canada, the wife of the Governor General, Frances Monck, during an official dinner in Quebec City in 1865, tasted the lamb which had been especially sent from the Saguenay for the occasion by the timber baron, William Price, and judged it to be "very good, not wooly...but I think mint sauce spoiled it!..." So even the British were not unanimous on the subject.

1   leg of lamb, weighing 2.5 kg (5 to 6 lb)
15   mL (1 tbsp) butter
1   pinch cayenne pepper
1   dash lemon juice

Mint Sauce
45   mL (3 tbsp) fresh mint, chopped
30   mL (2 tbsp) sugar
90   mL (6 tbsp) vinegar

Cucumber Sauce
2 or 3   cucumbers
45   g (1 1/2 oz) butter
225   mL (1 c) gravy [see recipe in annex]
  salt and pepper

Heat the oven to 230°C (450°F). Place the leg of lamb in the oven and roast for 15 minutes, frequently basting with the fat from the roast. Then reduce the temperature to 175°C (350°F) and cook for 35 minutes per kilo (15 minutes per lb).

At the same time, prepare the mint sauce. Wash and chop the mint, making sure it is dry. Mix the mint with the sugar and allow to stand for 10 to 15 minutes. Add the vinegar and mix well to dissolve the sugar.

Prepare the cucumber sauce at the same time. Remove the seeds from the cucumbers and slice them. Sauté the cucumbers in the butter over low heat, then add the gravy and cook over low heat for 45 minutes. Season with salt and pepper. Both sauces should accompany the roast.

Before serving, remove the bones from the roast and baste the inside with the mixture of butter, cayenne pepper and lemon.

Ham with White Wine

During the eighteenth and nineteenth centuries, imported hams were very popular with Canadian gourmets. By the end of the eighteenth century, they were imported from Yorkshire, Bristol, Westphalia and Philadelphia and by the nineteenth century, American hams from Cincinnati had earned an enviable reputation. They were prepared in jellies, "au blanc" (slightly smoked and salted), roasted, braised or boiled with madeira or bordelaise sauce, but most frequently with champagne sauce, that is, a sauce made with white wine. Ham with champagne sauce was offered to John Molson's guests at the Mansion House in Montreal in 1821. Later, we find it on almost all the menus of banquets and important dinners right up to the end of the century.

1   ham or smoked pork shoulder, weighing approximately 3 kg (7 lb)
2 to 3   L (8 to 12 c) white wine
2   onions, cut in rounds
2   carrots, sliced in rounds
1   bouquet garni (parsley, thyme and bay leaf)

Soak the ham in cold water for 24 hours to remove the salt. Change the water several times. Replace the water with the wine, carrots, onion and bouquet garni, adding enough liquid to barely cover the ham. Marinate for 24 hours in a tightly sealed container. Remove the burlap bag covering the ham.

Put the ham in the oven at a low temperature and cook for approximately 1 1/2 hours (that is 34 minutes per kilo or 15 minutes per lb). During this cooking period, baste the ham frequently with the white wine marinade. When the ham is cooked, remove it and pour the juices and wine from the roasting pan into a casserole. Bring to a boil and allow to reduce. Degrease and strain through cheesecloth. Serve with the ham.

Note: Dumont tells us that the ham should be served with spinach, sauerkraut or macaroni à l'italienne (see recipe on page 130).

Pickled Tongue

Broyer, the charcutier, prepared pickled tongue in his Montreal shop in 1818. This dish played an important role in French haute cuisine of the nineteenth century, as an ingredient in the preparation of various fillings for hors d'oeuvres and little entrées like croquettes, cromesquins, bouchées and vol-au-vents. It was also used as an ornamental dish for cold banquets. In 1855, the Commander de Belvèze and in 1869, Prince Arthur both found pickled tongue on the menu of the banquet held in their honor. As a hot dish, it was usually served with a spicy sauce. It was also sliced as escalopes and used in ragouts with various sauces. Carême recommended tomato, soubise, or poivrade sauce with mushrooms, peas or asparagus tips as a garnish.

Menu from the banquet offered to commander de Belvèze in 1855 at the Russell Hotel at Quebec. Service des archives, Université de Montréal (Baby Foundation).

1 beef tongue

Brine

45 mL (2 oz) saltpetre
45 mL (2 oz) brown sugar
900 g (2 lb) coarse salt
15 mL (1 tbsp) thyme
15 mL (1 tbsp) basil
1 handful juniper berries
2 bay leaves
2 cloves

Cooking

1 bouquet garni
2 carrots
2 onions

Tomato Sauce

10 ripe tomatoes
5 mL (1 tsp) thyme
1 bay leaf
60 g (2 oz) raw ham, diced
60 mL (1/4 c) Spanish sauce [see recipe in annex]
15 mL (1 tbsp) butter
125 mL (1/2 c) cooked peas

Preparation of the tongue (15 days):

Cut off the hard skin at the tip of the tongue and prick the tongue with a large needle. Rub the tongue with a saltpetre/brown sugar mixture. Place half the coarse salt in the bottom of a large earthenware pot and place the tongue on top. Cover with the remaining coarse salt, thyme, basil, juniper berries, bay leaf and cloves. Cover with a white cloth and seal the pot with its cover.

After three days, turn the tongue over and baste with the brine. Repeat this operation for 12 more days.

Cooking the tongue:

Bring 4 to 5 litres (16 to 20 cups) of water to a boil with the bouquet garni, carrots and onions. Place the tongue in the pot and cook over low heat for two and half hours. Drain and remove the skin. Allow to cool. Set aside to be used in various recipes.

Tomato sauce:

Cut the tomatoes in half and remove the juice and seeds. Place the tomatoes in a pot with the thyme, bay leaf and cubes of ham. cover and simmer for 20 minutes. Pour the Spanish sauce in the pot and cook for 5 to 10 minutes more over low heat. Strain the sauce through a cheesecloth.

Just before serving, add the butter. Pour the tomato sauce over slices of tongue and garnish with the peas.

Chicken Mayonnaise

The invention of mayonnaise has traditionally been attributed to the Duke of Richelieu who apparently, in 1756, christened this sauce in honor of the capture of Port Mahon on the Island of Minorca. Carême contested this interpretation claiming that the sauce was actually called "magnionnaise" and that its name was derived from the verb "manier" (to stir). Nevertheless, the sauce certainly originated from other cold emulsified sauces of the end of the seventeenth century, such as rémoulade sauce. By the nineteenth century, "mayonnaise" was considered to be a basic sauce, just as the velouté and Spanish sauces. Most cold composite sauces were based on it. The term mayonnaise also referred to an entire range of cold dishes composed of fish, shellfish or fowl, covered with a mayonnaise sauce and garnished with lettuce, cucumbers, olives, hard-boiled eggs, anchovies and other salad ingredients.

1	cold roast chicken, weighing 1.5 kg (3 lb)
90	mL (6 tbsp) oil
30	mL (2 tbsp) tarragon vinegar
	salt and coarsely ground pepper
2	Boston lettuces
4	hard-boiled eggs, quartered
2	cooked carrots, cut into sticks
10 to 12	pickles, cut in quarters lengthwise
10 to 12	anchovy filets
	capers

Mayonnaise

2	egg yolks, at room temperature
10	mL (2 tsp) tarragon vinegar
5	mL (1 tsp) salad oil
250	mL (1 c) salad oil
	salt and pepper

Divide the chicken into 10 to 12 pieces, leaving the skin on. Mix the oil, vinegar, salt and pepper to make a vinaigrette dressing. Dip the pieces of chicken in the vinaigrette.

Arrange the pieces of chicken in a circle on a large salad platter. Set the remaining vinaigrette dressing aside. Place the torn lettuce leaves in the middle of the dish, leaving a little nest for the mayonnaise in the centre. Place the quartered hard-boiled eggs between the lettuce and the chicken. Decorate the edges of the plate, alternating sticks of carrots soaked in the vinaigrette, pickles, anchovy filets and capers. Pour the remaining vinaigrette dressing over the lettuce.

Mayonnaise:

All the ingredients should be at room temperature. First mix the egg yolks and half the vinegar. Then, while stirring constantly, add the spoonful of oil, drop by drop. When the sauce begins to thicken, add 15 mL (1 tbsp) of oil at a time, beating constantly. As the sauce thickens, continue to pour the oil, a dash at a time. When all the oil has been incorporated, add the salt and pepper and the remaining vinegar. Mix by stirring gently. Pour into the centre of the platter and serve.

State dinner in honor of Lord Lisgar offered by the citizens of Montreal at Saint-Lawrence Hall. *Canadian Illustrated News*, 1872. National Archives of Canada, C.58681.

Lobster Salad

Fresh lobster did not become available in Quebec City and Montreal until the 1840s. In 1844, P.W. Farquhar of the Rialto restaurant in Montreal was one of the first to announce "fresh lobster and mussels received from New York, every Friday by M. Virgil's express service." By the 1850s, hotels and restaurants like Compain's, the Salon Empire, Salon métropolitain and Alexandre in Montreal and Dubé, Masse, Lamb and Reynold's in Quebec City, regularly advertised fresh lobster. During the second half of the century, lobster salads were invariably included on every banquet menu under the "mayonnaise" category, served during the second course with the chicken and salmon mayonnaises and Russian and Italian salads.

2 female lobsters, approximately 1 lb each
10 eggs
1 cucumber
45 mL (3 tbsp) vinegar
5 mL (1 tsp) salt
45 mL (3 tbsp) olive oil
1 mL (1/4 tsp) pepper
80 mL (1/3 c) butter
80 mL (1/3 c) cooked ham, finely chopped
1 mL (1/4 tsp) mace
1 pinch cayenne pepper
2 Boston lettuces

Mayonnaise

2 egg yolks
2 mL (1/2 tsp) salt
1 pinch cayenne pepper
5 mL (1 tsp) salad oil
250 mL (1 c) salad oil
30 mL (2 tbsp) tarragon vinegar
15 mL (1 tbsp) cold water

Cook the lobster in boiling water for 12 to 15 minutes, allow to cool and set aside. Boil 10 eggs until hard-boiled. Allow to cool. Peel, cut in half lengthwise and remove the seeds from a large cucumber; cut into thin slices and marinate for 3 hours in the vinegar and salt. Then drain and press the cucumber in a cloth to eliminate all the liquid. Add the oil and pepper.

Take 6 hard-boiled eggs, cut them in half, remove the yolks and chop finely to make a paste. Mix with the butter, add the cooked ham, mace and cayenne pepper. Stuff the whites with this mixture and set aside.

Prepare the mayonnaise. Place the 2 egg yolks with the salt and cayenne pepper in a large bowl. Mix well, adding the spoonful of oil to make a creamy mixture. Very slowly pour in the salad oil, a few drops at a time, beating with a whisk until all the oil is incorporated. Then add the vinegar and cold water and mix well.

Remove the red coral from the lobsters and mix it with the mayonnaise. Remove the shells from the lobsters and cut the flesh into pieces. Tear up the lettuce and cut the remaining 4 hard-boiled eggs into thin slices. Place alternately slices of cucumber and hard-boiled egg all around a large serving platter. Place the torn lettuce leaves in the middle, making a nest for the mayonnaise in the centre. Arrange the pieces of lobster on the bed of lettuce, alternating with the stuffed eggs. Pour the mayonnaise into the nest in the centre.

Stewed Tomatoes

The first mention of fresh tomatoes in Canada was on the menu of a banquet for the Commander de Belvèze in Saint Lawrence Hall in 1855. At this time, tomatoes were probably imported from France or England and, later from Florida. Quebecers living in the countryside at this time regarded it, at best, as an object of curiosity.

12	tomatoes
750	mL (3 c) gravy or bouillon [see recipe in annex]
30	mL (2 tbsp) butter
30	mL (2 tbsp) flour

Place the tomatoes in a large saucepan and pour in the gravy or bouillon until the tomatoes are half covered. Bring to a boil, lower the heat, cover the pan and cook over low heat for 10 minutes. Turn the tomatoes over and continue cooking until they are tender. Thicken the sauce with a *beurre manié* made by mixing the butter and flour together.

Cheese Omelette

In 1877, the breakfast offered at a fixed price by the Windsor Hotel in Montreal between seven and eleven o'clock in the morning was, at the least, copious and varied. Meat, offal, cold cuts and fish followed one after another, prepared in every way imaginable. Cold dishes, very foreign to our modern tastes for breakfast, included oysters, tongue, pigs feet and pickled tripe. As for eggs, they were prepared the same ways as today, in several different manners, including omelettes with jelly, parsley, onion, ham, Spanish-style and, of course, with cheese.

12	eggs
	salt and pepper
180	g (6 oz) butter
90	g (3 oz) parmesan cheese
90	g (3 oz) gruyère cheese

Divide the ingredients in half and prepare two separate batches to facilitate cooking the omelette.

Beat the eggs, salt and pepper with a fork. Add the parmesan and mix well. Melt the butter in the pan. Pour the eggs into the butter and stir with the fork to make sure they cook evenly. When they begin to thicken, stir by shaking the pan. Sprinkle with gruyère. Fold the edges of the omelette over onto each other and sautée until the omelette is browned.

Do not over cook. The omelette should be creamy and not dry.

Lyonnaise Potatoes

Potatoes were listed on all restaurant and hotel menus during the second half of the nineteenth century; usually they were simply served boiled or mashed. But cooks also prepared them à la parisienne and à la duchesse to accompany fish. Potatoes were a popular item at the Windsor Hotel for breakfast. The table d'hôte offered them boiled, baked, fricasseed, hashed, fried and "à la lyonnaise".

6 to 8	potatoes
90	mL (6 tbsp) butter
2	onions, minced
	salt and pepper
30	mL (2 tbsp) parsley, chopped

Cook the potatoes in water until they are tender. Slice them and sauté them in 60 mL (4 tbsp) of butter.

In another saucepan, sauté the minced onions in the remaining butter until they are nicely browned. Add the onions to the potatoes. Season and sauté them together for a few minutes to mix well. Arrange on a platter with the chopped parsley.

Russian Charlotte (p. 147)   *Charlotte russe (p. 147)*

The hôtel Union, Quebec, based on the three-dimensional plan by Duberger. Built in 1805, this hotel was the first hotel as we know it today in Canada.

L'hôtel Union de Québec d'après le plan-relief Duberger. Construit en 1805, cet hôtel est le premier au Canada à se distinguer de l'auberge traditionnelle.

Russian Charlotte

Haute cuisine for the French monarchy involved large banquets and feasts presided over by King Louis XVIII. On the occasion of one of these royal feasts, given for the Parisian élite in 1815, Carême created a new dish which he christened "charlotte parisienne." A few years later, the illustrious chef opted for the name of "charlotte russe" since the dish had become the main entremets served at the tables of diplomats and top civil servants. In Quebec City, in the middle of the nineteenth century, Russian Charlotte also filled this role. It was an entremet reserved for grand occasions, visits of dignitaries and princes, banquets in honor of governors general and politicians. It was even served by the middle class. The confiseurs-pâtissiers of the second half of the century, such as the Scotsman, Charles Alexandre of Land O'Cakes, prepared these charlottes for their customers.

Lady Fingers
Italian Cream (see recipe below)
fruit, cubed

Lady Fingers

14 eggs, with the whites and yolks separated
500 mL (2 c) sugar
2 mL (1/2 tsp) salt
1 or 2 capfuls of orange flower water or a few drops of vanilla
250 mL (1 c) flour
250 mL (1 c) potato starch
icing sugar

First prepare the Lady Fingers. Separate the whites and yolks of the eggs and keep the whites cold. Add the sugar, salt and orange flower water or vanilla to the egg yolks and mix until the batter is smooth. Add the flour and potato starch and mix well. Whip the egg whites until stiff and fold them delicately into the mixture. Mix well with a wooden spoon.

Heat the oven to 175°C (350°F). Spread the batter on a cookie sheet covered with paper. Sprinkle with icing sugar and bake for 8 to 10 minutes. When removed from the oven the lady fingers will be a little limp. Wait until they are lukewarm before removing them from the paper. If they stick, place the paper on a wet towel.

Reserve a portion, the appropriate size, for the bottom shell and cut the remainder into finger-shaped forms, 8 cm by 1 cm (3 in by 1/2 in). Line a mold with a removable bottom with the lady fingers and pour in the Italian cream, to which has been added cubed fresh fruit as desired. Refrigerate for 6 to 8 hours.

Italian Cream

Italian cream, which the French also call crème à l'anglaise and the English custard cream, was a very popular entremet in the nineteenth century. It was prepared with various flavorings, with or without pistachios, with or without cinnamon, but almost always with orange and lemon zest. During dinners or banquets, creams accompanied wine and fruit jellies, blancmange and Russian charlottes. Italian confiseurs and pâtissiers specialized in the preparation of these entremets. In 1818, Martinuccio, in Quebec City sold various creams and jellies. In 1835, F. Rossi of Montreal offered several Italian products: wine, liquor, ices, creams, sweets, pyramids and cakes.

500 mL (2 c) 35% cream
250 mL (1 c) milk
zest of 1 orange
zest of 1 lemon
60 g (1/4 c) sugar
1 pinch salt
8 egg yolks
15 mL (1 tbsp) gelatine

Bring the cream and milk to a boil over medium heat, stirring occasionally with a wire whisk. When the mixture reaches boiling point, remove the casserole from the heat, add the zests, sugar and salt. Beat for 5 minutes. Replace on the heat and add the egg yolks, beating constantly. When the mixture begins to thicken, add the gelatine. Strain the mixture.

Pour into a mold and refrigerate for 6 to 8 hours. To unmold, moisten a cloth in hot water and wrap it around the mold. Turn the mold over onto a plate. Serve.

Fromage Bavarois *of Strawberries*

Here is another beaten cream. Carême used a vanilla fromage bavarois *in preparing his Russian Charlotte and also gave recipes for* bavarois *with pistachios, rose water, coffee and various fruits. Around the close of the century, Escoffier, finding the name to be illogical, renamed this dish "Moscovite." It was another famous sweet entremet included in the banquet in honor of the Commander de Belvèze in the Donegana Hotel in 1855.*

500 mL (2 c) strawberries
125 mL (1/2 c) icing sugar
 15 mL (1 tbsp) gelatine
250 mL (1 c) 35% cream

Purée the strawberries. Add sugar to taste. Add the gelatine dissolved in hot water. Whip the cream. Mix the purée with the whipped cream in a bowl placed in ice. When they are well mixed, pour into a mold (or several small molds) and refrigerate for 2 hours.

Claret Jelly

Instructions on the preparation of jellies in regard to the proportion of gelatine to be used are contradictory from one cookbook to another, whether old or modern. It appears that the degree of viscosity obtained from one of the basic proteins (collagen) depends on the product used. For wine jellies, Cardelli indicates that 5 pots of wine are required for 8 pots of jelly and 31 grams of issinglass (fish glue), that is, approximately 2 grams per litre. Today, a jelly requires approximately 14 grams of commercial gelatine per litre of liquid. Entremets of wine jellies were usually served plain, but occasionally were garnished with fruits "en macédoine."

410 mL (12/3 c) water
 14 g (two 7 g sachets) gelatine
 60 mL (1/4 c) sugar
     juice of one orange
     zest of 1/2 an orange
680 mL (23/4 c) wine (red or white bordeaux, champagne, sherry, madeira)

Begin to dissolve the gelatine by placing it in a bowl with 100 ml (31/2 oz) of cold water. Allow to rest for a minute. Add 100 mL (31/2 oz) boiling water and stir until the gelatine has dissolved completely. Pour the gelatine mixture into a casserole and add the sugar, the remaining water, juice and orange zest. Boil to dissolve the sugar and allow to rest for 10 minutes. Strain and cool a little before adding the wine. Return the wine and the gelatine mixture to the casserole. Heat a little, without allowing to boil. Skim and strain through a cheesecloth. Pour the wine jelly into molds and refrigerate.

Nectar

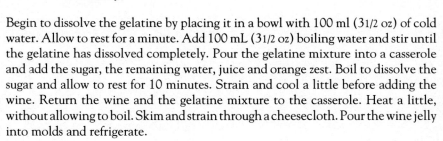

Carbonated drinks of the soda or seltzer type first appeared in American cities toward the end of the eighteenth century. In Canada, it appears that this type of drink only became popular during the 1830s when coffee houses and hotels, like the London Coffee House in Quebec City, announced that they had installed the fountain cylinders and purchased the syrups required to prepare sodas, lemonade, ginger beer and carbonated nectar.

250 mL (1 c) sugar
500 mL (2 c) cold water
1/2 bottle hock (white Rhine wine)
  1 bottle madeira
  5 mL (1 tsp) nutmeg
1 or 2 drops lemon essence

Dissolve the sugar in the water and then add the white wine, madeira, nutmeg and lemon essence. Mix well and allow to cool for one hour.

Annex

Basic Stocks and Sauces

Bouillon (Stock)

900 g (2 lb) beef shank
900 g (2 lb) chicken thighs and backs
450 g (1 lb) veal shank or mutton neck
  6 L (24 c) water
  1 bouquet garni (2 green onions, parsley, thyme and 2 cloves)
 15 mL (1 tbsp) coarse salt

Place the meat and *bouquet garni* in a large pot and add the water. Bring to a boil and skim. Add the salt. Simmer slowly for around 5 hours. Degrease, strain through a cheesecloth and refrigerate for later use.

Source: La Varenne, Le Cuisinier français, *1670.*

Fish Bouillon (Stock)

  2 salmon heads
  1 mackerel head and 1 tail, with the skin
 30 mL (2 tbsp) butter
  2 onions, studded with 4 cloves
  1 bouquet of parsley and green onions
    salt and pepper

Place the pieces of fish and the other ingredients in a large pot and add water. Bring to a boil and skim. Simmer slowly for 2 hours. Strain through a piece of cheese-cloth and refrigerate for later use.

Source: Le Ménage des champs et de la ville, *1739.*

Cullis

60 g (2 oz) pork fat
225 g (1/2 lb) ham, cut in slices
350 g (3/4 lb) veal cubes, put through a tenderizer
2 carrots
1 parsnip
2 onions
2 cloves
300 mL (1/4 c) bouillon (see recipe on previous page)
30 mL (2 tbsp) butter
30 mL (2 tbsp) flour

Place the pork fat, ham and veal in a casserole. Cover with the carrots, parsnip, onions sliced into rounds and the cloves. Moisten with 60 mL (1/4 c) of bouillon. Cook over low heat for 30 to 45 minutes until the meat begins to stick to the casserole.

Increase the heat so that the meat caramelizes on the bottom and sides of the casserole. Remove the meat and set it aside. Add the butter and, if needed, a little bouillon to loosen the caramel. Add the flour to make a light-colored roux. Add the rest of the bouillon to thin the roux. Replace the veal and ham and cook over low heat for half an hour. Remove the meat. Strain the cullis through a cheesecloth. Refrigerate and degrease. Keep in the refrigerator for later use.

Note: A beurre manié may be substituted for the cullis, if necessary.
Source: Menon, La Cuisinière bourgeoise, 1772.

Grand Consommé for Soups and Sauces

800 g (13/4 lb) beef shank, in pieces
550 g (11/4 lb) chicken thighs and backs
450 g (1 lb) veal shank
4 L (16 c) bouillon (see recipe on previous page)
2 carrots
2 onions
4 stalks celery
1 bouquet of parsley
2 chives
1 clove garlic
2 cloves

Place the meat in a large pot and moisten with a layer of bouillon. Bring to a boil and cook over low heat, uncovered, until the bouillon begins to glaze. Add 2 litres (8 cups) of bouillon, bring to a boil and skim. Add the remaining bouillon, vegetables and other ingredients and simmer slowly for 4 to 5 hours. Remove the meat and vegetables, degrease and strain the consommé through a cheesecloth. Refrigerate for use in various recipes.

Note: In Beauvilliers' recipe, he prepares much larger quantities. At that time, cooks were able to purchase meat from older animals, "an old cock, a wild rabbit, or two old partridges." However, the above version is still quite different from the modern consommé in that the stock is not clarified and rendered transparent with egg white, although it does produce an enriched and concentrated stock.
Source: Beauvilliers, L'Art du cuisinier, 1814.

Spanish Sauce

110 g (1/4 lb) pork fat
225 g (1/2 lb) ham
450 g (1 lb) veal cubes
  3 carrots
  3 onions
  2 L (8 c) consommé (see preceding recipe)
  1 bouquet garni, composed of a sprig of parsley, 2 chives, 2 cloves, 1 bay leaf and a clove of garlic
  1 pinch basil
  1 pinch thyme
 45 mL (3 tbsp) butter
 45 mL (3 tbsp) flour
    salt and pepper

Line a casserole with the pork fat and ham and place the veal on top with 15 mL (1 tbsp) of consommé, followed by the 3 carrots and 3 onions cut in rounds. Cook over low heat until the veal releases its juice and forms a glaze in the bottom of the casserole. Remove the meat and set it aside.

Add the consommé to deglaze the pot. Replace the meat and vegetables with the *bouquet garni*, basil and thyme. Bring to a boil, cover and simmer slowly for 2 hours. Degrease and keep the consommé warm over a low heat.

In a second casserole, melt the butter over high heat and add the flour, stirring constantly. Cook until the mixture becomes a nice pale roux. Place the roux in the oven to grill it until it takes on a golden color, stirring from time to time, for approximately 10 minutes.

Thicken the consommé with the roux and continue cooking for another 30 to 45 minutes. The sauce should reduce by one quarter. Season and strain the sauce through a cheesecloth. Keep refrigerated for use in various recipes.

Note: Beauvilliers mentions that the appropriate wine may be used (madeira, champagne or bourgogne) in the Spanish sauce to prepare other sauces required.

Source: Beauvilliers, L'Art du cuisinier, 1814.

A display by J. Poulin and Company at the Bonsecours Market, Montreal. *Canadian Illustrated News*, 1874. National Archives of Canada, C.61035.

450 g (1 lb) boiling beef, veal or mutton, cubed
2 thin slices pork fat
2 carrots
1 L (4 c) boiling water
1 onion, sliced
1 mL (1/4 tsp) mace
1 pinch cayenne pepper
1 pinch marjoram
1 pinch savory
1/2 slice toast
15 mL (1 tbsp) butter
2 mL (1/2 tsp) flour

Cut the beef, veal or mutton cubes into strips. Line a casserole with the slices of pork fat and place the meat and sliced carrots on top. Simmer over medium heat for 5 minutes.

Add the water, onion, spices, herbs and the 1/2 slice of toast. Bring to a boil and simmer for 11/2 hours. Strain the bouillon.

Add the butter rolled in the flour and mix well. Adjust the seasoning. Set aside for use in sauces.

Source: H. Glasse, The Art of Cookery, 1791

Title-page illustration from the *Nouveau Manuel complet du cuisinier et de la cuisinière*, by M. Cardelli, 1842. Bibliothèque nationale du Québec.

Velouté Sauce

1.75 kg (4 lb) veal shank
225 g (1/2 lb) ham
110 g (1/4 lb) butter
  2 onions
  1 small carrot
  1 small turnip
  3 cloves
  2 mL (1/2 tsp) mace
  1 bouquet garni (1 sprig of thyme, 6 sprigs of parsley and 1 bay leaf)
180 mL (3/4 c) water
875 mL (3 1/2 c) water
  5 mL (1 tsp) salt

Roux

110 g (1/4 lb) butter
580 mL (2 1/3 c) flour
310 mL (1 1/4 c) milk
  4 mushrooms, chopped

Cut the meat into cubes and butter the bottom of a large casserole. Add the meat, onions, carrot, turnip, cloves, mace, *bouquet garni* and 180 mL (3/4 c) of water. Cook over high heat, stirring from time to time until a glaze begins to form on the bottom of the casserole. Add the remaining water and salt and cook over low heat for 1 1/2 hours. Skim from time to time, then strain the bouillon through a cheese-cloth.

In another casserole, melt the butter, add the flour and mix well, stirring constantly for 3 minutes. Remove from heat, add the bouillon and stir. Cook over low heat for 15 minutes. Then add the milk and the chopped mushrooms. Cook for 20 minutes more over low heat to allow to thicken.

Strain through a cheesecloth and refrigerate for use in sauce recipes.

Note: According to Soyer, this is a simplified way of making a velouté. To enrich this basic sauce, he simply recommends replacing the water with bouillon.
Source: Soyer, The Modern Housewife, 1850.

Eighteenth-century pepper mill.
Musée David M. Stewart, Île Sainte-Hélène, Montréal.

Puff Pastry

---

180 mL (3/4 c) flour
1 mL (1/4 tsp) salt
60 mL (1/4 c) cold water
1 egg
110 g (1/4 lb) unsalted butter

Cut the piece of butter into three portions lengthwise and refrigerate. Mix the flour, salt, water and egg to make a soft dough. Knead with the tips of your fingers and fold over with the palm of your hand. Roll the dough to a thickness of half a finger, forming a rectangle approximately 24 cm by 12 cm (10 in by 5 in). Place the pieces of butter on it and fold the dough from the bottom to the top. Pinch the sides well so that the butter does not come into contact with the air. Refrigerate for 1 hour.

Pound the dough slightly with a rolling pin to incorporate the butter. Roll the dough into a rectangle 36 cm by 12 cm (16 in by 5 in). Refrigerate again for half an hour. Repeat this operation 4 more times. After these operations, the dough will be ready for use.

Source: Traité historique et pratique de la cuisine, *1758.*

Fine Pie Pastry

1.5 L (6 c) flour
15 mL (1 tbsp) salt
2 eggs
225 g (1/2 lb) unsalted butter
500 mL (2 c) water

Place the flour on a working surface in a circle, making a well in the center. Add the salt, eggs, butter cut into little pieces and a little water.

Mix by hand, incorporating the water bit by bit. Knead until the dough no longer sticks to your fingers. Pat into a ball and leave to rest for at least 3 hours (12 hours, if possible) in a damp cloth.

Source: Traité historique et pratique de la cuisine, *1758.*

Mixed Spices

20 mL (1 1/3 tbsp) ground ginger
20 mL (1 1/3 tbsp) black pepper
 5 mL (1 tsp) ground cloves
15 mL (1 tbsp) cinnamon
30 mL (2 tbsp) nutmeg
30 mL (2 tbsp) mace
20 mL (1 1/3 tbsp) ground coriander
 1 bay leaf
 5 mL (1 tsp) dried basil

Grind and mix all the ingredients.

Source: Traité historique et pratique de la cuisine, *1758.*

Curry Powder

105 mL (7 tbsp) coriander seeds
 60 mL (4 tbsp) powdered turmeric
 20 mL (1 1/3 tbsp) powdered ginger
 10 mL (2 tsp) powdered cardamom
  5 mL (1 tsp) cayenne pepper
  5 mL (1 tsp) powdered cinnamon
 20 mL (1 1/3 tbsp) cumin seeds

Grind the cumin and coriander seeds. Mix all the spices in a jar and keep in a cool dry place.

Source: Kitchiner, The Cook's Oracle, *1822.*

A kitchen in 1923, as seen by an artist in 1873. Drawing by E. Jump, *Canadian Illustrated News,* 1873. National Archives of Canada, C.58959.

Mushroom Ketchup

During the eighteenth century, several condiments from Asia were introduced in Britain. Soya sauce, ketchup, piccalilli, curry and chutney were quickly adopted by the English. They tried to imitate ketchup by adding spices to marinades of mushrooms and nuts. Already by the middle of the eighteenth century, commercial products made of spiced liquid of these marinades were sold as "ketchup." Anchovy ketchup, also sold at this time probably resembled the original prototype from China and Malaysia, composed of fish, spices and brine. By the end of the 1770s, mushroom ketchup and soya sauce were available in shops in Quebec City, however, ketchup made from a base of tomatoes did not appear until the 1820s.

2.25 L (10 c) mushrooms
60 g (2 oz) coarse salt
2 mL (1/2 tsp) cayenne pepper
5 mL (1 tsp) allspice
5 mL (1 tsp) ginger
2 mL (1/2 tsp) mace
a few drops brandy

Wash the mushrooms well and place them in an earthenware pot, sprinkling each layer with coarse salt. Allow to steep for three to four hours and then crush the mushrooms, breaking them by hand. Refrigerate and steep for 3 days, stirring and crushing them a little twice a day.

After three days, add the spices, mix and pour the mixture into preserving jars and seal. Place the jars in a large pot of water and boil for three hours. Remove the jars from the boiling water and pour the contents into another casserole. Simmer for 30 minutes more. Strain the mixture through a cheesecloth and pour the mushroom juice into a jar or bottle (approximately half a litre). Allow to rest for 12 hours.

Strain the mixture through cheesecloth 3 or 4 times to clarify the ketchup. Add the brandy. Pour into containers and seal well. Refrigerate for use in recipes calling for ketchup.

Source: Beeton, All About Cookery, 1871

The apple stall at the Bonsecours Market, Montreal. *Canadian Illustrated News*, 1880. Bibliothèque du musée David M. Stewart, Île Sainte-Hélène, Montreal.

INDEX

Table of Contents